Dorothee Kimmich, Schamma Schahadat (Hg.)
Kulturen in Bewegung

Dorothee Kimmich, Schamma Schahadat (Hg.)

Kulturen in Bewegung

Beiträge zur Theorie und Praxis der Transkulturalität

[transcript]

Bibliografische Information der Deutschen Nationalbibliothek
Die Deutsche Nationalbibliothek verzeichnet diese Publikation in der Deutschen Nationalbibliografie; detaillierte bibliografische Daten sind im Internet über http://dnb.d-nb.de abrufbar.

Umschlaggestaltung: Kordula Röckenhaus, Bielefeld
Umschlagabbildung: »Spiegel/Theater, Sotschi«,
Foto: Christian Gieraths
Satz: Katharina List
Druck: Majuskel Medienproduktion GmbH, Wetzlar
ISBN 978-3-8376-1729-0

Gedruckt auf alterungsbeständigem Papier mit chlorfrei gebleichtem Zellstoff.
Besuchen Sie uns im Internet: *http://www.transcript-verlag.de*
Bitte fordern Sie unser Gesamtverzeichnis und andere Broschüren an unter: *info@transcript-verlag.de*

Inhalt

Einleitung

DOROTHEE KIMMICH/SCHAMMA SCHAHADAT

Den Ausgangspunkt zu einem Buch mit dem Titel *Kulturen in Bewegung* bildet die Beobachtung, dass sowohl der Begriff als auch die Vorstellung von »Kultur« sich im Moment radikal verändern und dass Intellektuelle aus allen Disziplinen damit befasst sind, eine Neubestimmung und -positionierung von »Kultur« vorzunehmen. Im Zeitalter von Globalisierung und Migration ist die Vorstellung von einer zugleich an ein Volk, eine Nation und an einen spezifischen Ort gebundenen Kultur im Herderschen Sinne offenbar obsolet geworden. Man versucht vielmehr, die Fluidität, die Dynamik und die Grenzüberschreitungen zwischen Kulturen zu begreifen. Ein Begriff, der auf diese Situation reagiert, ist der der Transkulturalität. Als kulturwissenschaftliches Paradigma löst er sowohl das Konzept der Interkulturalität als auch die Prämissen der *Post Colonial Studies* der 1990er Jahre ab.

Zurückführen lässt sich der Begriff auf den kubanischen Ethnologen Fernando Ortiz, der bereits 1940 in seinem Hauptwerk *Contrapunteo cubano del tabaco y azúcar* den (dynamischen) Begriff der Transkulturation prägte. Die Wiederaufnahme von Ortiz' Konzept durch Mary Louise Pratt in ihrer einflussreichen Studie *Imperial Eyes: Travel Writing and Transculturation* aus dem Jahr 1992 brachte den Begriff der Transkulturation einer breiten akademischen Öffentlichkeit nahe und trug zu dessen Verbreitung vor allem innerhalb der Geisteswissenschaften bei. Hier wurde der Begriff der Transkulturation im Laufe der 1990er Jahre sukzessive zum Konzept der Transkulturalität weiterentwickelt. Dies geschah im deutschsprachigen Raum vorwiegend in Auseinandersetzung mit der philosophischen (vgl. z.B. Wolfgang Welsch), soziologischen (vgl. z.B. Ulrich Beck) und anthropologischen (vgl. z.B. Ulf Hannerz) Globalisierungsforschung.

Grundlegend ist hier die Erkenntnis, dass in einer globalisierten Welt Kulturen weder territorial verortet werden können noch an homogene Gemeinschaften gebunden sind. Das Konzept der Transkulturalität erlaubt es, sich programmatisch vom überkommenen Denkansatz der Interkulturalitätsforschung zu verabschieden: Während die Interkulturalitäts-Forschung Kulturen als »Inseln oder Sphären« (Welsch 1999: 96) begreift, in denen es lediglich an den kulturellen Außengrenzen zu Austauschprozessen oder eben auch, in der populären Rhetorik Samuel Huntingtons, zu gewalttätigen Zusammenstößen (*clashes*) kommt, postuliert Transkulturalität eine Öffnung, Dynamisierung und vielfältige wechselseitige Durchdringung der Kulturen. Globale Kulturen, so der Ausgangspunkt, zeichnen sich durch ihre Fluidität, Grenzverschiebung bzw. -aufhebung aus und entwickeln dabei auch neue Strategien des Ein- und Ausschlusses. Damit gehen auch neue Beschreibungsformen für bisher nicht benennbare Kategorien von Kultur einher: Es entstehen Neologismen, so zum Beispiel *ethnospace, media-space, techno-space* (Arjun Appadurai), die den transkulturellen Anforderungen gerecht werden sollen. Diese Begriffe versuchen insbesondere, neue Raumvorstellungen zu erfassen bzw. zu prägen, um damit die Dynamik und Komplexität moderner transkultureller Gesellschaften zu beschreiben.

Der Begriff der Transkulturalität verspricht, nicht nur den der Inter- oder Multikulturalität, sondern auch den des Postkolonialismus abzulösen; dem Zeitalter der Kolonialisierung und der Dekolonialisierung wird keine historische Sonderstellung mehr eingeräumt. Vielmehr geht es nun darum, Transkulturalität mit einer neu konfigurierten historischen Tiefe zu erarbeiten, das heißt neuzeitliche, aber auch antike und mittelalterliche Prozesse ebenso ins Auge zu fassen wie die der Moderne und der Globalisierung. Aus der Perspektive der Transkulturalität lassen sich politische und kulturelle Landschaften erforschen, die traditionell nicht oder nur selten im historischen Rahmen von Kolonisation und Dekolonisierung thematisiert und erforscht wurden, wie etwa Zentralasien oder Ostmitteleuropa, aber auch die Geschichte(n) von Japan, Korea und China sind hier zu erwähnen.

Ein transkultureller Forschungsansatz führt so auch zu einer stärkeren Annäherung an die »Trans Area Studies« (Ottmar Ette),[1] die der Erforschung trans- und postnationaler Räume besser gerecht werden als die traditionellen Area Studies. Area Studies sind im politischen Kontext des Kalten Krieges entstanden, um Spezialisten auszubilden, die möglichst genaue Kenntnisse über den Feind, seine Sprache und seine Kultur haben.[2] »Trans Area Studies« sollen das Bedürfnis nach Wissen, das quer durch die Kulturen geht – der Zeit nach dem Ende des Kalten Krieges angemessen – repräsentieren.

Während der Beginn der Transkulturalitäts-Debatte durch ihre Verknüpfung mit dem Globalisierungsdiskurs vornehmlich politologisch und ökonomisch geprägt war, hat sich in letzter Zeit eine Öffnung hin zu den Literatur- und Kulturwissenschaften ergeben. Wenn Gayatri Spivak fordert, die Geschlossenheit der Area Studies ebenso wie die der Vergleichenden Literaturwissenschaften aufzugeben, Sprachen (und Kulturen) als hybrid wahrzunehmen und Literaturen und Kulturen, die aus politischer Perspektive bedeutungslos erscheinen (»nonhegemonic«), in den Lehrplan der Komparatistik und der Area Studies mit aufzunehmen, dann entspricht das im Feld der Literatur-

1 Der Romanist Ottmar Ette hat den Begriff der Trans Area Studies in verschiedenen Vorträgen verwendet; er leitet das Netzwerk POINTS (Potsdam International Network for TransArea Studies, http://www.uni-potsdam.de/tapoints/); auf der Homepage ist auch sein neues Buch *Trans Area. A Literary History of Globalization* für Mai 2012 bei de Gruyter angekündigt.

2 Spivak zitiert in diesem Zusammenhang einen Text der Ford Foundation von 1947, die eine der Stiftungen war, die die Einrichtung der Area Studies finanziert haben: »To meet the demands of war, scholars of diverse disciplines were forced to pool their knowledge in frantic attempts to advise administrators and policy makers ... The war also showed the need for trained personnel for most foreign areas.« (zit. in Spivak 2003: 7) Bis heute, so Spivak, »Area Studies exhibit quality and rigor [...] They are tied to the politics of power, and their connections to the power elite in the counries studied are still strong; the quality of the language learning is generally excellent [...].« (Ebd.)

wissenschaften dem gegenwärtigen Interesse an einem erweiterten Begriff von Weltliteratur.[3]

DIE RÄNDER DER TRANSKULTURALITÄT: *BLACK ATLANTIC*, TRANSMIGRANTEN, *CROSSING BORDERS*

Bevor wir kurz auf die einzelnen Beiträge des vorliegenden Bandes eingehen, die in unterschiedlichen diskursiven Kontexten einen transkulturellen Blick erproben, wollen wir einige Schlüsselkonzepte von entscheidendem Einfluss auf die transkulturelle Theoriebildung vorstellen: Paul Gilroys Konzept vom *Black Atlantic*,[4] Nina Glick Schillers, Linda Baschs und Cristina Szanton-Blancs Definition des »Transmigranten« und Gayatri Spivaks Idee von der Grenzüberschreitung, dem *Crossing Borders*.[5] Eine zentrale Rolle in all diesen Konzepten spielt der Raum, der durch eine eigene Dynamik bzw. durch die sich darin bewegenden Menschen geprägt ist; mit Michel de Certeau gesprochen: »Der Raum ist ein Ort, mit dem man etwas macht.« (de Certeau 1988: 218) Transkulturelle Konzepte heben die Dynamik und Unruhe im Raum und die damit verbundene Kreativität hervor.[6] Raum wird also nicht statisch und ahistorisch und damit im Gegensatz zu Geschichte und Zeit konzipiert; vielmehr wird in den transkulturellen

3 Mit dem Thema Weltliteratur befassen sich Galin Tihanov (der auch auf die Komparatistik eingeht) und Annette Werberger in diesem Band.

4 Wir beziehen uns hier nicht auf das mittlerweile zu einem Klassiker avancierten Buch *The Black Atlantic*, sondern auf einen Aufsatz, der 2004 in einem Sammelband mit dem Titel *Der Black Atlantic* (hg. vom Haus der Kulturen der Welt, Berlin) erschienen ist und der zentrale Punkte des Buches enthält. (Gilroy 2004)

5 Alle drei Texte bzw. Auszüge davon werden in dem Band *Transkulturalität*, hg. von Andreas Langenohl, Ralph Poole und Manfred Weinberg, im Herbst 2012 bei transcript in der Reihe »basis-scripte« (Band 3) in deutscher Übersetzung erscheinen.

6 Auf die Kreativität in einem Raum, der durch Mobilität und Flexibilität geprägt ist (im Gegensatz zu einem Raum, in dem Menschen oder Nationen sesshaft sind), verweist Gilroy 2004: 13.

Konzepten der Versuch unternommen, dem Raum Dynamik und Wandel und damit eine eigene Dimension von Geschichte einzuschreiben. Damit gehört die Debatte um Transkulturalität auch in den Kontext des *spatial turn*, dessen Konjunktur seit den 90er Jahren des vergangenen Jahrhunderts kaum abgeflacht ist. Dies hat verschiedene Gründe, die bis weit in die Theoriedebatten des 20. Jahrhunderts hineinreichen und damit selbstverständlich auch für die Diskussionen über die verschiedenen Labels wie Postkolonialismus, Inter- oder Transkulturalität den historischen Hintergrund liefern.

Obgleich mit einem englischen Begriff als *spatial turn* benannt, wurde die transdisziplinäre Raumdebatte vor allem in den deutschsprachigen Kulturwissenschaften seit Mitte der 1990er Jahre sehr intensiv geführt. Das Schlagwort »Wiederkehr des Raumes« bezieht sich dabei allerdings zumeist auf den Import von Ansätzen und Konzepten aus der französisch- und englischsprachigen Soziologie und Stadtgeographie, auf Studien über die menschliche Projektion und Zurichtung von Räumen.[7]

Anfang 1967 äußerte sich Michel Foucault programmatisch zum Thema Raum:[8] Hierbei, so stellte er einleitend fest, handele es sich offenkundig um ein besonderes Anliegen des ausgehenden 20. Jahrhunderts. Während das 19. Jahrhundert nämlich noch ganz im Zeichen der Geschichte gestanden habe, ließe sich »[u]nsere Zeit [...] eher als Zeitalter des Raumes begreifen«. (Foucault 2005: 931) Nachdem das abendländische Bild der Welt im 19. Jahrhundert primär im Sinne eines zeitlichen Nacheinander organisiert gewesen sei, werde es nun zunehmend als räumliches Nebeneinander strukturiert. Die »ideologischen Konflikte« innerhalb der zeitgenössischen akademischen Debatten, so Foucault, könnten als eine Konfrontation »zwischen den frommen Abkömmlingen der Zeit und den hartnäckigen Bewohnern des

7 Zu Recht hat Karl Schlögel diese Schlagseite des Denkens in ihrer raumkundlichen Version als Versuch des Ausweichens vor nationalsozialistischen Kategorien von Raum und Körper charakterisiert. (Schlögel 2003: 7ff.)

8 Der Vortrag »Des espaces autres« wurde am 14. März 1967 im Pariser Cercle d'études architecturales gehalten. Nachdem Foucault das unbearbeitete Manuskript kurz vor seinem Tod zur Publikation freigegeben hatte, erschien es posthum in der Zeitschrift *Architecture, Mouvement, Continuité* 5 (1984), 46-49.

Raumes« (Foucault 2005: 931) verstanden werden, das heißt als das Aufeinanderprallen zweier Episteme an einer Epochenschwelle: Die Ablösung von postkolonialen Paradigmen durch das Konzept der Transkulturalität gehört ganz offensichtlich zu diesem Bruch zwischen zwei »Epistemen«.

In den 1980er Jahren hat sich tatsächlich eine zunehmende Verräumlichung des Denkens manifestiert. Dabei sollte nicht grundsätzlich das hierarchische Verhältnis zwischen Zeit und Raum umgekehrt werden, sondern vielmehr werden nun beide Faktoren in ihrem Zusammenwirken beleuchtet. Das Ideal ist »eine flexiblere und ausbalanciertere kritische Theorie, die das Machen von Geschichte mit der gesellschaftlichen Produktion von Raum, mit der Konstruktion und Konfiguration von menschlichen Geographien neu verknüpft.« (Soja 1991: 75) Raum ist jedenfalls keine vorfindliche Kondition von Wahrnehmung und Erfahrung mehr, wie es die philosophische Tradition der Raumtheorie von Platon über Descartes bis Newton noch annahm. Es geht heute vielmehr um das Verhältnis von sozialem und physischem Raum. Der Raum als Störung und Kondition des Menschen und damit auch des Menschlichen bleibt.

Anders als die Theorie der Zeit hat eine Theorie des Raums in der Philosophie nie einen prominenten Platz beansprucht. Während ›Zeit‹ und ›Geist‹ assoziiert wurden, wurde Raum in Zusammenhang mit Dingen und Körpern gebracht. ›Zeit‹ steht immer für Geschichte, Fortschritt und Entwicklung, während Raum mit Statik assoziiert wurde. »Während die Zeit für das Mobile, Dynamische und Progressive, für Veränderung, Wandel und Geschichte steht, steht der Raum für Immobilität, Stagnation und das Reaktionäre, für Stillstand, Starre, Festigkeit.« (Schroer 2006: 21) Erst die in den letzten Jahren viel rezipierten Thesen von Jurij Lotman[9] verleihen dem Raumdenken andere – kultursemiotische – Aspekte: »Raum wird geradezu zu einer Metapher für kulturelle Dynamik: durch Grenzüberschreitungen und Grenzverlagerungen, durch Verhandlungen, durch Migration und Überlappung.« (Bachmann-Medick 2006: 297).

An diese neuen Raum-Konzepte knüpfen die Theorien der Transkulturalität an. Sie gehören damit – anders als der Postkolonialismus und auch noch die Interkulturalität – zu einem »chronischen« und nicht zu einem »chthonischen« Raumdispositiv. Paul Gilroys Konzept

9 Siehe dazu z.B. sein Modell der Semiosphäre in Lotman 2010: 163-292.

vom *Black Atlantic* verbindet das räumliche Denken mit dem Denken von Kultur; dafür nutzt er die Metapher des Ozeans, um einerseits Eindeutigkeit außer Kraft zu setzen und andererseits »die Beziehung von Kultur zum Ort« (Gilroy 2004: 22) zu überdenken.[10] Die Sklaverei und die damit verbundenen Reisen über den Atlantik zwangen Menschen aus den verschiedensten (afrikanischen) Kulturen zusammen, diese vermischten sich, brachten alte Traditionen mit und griffen neue auf, und das Ergebnis war eine »komplexe kulturelle Neuformierung« (ebd.: 13). Damit entstand eine Kultur, die der Vorstellung einer Nationalkultur zuwider lief und die zwar im Raum stattfindet, sich aber vom spezifischen Ort trennt:

> »Die Kulturen des *Black Atlantic* [...] artikulieren ästhetische und gegenästhetische Formen und eine spezifische Dramaturgie des Erinnerns, die auf charakteristische Weise Genealogie von Geografie und Lebensraum von Zugehörigkeit trennt.« (Ebd.: 22)

»Synkretismus«, »Konglomerat«, »kulturelle Adaption und Verschmelzung«, »Neukombination«, »hybride Form« (ebd.: 15) sind die Begriffe, die Gilroy einsetzt, um die Kultur des *Black Atlantic* zu beschreiben. Dabei ist die sich aus den (macht)politischen Bedingungen ergebende kulturelle Ambivalenz, so kreativ sie auch sein mag, nicht nur positiv: Ist das Ergebnis des Black Atlantic ein »selbstbewusster« und »aufsässiger« »bastard« (ebd.), so zeigen sich dafür »Brüche und Risse, die durch Exil, Verlust, Brutalität, Stress und erzwungene Trennung« (ebd.: 17) hervorgerufen werden. Die »*spatial dislocation*« (ebd.) zieht nicht nur Kreativität, sondern auch Angst nach sich. »Trost [wird] durch die Vermittlung von Leiden geschaffen.« (Ebd.: 22) Gilroys Konzept des Black Atlantic eröffnet eine wichtige Perspektive für transkulturelles Denken, denn es erinnert daran, dass Kulturen nicht in einem machtfreien Raum entstehen, sondern dass die Kehrseite der viel gepriesenen kulturellen Fluidität Vertreibung, Flucht, Armut, Heimatlosigkeit, Gewalt und Tod ist.

10 Das erinnert an Welschs Idee, dass Kulturen heute keine »Inseln« mehr sind – der riesige, auch unbeherrschbare Ozean, der ständig in Bewegung ist, steht diesen abgeschlossenen Inseln entgegen, ist eine Art Schmelztiegel, in dem die verschiedenen Kulturen ineinander laufen (vgl. Welsch 1999).

Nina Glick Schiller, Linda Basch und Cristina Blanc-Szanton gehen in ihrem Konzept vom »Transmigranten« – dessen großes Plus sie darin sehen, dass er nicht nur in einer, sondern in zwei Kulturen dauerhaft verankert ist – von einem Übergangsritual aus, das mit der Migration verbunden ist. Sie grenzen diesen Typus des Migranten aber explizit von einem Szenario des leidenden Heimatlosen ab: »Heute [...] neigen Migranten immer mehr dazu, Netzwerke, Aktivitäten und Lebensmuster zu schaffen, die sowohl ihre Gast- als auch ihre Heimatgesellschaften umfassen.« (Glick Schiller/Basch/Blanc-Szanton 1997: 81) Soziale Netze funktionieren mithilfe einer Logik der Gabe und des Tauschs, denn sowohl Geschenke im familiären Verbund als auch ein »System legalisierten Austauschs« (ebd.: 85) sorgen dafür, dass die Transmigrant/-innen an zwei Kulturen partizipieren.

Mit der Figur des Transmigranten und einem dynamischen Modell, das sie als »Transnationalismus« bezeichnen, wenden sich Glick Schiller, Basch und Blanc-Szanton gegen statische sozialwissenschaftliche und anthropologische Konstrukte von Gruppen, die als geschlossene Einheiten betrachtet werden. (Vgl. ebd.: 87) Ihr eigenes Modell betten sie in ein »globales kapitalistisches System« einschließlich »differentieller Gewalt und Ungleichheit« (ebd.: 90) ein, an dem die Transmigranten teilhaben; in diesem Modell, wie in dem des *Black Atlantic*, bestimmt ein ökonomischer Rahmen (hier der »Weltkapitalismus«, dort die Sklaverei) das ungleiche Kräfteverhältnis zwischen den transkulturellen Akteuren. Wesentlich ist dabei jedoch, dass die heutigen Transmigranten im Vergleich zur Vergangenheit nicht mehr nur Opfer in der Fremde sind, sondern zudem ein kreatives Potential besitzen, da sie »fluide und multiple Identitäten« (ebd.: 94) ausbilden. Transmigranten, so die Schlussfolgerung, stellen »eine Herausforderung an unsere gegenwärtigen Formulierungen von nationalen Projekten dar«. Grenzziehungen zwischen »eigen« und »fremd« scheinen immer problematischer zu werden, ohne dabei allerdings ganz zu verschwinden.

Während Theorien der Transkulturalität, des *Black Atlantic* oder der Transmigration die Bewegung im Raum beobachten, blenden sie eine wichtige Station aus: die Grenze. Gilroys Atlantik wäscht diese Grenze buchstäblich weg und transkulturelle Modelle lassen die Grenze hinter sich. Dennoch bilden die Grenze, die Grenzmarkierung und damit auch die Grenzüberschreitung die Folie für einen utopischen Entwurf eines grenzenlosen, transkulturellen Raums. Gayatri Chakravorty Spivak befasst sich in ihrem Buch *Death of a Discipline* – das der Disziplin der Komparatistik (*Comparative Literature*) gewidmet ist – mit der Grenzüberschreitung zwischen den Disziplinen und innerhalb der Komparatistik, einem per se grenzüberschreitenden Fach. Ausgehend von Derridas Bemerkung, dass Grenzüberschreitungen eine »problematische Angelegenheit« (»a problematic affair«, Spivak 2003: 16) sind, stellt sie fest, dass manche Grenzüberschreitungen problematischer sind als andere:

»borders are easily crossed from metropolitan countries, whereas attempts to enter from the so-called peripheral countries encounter bureaucratic and policed frontiers, altogether more difficult to penetrate.« (Ebd.)

Das gilt nicht nur für Menschen, die eine Staatsgrenze überschreiten, sondern auch für Sprachen und Literaturen, die »kulturelle« Grenzen überqueren wollen. Spivak bezeichnet die Ausgrenzung »subalterner« Kulturen aus dem scheinbar offenen transkulturellen Raum als »restricted permeability of global culture«, begrenzte Durchlässigkeit der globalen Kultur. (Ebd.) Spivak erinnert uns daran, ebenso wie Gilroy und Glick Schiller, Basch, Szanton-Blanc, dass Modelle von Transkulturalität, die Offenheit, Dynamik und Beweglichkeit feiern, auch die Schattenseiten zu berücksichtigen haben: ökonomische, politische und rassistische Strategien der Exklusion.

Letztlich stellt sich also die Frage, ob nicht auch das Konzept der Transkulturalität, das auf Dynamik und Offenheit zwischen Kulturen setzt, nicht dem Kulturalismus verfällt. Es bleibt schließlich wahrscheinlich, dass kein einziges Problem, kein einziger Konflikt transkultureller Dynamik tatsächlich auf »kulturelle« Gründe zurückzuführen ist, sondern dass es jeweils ökonomische, soziale oder politische Gründe sind, die Kulturkonflikte auslösen. Transkulturalität wäre dann eine systemische Bedingung für das Überleben von Kultur(en). Der Versuch, transkulturelle Dynamiken in positive und negative Aspekte einzuteilen, wäre nichts anderes als der gescheiterte aufklärerische Versuch, humanistischen Universalismus und einen potentiell rassistischen Relativismus zu vereinen. Letztlich provoziert der Transkulturalismus die Frage, ob es nicht das Konzept »Kultur« selbst ist, das man aufgeben muss, um den Anforderungen der Gegenwart gerecht zu werden. Das allerdings wird nicht allgemein, sondern in den verschiedenen wissenschaftlichen sozialen und politischen Diskursen entschieden werden müssen.

KULTUREN IN BEWEGUNG: DIE BEITRÄGE

Im vorliegenden Band werden *Kulturen in Bewegung* aus den verschiedensten disziplinären Perspektiven betrachtet, wobei *Teil I, Konzeptualisierungen*, unterschiedliche theoretische Zugänge zum Thema umfasst und dabei Begriffe aus dem semantischen Feld der Transkulturalität betrachtet: den der Transkulturalität selbst, den des Kosmopolitismus, des Multikulturalismus und der Weltliteratur. Der Beitrag von *Wolfgang Welsch* führt in das Thema ein; Kulturen, so Welschs These, sind heute anders, nicht mehr voneinander abgegrenzt, sondern geprägt von »Durchdringungen« und »Verflechtungen« – der Begriff und das Konzept der Transkulturalität versucht, dieser durch Migration und Globalisierung bzw. Hybridisierung geprägten Wirklichkeit gerecht zu werden, und schreibt gegen das »alte Kulturmodell und seine [...] Differenz-Fiktion« an.[11] Welschs Entwurf einer Transkulturalität hat ein utopisches Potential: »Vielleicht kommen wir im Zeitalter der Transkulturalität tatsächlich dem alten Traum von einer ›Family of Man‹ ein Stück näher«,[12] heißt es abschließend.

Auch *Dorothee Kimmich* nähert sich der Transkulturalität zunächst auf konzeptueller Ebene, indem sie den Begriffen einer »Leitkultur« und dem der »Multikulturalität« nachgeht: »Multikulti ist gescheitert«, so die deutsche Bundeskanzlerin – ein Befund, der sich bei näherer Betrachtung als Furcht vor einem radikalen Islamismus lesen lässt, als ein »clash of civilizations« im Sinne Huntingtons. Die Literatur führt vor, dass die Lösung weder im fröhlichen Nebeneinander noch im reinen Gegeneinander gesucht werden muss, sondern in einem Raum zwischen Ähnlichkeit und Differenz, zwischen Konflikten und Annäherung, wie am Beispiel von Franz Kafkas Erzählung »Beim Bau der chinesischen Mauer« gezeigt wird.

Galin Tihanov greift ein anderes Konzept auf, das des Kosmopolitismus: In seinem Beitrag geht er zunächst den Legitimationsstrategien des Kosmopolitismus nach, um in einem nächsten Schritt zu zeigen, wie die Politische Theorie und die Vergleichende Literaturwissenschaft damit umgehen. Aufgrund verschiedener Konzepte des Kosmopolitismus kommt Tihanov zu dem Schluss, dass Kosmopolitismus die Entwicklung einer Polis begleiten kann, aber nicht muss, dass er aber

11 Welsch, in diesem Band: 30.

12 Welsch, in diesem Band: 38.

auf jeden Fall ein Indikator der Bewegungen einer Polis ist. Das erste Beispiel ist Kants Aufsatz »Zum ewigen Frieden« (und sein diskursives Umfeld) vor dem Hintergrund der Entstehung eines deutschen Nationalgefühls, wo deutlich wird, dass Nationalismus und Kosmopolitismus als zwei parallele Strömungen begriffen wurden, die einander nicht ausschließen. Das zweite Beispiel ist das Konzept der Weltliteratur (und das der Vergleichenden Literaturwissenschaft), »in dessen Rahmen die Literatur als Möglichkeit verstanden wird, über den Kosmopolitismus und sein komplexes Zusammenspiel mit dem Nationalismus nachzudenken«.[13]

Tihanovs Überlegungen zur Weltliteratur vor dem Hintergrund des Kosmopolitismus werden in *Annette Werbergers* Aufsatz über Weltliteratur aus einer anderen Perspektive betrachtet, denn darin geht es um eine »Literaturgeschichtsschreibung als Verflechtungsgeschichte«.[14] Beschrieben werden »asymmetrische Kulturbeziehungen und interkontinentale literarische Verflechtungen«.[15] Werberger zeigt neue Möglichkeiten der Literaturgeschichtsschreibung, transkulturelle Phänomene in den Blick zu nehmen, und stellt in ihrem Beitrag Ansätze vor, die versuchen, über die nationalhistorische Beschreibung von Literatur hinaus zu gehen, so dass sowohl Bindestrich-Literaturen als auch orale Kulturen Eingang in einen neuen, transkulturellen Kanon finden. Am Beispiel Galiziens – einem traditionell transkulturellen Raum – zeigt sie, wie eine solche transkulturelle Literaturgeschichtsschreibung funktionieren kann.

In *Teil II* geht es um die *Realisierungen* transkultureller Konzepte in den verschiedenen Disziplinen: in der Religionswissenschaft, der Erziehungswissenschaft und im Bereich des Rechts; abschließend wird ein konkretes Projekt der Auswärtigen Kulturpolitik vorgestellt. *Bernhard Maiers* Beitrag befasst sich, ausgehend von den transkulturellen Bewegungen eines Karostoffes (*plaid* oder *tartan*), mit dem Fortleben heidnischer Vorstellungen im Christentum; untersucht wird diese Frage am Beispiel der altirischen Erzählung *Echtrae Chonnlai* (*Connlaes abenteuerliche Fahrt*) aus dem 8. Jahrhundert. Transkulturalität ist hier eher zeitlich als räumlich gespannt, wenn nachgewiesen wird, dass in dieser christlichen Erzählung zeitlich weit entfernte Versatzstücke aus

13 Tihanov, in diesem Band: 89f.

14 Werberger, in diesem Band: 109.

15 Werberger, in diesem Band: ebd.

heidnischen Mythen zu finden sind, so dass das Ergebnis ein kulturelles und historisches Hybrid ist.

S. Karin Amos und *Rainer Treptow* untersuchen Heterogenität und Ambivalenz im Bereich der Erziehungswissenschaft. Der Beitrag besteht aus zwei Teilen, der erste Teil eröffnet eine historische Dimension, indem er am Beispiel Schule zeigt, wie in einer Zeit, in der der Nationalstaat zum »nahezu alternativlosen Organisationsmodell«[16] wird, mit Heterogenität, Ambivalenz und Eindeutigkeit umgegangen wurde; der zweite Teil geht der Frage am Beispiel der Familienberatung nach, um zu zeigen, dass Heterogenität und Ambivalenz als Unsicherheitsfaktoren empfunden werden. Ausgehend von diesem konkreten Beispiel skizziert Treptow die Problematik, aber auch die Chancen, die sich zwischen einem Zuviel an Möglichkeiten und einer kulturellen Eindeutigkeit für die Erziehung eröffnen.

In *Joachim Vogels* Beitrag geht es um die Internationalisierung, Europäisierung und Transkulturalisierung des Strafrechts: »Einerseits standen und stehen nationale Strafrechtsordnungen seit je her im Austausch miteinander, und es kam und kommt zu ›Rechtstransplantaten‹ (›legal transplants‹) [...] Andererseits schreitet die externe Vernetzung nationaler Strafrechtsordnungen immer stärker voran«, so der Befund.[17] Ausgehend von verschiedenen nationalen »Strafrechtskulturen« werden darin enthaltene transkulturelle Phänomene aufgezeigt, um schließlich das supranationale Strafrecht (Völkerstrafrecht) in den Blick zu nehmen. Mit Rückbezug auf die Theorie des Philosophen Otfried Höffe formuliert Vogel einen Ausblick auf eine »internationale Strafrechtskultur«, die auf den »kulturoffen interpretierten universellen oder zumindest regional, z.B. in Europa, anerkannten Menschenrechte[n]« basiert.[18]

Ronald Grätz stellt ein Beispiel aus der transkulturellen Praxis vor: das Musikprojekt »Lisboa – Maputo – Berlin«, das das »Überlebensprojekt«, wie Grätz die »kulturelle Beschäftigung mit anderen Kulturen« nennt,[19] praktisch umzusetzen versuchte und als eine »Plattform für Transkulturalität«[20] fungierte. Um herauszufinden, ob mit den

16 Amos/Treptow, in diesem Band: 166.

17 Vogel, in diesem Band: 196f.

18 Vogel, in diesem Band: 214.

19 Grätz, in diesem Band: 220.

20 Grätz, in diesem Band: 221.

Künstlern auch die Kunst migriert und wie die Kunst des Herkunfts- mit dem Zielland in einen Dialog traten, wurde auf Initiative des Goethe-Instituts und unter der Leitung der Berliner Musikerin Céline Rudolph in Lissabon eine Band zusammengestellt, deren Mitglieder aus dem lusophonen Afrika kamen und die in Lissabon lebten und arbeiteten. Dabei zeigte sich, dass es den Musikern weniger darum ging, über ihre (transkulturelle) Kunst zu reflektieren als diese Kunst zu machen.

Teil III widmet sich einer *›transkulturellen Literatur‹*, womit Literatur gemeint ist, die sich explizit mit dem Anderen auseinander setzt und dieses Andere reflektiert, denn tentativ ließe sich formulieren, dass Literatur – wie Kunst überhaupt – immer schon transkulturell ist. Dabei geht es um Literatur in einem Raum, der traditionell transkulturell ist (Zentraleuropa), um eine (literarische) Reise des Orients in den Westen, bei dem ein kulturelles Konzept mit einem ästhetischen verschränkt wird (T.S. Eliot), und um neueste amerikanisch-arabische Kulturbewegungen. *Renata Makarska* bezieht sich in ihrem Aufsatz auf zeitgenössische Literatur in Zentraleuropa und stellt Autoren vor, die diesen Raum unterschiedlich wahrnehmen, sei es als »familiäres Europa» (Czesław Miłosz), als eine Art kulturelles Manifest (Jurij Andruchovyč), als Raum der »amputierten Erinnerung« (Andrzej Zawada) oder als einen vom »Mythos Kakanien« geprägten Raum mit dem Recht auf Differenz (Michal Hvorecký).

Lars Eckstein und *Günter Leypoldt* nehmen eine Neulektüre von T.S. Eliots Gedicht *Journey of the Magi* von 1927 vor, das meist entweder aus biographischer Perspektive oder als Thematisierung spiritueller Übergänge gedeutet wird. Eckstein und Leypoldt dagegen lesen *Journey of the Magi* als »eine Geschichte über kulturelle Begegnungen und Zwischenräume [...], die zentral für kulturwissenschaftliche Theorien des Transkulturellen sind«.[21] Dabei liegt der Clou ihrer Interpretation der Reise der drei Weisen aus dem Morgenland in den Westen darin, dass sie die Transkulturalität mit dem Erhabenen verbinden: Schrecken und Ekstase, Fluch und Ermächtigung sind in der transkulturellen Begegnung (und in Eliots Gedicht) zu finden, was vor einem Theoriehorizont, der u.a. Edmund Burke, Paul Gilroy und Homi Bhaba umfasst, dargelegt wird. Zum Schluss der Analyse gelangen Eckstein und Leypoldt in einer Wendung vom Transkulturell-Erhabenen zum Transkulturell-Banalen.

21 Eckstein/Leypoldt, in diesem Band: 263.

Markus Schmitz zeichnet ein diskursives Feld arabisch-angloamerikanischer literarischer Beziehungen, die er bis zu einem Roman von Ameen Rihani aus dem Jahr 1911 zurück verfolgt. Im Zentrum aber stehen die audio-visuellen und literarischen Arbeiten dreier arabisch-amerikanischer zeitgenössischer Künstler (bzw. zweier Künstler und einer Künstlerin). Im Rückgriff auf das von Linda Basch, Nina Glick-Schiller und Cristina Szanton-Blan eingebrachte Konzept der Transmigration geht es Schmitz darum, das ideologiekritische Potential transmigrantischer Kunst sichtbar zu machen.

***

Unser Dank geht an die Autoren und Autorinnen dieses Buches, an das Ministerium für Wissenschaft, Forschung und Kunst Baden-Württemberg, das den Druck finanziell unterstützt, und an den transcript Verlag für die Betreuung des Bandes. Katharina List und Eduard Voll haben den Band redaktionell bearbeitet und eingerichtet, unterstützt wurden sie dabei von Sara Bangert, Anja-Simone Michalski und Claudia Zilk. Ihnen danken wir ganz besonders.

LITERATUR

Bachmann-Medick, Doris (2006): *Cultural Turn. Neuorientierungen in den Kulturwissenschaften.* Hamburg.

De Certeau (1988): »Berichte von Räumen«. In: Ders.: *Kunst des Handelns.* Berlin, 215-238.

Foucault, Michel (2005): »Von anderen Räumen« [1967/1984]. In: Ders.: *Schriften in vier Bänden. Dits et écrits*, Bd. 4. Hg. v. Daniel Defert und François Ewald. Übers. v. Michael Bischoff u.a. Frankfurt a. M., 931-942.

Gaider, Thomas (2009): »Weltliteratur in der Perspektive einer Longue Durée II: Die Ökumene des swahili-sprachigen Ostafrika«. In: Özkan Ezli/Dorothee Kimmich/Annette Werberger (Hg.): *Wider den Kulturenzwang. Migration, Kulturalisierung und Weltliteratur.* Bielefeld, 361-401.

Gilroy, Paul (2004): »Der *Black Atlantic*«. In: Haus der Kulturen der Welt (Hg.): *Der Black Atlantic.* Berlin, 12-32.

Glick Schiller, Nina/Basch, Linda/Blanc-Szanton, Christina (1997): »Transnationalismus: Ein neuer analytischer Rahmen zum Verständnis von Migration«. In: Heinz Kleger (Hg.): *Transnationale Staatsbürgerschaft*. Frankfurt a. M./New York, 81-105.

Lotman, Jurij (2010): *Die Innenwelt des Denkens: Eine semiotische Theorie der Kultur*. Hg. von Susi K. Frank/Cornelia Ruhe/Alexander Schmitz. Übersetzt von Gabriele Leupold/Olga Radetzkaja. Frankfurt a. M.

Ortiz, Fernando (1973 [1940]): *Contrapunteo cubano del tabaco y azúcar*. Barcelona.

Pratt, Mary Louise (1992): *Imperial Eyes: Travel Writing and Transculturation*. London

Schlögel, Karl (2003): *Im Raume lesen wir die Zeit. Über Zivilisationsgeschichte und Geopolitik*. München/Wien.

Schroer, Markus (2006): *Räume, Orte, Grenzen. Auf dem Weg zu einer Soziologie des Raumes*. Frankfurt a. M.

Soja, Edward W. (1991): »Geschichte: Geographie: Modernität«. In: Martin Wentz (Hg.): *Stadt-Räume*. Frankfurt a. M./New York, 73-90.

Spivak, Gayatri Chakravorty (2003): »Crossing Borders«. In: Dies.: *Death of a Discipline*. New York, 1-23.

Welsch, Wolfgang (1999): »Transculturality: The Puzzling Form of Cultures Today«. In: Mike Featherstone/Scott Lash (Hg.): *Spaces of Culture. City, Nation, World*. London/New Delhi, 194-213.

I. Konzeptualisierungen

Was ist eigentlich Transkulturalität?*

WOLFGANG WELSCH

Wir Menschen sind wesentlich Kulturwesen. Das gilt individuell wie gesellschaftlich. Zum Heranwachsen der Individuen gehört die Hervorbildung kultureller Fähigkeiten und das Hineinwachsen in eine Kultur. Und diese Kultur fußt ihrerseits auf einer langen, im Verlauf der Menschheitsgeschichte erfolgten kulturellen Evolution, die von der Beherrschung des Feuers über die Gründung von Städten bis hin zur Erfindung des Internet reicht.

Nun hat der Kulturbegriff mindestens zwei Dimensionen, und ich rate, diese zu unterscheiden. Da ist zunächst die *inhaltliche* Bedeutung von Kultur, wo ›Kultur‹ als Sammelbegriff für diejenigen Praktiken steht, durch welche die Menschen ein menschentypisches Leben herstellen. Diese inhaltliche Bedeutung umfasst Alltagsroutinen, Kompetenzen, Überzeugungen, Umgangsformen, Sozialregulationen, Weltbilder und dergleichen. Zweitens haben wir aber, von ›Kultur‹ sprechend, in den meisten Fällen auch eine geographische oder nationale oder ethnische *Extension* dieser Praktiken im Sinn. ›Kultur‹ bezieht sich hier auf die Ausdehnung derjenigen Gruppe (oder Gesellschaft oder Zivilisation), für welche die betreffenden kulturellen Inhalte bzw. Praktiken charakteristisch sind.

---

* Dieser Text ist eine gekürzte Fassung von Wolfgang Welsch: »Was ist eigentlich Transkulturalität?« In: Lucyna Darowska/Claudia Machold (Hg.): *Hochschule als transkultureller Raum? Beiträge zu Kultur, Bildung und Differenz*. Bielefeld: transcript 2009, 39-66. – Abgedruckt mit freundlicher Genehmigung des Autors.

[...] Die begriffliche Revision, die das Konzept der Transkulturalität vorschlägt, bezieht sich nun vor allem auf die zweite, auf die extensionale Bedeutungsdimension von ›Kultur‹. Es rät, diese Extension anders zu verstehen als traditionell. Nämlich nicht mehr nach dem alten Modell klar gegeneinander abgegrenzter Kulturen, sondern nach dem Modell von Durchdringungen und Verflechtungen. Und zwar deshalb, weil Kultur heute – so die Behauptung – de facto derart permeativ und nicht separatistisch verfasst ist.

Darauf will das Konzept der Transkulturalität das Augenmerk lenken, dieser Verfassung will es gerecht werden. Als ich vor bald 20 Jahren anfing, dieses Konzept zu entwickeln, trieb mich der Eindruck an, dass unser herkömmlicher Kulturbegriff auf seinen Gegenstand, die heutigen Kulturen, schlicht nicht mehr passt. Die zeitgenössischen Kulturen schienen mir eine andere Verfassung angenommen zu haben, als die althergebrachten Vorstellungen von Kultur noch immer behaupteten oder suggerierten. Insofern galt es, eine neue Konzeptualisierung von ›Kultur‹ zu erarbeiten. ›Transkulturalität‹ will den heutigen kulturellen Verhältnissen gerecht werden.[1]

I. DAS TRADITIONELLE KUGELMODELL DER KULTUR

Am überkommenen Kulturverständnis – wie es gegen Ende des 18. Jahrhunderts maßgeblich durch Herder geprägt wurde (vgl. Herder 1774, Herder 1784-1791) – ist insbesondere die extensionale Bestimmung von Kultur zu kritisieren.[2] Kulturen werden nach dem Modell

1 Erstmals habe ich das Konzept vorgestellt in: »Transkulturalität – Lebensformen nach der Auflösung der Kulturen« (1992). Viele erweiterte Fassungen folgten, vgl. zuletzt: »Transkulturelle Gesellschaften« (2005). Universalistische Aspekte berücksichtige ich in »Über Besitz und Erwerb von Gemeinsamkeiten« (2006). – Hinsichtlich der hier vorgelegten Fassung bin ich den Heidelberger und Bielefelder Studierenden und Kollegen für viele Anregungen anlässlich der Vorträge und Diskussionen im Jahr 2009 dankbar.

2 Hinsichtlich der inhaltlichen Bedeutung von ›Kultur‹ hingegen war Herders Konzept zukunftsweisend, sofern es die ganze Breite kultureller Erscheinungen in den Blick nahm (sich also nicht etwa auf akademische

von Kugeln verstanden. So erklärt Herder paradigmatisch: »jede Nation hat ihren *Mittelpunkt* der Glückseligkeit *in sich* wie jede Kugel ihren Schwerpunkt!« (Herder 1967: 44f.) Zu diesem Kugelmodell gehören ein internes Homogenitätsgebot und ein externes Abgrenzungsgebot. Im Innenbezug soll die Kultur das Leben eines Volkes im ganzen wie im einzelnen prägen und jede Handlung und jedes Objekt zu einem unverwechselbaren Bestandteil gerade *dieser* Kultur machen;[3] Fremdes ist in dieser Konzeption minimiert. Und im Außenbezug gilt strikte Abgrenzung: Jede Kultur soll, als Kultur *eines* Volkes, von den Kulturen *anderer* Völker spezifisch unterschieden und distanziert sein. Herder: »Alles was mit meiner Natur noch *gleichartig* ist, was in sie *assimiliert* werden kann, beneide ich, strebs an, mache mirs zu eigen; *darüber hinaus* hat mich die gütige Natur mit *Fühllosigkeit*, *Kälte* und *Blindheit* bewaffnet; sie kann gar *Verachtung* und *Ekel* werden.« (Herder 1967: 45) Das Kugelideal verfügt also im gleichen Zug inneren Homogenisierungsdruck und äußere Abgrenzung (bis hin zu expliziten Formen der Feindseligkeit).

[...] Wären die zeitgenössischen Kulturen also tatsächlich kugelartig verfasst, dann ließen sich die Schwierigkeiten ihrer Koexistenz und Kooperation – bei allen gutgemeinten Bemühungen – aus systematischen Gründen nicht loswerden oder lösen. Aber mein Punkt ist, dass die Beschreibung zumindest heutiger Kulturen als Kugeln deskriptiv falsch ist. Unsere Kulturen haben de facto längst nicht mehr die Form der Homogenität und Separiertheit, sondern sie durchdringen einander, sie sind weithin durch Mischungen gekennzeichnet. Diese neue Struktur suche ich durch das Konzept der ›Transkulturalität‹ zu fassen. [...]

Bildungsgüter oder museumsdienliche Kulturleistungen konzentrierte) und ob der Berücksichtigung auch von Alltagskultur und Technik beispielsweise gegen die muffige Gegenüberstellung von ›hoher Kultur‹ und ›niedriger Zivilisation‹, wie sie im deutschsprachigen Raum im 19. Jahrhundert aufkam, immun war.

3 In diesem Sinn hat T.S. Eliot neo-herderisch noch 1948 erklärt, dass Kultur »die Gesamtform« sei, »in der ein Volk lebt – von der Geburt bis zum Grabe, vom Morgen bis in die Nacht und selbst im Schlaf.« (T.S. Eliot 1967: 29) Anscheinend war Eliot der Auffassung, dass die Menschen jeweils nationalspezifisch auf die gleiche Weise atmen, schwitzen, schlafen etc.

Das neue Leitbild sollte nicht das von Kugeln, sondern das von Geflechten sein.

II. TRANSKULTURALITÄT

[...]

1. Makroebene: der veränderte Zuschnitt heutiger Kulturen

a. Externe Vernetzung und interner Hybridcharakter der Kulturen

Zeitgenössische Kulturen sind extern denkbar stark miteinander verbunden und verflochten. Die Lebensformen enden nicht mehr an den Grenzen der Einzelkulturen von einst (der vorgeblichen Nationalkulturen), sondern überschreiten diese, finden sich ebenso in anderen Kulturen. Die Lebensform eines Ökonomen, eines Wissenschaftlers oder eines Journalisten ist nicht mehr einfach deutsch oder französisch, sondern – wenn schon – europäisch oder global geprägt.

Und intern sind zeitgenössische Kulturen weithin durch *Hybridisierung* gekennzeichnet. Für jedes Land sind die kulturellen Gehalte anderer Länder tendenziell zu Binnengehalten geworden. Das gilt auf der Ebene der Bevölkerung, der Waren und der Information: Weltweit leben in der Mehrzahl der Länder auch Angehörige aller anderen Länder dieser Erde; immer mehr werden die gleichen Artikel (wie exotisch sie einst auch gewesen sein mögen) allerorten verfügbar; zudem machen die elektronischen Kommunikationstechniken quasi alle Informationen von jedem Punkt aus identisch verfügbar.

Derlei Veränderungen sind eine Folge von weltweiten Verkehrs- und Kommunikationssystemen sowie des globalen Kapitalismus. Die Neuerungen sind von den Menschen nicht aus freien Stücken erfunden, sondern sind ihnen in etlichen Fällen durch Macht, ökonomische Abhängigkeit, Ungleichverteilung, Migrationsprozesse usw. aufgezwungen worden. Deskriptiv aber muss man sie, auch wenn man die Ursachen für anstößig hält, zur Kenntnis nehmen. Im Übrigen werden wir sehen, dass die Veränderungen auch einige normativ positive Implikationen aufweisen.

b. Vieldimensionalität des Wandels

Nun ist es wichtig zu sehen, dass die neuartigen Durchdringungen und Verflechtungen der Kulturen nicht nur – wie fälschlicherweise oft behauptet wird – die Konsumkultur (McDonald's, Coke, etc.), sondern *sämtliche* kulturellen Dimensionen betreffen, dass sie von den täglichen Routinen bis hin zur Hochkultur reichen.

Beispielsweise wird die Medizin zunehmend transkulturell: in den asiatischen Ländern dringt die westliche Medizin vor, und im Westen greift man zunehmend zu Akupunktur, Quigong und Ayurveda. Oder in der Popkultur ist eine nationale Zuordnung der Stars längst anachronistisch geworden. Die Spice Girls wurden in Deutschland nicht weniger frenetisch gefeiert als in Großbritannien, und nachdem David Bowie oder Michael Jackson berühmt geworden waren, konnte man ihren Zwillingen überall auf der Welt begegnen.[4]

[...] Ebenso ist in der ›hohen‹ Kultur die Mischung evident: Theaterpraktiken verbinden heute klassisch-europäisches Sprechtheater mit Kabuki und Ritualen der First Nation People. Die Entwicklung des Modern Dance war seit langem durch eine Kombination europäischer, amerikanischer und asiatischer Elemente gekennzeichnet. Und wer häufig Konzerte besucht, empfindet so unterschiedliche Musiken wie die von Mozart und Mahler, Ives und Bernstein oder Debussy und Takemitsu als Teil seiner Identität.

Schließlich wirkt sich die zeitgenössische kulturelle Durchdringung – die Transkulturalisierung – auch auf Grundfragen des individuellen und gesellschaftlichen Selbstverständnisses aus. Identische Problem- und Bewusstseinslagen treten heute in den angeblich so verschiedenen Kulturen auf – man denke etwa an Menschenrechts-Diskussionen, an die feministische Bewegung oder das ökologische Bewusstsein. Sie stellen mächtige Wirkfaktoren quer durch die verschiedenen

4 Und Michael Jackson hat in seinem berühmten Video »Black or White« von 1991 selbst transkulturelle Verwandlungen inszeniert: er wandert dort durch verschiedene Kulturen (afrikanische, südostasiatische, indianische, indische, russische Kultur), und Individuen verwandeln sich durch Morphing ineinander (von Mann zu Frau, von weiß zu schwarz, von asiatisch zu afrikanisch usw.).

Kulturen dar.[5] Dem alten Kulturmodell und seiner Differenz-Fiktion zufolge wäre dergleichen ganz unmöglich – was umgekehrt die Obsoletheit dieses Modells zeigt.

2. Mikroebene

a. Transkulturelle Prägung der Individuen

Transkulturalität dringt aber nicht nur auf der gesellschaftlichen Makroebene, sondern ebenso auf der individuellen Mikroebene vor. Dies ist im allgemeinen Bewusstsein unterbelichtet, mir aber besonders wichtig. Die meisten unter uns sind in ihrer kulturellen Formation durch *mehrere* kulturelle Herkünfte und Verbindungen bestimmt. Wir sind kulturelle Mischlinge. Die kulturelle Identität der heutigen Individuen ist eine Patchwork-Identität.

Da heutige Heranwachsende schon alltäglich mit einer weitaus größeren Anzahl kultureller Muster bekannt werden als dies in der Elterngeneration der Fall war – man trifft schlicht auf der Straße, im Beruf, in den Medien mehr Menschen mit unterschiedlichem kulturellem und ethnischem Hintergrund als zuvor –, können sie bei ihrer kulturellen Identitätsbildung eine Vielzahl von Elementen unterschiedlicher Herkunft aufgreifen und verbinden. Das betrifft nicht etwa nur Migranten, sondern alle Heranwachsenden. Die Alternativen zum Standard von einst liegen heute nicht mehr außer Reichweite, sondern sind Bestandteil des Alltags geworden. Heutige Menschen werden zunehmend *in sich* transkulturell.[6]

5 Dabei handelt es sich nicht einfachhin um einen Export westlicher Vorstellungen, sondern es kommt ebenso rückwirkend zu Modifikationen: Die Bejahung des Eigentums beispielsweise, von der indische Frauenrechtlerinnen gesagt haben, dass sie eine unabdingbare Voraussetzung ihrer Emanzipation darstellt, hat manche westliche Kritiker des Privateigentums umzudenken veranlasst. – Ich verdanke diesen Hinweis Martha C. Nussbaum.

6 So betont auch die US-amerikanische Politologin Amy Gutmann, dass heute »die Identität der meisten Menschen – und nicht bloß die von westlichen Intellektuellen oder von Eliten – [...] durch mehr als eine einzige Kultur geformt« ist. »Nicht nur Gesellschaften, auch Menschen sind multikulturell.« (Gutmann 1995: 284)

Innere Pluralität hat bei exquisiten Subjekten gewiss früher schon bestanden. Novalis erklärte, dass eine Person »mehrere Personen zugleich ist« (Novalis 1983: 250 [63]), weil »*Pluralism* [...] unser innerstes Wesen« (ebd.: 571 [107]) ist, Walt Whitman verkündete »I am large ... I contain multitudes« (Whitman 1985: 84 [1314-1316]), und Ibsens Peer Gynt (Uraufführung 1876) entdeckt, als er seine Identität erforscht, eine ganze Reihe von Personen in sich: einen Passagier, einen Goldgräber, einen Archäologen, einen Propheten, einen Bonvivant usw. – so wie er auch äußerlich ein Wanderer zwischen unterschiedlichen Ländern und Kulturen ist: zwischen seiner norwegischen Heimat und Marokko, der Sahara und Ägypten, dem Atlantik und dem Mittelmeer und zahlreichen mythischen Orten. Peer Gynt ist eine geradezu paradigmatische Figur der Transkulturalität. Er repräsentiert den Übergang vom alten Ideal der Person als Monade (kugelartig, monolithisch wie das alte Konzept der Kulturen) zur neuen Seinsweise des Nomaden, des Wanderers zwischen verschiedenen Welten und Kulturen – ein kleiner Buchstabentausch, und alles ist anders. Was einst nur für exquisite Subjekte gegolten haben mag, scheint heute zunehmend zur Wirklichkeit von jedermann zu werden.[7]

Die *interne* Transkulturalität der Individuen scheint mir der entscheidende Punkt zu sein. Man sollte nicht nur davon sprechen, dass heutige Gesellschaften unterschiedliche kulturelle Modelle in sich befassen (»cultural diversity«), sondern das Augenmerk darauf richten, dass die Individuen heute durch mehrere kulturelle Muster geprägt sind, unterschiedliche kulturelle Elemente in sich tragen.

b. Interne Transkulturalität erleichtert den Umgang mit externer Transkulturalität

Die innere Transkulturalität der Individuen befähigt diese nun zugleich, mit der äußeren Transkulturalität besser zurechtzukommen. Denn ein Individuum, in dessen Identität eine ganze Reihe kultureller Muster Eingang gefunden hat, besitzt bezüglich der Vielzahl kultureller Praktiken und Manifestationen, die sich in seiner gesellschaftlichen Umwelt finden, größere Anschlusschancen, als wenn die eigene Identität nur durch ein einziges Muster bestimmt wäre. Man kann an mehr

7 Vgl. zum Thema des pluralen Subjekts Welsch 1991; ferner: Welsch [1995] 2007: 829-852.

Phänomenen Interesse finden, mit einer größeren Anzahl sich verbinden – die *plug-in*-Rate ist höher. Das betrifft natürlich auch die direkte Kommunikation von Individuum zu Individuum. Denn aus je mehr Elementen die kulturelle Identität eines Individuums zusammengesetzt ist, umso wahrscheinlicher ist es, dass eine Schnittmenge mit der Identität anderer Individuen besteht, und von daher können solche Individuen bei aller sonstigen Unterschiedlichkeit in weit höherem Maß als früher in Austausch und Kommunikation eintreten; sie können bestehende Gemeinsamkeiten entdecken und neue entwickeln, sie werden in der Begegnung mit ›Fremdem‹ eher in der Lage sein, statt einer Haltung der Abwehr Praktiken der Kommunikation zu entwickeln. Darin liegt einer der großen Vorteile des Übergangs zu Transkulturalität. [...]

III. ERGÄNZUNGEN

1. Das Transkulturalitätskonzept im Verhältnis zu den Konzepten der Multikulturalität und der Interkulturalität

Verschiedentlich wird das Transkulturalitätskonzept mit den Konzepten der Multikulturalität und der Interkulturalität in Verbindung gebracht. Oft werden die entsprechenden Ausdrücke geradezu synonym verwendet.

Aus der Sicht meines Transkulturalitätskonzepts bestehen jedoch große Unterschiede. Die Konzepte der Multi- und der Interkulturalität halten noch immer am alten Kugelmodell fest. Der Unterschied zwischen beiden ist nur, dass die Multikulturalisten dies im Blick auf Verhältnisse *innerhalb* von Gesellschaften, die Interkulturalisten hingegen im Blick auf die Verhältnisse *zwischen* Gesellschaften tun. Das Kugelmodell ist dann aber auch für die Defizite beider Konzepte verantwortlich.

Der Multikulturalismus sieht die Partialkulturen innerhalb einer Gesellschaft noch immer wie Kugeln oder Inseln an und befördert dadurch tendenziell Ghettoisierung. Darin schlägt die Erblast des antiquierten Kulturverständnisses durch – Kugelkulturen haben das Ghetto nicht zum Negativbild sondern zum Ideal. Das Konzept der Interkulturalität geht ebenfalls weiterhin von der alten Kugelvorstellung aus und ist dann bemüht, einen interkulturellen Dialog in Gang zu bringen, der zu einem gegenseitigen Verstehen zwischen den im Ansatz als hochgradig verschieden, ja inkommensurabel angesehenen Kulturen führen soll. (Vgl. Wimmer 1990, Cesana 1999, Kimmerle 2002) Was dem Transkulturalitätskonzept zufolge durch die reale Entwicklung befördert wird, soll dem Interkulturalitätskonzept zufolge durch hermeneutische Bemühungen geleistet werden. In Wahrheit aber ist die heutige Hermeneutik dafür denkbar ungeeignet, denn ihr zufolge sind Verstehensmöglichkeiten prinzipiell auf die eigene Herkunft beschränkt, während jenseits derselben nur noch ein Missverstehen (ein Ummodeln des Anderen ins Eigene) möglich sein soll: Ein Deutscher könne, da er dem Kontext des Abendlandes entstammt, zwar vielleicht noch einen Altgriechen verstehen, niemals aber einen Japaner oder einen Inder, weil diese aus prinzipiell anderen Kulturtraditionen kommen (und entsprechend umgekehrt einen Abendländer allenfalls apart missverstehen können). Angesichts der langen Misserfolgsgeschichte interkulturellen Dialogs könnte man zwar den Eindruck gewinnen, dass die Hermeneutik im Recht ist, es könnte aber auch die genau umgekehrte Erklärung zutreffen: Weil die Interkulturalisten die Kulturen von Grund auf wie Kugeln konzeptualisieren, kaprizieren sie sich auf das Verstehen eines ›Anderen‹, von dem sie zugleich annehmen, dass es ob seiner Inkommensurabilität eigentlich nicht verstanden werden könne – so dass die Erfolglosigkeit des Unternehmens schlicht aus der Verfehltheit und Widersprüchlichkeit der Ausgangsvorstellung resultiert. Das Interkulturalitätskonzept verfügt durch seinen ersten Zug – die Unterstellung einer ganz anderen, eigenartigen und homogenen Verfasstheit der anderen Kulturen – die Erfolgsunmöglichkeit all seiner weiteren, auf interkulturellen Dialog zielenden Schritte. Die antiquierte Fiktion inkommensurabler Kulturen ruft den Wunsch nach interkulturellem Dialog hervor und verurteilt ihn zugleich zum Scheitern. (Vgl. Wang 1991)

2. Transkulturalität – schon in der Geschichte

Transkulturalität ist historisch keineswegs völlig neu. Geschichtlich scheint sie eher die Regel gewesen zu sein. Viele Kulturen waren weitaus weniger rein, waren beträchtlich transkultureller, als die romantische und historistische Fiktion der Kulturkugeln das sehen mochte.

›Griechenland‹ beispielsweise, einst zur ganz aus sich selbst sprudelnden Quelle des Abendlands stilisiert, war keinesfalls ›rein‹: ohne Ägypten und Asien, Babylonien und Phönizien ist die Entstehung der griechischen Kultur gar nicht zu verstehen.[8] Auch das spätere Europa war jahrhundertelang durch transkulturellen Austausch bestimmt. Man denke nur an den Warenverkehr oder an die Kunstgeschichte. Die Stile waren länder- und nationenübergreifend, und viele Künstler haben ihre besten Werke fernab der Heimat geschaffen. Albrecht Dürer, der lange als der exemplarisch deutsche Künstler galt, ist erst in Italien er selbst geworden, und er musste Venedig ein zweites Mal aufsuchen, um ganz er selber zu werden.

Carl Zuckmayer hat in *Des Teufels General* die faktische geschichtliche Transkulturalität wundervoll beschrieben: General Harras sagt zum Fliegerleutnant Hartmann:

»[...] stellen Sie sich doch mal Ihre Ahnenreihe vor – seit Christi Geburt. Da war ein römischer Feldhauptmann, ein schwarzer Kerl, braun wie ne reife Olive, der hat einem blonden Mädchen Latein beigebracht. Und dann kam ein jüdischer Gewürzhändler in die Familie, das war ein ernster Mensch, der ist noch vor der Heirat Christ geworden und hat die katholische Haustradition begründet. – Und dann kam ein griechischer Arzt dazu, oder ein keltischer Legionär, ein Graubündner Landsknecht, ein schwedischer Reiter, ein Soldat Napoleons, ein desertierter Kosak, ein Schwarzwälder Flözer, ein wandernder Müllerbursch vom Elsass, ein dicker Schiffer aus Holland, ein Magyar, ein Pandur, ein Offizier aus Wien, ein französischer Schauspieler, ein böhmischer Musikant – das hat alles am Rhein gelebt, gerauft, gesoffen und gesungen und Kinder gezeugt – und – und der Goethe, der kam aus demselben Topf und der Beethoven, und der Gutenberg, und der Matthias Grünewald, und – ach was, schau im Lexikon nach. Es waren die Besten, mein Lieber! Die Besten der Welt! Und warum? Weil sich die Völker dort vermischt haben. Vermischt – wie die Wasser aus Quellen und Bächen und Flüssen, damit sie zu einem großen, lebendigen Strom zusammenrinnen.« (Zuckmayer 1978: 149)

Dies ist eine realistische Beschreibung der historischen Genese von Mitgliedern eines »Volkes«. Sie löst die Homogenitätsfiktion auf.

8 Ein schlagendes Indiz: nahezu 40 % der griechischen Wörter sind semitischen Ursprungs.

Ähnliches gilt für andere Kulturen. Beispielsweise wäre es unmöglich, die japanische Kultur ohne Berücksichtigung ihrer Verflechtungen mit der chinesischen, koreanischen, indischen, hellenistischen und der modernen europäischen Kultur zu rekonstruieren. Edward Said hat recht, wenn er sagt: »Alle Kulturen sind hybrid; keine ist rein; keine ist identisch mit einem ›reinen‹ Volk; keine besteht aus einem homogenen Gewebe.« (Said 1996: 24)[9]

Allerdings: Auch wenn ein genauer Blick lehrt, dass historisch seit langem Transkulturalität und nicht Reinheit die Regel war, so ist doch das *Ausmaß* der Transkulturalität in den letzten Jahren stark angestiegen. Eine wirklich *globale* lingua franca hatte die Welt zuvor nicht gekannt und ebenso wenig einen weltweiten Zusammenschluss durch Informations- und Transportwesen. Die kulturellen Durchdringungen sind heute weltweit stärker, als sie je zuvor waren.

9 Man mag sich fragen, warum unter heutigen Bedingungen sich gleichwohl immer wieder ein Bedürfnis nach Nation, nach Einheit, nach vorgeblicher Reinheit unter Ausschluss des Fremden regt. Da muss wohl eine phylogenetisch alte Prägung im Spiel sein. Es muss in der Geschichte von *Homo sapiens* eine Phase gegeben haben, wo die Identifikation mit der Gruppe (Horde) überlebensnotwendig war. Von daher ist uns noch immer ein Druck zur Gruppenidentifikation genetisch inhärent (ähnlich wie andere inzwischen dysfunktional gewordene genetische Prägungen, z.B. die Neigung zu fettreicher Ernährung). Der evolutionäre Nutzen bestand in der Sicherung des Individuums innerhalb der Gruppe sowie der Gruppen gegeneinander. ›Kultur‹ hatte ursprünglich vermutlich genau diese Bedeutung: die Einheit der Gruppe zu festigen – Kultur war Gruppenkitt. Davon Abstand zu nehmen, wäre längst an der Zeit. Aber Kultur wird immer aufs Neue (oft ganz undurchschaut) auf diese Aufgabe hin bestimmt – so beispielsweise in der neueren Rede von ›Kulturnation‹. Ursprünglich waren die Gruppen Blutsgemeinschaften – andere Gruppen hatten anderes Blut. Nun lebt die Konnotation des Blutes im Begriff der Nation als einer Abstammungsgemeinschaft (von lat. ›nasci‹) nach. Die Rede von einer ›Kulturnation‹ substituiert nun den Gemeinschaftsnenner Blut durch Kultur. So wie einst durch Blut, so soll die Nation jetzt durch Kultur zusammengeschweißt werden. ›Kulturnation‹ ist Blutsgemeinschaft soft.

3. Transkulturalisierung im Rahmen ökonomisch-politischer Machtprozesse

Natürlich spielt sich der Übergang zu Transkulturalität nicht in einem machtfreien Raum ab. Ganz im Gegenteil: Die treibenden Kräfte der Makroebene, welche Transkulturalisierung bewirken, sind weithin Machtprozesse. Es ist in erster Linie die kapitalistische Ökonomie mit ihrer globalen Erschließung materieller und humaner Ressourcen, die zu drastischen Umstrukturierungen traditioneller Verhältnisse führt, Arm-Reich-Verteilungen verändert und Migrationsbewegungen auslöst. Der Druck politischer Herrschaft und Unterdrückung tut ein Übriges. Die Identitätsbildung der Individuen erfolgt also in einem Raum, der durch mannigfache Disparitäten und Beschränkungen und oft durch Zwang, Not und Armut gekennzeichnet ist. Es ist keineswegs so, dass die Individuen die Elemente ihres Identitätsfächers gleichsam frei wählen und zusammenstellen könnten. Sie unterliegen vielmehr mannigfachen Einschränkungen und äußerem Druck. Das ist teilweise im Globalisierungsdiskurs, vor allem jedoch im postkolonialen, postfeministischen und generell im Minoritätendiskurs vielfach untersucht und dargestellt worden.

Es ist also vielfach Machtdisparitäten geschuldet, wenn die Identitäten heutiger Menschen – der Armen wie der Reichen – zunehmend transkulturell werden. Schließlich erfolgt Identitätsbildung niemals im Modus freier Wahl. Sie hat auch beim Privilegiertesten nicht die Form einfachen Shoppings. Denn eine Begrenzung der Optionen besteht – so oder so – für jeden. Eher als einem Shopping gleicht die Identitätsbildung einer Nahrungssuche, wo man dieses oder jenes antrifft und probiert und dann jenes oder dieses behalten, mit anderem verbinden und vielleicht auch transformieren wird. Selbst drastischer Macht- und Beschränkungsdruck kann dabei nicht determinieren, wie Individuen sich entscheiden, welche Wege sie einschlagen – sonst müssten beispielsweise alle oder keiner den Weg des Widerstands gehen. Ein Spielraum besteht immer. Und einen Einbau transkultureller Elemente findet man heute in allen Populationen. Auch bei unterprivilegierten Schichten (»Prekariat«) oder bei für gleichermaßen arm wie homogen angesehenen Populationen (Tibet) ist festzustellen, dass die Leute zumindest einige Elemente anderer kultureller Herkunft kennen und einige davon inkorporiert haben, also ein Stück weit transkulturell geworden sind.

Insofern ist Transkulturalität zunehmend eine Realität und nicht bloß ein Wunsch. Im Unterschied dazu vertreten diejenigen ein Wunschdenken, die pauschal beklagen, dass nicht alle Menschen die gleichen Optionen haben (auch wenn dies eben wünschenswert wäre). Und vollends sophistisch verfahren diejenigen, die allenthalben böse und unterdrückende Machtstrukturen aufspüren und dabei völlig übersehen, dass ihre eigene Machtanalyse selbst ein Akt von Diskursmacht ist – dass sie selbst, während sie sich für neutrale und gutmeinende Beobachter halten, de facto Machtagenten und Machtprofiteure sind.[10]
[…]

4. Transkulturalität im Gesamtgang der Menschheitsgeschichte

Zum Schluss will ich von den Gegenwartsbetrachtungen einen Schritt zurücktreten und fragen, wie sich der Trend zu Transkulturalität im Gesamtgang der Menschheitsgeschichte ausnimmt.

Üblicherweise glauben wir, dass wir Menschen sehr verschieden sind – die Leser dieser Zeilen, die Leute in diesem Land, die Menschen auf der Welt insgesamt. Aber im Grunde sind wir alle – weltweit – erstaunlich ähnlich. Jedenfalls genetisch. Die genetischen Unterschiede zwischen den Menschen auf der ganzen Welt sind weitaus kleiner als die innerhalb einer beliebigen frei lebenden Schimpansenpopulation in Afrika, deren Verbreitung auf 40 km^2 beschränkt sein mag.

Das hat zwei Ursachen: Erstens ist Homo sapiens eine relativ junge Spezies. Wir stammen alle von einer afrikanischen Eva ab, die vor ca. 150 000 Jahren lebte – insofern stand für genetische Variantenbildung nur wenig Zeit zur Verfügung. Und zweitens endete dieses Zeitfenster schon vor ca. 40 000 Jahren. Bis dorthin hatte sich die menschliche Natur herausgebildet, die noch heute so ist wie damals. Bis dorthin also erstreckte sich die Periode, welche die grundlegende (genetische) Gleichheit der Menschen bewirkt hat.

---

10 Das hat Michel Foucault in *Surveiller et punir* (1975) schlagend aufgewiesen. Paradoxerweise haben die Human- und Kulturwissenschaftler, die sich durch Foucault inspiriert glauben, just diese Grundthese nachhaltig verdrängt.

Dann aber begann eine zweite Periode, die nun durch Differenzbildung gekennzeichnet war – freilich durch die Bildung nicht genetischer, sondern *kultureller* Differenzen. Vor ca. 40 000 Jahren ging die Menschheit von der biologischen zur kulturellen Evolution über. Fortan erfolgten Anpassungsfortschritte allein auf kulturellem, nicht mehr auf biologischem Weg. (Vgl. Welsch 2006: 132-138) (Daher das ›Einfrieren‹ des menschlichen Genoms auf dem damaligen Stand.) Die kulturelle Evolution aber war mit einer gigantischen Produktion von Differenzen verbunden. Distinktion innerhalb der Gruppen und zwischen den Gruppen war nun der Motor der Entwicklung. Deshalb hat sich die Menschheit in ihrer kulturellen Periode in immer größere kulturelle Differenzen hineinbegeben (bis hin zu den Nationalismen des 19. und 20. Jahrhunderts).

In der Gegenwart aber scheinen wir in eine dritte Phase einzutreten, die durch eine Ermäßigung der kulturellen Differenzen gekennzeichnet ist. Die bisher auf dem kulturellen Weg entwickelten Unterschiede beginnen Verbindungen und Durchdringungen einzugehen. Infolge der Mischung der kulturellen Muster entwickeln die Menschen nun auch kulturell wieder mehr Gemeinsamkeit als in den differenzbetonten Jahrtausenden davor. Transkulturalität scheint zu einer neuartigen kulturellen (nicht mehr nur genetischen) Gemeinschaftlichkeit der Menschen zu führen. Prognostiziert hatten eine solche Entwicklung schon Scheler mit seiner Konzeption eines »Ausgleichs« zwischen den Kulturen (1927) und Jaspers mit seinem Gedanken einer »zweiten Achsenzeit« (1949). (Vgl. Scheler 1995: 145-170, Jaspers 1949) Vielleicht kommen wir im Zeitalter der Transkulturalität tatsächlich dem alten Traum von einer »Family of Man« ein Stück näher.

LITERATUR

Burke, Peter (1998): *Eleganz und Haltung*. Berlin.

Cesana, Andreas (Hg.) (1999): *Interkulturalität – Grundprobleme der Kulturbegegnung*. Mainz.

Diels, Hermann/Kranz, Walter (Hg.) (1951): *Die Fragmente der Vorsokratiker*. 3 Bände. Zürich.

Eliot, T. S. (1967): »Beiträge zum Begriff der Kultur«. In: Ders.: *Essays I*. Werke 2. Frankfurt a. M., 9-113.

Greenblatt, Stephen (1991): *Marvelous Possessions: The Wonder of the New World*. Chicago.

Gutmann, Amy (1995): »Das Problem des Multikulturalismus in der politischen Ethik«. In: *Deutsche Zeitschrift für Philosophie* 43, 273-305.

Hannerz, Ulf (1992): *Cultural Complexity. Studies in the Social Organization of Meaning*. New York.

Herder, Johann Gottfried ([1774] 1967): *Auch eine Philosophie der Geschichte zur Bildung der Menschheit*. Frankfurt a. M.

Horkheimer, Max/Adorno, Theodor W. (1984): »Dialektik der Aufklärung. Philosophische Fragmente«. In: Theodor W. Adorno: *Gesammelte Schriften*. Bd. 3. Frankfurt a. M.

Jaspers, Karl (1949): *Vom Ursprung und Ziel der Geschichte*. München.

Kimmerle, Heinz (2002): *Interkulturelle Philosophie zur Einführung*. Hamburg.

Mittelstraß, Jürgen (1989): *Der Flug der Eule. Von der Vernunft der Wissenschaft und der Aufgabe der Philosophie*. Frankfurt a. M.

Mittelstraß, Jürgen (1992): *Leonardo-Welt. Über Wissenschaft, Forschung und Verantwortung*. Frankfurt a. M.

Novalis (1983): *Schriften*. Das philosophische Werk II. Stuttgart.

Ortiz, Fernando ([1940] 1987): *Tabak und Zucker. Ein kubanischer Disput*. Frankfurt a. M.

Ravitch, Diane (1990): »Multiculturalism. E Pluribus Plures«. In: *American Scholar*, 337-354.

Said, Edward W. (1996): »Kultur und Identität – Europas Selbstfindung aus der Einverleibung der Welt«. In: *Lettre International* 34, 21-25.

Scheler, Max ([1927] 1995): »Der Mensch im Weltalter des Ausgleichs«. In: Max Scheler: *Späte Schriften* (Gesammelte Werke, Bd. 9). Bonn, 145-170.

Snow, Charles Percy ([1959] 1987): »Die zwei Kulturen. Rede Lecture«. In: Helmut Kreuzer (Hg.): *Die zwei Kulturen: Literarische und naturwissenschaftliche Intelligenz. C. P. Snows These in der Diskussion*. München, 19-58.

Wang, Bin (1991): »Relativismo culturale e meta-metodologia«. In: Alain Le Pichon/Letizia Caronia (Hg.): *Sguardi venuti da lontano. Un'indagine di Transcultura*. Mailand, 221-241.

Welsch, Wolfgang (1991): »Subjektsein heute – Überlegungen zur Transformation des Subjekts«. In: *Deutsche Zeitschrift für Philosophie* 39/4, 347-365.

Welsch, Wolfgang (1992): »Transkulturalität – Lebensformen nach der Auflösung der Kulturen«. In: *Information Philosophie* 2, 5-20.

Welsch, Wolfgang (1998): »Strukturwandel der Geisteswissenschaften«. In: Helmut Reinalter/Roland Benedikter (Hg.): *Die Geisteswissenschaften im Spannungsfeld zwischen Moderne und Postmoderne*. Wien, 85-106.

Welsch, Wolfgang (2005): »Transkulturelle Gesellschaften«. In: Peter Ulrich Merz-Benz/Gerhard Wagner (Hg.): *Kultur in Zeiten der Globalisierung. Neue Aspekte einer soziologischen Kategorie*. Frankfurt a. M., 39-67.

Welsch, Wolfgang (2006): »Über Besitz und Erwerb von Gemeinsamkeiten«. In: Claudia Bickmann/Hermann-Josef Scheidgen/Tobias Voßhenrich/Markus Wirtz (Hg.): *Tradition und Traditionsbruch zwischen Skepsis und Dogmatik – Interkulturelle philosophische Perspektiven*. Amsterdam/New York, 113-147.

Welsch, Wolfgang ([1995] 2007): *Vernunft. Die zeitgenössische Vernunftkritik und das Konzept der transversalen Vernunft*. Frankfurt a. M.

Whitman, Walt (1985): *Leaves of Grass* [»Song of Myself«, 1855]. New York.

Wimmer, Franz (1990): *Interkulturelle Philosophie. Geschichte und Theorie*. Bd. 1. Wien.

Zuckmayer, Carl (1978): »Des Teufels General«. In: Ders.: *Werkausgabe in zehn Bänden*. Bd. 8. Frankfurt a. M., 93-231.

Lob des »Nebeneinander«

Zur Kritik kulturalistischer Mythen bei Kafka und Wittgenstein

DOROTHEE KIMMICH

I. ANGELA MERKEL: »MULTIKULTI IST GESCHEITERT.« ANMERKUNGEN ZU EINER POPULISTISCHEN DEBATTE

»Der Ansatz für Multikulti ist gescheitert, absolut gescheitert!« Mit diesen Worten schließt sich Angela Merkel am 16.10.2010 den Thesen von Horst Seehofer an, der kurz zuvor behauptet hatte: »Wir als Union treten für die deutsche Leitkultur und gegen Multikulti ein – Multikulti ist tot.« Ein Sieben-Punkte-Plan[1] sollte das Konzept Multikulti ablösen und die Vorstellungen einer deutschen Leitkultur präzisieren. Es heißt dort dann entsprechend, man wolle Integration, dies bedeute »ein Miteinander, nicht ein Nebeneinander« auf dem gemeinsamen Fundament der Werteordnung unseres Grundgesetzes und unserer deutschen Leitkultur, die von den christlich-jüdischen Wurzeln und von Christentum, Humanismus und Aufklärung geprägt sei.[2]

1 7-Punkte-Integrationsplan. Für ein soziales Miteinander und soziale Werte in Deutschland. Beschluss des Parteitags der Christlich-Sozialen Union am 29./30. Oktober 2010 in München (vgl. http://www.csu.de/dateien/partei/beschluesse/101030_leitantrag_integrationsplan.pdf, 16.04.2012).

2 Bayernkurier vom 14. Oktober 2010, dpa 16.10.2010; zitiert nach Focus-Online (http://www.focus.de/politik/weitere-meldungen/integration-dobri

Der hier bemühte Begriff der »Leitkultur« stammt aus einer Debatte, die 2000 von dem Politologen Bassam Tibi angestoßen wurde. »Die Werte für die erwünschte Leitkultur müssen der kulturellen Moderne entspringen, und sie heißen: Demokratie, Laizismus, Aufklärung, Menschenrechte und Zivilgesellschaft.« (Tibi 2000: 154) Theo Sommer nahm den Begriff in einem Artikel in der *ZEIT* auf, in dem er die Notwendigkeit einer gewissen Assimilation für gelungene Integration verteidigte. Die eigentliche Konfrontation entwickelte sich allerdings erst, als Friedrich Merz am 25.10. in der *WELT* »Leitkultur« als Gegenbegriff zu Multikulti ins Spiel brachte und so eine Polarisierung zwischen Homogenitätsthesen und Pluralismustheorien erreichte. (Sommer 1998; Benda 2000; Sommer 2000) Während Merz ein Deutschland, das sich als Einwanderungsland versteht, nur mit den Gefahren von Desintegration, Heterogenität, Identitäts- und vor allem Werteverlust in Verbindung bringt, ist entsprechend für ihn nur ein ethnisch homogener Staat als positives Leitbild vorstellbar. Die Leitkultur dabei ist nicht abendländisch, nicht europäisch, sondern »deutsch«.

Eine kurze Wiederaufnahme 2005 und 2006 im Zuge der Diskussion über die Mohammed-Karikaturen ersetzt dann den Begriff der deutschen Leitkultur durch den der »europäischen«, wobei er allerdings auch hier dezidiert als Gegenbegriff gegen eine werterelativistische, multikulturelle Gesellschaft angeführt wird. 2010 schließlich wird dann wieder von verschiedenen Seiten explizit eine aktive Integration im Sinne einer Assimilation nicht nur an säkulare Regeln des Zusammenlebens, sondern insbesondere an christliche Werte gefordert. Die von Bassam Tibi ursprünglich angeführte Zivilgesellschaft spielt keine Rolle mehr. (Vgl. dazu kritisch Habermas 2002: 13.) Diese Wiederentdeckung des christlichen Wertekonsens 2010 ist durch die Terroranschläge 9/11 nicht ausreichend zu erklären und auch die dezidierte Wendung gegen die so genannte multikulturelle Gesellschaft im Namen christlicher Lebensformen ist – zumindest – überraschend.

Was also, so fragt man sich erstaunt, bringt die Kanzlerin der Bundesrepublik dazu, zu behaupten, dass »Multikulti« gescheitert sei? Und was genau kann damit gemeint sein angesichts der bundesdeutschen Bevölkerungsstatistik, die beweist, dass ein Ende von »Multikulti«

---

ndt-csu-verweigerer-deutscher-leitkultur-gehoeren-nicht-nach-deutschland_aid_562195.html, 16.04.2012).

schließlich nicht durch politische Punktepläne im Handstreich durchzusetzen ist?[3] Einwanderung ist schließlich kein Vorhaben, sondern Realität. Mittlerweile haben sich der französische Staatspräsident Nicolas Sarkozy (10.2.2011), der englische Premier David Cameron (am 5.2.2011 in München) und auch der Vatikan der multikulti-kritischen Position angeschlossen. Der Kurienkardinal Gianfranco Ravasi warnte vor einer »doppelten Krankheit« in Europa, die einerseits durch eine aggressiv vertretene Identität auch von Christen bedingt sei, andererseits von einem »kulturellen Synkretismus, Oberflächlichkeit, Banalität, Dummheit, mangelnder Moral, Farblosigkeit und einem herrschenden kulturellen Nebel«. »Multikulti« habe zu einem »Duell« um Vormacht geführt, so Ravasi. Die von ihm geforderte »Interkulturalität« verglich er dagegen mit einem »Duett«, bei dem zwei starke, aber unterschiedliche Identitäten »sich nicht einander angleichen, sondern in einen Dialog treten«[4]. Auch Russlands Präsident Medwedew mischte sich in die Debatte ein, allerdings mit einem anderen Tenor. Während Angela Merkel, David Cameron und Nicolas Sarkozy das Scheitern des Integrationsmodells in ihren Ländern eingestehen mussten, »stellte Medwedew bei einer Sitzung des Staatsrats in Ufa (Teilrepublik Baschkirien) fest, dass es sich Russland zu einfach machen würde, wenn es auf die multikulturelle Vielfalt verzichtet. Die einmalige Erfahrung des Zusammenlebens und der gemeinsamen Entwicklung verschiedener Ethnien und Kulturen müsse erhalten bleiben.«[5]

Bei genauerer Lektüre der verschiedenen, in schneller Folge von den wichtigsten Staatschefs (West-)Europas abgegebenen Statements

3 »Das Statistische Bundesamt zählt zur Bevölkerung mit Migrationshintergrund 7,3 Mio. Ausländer und 8 Mio. Deutsche, also insgesamt 15,3 Mio. Menschen. Dies sind 18,6 % der Bevölkerung. [...] In einigen Großstädten ist ihr Bevölkerungsanteil heute schon beträchtlich[...]. In Stuttgart haben 38,9 % der Einwohner einen Migrationshintergrund, in Frankfurt/Main 37,6 %, in Nürnberg 36,1 %. Bei den unter 5-jährigen liegt der Anteil der Personen mit Migrationshintergrund in sechs Städten über 60 %.« (Migration-Info.de, Ein Projekt des Netzwerks Migration in Europa und der Bundeszentrale für politische Bildung: http://www.migration-info.de/mub_artikel.php?Id=070507, 16.04.2012)

4 http://www.domradio.de/aktuell/71375/interkulturelles-duett.html, 16.04.2012.

5 http://de.rian.ru/russia/20110214/258334427.html, 16.04.2012.

stellt sich heraus, dass die zunächst ganz allgemein wirkende Ablehnung des Multikulturalismus hauptsächlich auf islamische Einwanderer zielt; wobei unterstellt wird, dass eine mangelnde Integration von Einwanderern aus islamischen Ländern zu sozialen, zu politischen und zu »kulturellen« Problemen führen würde. Präziser ausgedrückt: Multikulturalismus wird letztlich für den Islamismus und sogar für die entsprechenden kriminellen Aktivitäten in den europäischen Ländern verantwortlich gemacht. Daher ist es auch nicht erstaunlich, dass der ehemalige spanische Präsident José Maria Aznar ebenfalls gegen »Multikulti« polemisiert, damit aber nicht die Lebensbedingungen der spanischen Arbeitsmigranten in anderen europäischen Ländern meint, sondern vielmehr die muslimischen Einwanderer in Spanien. Auch hier spielen die angeblichen Wertedifferenzen zwischen Islam und Christentum eine zentrale Rolle.[6]

6 »Multicultural policies in Europe have largely failed, former Spanish prime minister Jose Maria Aznar said Thursday on the one-year anniversary of riots by ethnic minorities in France. ›I believe that multiculturalism is a big failure,‹ Aznar said, speaking at Georgetown University. ›I'm against the idea of multiculturalism. Multiculturalism divides our societies, debilitates our societies, multiculturalism does not produce tolerance, nor integration.‹ ›And this is one of the reasons of the great failures in several European societies at this moment.‹ Aznar, a pro-US conservative who led Spain from 1996 to 2004, emphasized that laws must be administered equally toward everyone. ›This is the best way to integrate societies and to promote integration. To accept different laws, depending on the origin ethnic or the religion is a very serious mistake in our society,‹ he said, speaking in English. ›For me, to establish different laws is absolutely unacceptable in a free society. This is one of the reasons (that) multiculturalism is a very, very serious failure in Europe.‹« (The Tocqueville Connection: *Multiculturalism ›a big failure‹: Spain's ex-prime minister Aznar*. Washington, 26.10.2006 (AFP), http://www.adetocqueville.com, 27.10.2006)

Die Debatte wurde 2010 in Deutschland noch zusätzlich durch Thilo Sarrazin und seinen Feldzug gegen den genetisch bedingten Mangel an Intelligenz der türkischen und arabischen Einwanderer angeheizt.[7] Besonders die These, dass Deutschland durch die einwandernde Bevölkerung statistisch gesehen »dümmer« würde, provozierte eine Vielzahl von Protesten und Gegenargumenten. Nicht nur Bevölkerungsstatistiker und Einwanderungsspezialisten, auch Humangenetiker und Psychologen haben ausführlich und ohne Einschränkungen darauf hingewiesen, dass Sarrazins Thesen, die einen Zusammenhang zwischen Genetik und Intelligenz behaupten, wissenschaftlicher Überprüfung nicht standhielten, dass er die zitierten Datensätze nicht nur falsch interpretiert, sondern sogar falsch gelesen und ausgewertet habe. Die Wissenschaftler und Wissenschaftlerinnen unterschiedlicher Disziplinen sind sich einig, dass es sich bei den angeführten Belegen um pseudowissenschaftliche, zum Teil rassistisch fundierte Thesen handelt, die mit dem angeführten Material an keiner Stelle bewiesen werden könnten.[8]

7 Sarrazin 2010. Im April 2011 waren 1,3 Mio Exemplare verkauft.

8 Vgl. etwa Bellers 2010; Deutschlandstiftung Integration 2010; Foroutan 2010; Schwarz 2010; Bahners 2011; Sezgin 2011.

Dabei muss festgehalten werden, dass Sarrazins Thesen keineswegs grundsätzlich gegen Zuwanderung gerichtet sind, sondern sich ganz dezidiert und fast ausschließlich gegen »Türken und Araber« richten, also im Grunde antiislamische Vorurteile reproduzieren und variieren.[9] Integrationsunfähigkeit soll hier biologisch und statistisch, nicht etwa kulturtheoretisch oder religionsgeschichtlich begründet werden. Jedenfalls gelten auch hier die Differenzen als unüberwindbar, eine Integration als nicht möglich und »Multikulti« daher als naive Fehleinschätzung.

Eine ungewöhnliche Stimme im Abgesang auf den Multikulturalismus ist die Berliner Anwältin Seyran Ateş, die mit ihrem Buch *Multikulti-Irrtum* (2007) nicht auf die Bedrohung der deutschen Gesellschaft durch den Islam zielt, sondern vielmehr eine gewisse Naivität anprangert, die multikulturellen Konzepten anhafte. Dort würden die konservativen, restriktiven, ja grausamen und kriminellen Praktiken bestimmter islamischer Kreise, aber auch der alltäglichen und vor allem familiären Strukturen in Deutschland unterschätzt und vor allem die Stellung der Frauen in türkischen und arabischen Kreisen schön geredet. Die Kritik richtet sich zugleich gegen einen unaufgeklärten Islam und eine naive Einwanderungspolitik ebenso wie gegen eine latente und zum Teil auch offene Frauenfeindlichkeit, die *beide* charakterisiere. Für die naiven Positionen, so Ateş, zeichnen vor allem »linke« politische Gruppierungen verantwortlich. (Ateş 2007)

Die Kritik am Multikulturalismus vereinigt also konservative Staatschefs, den Vatikan, ein ehemaliges SPD-Mitglied und eine türkische Frauenrechtlerin. Die Zuordnung zu einem politischen Lager fällt nicht leicht, kann jedenfalls nicht trennscharf vorgenommen werden. Dies liegt offenbar daran, dass es nur auf den ersten Blick um Zuwanderung und »Multikulti« im Allgemeinen geht; auf den zweiten Blick

9 Sogar die Behauptung einer weiteren Zuwanderung aus der Türkei lässt sich statistisch gesehen nicht belegen; seit 2008 hat sich im Gegenteil der Trend umgekehrt und die Rückwanderungszahlen in die Türkei sind höher als die der Zuwanderer. Nach Angaben des Statistischen Bundesamts »zogen 2009 zwar 30 000 Menschen aus der Türkei in die Bundesrepublik, zugleich verließen aber 40 000 das Land in Richtung Ankara. Der langjährige Trend der Zuwanderung aus der Türkei hat sich damit eindeutig umgekehrt.« (Süddeutsche Zeitung vom 27.05.2010; http://archiv.sueddeutsche.de/b5v38p/3367113/Tuerken-wandern-ab.html, 16.04.2012)

sich dahinter aber eine kulturalistisch motivierte Wertedebatte verbirgt. »Die deutsche Leitkultur« wird schließlich an keiner Stelle gegen Internationalisierung oder gar den vielgerühmten »Kosmopolitismus« verteidigt, sondern es geht um einen im eigenen Land ausgetragenen »Clash of Civilizations«. Ganz offensichtlich wird ein komplexes gesellschaftliches, politisches, soziales Konfliktpotential mit dem Konzept eines Kultur- und damit einhergehenden Wertekonflikts erklärt. Wir erleben die Variation eines Kulturkonfliktmodells, wie es in den USA bereits vor 15 Jahren vorgedacht und formuliert wurde.

II. SAMUEL HUNTINGTON: »MULTIKULTI« IST TOT, ES LEBE DER »CLASH«. ANMERKUNGEN ZU EINER POLITISCHEN UND KULTURTHEORETISCHEN DEBATTE

Die Frage, inwiefern Kulturkonflikte überhaupt alle kulturell bedingt sind, wird nicht immer wirklich gestellt. Die Vorstellung eines Kulturkonflikts bleibt diffus, aber trotzdem selbstverständlich. Ich behaupte, dass dies wesentlich an einem Konzept von kultureller Identität liegt, dem ein mythisches Modell zugrunde liegt. Die Auseinandersetzung mit solchen modernen Mythen findet sich in der modernen Kulturkritik, aber auch – und zwar viel häufiger als meist angenommen – in der Literatur. Im dritten und vierten Teil dieser Ausführungen werde ich darauf noch ausführlicher eingehen. Zunächst wird es um die »mythischen« Grundlagen moderner Kulturkonzepte gehen.

»In the post-Cold War world, the most important distinctions among peoples are not ideological, political or economic. They are cultural« (Huntington 1996: 21). So beginnt eines der politisch folgenreichsten Bücher zum kulturellen Konflikt. Samuel P. Huntington beschreibt und analysiert den *Clash of Civilizations* als den Beginn einer neuen Ära, als »Remaking of World Order«. Kulturelle Konflikte, so Huntington, entstehen auf verschiedenen Feldern: Religion, Sprache, Werte und Institutionen. Dabei handele es sich um genuin kulturelle Konflikte, weil sie zunächst symbolisch generiert und kommuniziert werden.[10] Das ist eine These, die offenbar von vielen geteilt wird und doch kaum hinterfragt ist.

Die politischen Äußerungen zu dem, was so genannte kulturelle Konflikte sind, was sie auslöst, wie ihnen zu begegnen sei, markieren keineswegs einen Nebenschauplatz der politischen Debatte. Sie mobilisieren – wie etwa das Beispiel Sarrazin zeigt – ein großes Debattenpotential, ein riesiges Medienecho, viel Geld und vor allem große Emotionen. Die kulturtheoretische Fragestellung, die sich damit verbindet, ist also eine dringliche.

Konzepten wie »Multikulturalismus« wird Naivität vorgeworfen, weil das Konfliktpotential multikultureller Gesellschaften unterschätzt werde. Das ist tatsächlich nicht von der Hand zu weisen, andererseits ist damit aber nicht schon geklärt, dass die entsprechenden Konflikte gelöst wären, gäbe es keine multiethnischen und multireligiösen Gesellschaften mehr bzw. nur noch einen christlich-sozialen Wertekonsens. Es bleibt die Frage, ob es den neueren Theorien mittlerweile gelungen ist, multiethnische, multilinguale und multireligiöse Konfliktlagen besser einzuschätzen und ihre Gefahren bzw. ihre Potentiale besser zu beschreiben. Die Ablehnung des Multikulturalismus muss also beantwortet werden, allerdings nicht mit einem kulturalistischen Konzept wie dem der »Leitkultur«. In beiden Fällen, so scheint es, liegen den jeweiligen Kulturbegriffen problematische Annahmen zugrunde. Diese sollen hier zunächst kurz dargestellt werden. In einem weiteren Schritt wird dann ein Vorschlag gemacht, der auf eine andere Begriffskonzeption zielt.

Zu Beginn des 21. Jahrhunderts ist das Konfliktpotential in Gesellschaften aufgrund zunehmender Heterogenität kultureller, materieller und sozialer Zusammensetzungen durch Migration, Flucht und soziale

10 Huntington wählt in seiner rhetorisch ebenso brillanten wie demagogischen Einleitung nicht die politische Alltagssprache oder den Streit der Religionen als Beispiel für diese Thesen, sondern die Sprache der Symbole, speziell der Flaggen – Moskau 1992, als an die Stelle der Leninbüste die neue Flagge über ein Treffen russischer und amerikanischer Wissenschaftler/innen wacht; Sarajewo 1994, als Demonstranten die Saudische und die Türkische Flagge schwingen, um ihre Zugehörigkeit zur islamischen Welt zu signalisieren; Los Angeles 1994, wo Demonstranten mit mexikanischen Flaggen gegen ein Immigrationsgesetz protestieren (vgl. Huntington 1996).

Ausdifferenzierung tatsächlich auf ein Vielfaches angestiegen. Allerdings ist nicht gesagt, dass eine auf Homogenität zielende Ausdifferenzierung dieser Komplexität irgendeinen dieser Konflikte lösen würde. Vielmehr ist die Frage, wie die Modelle zur Konfliktlösung aussehen müssten. Wird es um Konfrontation, um die Option des »Entweder-Oder«, um »Zwangsalternativen« (Koselleck 1986: 297) zwischen so genannter »Identität« und als solcher identifizierter »Alterität«, um die Differenz »Eigen und Fremd« gehen? Soll es um Handeln im Horizont von strengen Alternativen oder vielmehr um eine Reflexion auf vielfältige Optionen gehen (Assmann/Assmann 1990: 26)? Gibt es ein Verhandeln im Bereich des »Sowohl als Auch«, eine Philosophie der Ähnlichkeiten statt ein Denken in Differenzen?

Während sowohl die Interkulturalitätsforschung als auch die Post Colonial Studies der 1990er Jahre noch mit einem eher totalisierenden, homogenisierenden Konzept von Kultur arbeiteten, lassen sich die gegenwärtigen Prozesse, die ebenso kommunikativ wie kritisch sind, vor diesem Horizont eines »sozialen Totalphänomens« (Marcel Mauss), nicht mehr abbilden (vgl. Brumlik 1999). Dies charakterisiert die Ansätze der Transkulturalitätsforschung.[11] Während die Interkulturalitätsforschung Kulturen als »Inseln oder Sphären« (Welsch 1999: 96) begreift, in denen es lediglich an den kulturellen Außengrenzen zu Austauschprozessen kommt, postuliert das Konzept der Transkulturalität eine Öffnung, grundsätzlich positive Dynamisierung und vielfältige wechselseitige Durchdringung der Kulturen.

Hier scheint allerdings auch das Unbehagen gegenüber den verschiedenen Ansätzen der Transkulturalität zu liegen: Sie unterstellen ein per se eher unproblematisches Zusammenleben zwischen den Kulturen. Dies ist ebenso ungenau wie die Vorstellung von Konflikten per se, die im Grunde auf rassistischen Annahmen beruht. Weder die naive Annahme einer »Gleichheit« aller Menschen jenseits gewisser kultureller Varianten noch die rassistische Vorstellung unüberwindlicher, biologischer Differenzen diesseits aller kulturellen Affinitäten kann als Grundlage transkultureller Theoriebildung dienen. Weder die humanistische Annahme einer ursprünglichen Identität alles Menschlichen noch die eugenische Vorstellung einer irreduziblen und radikalen Ausdifferenzierung von Rassen, Arten und Typen führt zu einem Konzept

11 Vgl. Ortiz 1973, Pratt 1992 sowie die Arbeiten von Wolfgang Welsch, Ulrich Beck und Ulf Hannerz zum Thema Transkulturalität.

des Transkulturellen. Weder »Identität« noch »Differenz« können hier als anthropologische und kulturelle Muster sinnvoll angewendet werden. Daher gilt es über verschiedene Formen symbolisch und praktisch vermittelter Ähnlichkeit und nicht über Identität, das heißt über graduelle statt über grundsätzliche Abgrenzung nachzudenken.

III. FRANZ KAFKA: PLÄDOYER FÜR EIN GELUNGENES NEBENEINANDER. ANMERKUNGEN ZU EINER DEBATTE ÜBER DIE RÄNDER DER WELT

Dieses Nachdenken soll hier nicht nur im Modus kulturtheoretischer Methodendiskussion vorgenommen werden, sondern auch im Medium der Literatur. Literarische Texte spielen eine prominente Rolle in der kulturkritischen Debatte der klassischen Moderne. Kulturkonzepte und ihre Kritik finden sich narrativ repräsentiert in vielen literarischen Texten wieder; insbesondere da seit Beginn des 20. Jahrhunderts die Begegnung mit dem Fremden, die Erforschung des nicht ganz so Fremden und vor allem das Staunen über das Fremde im Eigenen zu einem der großen Themenkomplexe literarischer Reflexion wird. Moderne Literatur konstituiert sich im ambigen Modus einer Aneignung des Fremden und der Verfremdung des Eigenen und ist daher ein Feld der kulturtheoretischen Reflexion, das angemessen berücksichtigt werden muss.

Zudem ist das Feld der Literatur seit jeher – und nicht nur in der Moderne – eines, auf dem Konflikte nicht nur dargestellt, sondern auch kommuniziert, kritisiert, ausagiert und operationalisiert werden. Literarische Texte erproben Modelle von Konflikten und experimentieren mit Lösungen bzw. deren Scheitern. Daher finden sich auch eine Anzahl von wichtigen Kulturkonfliktsnarrativen, die sich grob in zwei Typen einteilen lassen. Mythische Narrative auf der einen Seite beruhen auf der Spannung zwischen den beiden Polen von Ordnung und Chaos. Kulturgründung erfolgt im Konflikt und unter dem Aspekt der Abgrenzung von Ordnung und Unordnung bzw. Ordnungsverlust, Neuordnung oder utopischer Hoffnung auf eine bessere Ordnung. Grundlage und Rahmen bilden nicht eine historische, sondern eine metaphysische Orientierung. Die jeweils »andere Kultur« ist im mythischen Narrativ nicht Gegenkultur, sondern Unkultur schlechthin. Die Differenz ist total und unüberbrückbar.[12]

Einen anderen Typus von narrativen »Kulturkonflikt-Theorien« scheint man dort anzutreffen, wo sich die Hauptargumentation auf topische Modelle des kulturellen Raums bezieht. Man könnte in diesem Zusammenhang u-topische und topische Modelle im Hinblick auf ihre Konflikttheorien unterscheiden: In den »topischen« Modellen geht es häufiger um Formen der Verständigung, des Aushandelns, um die Vorstellung der Annäherung statt der vollkommenen Assimilation, es geht um Mischung statt um Homogenität. Grenzziehungen und eindeutige Abgrenzungen werden in Frage gestellt. Der Epikureische »Garten« etwa gilt in der europäischen Geistesgeschichte als das Modell einer Gesellschaft, die Geschlechterdifferenz und soziale Unterschiede suspendiert mit dem Ziel einer Eudaimonia für alle. Der Aufklärer Christoph Martin Wieland greift mit seinen *Gesprächen im Elysium* (1795) die antike Tradition der Totengespräche wieder auf und entwirft darin eine kommunikative Ethik des produktiven Missverständnisses im Kulturkonflikt zwischen Christen und Heiden.

Der Fremde ist in diesen Modellen nicht der Barbar, der aus der Unkultur »jenseits« der Grenze stammt, sondern »der Fremde ist derjenige, der heute kommt und morgen bleibt« (Simmel 1992: 764). Hier kann es keinen »clash« geben, wohl aber Konflikte. Georg Simmel entwickelt um 1900 die Idee eines individuellen und sozialen »Niemandslandes«, das als neutraler Ort der kulturellen Aushandlung dienen soll: Eine »Sphäre von gegen andere geübten Reserven« (Simmel 1995: 217). Niemandsländer sind nach Simmel Räume, in denen sich gut verhandeln lässt.

> »Unter den vielen Fällen, in denen sich die Maxime: tu' mir nichts, ich tu dir auch nichts – das Benehmen bestimmt, gibt es keinen reineren und anschaulicheren als den des wüsten Gebiets, das eine Gruppe um sich legt; hier hat sich das Prinzip völlig in die Raumform hineinverkörpert.« (Simmel 1995: 215)

So wird schon auf den ersten Blick in die Literaturgeschichte deutlich, dass sich die Leitlinien des CSU-Programms eher an einem mythischen Diskurs im Sinne einer Dichotomisierung von Ordnung und Unordnung bzw. besserer Ordnung orientieren und nicht an dem Modell

12 Zu Märtyrerfiguren vgl. z.B. Weigel 2007.

des »Nebeneinander«. Dazu gehört eine metaphysisch und utopisch grundierte Vorstellung, die besagt, man solle auch und gerade in einer modernen Welt »nicht nebeneinander, sondern miteinander leben«. Hier stellt sich nun aber im Lichte der anderen angeführten, der »topischen« Modelle, die zentrale Frage: Warum denn? Warum muss man »miteinander« leben, in welcher Weise kann man überhaupt miteinander leben und in welchen Bereichen sollte man das lieber nicht tun?

»Miteinander« erfüllt offenbar die rhetorische Funktion, utopische Sicherheit und metaphysische Gemeinschaft zu suggerieren, während »Nebeneinander« Anonymität und Gefährdung assoziieren. Die ideellen und ideologischen Grundlagen dieser Suggestion gilt es kurz zu überprüfen. Zunächst soll also noch auf die Frage eingegangen werden, woher die Vorstellungen des »Miteinander« eine solche Attraktivität beziehen und aus welchem diskursiven Umfeld sie stammen bzw. welche Wertevorstellungen sie aufrufen.

Es handelt sich dabei letztlich um eine hinreichend bekannte Verwechslung von »Gesellschaft« und »Gemeinschaft«. Die Unterscheidung geht auf Ferdinand Tönnies zurück, wird aber vor allem von Helmut Plessner 1924 in seinem Essay »Grenzen der Gemeinschaft« aufgegriffen. Gemeinschaft gründet, nach Plessner, auf Emotionen, Nähe, Authentizität in der Rede und persönliche Offenheit. Für Plessner haben diese Werte und Einstellungen nur einen Sinn – und auch dort nur eingeschränkt – im Bereich des Privaten und Intimen. Gesellschaftliches Leben dagegen ist charakterisiert durch ein kluges Management von Nähe und Distanz, von Rollenspielen und Maskenträgern. Diese Praktiken dienen dem Schutz der Privatsphäre und der intimen Gefühle. In keinem Fall darf das Modell des familiären, emotionalen und privaten Zusammenlebens auf den Staat und seine Funktionen übertragen werden. Dies bedeutet für Plessner notwendigerweise einen diktatorischen Eingriff in die individuelle Lebenswelt. Alle Forderungen, die in diese Richtung weisen, identifiziert er mit sozialem Radikalismus.

»Die Sphäre des Zusammenlebens der Menschen ist an Möglichkeiten unendlich vielfältiger als die von ihr ausgeschlossenen Sphären bluthafter oder geisthafter Bindung« (Plessner1981: 79). Der Verhaltenskodex, den man von unterschiedlichen Mitgliedern einer Gesellschaft fordern kann, darf also keineswegs intime Bekenntnisse oder emotionale Vorlieben, auch keine religiösen oder ästhetischen Präferenzen betreffen: Plessners Frage nach einem angemessenen Verhalten betrifft nur die Sphäre *jenseits* der Gemeinschaft. Dort gilt es, »bei einem Maximum an Ehrlichkeit und Aufrichtigkeit ein Minimum an Sicherheit vor dem ironischen Zerstörerblick, bei einem Maximum an seelischem Beziehungsreichtum zwischen den Menschen ein Maximum an gegenseitigem Schutz voreinander« zu erreichen (ebd.). Es geht um eine diffizile Balance zwischen Nähe und Distanz, die eine ständige, kontinuierliche, pragmatische und vor allem wertfreie Aushandlungspraxis bzw. die entsprechenden gesellschaftlichen Institutionen verlangt. Die Forderung des »Miteinander«, wie sie im CSU-Programm enthalten ist, würde nach Plessner in den Bereich der unzulässigen Übertragung von Werten aus der Sphäre des Gemeinschaftlichen in die des Gesellschaftlichen fallen und dem Verdacht einer politischen Radikalisierung von moralischen Ansprüchen anheimfallen.

Mit gleicher Schärfe, aber metaphorisch größerer Dichte hat Franz Kafka sieben Jahre vor Plessners Ausführungen den Prozess von Radikalisierung beschrieben, der eintritt, wenn Gemeinschaft und Gesellschaft verwechselt werden. Kafka hat dabei nicht nur skizziert, wie die Radikalisierung einer »Volksgemeinschaft« vonstatten geht, sondern auch noch die Rolle der diktatorischen Führung, die in diesem Prozess zusätzlich ausgebildet wird, vorgeführt. »Beim Bau der chinesischen Mauer« ist ein Text, der 1917 entworfen, aber erst 1931 aus dem Nachlass publiziert wurde. Dabei wird die Geschichte eines mehr oder weniger gescheiterten Bauprojekts aus der Perspektive eines leitenden Ingenieurs erzählt.

Die Mauer wird angeblich gebaut, um das chinesische Volk vor den Angriffen der nomadisierenden »Nordvölker« zu schützen. Es geht um Verfahren von Inklusion und Exklusion, um die Frage nach einem ethnisch und kulturell »homogenen« Volk, das »die Anderen« im Prozess der Exklusion als die Barbaren identifiziert, sich selbst dadurch als Gemeinschaft stiftet und am Ende einer Blut- und Bodenideologie anhängt. Im Prozess der Selbstsetzung wird diese nachträgliche Selbstidentifikation aber dann zwingend als »Grund« der Zusammengehörigkeit, als »Ursprung« der Gemeinschaft umgedeutet, die Kausalverhältnisse sind damit umgedreht.

So beobachtet der Leser die Entstehung eines »modernen Mythos« vom Volk als großer Familie (vgl. Barthes 2002; v.a. das Kapitel zu»La Grande famille«, S. 806-808). Jenseits dieser Familie lauert Gefahr durch Verrohung der Sitten, Irrglaube, Blasphemie und letztlich

Tod. Dem muss man durch entsprechend aggressives Verhalten zuvorkommen. Die Grenzen werden nicht nur undurchlässig, sondern sogar wehrhaft. Die Mauer, der Bau eines Exklusionswalls, wird dabei entsprechend selbst zum Anlass von kriegerischen Auseinandersetzungen, die es so vorher gar nicht gab, da es sich um eine »öde« Landschaft handelte, in der man sich nach Belieben aus dem Weg gehen konnte.

»Die chinesische Mauer ist an ihrer nördlichsten Stelle beendet worden« (Kafka 1993: 337) – mit diesen Worten setzt der Text ein, um auf den folgenden Seiten nichts anderes zu tun als genau dies zu widerlegen, das heißt die Vollendung der Mauer als ein vollkommen unmögliches Projekt vorzustellen (vgl. dazu Oberlin 2006). Zumal die »Nordvölker«, die von der Mauer abgehalten werden sollten, nun im Gegenteil von ihr geradezu angezogen, erst zum Feind werden und dabei immer schneller reagieren als die Bauarbeiter und Ingenieure.

> »Diese in öder Gegend verlassen stehenden Mauerteile können immer wieder leicht von den Nomaden zerstört werden, zumal diese damals, geängstigt durch den Mauerbau, mit unbegreiflicher Schnelligkeit wie Heuschrecken ihre Wohnsitze wechselten und deshalb vielleicht einen besseren Überblick über die Baufortschritte hatten als selbst wir, die Erbauer.« (Kafka 1993: 338f.)

Die lückenhafte Mauer ist nicht nur zum Schutze ungeeignet, sondern »der Bau selbst ist in fortwährender Gefahr« (ebd.), wie der Erzähler konstatiert.

Die Grenze wird durch den Bau der Mauer zu einer sensiblen Zone, denn in diesen »öden« Gegenden tut sich erst etwas, seit dort Nomaden und Arbeiter aufeinandertreffen. Anders formuliert, ist dieses Territorium erst mit dem unmöglichen Mauerbau überhaupt ein »Ort« geworden, der vermessen, kartographiert, umkämpft und belebt ist. »Öde« wie er vorher war, ist er »unbelebt«, »unbebaut«, im eigentlichen Sinne »unkultiviert«.[13] Kultivierung und Bebauung, d. h. die »Kultur« tritt auf als Differenzierung, als ein Akt, der Unterscheidungen trifft und Bedeutungen schafft. Jetzt wird unterschieden in »eigen« und »fremd«, »chinesisch« und »nicht-chinesisch«. Abgrenzung und Kampf funktionieren nach den gleichen Prinzipien von Inklusion und Exklusion wie Sprache und Kultur auch. Kafka erfasst also nicht nur

---

13 Vgl. Foucher 1988. Die Frage, ob Grenzen Räume sind, oder solche nur markieren, stellt Foucher in diesem Band.

die Gefahr von Inklusion und Exklusion, sondern auch die grundsätzliche Notwendigkeit einer solchen Operation, ohne die Reden, Denken und Handeln nicht möglich wäre.

Kafkas Text ist hier nicht nur kulturkritisch, sondern auch sprachkritisch: Bedeutung entsteht durch einen spezifischen Prozess der Differenzsetzung. Die Differenz ist nicht neutral. Sie kommentiert den Prozess der Kultivierung, der sich als Kolonisierung herausstellt. Von welcher Macht diese Prozesse gesteuert werden, ist nicht klar. Sie ist nicht fassbar und hat keinen Ort. Der Erzähler fährt weiter fort und berichtet, dass auch der Herrscher selbst, das Zentrum, von dem die Einteilung in Freunde und Feinde auszugehen scheint, imaginär ist. Das Reich ist so groß, dass keiner weiß, wie der Kaiser heißt, ob er lebt, welche Dynastie regiert und wer das Sagen hat.

Die entsprechenden Effekte zeigen sich nicht nur, was den Schutz nach außen angeht:

> »Jeder Landmann war ein Bruder, für den man eine Schutzmauer baute, und der mit allem, was er hatte und war, ein Leben lang dafür dankte. Einheit! Einheit! Brust an Brust, ein Reigen des Volkes, Blut nicht mehr eingesperrt im kärglichen Kreislauf des Körpers, sondern süß rollend und doch wiederkehrend durch das unendliche China.« (Kafka 1993: 342)

Ebenso wie der Nomade als Feind durch die Mauer überhaupt erst als solcher zu identifizieren ist, ist auch das zu schützende Volk, dessen blutsbrüderliche Einheit, nichts als ein Effekt des Baus selbst. Die Volksgemeinschaft, die sich wie eine große Familie verwandt wähnt, ist eine imaginäre Gemeinschaft – »imagined comunity« – nichts anderes als der imaginäre Feind und die imaginär vollendete Mauer auch.

Inklusion schafft den Mythos vom blutsverwandten, homogenen, genetisch verwandten, rassisch reinen, daher immer schon und für immer zusammengehörenden Volk. Die Exklusion schafft den Mythos vom Anderen, vom Fremden, vom nicht sesshaften Nomaden, vom ewigen wandernden Juden, vom barbarischen Mongolen oder vom dummen Migranten. Es entsteht eine übersichtliche Dichotomie von Ordnung – drinnen – und Unordnung – draußen.[14]

---

14 Man könnte hier auch von einer Form von Neo-Rassismus sprechen oder von einem »Rassismus ohne Rasse«, wie ihn Etienne Balibar und Stuart Hall in ähnlicher Weise vertreten. Es sei, so Balibar, ein Rassismus, der

Kafka beschreibt hier die Entstehung einer »Gemeinschaft« im Sinne von Helmuth Plessner als einen totalitären Akt. Anders als die politische Gesellschaft lebt sie von der Fiktion der Verwandtschaft, der tiefen brüderlichen (nicht schwesterlichen), eben »natürlichen« Zusammengehörigkeit. Für die Anhänger der Gemeinschaft ist sie der Abgrenzung – hier der Mauer – vorgängig, für die Leser des Textes zeigt sie sich eindeutig als der Effekt der Grenzziehung.[15] Ebenso wenig, wie alle Chinesen wirklich Brüder sind, sind die Nordvölker eine reale Bedrohung. Weder Zentrum noch Peripherie existieren – oder wenigstens nicht so, wie der imaginäre Befehlshaber es zu suggerieren scheint: Das Zentrum ist leer, die Grenze löchrig und die Peripherie eben gar nicht wirklich »draußen«.

Kafka lässt seinen irritierten, überforderten, aber keineswegs unsympathischen Ingenieur alleine mit der Erkenntnis, dass bei näherem Hinsehen Inklusion und Exklusion jeglicher historischer oder politischer Grundlage entbehren. Je länger der Ingenieur sich mit den Gründen der Grenzziehung, mit der Mauer selbst, mit den verschiedenen Völkern und ihrer Herrschaft beschäftigt, umso diffuser werden die Kriterien der Unterscheidung, umso fadenscheiniger die Argumente für eine Bedrohung und die notwendige Abwehr von Gefahr. Am Ende sind die Nordvölker nicht fremder als die Chinesen selbst. Es gibt keinen historischen Ursprung, der politische Handlung rechtfertigt, kein Zentrum der Macht und keinen Kern einer Gemeinschaft, der Zusammenhalt garantiert.

»Kafkas Erzählung inszeniert die Verschiebung von einer Kartographie des Nabels zu einer Kartographie der Außengrenze. Die Identität dessen, was da Heimat heißen soll, Nation und Staat, kann nicht mehr über die von einem Mittelpunkt radial sich ausdehnenden Kraftlinien konstruiert werden.« (Honold 2005: 215)

»die Schädlichkeit jeder Grenzverwischung und die Unvereinbarkeit der Lebensweisen und Traditionen« behauptet (Balibar 1990: 28, vgl. Hall 1989).

15 Plessner 1981. Das lässt sich natürlich auch ganz anders sehen: im Sinne einer Schaffung der jüdischen Gemeinschaft, wie das Günter Anders etwa tat. Vgl. dazu Greiner 1999.

Bemerkenswert in der kurzen Erzählung von Kafka ist, dass die Parallelisierung von Mauerbau und Selbstreflexion des Erzählers den Prozess der Entstehung eines modernen Mythos beschreibt, wie ihn Roland Barthes in seinen *Mythologies* (1957) definiert. Barthes liefert darin eine sprachphilosophische Erklärung für ein kulturtheoretisches Problem; »mythologisch« ist bei Barthes ein Sprachverständnis, das auf idealistischen Grundannahmen und nicht auf pragmatischen oder semiologischen beruht. Barthes spricht von einer »naturalisation du concept«, das den Leser sofort überzeuge. »[L]e signifiant et le signifié ont, à ses yeux, des rapports de nature.« Anders ausgedrückt: »Tout système sémiologique est un système de valeur: or le consommateur du mythe prend la signification pour un système de faits: le mythe et lu comme système factual alors qu´il n´est qu´un système sémilogique.« (Barthes 2002: 843) Bedeutung entsteht für Barthes nur durch Gebrauch bzw. durch dic vielen verschiedenen Formen von Gebrauch, d.h. durch Auswahl (*valeur*) und nicht durch eine vorgängige »natürliche« Verbindung von Zeichen und Bezeichnetem. Dies ist im Rahmen der linguistischen Zeichentheorie 1957 keine neue Erkenntnis; dass es allerdings auch kulturelle Phänomene gibt, die auf der überkommenen Annahme eines natürlichen Zeichengebrauchs beruhen, ist nicht selbstverständlich. Moderne Mythen sind – nach Barthes – Geschichten, die ihre eigene Geschichte vergessen haben und analog zu Naturgesetzen auf einem »immer schon« bestehen. So wäre nach Barthes die Vorstellung »ein Volk braucht Grenzen. Es muss seine Kultur schützen« ein moderner Mythos, da »die Kultur« als solche erst Schutz braucht, wenn sie auf Abgrenzung besteht.

In Kafkas Text wird das Barthes'sche Konzept des modernen Mythos bereits vorgedacht, indem deutlich wird, dass das Volk – im emphatischen Sinne der Brüdergemeinschaft – gewissermaßen als Sekundärphänomen durch die Grenzziehung erst entsteht, dies aber vom Volk selbst nicht gesehen wird. Von den Machthabern wird der Prozess aber sehr wohl erkannt: Es ist ihr Herrschaftswissen. Die Umkehrung von Kausalitäten entspricht einem in Mythos umgeschlagenen idealistischen Sprachdenken bzw. einem entsprechenden Kulturkonzept. Bei Barthes und bei Kafka wird deutlich, dass Kulturtheorie und Sprachtheorie aufs engste miteinander verknüpft sind.

Ludwig Wittgenstein verbindet die Kritik an idealistischen Sprachtheorien ebenfalls mit der Frage nach der Funktion von Abgrenzung, Eingrenzung, Definition, Zusammengehörigkeit, Gruppenbildung,

Kultur- und Lebensform, d.h. er kombiniert auf vergleichbare Weise Sprach- und Kulturkritik. Bei Wittgenstein findet sich ein kritischer Zusammenhang von Sprach- und Kulturtheorie, der die Reflexion auf Grenzen und Definitionen allgemein mit der auf »Kultur« verbindet. Seine Lösungsvorschläge weisen auf eine aktuelle Theorie der Transkulturalität.

IV. LUDWIG WITTGENSTEIN: PLÄDOYER FÜR SEILSCHAFTEN. ANMERKUNGEN ZU EINER SPRACHPHILOSOPHISCHEN DEBATTE

In seinen späten *Philosophischen Untersuchungen* geht Wittgenstein – wie Barthes – von einer nichtrealistischen Sprachtheorie aus: »Die Bedeutung eines Wortes ist sein Gebrauch in der Sprache« (Wittgenstein, PU § 43). Auch bei der Frage nach der Bedeutung des Wortes »Sprache« wird Wittgenstein also auf die gleiche Weise antworten und sagen: Sprache ist das, was wir in Sprachspielen umsetzen. Statt also

»etwas anzugeben, was allem, was wir Sprache nennen, gemeinsam ist, sage ich, es ist in diesen Erscheinungen garnicht Eines gemeinsam, weswegen wir für alle das gleiche Wort verwenden, – sondern sie sind mit einander in vielen verschiedenen Weisen verwandt. Und dieser Verwandtschaft, oder dieser Verwandtschaften wegen nennen wir sie alle ›Sprachen‹.« (PU § 65)

Obwohl sich Wittgenstein nun hier auch der Metapher der »Verwandtschaft« und der »Familienähnlichkeit« bedient, zielt er damit nicht auf die Ebene der biologisch-genetischen Identität, vielmehr liegt dem Konzept eines der ikonischen Ähnlichkeit zugrunde. Er erläutert das in dem viel zitierten § 66 am Beispiel des Spiels. Es gibt Ballspiele und Brettspiele, Geschicklichkeits- und Glücksspiele, man kann alleine, zu zweit oder mit vielen spielen, gewinnen wollen oder sich die Zeit vertreiben; »... wenn du sie anschaust, wirst du zwar nicht etwas sehen, was allen gemeinsam wäre, aber du wirst Ähnlichkeiten, Verwandtschaften, sehen, und zwar eine ganze Reihe. Wie gesagt: denk nicht, sondern schau!« (PU § 66) Die Aufforderung, die analytische Zerlegung der einzelnen Spiele auf ein Gemeinsames hin durch den Blick auf die Ähnlichkeiten zu ersetzen, ist die Mahnung, eine methodische Korrektur vorzunehmen.

Die Vorstellung, im kleinsten Baustein eines Körpers oder Phänomens seine »Bedeutung«, seinen Schlüssel zu finden, gehört zu naturwissenschaftlichen Konzepten, wie z. B. in der Molekularbiologie, der Genetik oder auch der Physik. Eine Übertragung dieses Konzepts auf die Kultur- und Sprachwissenschaften hält Wittgenstein für verfehlt. Er schlägt vielmehr etwas wie eine »Morphologie« der Wörter bzw. von Gebrauchs- und Lebensformen vor. Vielleicht wäre es besser, von einer »Ikonologie« im Sinne Aby Warburgs zu sprechen, denn es handelt sich tatsächlich um ein der Visualität entlehntes Konzept, wie sich an Wittgensteins Gebrauch von entsprechenden Metaphern zeigt. Das Fazit aus den Überlegungen zur Definition des Spiels lautet entsprechend, dass man bei einem Blick auf alle verschiedenen Spielformen zu folgendem Schluss komme:

»Und so können wir durch die vielen, vielen anderen Gruppen von Spielen gehen, Ähnlichkeiten auftauchen und verschwinden sehen. Und das Ergebnis dieser Betrachtung lautet nun: Wir *sehen* (kurs. D.K.) ein kompliziertes Netz von Ähnlichkeiten, die einander übergreifen und kreuzen. Ähnlichkeiten im Großen und ihm Kleinen.« (Ebd.)

Neben dem »Netz« bemüht Wittgenstein noch ein anderes Bild von Kohäsion, das des »Seils«. Er verwendet es, um die Beschreibung von Zahlen zu exemplifizieren:

»Und wir dehnen unseren Begriff der Zahl aus, wie wir beim Spinnen eines Fadens Faser an Faser drehen. Und die Stärke des Fadens liegt nicht darin, dass irgend eine Faser durch seine ganze Länge läuft, sondern darin, dass viele Fasern übereinander greifen.« (PU § 67)

Die Begründung des Zusammenhalts, der Kohäsion und Brauchbarkeit eines Begriffs wird hier also nicht erklärt durch eine Abgrenzung, eine Differenz zu anderen Begriffen, aber auch nicht mit einem allen Einzelteilen »Gemeinsamen«. Dies könnte, so gibt Wittgenstein zu bedenken, eine Schwäche sein, weil es sich selbstverständlich um eine partiell vage bleibende Bestimmung handelt mit diffusen Grenzen. Mit der Frage, ob es sich hier um einen Nachteil handelt, beschäftigt sich Wittgenstein ausführlich in den folgenden Paragraphen mit dem Ergebnis. »Ja, kann man das unscharfe Bild immer durch ein scharfes ersetzen? Ist das unscharfe oft nicht gerade das, was wir brauchen?« (PU § 71)

Es geht ihm um scharfe und unscharfe Grenzen und deren *jeweilige* Leistung. Dabei wird klargestellt, dass scharfe Grenzen nicht notwendigerweise mehr leisten: »Wie ist denn der Begriff des Spiels abgeschlossen? Was ist noch ein Spiel und was keines mehr? Kannst Du die Grenzen angeben? Nein. Du kannst welche *ziehen*: denn es sind noch keine gezogen.« (PU § 68) Als Fazit hält Wittgenstein fest: »Man kann sagen, der Begriff ›Spiel‹ ist ein Begriff mit verschwommenen Rändern.« (PU § 71) Willkürliche Grenzziehungen lösen das Problem nicht. »Wenn einer eine scharfe Grenze zöge, so könnte ich sie nicht als die anerkennen, die ich schon immer ziehen wollte, oder im Geiste gezogen habe. Denn ich wollte gar keine ziehen« (PU § 76). Wittgenstein besteht auf Zusammengehörigkeit, die durchaus »klar« erkennbar ist im Sinne von einer gestalthaften Gesamtwahrnehmung von großer Merkmalskomplexität. Es geht dabei aber nicht um »Deutlichkeit« im Sinne begrifflicher Distinktion.

Begriffliche Vereinheitlichung geschieht stets um den Preis der Reduktion von Mannigfaltigkeit, Konkretheit und Lebendigkeit. Sinnliche Erfahrungen sind stets merkmalsreicher als logische Kategorien. Darauf haben die philosophischen Ästhetiken seit dem 18. Jahrhundert, später die phänomenologische Wahrnehmungstheorie hingewiesen:

Ästhetische Wahrnehmung gilt immer schon – anders als Alltagswahrnehmung und Logik – als Bereich der größten Toleranz für Komplexität und Unordnung. Die Unkontrollierbarkeit und Unvorhersehbarkeit sinnlicher *variety* wird in der Tradition gerne mit dem alten Begriff des Chaos zusammengedacht. (Menninghaus 2011: 53) »Die Präsenz der Dinge übersteigt unser Fassungsvermögen: Wir bestaunen und fürchten sie. Sie erinnern uns daran, dass nicht alles, was es gibt in unsrer oder sonst einer Ordnung ist.« (Seel 2000: 38) Ästhetische Einheiten können daher auch nicht gewonnen werden um den Preis des Verlustes von Vielheit, Konkretheit und Mannigfaltigkeit:

»In der ästhetischen Wahrnehmung [...] ereignet sich eine Affirmation des begrifflich und praktisch Unbestimmbaren; sie leistet [...] eine sensitive Betrachtung dessen, was in den Dingen unbestimmbar ist. Sie ist darauf aus, ihre Gegenstände so zu belassen, nicht wie sie unter diesem oder jenem Aspekt sind, sondern wie sie unseren Sinnen jeweils hier und jetzt erscheinen.« (Seel 2000: 38)

Sie geht sonst ihrer spezifischen Differenz zu anderen Formen der Wahrnehmung verlustig.

Die Nähe von Wittgensteins Erklärungsmodellen zu denen ästhetischer Wahrnehmung ist offensichtlich. Anders formuliert: Pragmatische Sprachtheorien bedienen sich ästhetischer Philosopheme. Ähnlichkeit ist eine ästhetische Kategorie. Zusammen bilden sie einen Teil der Argumente, aus denen Transkulturalitätsmodelle gewonnen werden. Die entscheidende Qualität ist jeweils die Komplexitäts-, die Ambiguitäts- und vor allem die »Diffusitätstoleranz«. Kulturelle Einheiten lassen sich weder durch allen gemeinsame Merkmale noch durch distinkte Differenzen markieren.

Es ist bei Wittgenstein und bei Kafka die Grenzziehung selbst, die die philosophischen, methodischen und praktischen Probleme erst generiert, die sie vorgibt zu lösen. »Die Ergebnisse der Philosophie sind die Entdeckung irgendeines schlichten Unsinns und Beulen, die sich der Verstand beim Anrennen an die Grenzen der Sprache geholt hat.« (PU § 119) So gilt es nun zu überlegen, ob die Versuche, Grenzen zwischen Ordnung, Unordnung, Chaos und einer besseren Ordnung zu ziehen, oder etwa »westliche« Werte von »nicht westlichen« zu trennen etc. nicht auch eine solche Operation darstellen, die vor allem »Beulen«, aber keine Optionen einbringen.

Tatsächlich scheint sich die Debatte um Multikulturalismus solche Beulen zuhauf geholt zu haben. Woher stammt die Annahme, dass kulturell homogene Gemeinschaften konfliktfrei miteinander leben? Was bedeutet »kulturell« überhaupt in diesem Zusammenhang? Geht es um Essgewohnheiten, um religiöse Riten, um Kleiderordnungen? Welche »Werte« sind gemeint, die angeblich »kulturell« so stark differieren, dass eine zumindest partielle Einigung im öffentlichen Raum nicht möglich sein sollte? Wer bestimmt, dass ein Leben »miteinander« besser ist als eines »nebeneinander«? Wo sollten die Grenzen liegen, die man bräuchte, um christlich-jüdische Werte und deutsche Leitkultur von denen anderer Provenienz zu unterscheiden? Man müsste sie ziehen und hätte nichts gewonnen.

Die Vorstellung, dass klare Grenzen im Bereich der Kultur eine hilfreiche, alltagstaugliche und einer modernen Gesellschaft angemessene Handlungsorientierung bieten würden, ist ebenso weit verbreitet wie unsinnig. Weder eine Wesensbestimmung noch ein Merkmalskatalog noch eine distinkte Abgrenzung nach außen werden der spezifischen Unschärfe gerecht, mit der man es in diesen Bereichen zu tun hat. Es geht um ein »kompliziertes Netz von Ähnlichkeiten«, die in bestimmten Räumen und zu bestimmten Zeiten eine hohe oder eine geringere Dichte aufweisen.

Auch wenn politische Grenzen durchaus genau gezogen werden müssen, kann man dabei nicht davon ausgehen, dass sie ein Modell für kulturelle Grenzen abgeben könnten. Es handelt sich dabei um Bezirke mit diffuser Abgrenzung, die gerade dadurch allerdings einen besonderen Gewinn erwirtschaften. Nicht nur Jurij Lotman hat immer wieder auf den besonderen, innovativen und kreativen Raum der Grenze hingewiesen, auch Wittgenstein besteht darauf, dass Unschärfe nicht ohne Verluste durch Schärfe zu ersetzen ist. Im Gegenteil: Es generiert politischen und sozialen Schaden – eben viele Beulen.

V. SCHLUSS: GABRIEL TARDES PLÄDOYER FÜR EIN DENKEN IN ÄHNLICHKEITEN

Warum dies genau allerdings so ist, kann Wittgenstein nicht ganz so plausibel erklären wie der französische Soziologe Gabriel Tarde. Tarde kann zeigen, dass durch »Nachahmung«, durch bestimmte mimetische Verfahren der Imitation und Variation, kulturelle Evolution in Gang kommt. Die Chance zu neuen Formen der Mimesis findet sich eher an den Rändern von kulturellen Netzen, dort eben, wo die Homogenität niedrig, die Ähnlichkeit (noch) relativ gering ist und im Prozess der Imitation ausgehandelt werden muss. Gabriel Tardes Theorie der Nachahmung (1890) im Sinne einer Kohäsionstheorie der unterschiedlichen Dichte von Ähnlichkeiten innerhalb einer Gesellschaft variiert Wittgensteins Bild vom Seil ohne roten Faden und weist noch einmal darauf hin, wie sehr diese Kulturmodelle auf ästhetische Verfahren rekurrieren (Tarde 2009).

Für Tarde ist Homogenität nicht der Ausgangszustand einer Ansammlung von Individuen, sondern das Endergebnis von Transformationen: »Man ist nicht gleich geboren, man wird gleich.« (Tarde 2009:

93)[16] Eine Gesellschaft entsteht ganz einfach durch »Nachahmung« (Tarde 2009: 95). Im zweiten Kapitel seiner *Gesetze der Nachahmung*, das überschrieben ist »Die sozialen Ähnlichkeiten und die Nachahmung«, entwickelt Tarde eine Soziologie, die auf der Mess- und Beschreibbarkeit von Nachahmung, Imitation und Variation bzw. Differenz besteht. Nachahmung und Variation führen zu einer graduellen Abstufung von Differenzen oder genauer: zu kulturellen und sozialen Ähnlichkeiten.

So entwickelt Tarde eine soziale und kulturelle Evolutionstheorie:

»In der Zeit, in der jede Familie und jeder Stamm eine eigene Sprache und einen eigenen Kult hatte, verfügte jede soziale Gruppe, falls sie künstlerisch begabt war, auch über eine eigene Kunst [...]. [Sie] hatte [...] eine eigene Moral oder eher eine Sammlung von moralischen, oft allerdings eher unmoralischen Vorurteilen [...]. Wie oft mußten diese eingemauerten Künste und diese geschlossene Moral ihre Grenzen sprengen! Und wie oft mußten sie nach ihrem äußeren Ausbruch sich in ihren neuen Grenzen verschanzen und absichern [...] und so fort über Jahrhunderte, bis sich auf der Erde dieser bespiellose Anblick jener großen und zahllosen Nationen bot, die zur gleichen Zeit und fast auf die gleiche Weise Schönheit und Häßlichkeit sowie Gut und Böse empfinden!« (Tarde 2009: 355)

Typisch für die frühen Gesellschaften sieht er ein enges Verhältnis unter »Gleichen«, das Frauen, Sklaven, minderjährige Söhne und vor allem Fremde per se ausschließt. »Die Fremden sind in bezug auf das Interesse der Gleichen das zu besiegende *Hindernis* [...].« (Tarde 2009: 357) Die Ausschließung der Fremden wird jedoch nicht von Dauer sein können, nicht ohne Mühen und Revolutionen setzt sich durch das Spiel der Nachahmung eine Angleichung durch mit dem Ergebnis, dass das unwiderstehliche Gefühl entsteht, das der nunmehr nicht mehr ganz so Fremde »mit Recht der gleichen Gesellschaft« angehört. »Dieses Gefühl drückt sich dann für gewöhnlich übertrieben in einem philosophischen oder theologischen Programm aus« (Tarde

16 Tarde variiert hier die christliche und heute in den Menschenrechten formulierte Vorstellung von der ursprünglichen Gleichheit aller Menschen, darauf basieren die Forderungen nach der Unantastbarkeit der menschlichen Würde.

2009: 358), das dann wiederum diesen Prozess beschleunigt, wenn es ihn auch keineswegs ausgelöst oder gar durchgesetzt hat.

Zur Frage, wie sich Moral oder »Moralen« ein größeres Territorium schaffen und damit weiter ausbreiten, die eigenen Grenzen sprengen, liefert Tarde eine bemerkenswerte Erklärung. Es sind die Geschichten, die als Selbstentwurf eine mehr oder weniger globale Moral ermöglichen. Oder anders: Es ist die Variation des Mythos vom Volk der Brüder, das eine Universalisierung von moralischen Standards ermöglicht und für die die narrative Vergrößerung der »Familie« sorgt. »[A]lle Fiktionen [...], die zu Urzeiten eine künstliche Verwandtschaft schafften, als man verwandt sein mußte, um sozial und moralisch dazuzugehören«, werden dann erweitert und variiert. Blutsverwandtschaft kann dann durch Blutsbrüderschaft oder auch später durch Adoption ausgeweitet werden. (Tarde 2009: 361) Die Gastfreundschaft schließt dann sogar den Fremden, den Reisenden ein. Der Eintritt ins Haus ist gewissermaßen die »dramatische« Szene einer fiktiven Eingliederung in die Familie. Gerade das christliche Neue Testament mache sich diese Narration zu eigen, um mit einer entsprechenden Variation das Modell der Familie auf die Welt auszudehnen. »›Jeder Mensch ist dein Bruder, denn ihr seid alle Kinder Gottes‹. Damit umfaßt die Verwandtschaft die gesamte Menschheit.« (Tarde 2009: 362)

Auch Tarde betont damit die grundlegende »ästhetische« Qualität der kulturellen Praxis Nachahmung und Assimilation. Die Narrative der Ähnlichkeit sind nicht mythisch-theologisch, sondern gehören in den Kontext moderner Ästhetik. Ähnlichkeiten werden im Feld der Künste ausgeleuchtet, modelliert und kritisiert. Transkulturalitätskonzepte, die weder simple bivalente Optionen von Identität und Alterität verfolgen wollen, noch den naiven Glauben an selbstverständlich konfliktfreie »Multikulti«-Heterogenität vertreten, werden sich an Narrativen der Ähnlichkeit orientieren müssen.

LITERATUR

Assmann, Aleida/Assmann, Jan (1990): »Kultur und Konflikt. Aspekte einer Theorie des unkommunikativen Handels«. In: Jan Assmann/Dietrich Harth (Hg.): *Kultur und Konflikt*. Frankfurt a. M., 11-48.

Ateş, Seyran (2007): *Der Multikulti-Irrtum. Wie wir in Deutschland besser zusammenleben können*. Berlin.

Bahners, Patrick (2011): *Die Panikmacher: Die deutsche Angst vor dem Islam. Eine Streitschrift*. München.

Balibar, Etienne (1990): *Immanuel Wallerstein, Rasse Klasse Nation. Ambivalente Identitäten*. Berlin.

Barthes, Roland (2002): »Mythologie«. In: Ders.: *Œuvres complètes*, Bd. I: *Livres, Textes, Entretiens 1942-1961*. Paris, 669-868.

Bellers, Jürgen (Hg.) (2010): *Zur Sache Sarrazin. Wissenschaft – Medien – Materialien*. Berlin u.a.

Benda, Ernst (2000): »Theo Sommer für Leitkultur«. In: *Frankfurter Allgemeine Zeitung*, 9. November.

Brumlik, Micha (1999): »›Alle Kultur ist ein Bastard – und parasitär‹. In welchem Verhältnis stehen Mensch, Kultur, Gewalt und Konflikt zueinander?«. In: *Shortcut Europe: Kultur und Konflikt. Culture and Conflict*. Bonn, 25-35.

Deutschlandstiftung Integration (Hg.) (2010): *Sarrazin – Eine Deutsche Debatte*. München.

Foroutan, Naika (Hg.) (2010): *Sarrazins Thesen auf dem Prüfstand – Ein empirischer Gegenentwurf zu Thilo Sarrazins Thesen zu Muslimen in Deutschland*. Berlin.

Foucher, Michel (1988): *Fronts et Frontières, un tour du monde géopolitique*. Paris.

Greiner, Bernhard (1999): »Hinübergehen in das Bild und Errichten der Grenze«. In: Jürgen Wertheimer/Susanne Göße (Hg.): *Zeichen lesen/Lese-Zeichen*. Tübingen, 175-201.

Habermas, Jürgen (2002): *Die Zukunft der menschlichen Natur. Auf dem Weg zu einer liberalen Eugenik?* Frankfurt a. M.

Hall, Stuart (1989): »Rassismus als ideologischer Diskurs«. In: *Das Argument* Nr. 178, 913.

Honold, Alexander (2005): »Kafkas vergleichende Völkerkunde: ›Beim Bau der chinesischen Mauer‹«. In: Axel Dunker (Hg.): *(Post-)Kolonialismus und Deutsche Literatur. Impulse der angloamerikanischen Literatur- und Kulturtheorie*. Bielefeld, 203-219.

Huntington, Samuel P. (1996): *The Clash of Civilizations and the Remaking of World Order*. New York 1996.

Kafka, Franz (1993): »Beim Bau der chinesischen Mauer«. In: Ders.: *Nachgelassene Schriften und Fragmente I*. Hg. v. Malcolm Pasley, Frankfurt a. M., 337-357.

Koselleck, Reinhart (1986): »Jaspers, die Geschichte und das Überpolitische«. In: Jeanne Hersch u.a. (Hg.): *Karl Jaspers. Philosoph, Arzt, politischer Denker*. München, 292-302.

Menninghaus, Winfried (2011): *Wozu Kunst? Ästhetik nach Darwin*. Berlin.

Oberlin, Gerhard (2006): »Die Grenzen der Zivilisation. Franz Kafkas Erzählungen Beim Bau der chinesischen Mauer und Ein altes Blatt«. In: *Orbis Litterarum* 61/2, 114-132.

Ortiz, Fernando (1973 [1940]): *Contrapunteo cubano del tabaco y azúcar*. Barcelona.

Plessner, Helmuth (1981): »Grenzen der Gemeinschaft. Eine Kritik des sozialen Radikalismus«. In: Ders.: *Gesammelte Schriften* Bd. V. Hg. v. Günter Dux, Odo Marquard u.a. Frankfurt a. M., 7-133.

Pratt, Mary Louise (1992): *Imperial Eyes: Travel Writing and Transculturation*. London.

Sarrazin, Thilo (2010): *Deutschland schafft sich ab. Wie wir unser Land aufs Spiel setzen*. Frankfurt a. M.

Schwarz, Patrik (Hg.) (2010): *Die Sarrazin Debatte. Eine Provokation und die Antworten*. Hamburg 2010.

Seel, Martin (2000): *Ästhetik des Erscheinens*. München/Wien.

Seel, Martin (2006): »Wie phänomenal ist die Welt?« In: Ders.: *Paradoxien der Erfüllung*. Frankfurt a. M., 171-205.

Sezgin, Hilal (Hg.) (2011): *Manifest der Vielen. Deutschland erfindet sich neu*. Berlin.

Simmel, Georg (1992): »Exkurs über den Fremden«. In: Ders.: *Soziologie. Untersuchungen über die Formen der Vergesellschaftung* (Georg Simmel Gesamtausgabe, Bd. 11). Hg. v. Rüdiger Kramme, Angelika Rammstedt und Otthein Rammstedt. Frankfurt a. M., 764-771.

Simmel, Georg (1995): »Über räumliche Projectionen socialer Formen«. In: Ders.: *Aufsätze und Abhandlungen 1901-1908* (Georg Simmel Gesamtausgabe, Bd. 7). Frankfurt a. M., 201-220.

Sommer, Theo (1998): »Der Kopf zählt, nicht das Tuch – Ausländer in Deutschland: Integration kann keine Einbahnstraße sein«. In: *Die Zeit*, Ausgabe 30.

Sommer, Theo (2000): »Einwanderung ja, Ghettos nein – Warum Friedrich Merz sich zu Unrecht auf mich beruft«. In: *Die Zeit*, Ausgabe 47.

Tarde, Gabriel (2009 [1890]): *Die Gesetze der Nachahmung*. Frankfurt a. M.

Tibi, Bassam (2000): *Europa ohne Identität? Die Krise der multikulturellen Gesellschaft*. München.

Weigel, Sigrid (Hg.) (2007): *Märtyrer-Porträts. Von Opfertod, Blutzeugen und heiligen Kriegern*. München/Paderborn.

Welsch, Wolfgang (1999): »Transculturality: The Puzzling Form of Cultures Today«. In: Mike Featherstone/Scott Lash (Hg.): *Spaces of Culture. City, Nation, World*. London/New Delhi, 194-213.

Wittgenstein, Ludwig (1984): »Philosophische Untersuchungen (PU)«. In: Ders.: *Werkausgabe* Band 1: *Tractatus logico-philosophicus. Tagebücher 1914–1916. Philosophische Untersuchungen*. Frankfurt a. M., 225-580.

Internetquellen

7-Punkte-Integrationsplan. Für ein soziales Miteinander und soziale Werte in Deutschland. Beschluss des Parteitags der Christlich-Sozialen Union am 29./30. Oktober 2010 in München. http://www.csu.de/dateien/partei/beschluesse/101030_leitantrag_integrationsplan.pdf, 16.04.2012.

Bayernkurier vom 14. Oktober 2010, dpa 16.10.2010; zitiert nach Focus-Online: http://www.focus.de/politik/weitere-meldungen/integration-dobrindt-csu-verweigerer-deutscher-leitkultur-gehoeren-nicht-nach-deutschland_aid_562195.html, 16.04.2012.

Migration-Info.de, Ein Projekt des Netzwerks Migration in Europa und der Bundeszentrale für politische Bildung: http://www.migration-info.de/mub_artikel.php?Id=070507, 16.04.2012.

http://www.domradio.de/aktuell/71375/interkulturelles-duett.html, 16.04.2012.

http://de.rian.ru/russia/20110214/258334427.html, 16.04.2012.

Süddeutsche Zeitung vom 27.05.2010; http://archiv.sueddeutsche.de/b5v38p/3367113/Tuerken-wandern-ab.html, 16.04.2012.

The Tocqueville Connection: Multiculturalism ›a big failure‹: Spain's ex-prime minister Aznar. Washington, 26.10.2006 (AFP), http://www.adetocqueville.com, 27.10.2006.

Kosmopolitismus in der Diskurslandschaft der Postmoderne

GALIN TIHANOV

Im Verlauf unserer Kultur- und Geistesgeschichte wurden kosmopolitische Ideen immer wieder interdisziplinär erforscht und beschrieben. In diesem Aufsatz geht es mir darum, (a) nachzuvollziehen, wie Ideen von Kosmopolitismus oder von einer kosmopolitischen Weltordnung legitimiert oder kritisiert wurden, (b) eine Hypothese über die Funktion kosmopolitischer Diskurse in modernen europäischen Gesellschaften seit der französischen Revolution aufzustellen, und (c) einige diskursive Felder (etwa in der Kunst oder der Wissenschaft) zu identifizieren, in denen Ideen und Empfindungen von Kosmopolitismus artikuliert wurden. Kurz: ich möchte den Ort des Kosmopolitismus auf der diskursiven Karte der Moderne bestimmen. Mit eben diesen Fragestellungen will ich mich im Folgenden befassen. Dabei werde ich zunächst, insoweit das zur Ausarbeitung meiner These über die Funktion kosmopolitische Diskurse im Verlauf der Geschichte notwendig ist, einige entscheidende Aspekte der Legitimationstheorien ansprechen. Nachdem ich die doppelte Natur dieser Diskurse ans Licht gebracht habe, werde ich darauf eingehen, wie und wo sie zum Ausdruck kamen, wobei ich mich auf Beispiele aus der Politischen Philosophie und aus der Geschichte der Vergleichenden Literaturwissenschaft beschränken werde. Da meine Überlegungen ursprünglich für eine öffentliche Vorlesung niedergeschrieben wurden, was sicher auch in dieser überarbeiteten Fassung noch zu spüren ist, sollen sie nur zu einer weiteren Beschäftigung mit den hier angesprochenen Themen anregen.[1]

1. Methodologische Aspekte kosmopolitischer Legitimationstheorien

Bei dem Versuch zu verstehen, wie kosmopolitische Vorstellungen oder eine entsprechende Weltordnung im Verlauf der Geschichte legitimiert oder problematisiert wurden, sieht man sich rasch mit einer erheblichen Schwierigkeit konfrontiert: Der Kosmopolitismus lässt mehr oder weniger klar strukturierte und eindeutig abgegrenzte politische Einheiten wie etwa den Stadtstaat, den Nationalstaat und sogar Imperien hinter sich und dringt in Regionen vor, in denen Autorität ganz grundsätzlich problematisch wird, weil die klassischen Grundlagen für eine Legitimation nicht länger zur Verfügung stehen.[2] Daher will ich zunächst auf einige zentrale Positionen der jüngeren Debatte zur Legitimation eingehen und kurz ihre Implikationen für meinen eigenen Ansatz herausarbeiten.

a. Jürgen Habermas, Max Weber und Carl Schmitt: Legitimität und Legalität

Die Frage, ob und wie das formale Recht und das Verfahren als Legitimationsquellen nutzbar gemacht werden können, ist für Vertreter eines Kosmopolitismus ebenso wie für andere Theoretiker von großem Interesse. Zu nennen wäre hier etwa Jürgen Habermas, der Mitte der 1990er Jahre einige sehr konkrete Vorschläge zur Etablierung eines kosmopolitischen Rechtssystems durch eine Reform der Vereinten Nationen vorlegte – etwa 1997 in seinem Aufsatz »Kants Idee des ewigen Friedens – aus dem historischen Abstand von 200 Jahren«. Habermas hat festgestellt, dass Webers Verkennen eines »Moralkerns« im mo-

1 Dieser Aufsatz ist die erweiterte und überarbeitete deutsche Fassung meines Artikels »Cosmopolitanism in the Discursive Landscape of Modernity«. In: D. Adams/G. Tihanov (Hg.): *Enlightenment Cosmopolitanism*, London: Legenda 2011, 133-152.

2 Vgl. zu den Quellen der Legitimation Max Weber 1988.

dernen Recht gewisse blinde Flecken zur Folge hatte. Weber zufolge kommen in moralischen Überzeugungen subjektive Wertausrichtungen zum Ausdruck, die selbst keinen weiteren Rationalitätsmaßstäben unterliegen und dadurch im Widerspruch zur formalen Natur des Rechts stehen. Habermas' Lösung ist aber selbst nicht unproblematisch. Er schlägt vor, das Recht – einschließlich des internationalen Rechts, auf das er sich bei seinem Plädoyer für eine kosmopolitische Weltordnung beruft –, über eine »moralisch gehaltvolle Verhaltensrationalität« (Habermas 1992: 542) zu legitimieren und vermeidet so die Frage, ob und wie Verfahren eine moralische Dimension haben können. Habermas kritisiert bekanntermaßen in diesem Zusammenhang auch Carl Schmitts Unterscheidung zwischen Legalität und Legitimität sowie dessen Tendenz, letztere auf Kosten der ersteren hervorzuheben. Durch blindes Vertrauen auf Legalität, so Schmitts Argument, »wird eine Gesellschaft unfähig darin, einen Tyrannen zu erkennen, wenn er auf legalem Wege an die Macht kommt«.[3] Habermas zufolge versucht Schmitt mit seiner Aussage, dass Legalität der Legitimität zuweilen im Weg stehe, die Auswirkungen von Webers wertfreier Methodologie zu bewältigen und zu betonen, dass Legitimität auf politischen Entscheidungen beruht, die sich an einem bestimmten Wertekanon orientieren. Weber hingegen hielt Spannungen zwischen Legalität und Legitimität für ausgeschlossen. Spätere einflussreiche liberale Rechtstheoretiker schlossen sich ihm in dieser Frage an, so etwa Ronald Dworkin, demzufolge das Recht inhärent legitim ist; die moralischen Werte, die der Legitimität innewohnen, kommen in der Auslegung strittiger Fälle stets zum Ausdruck.

b. Hannah Arendt: Legitimität, Autorität und ihr »Ursprung«

Im Unterschied zu Weber und Habermas verankert Hannah Arendt ihre Auffassung von Legitimität im Bereich der politischen Praxis. Handlungen sind für sie »politisch«, wenn sie den Erhalt von Öffentlichkeit fördern oder ermöglichen und wesentlich ergebnisoffen sind, wozu eine pluralistische Perspektive auf die Akteure und die angestrebten Ziele gehört. Der Verlust dieser Pluralität ist ein Zeichen für

3 Schmitts Argument findet sich in Schmitt 1980: 32f. Die zitierte Zusammenfassung von Schmitts These findet sich bei Dyzenhaus 1997: 65.

den völligen Zerfall des Politischen unter totalitären Bedingungen: Wenn die Nation sich an die Stelle des Rechts setzt, wie Arendt es in *The Origins of Totalitarianism* beschreibt, wird die Vielfalt der Akteure auf die angeblich »wahren« Repräsentanten der Nation reduziert.

Weil Macht Arendt zufolge jeder menschlichen Gemeinschaft inhärent ist, bedarf sie keiner Rechtfertigung, sondern einer Legitimation. Diese stammt aus dem Gründungsakt der jeweiligen Gemeinschaft und ermöglicht eine zukünftige Berufung auf die Vergangenheit, wobei der Ursprung absolut wird, wie Arendt in *Macht und Gewalt* erklärt. Sie stellt bei ihrer Auslegung der Freiheit als Aspekt politischer Handlungen das Ereignis der Revolution (der französischen und der amerikanischen) in den Mittelpunkt und untersucht, wie Legitimation aus den jeweiligen konstituierenden (und konstitutionellen) Akten hervor geht. Weil Revolutionen die Möglichkeit eines politischen Neubeginns verkörpern, kommt in ihnen die Freiheit der politischen Handlung zum Ausdruck. Aus diesem Grund begreift Arendt Revolutionen als ein dezidiert modernes Phänomen, bei dem das Noch-Nicht-Geschehene im Zentrum steht: der Neubeginn, der durch den Gründungsakt legitimiert werden muss.

Auf den ersten Blick scheinen Arendts Überlegungen also dafür zu sprechen, dass es sich bei der Frage der Autorität und der Legitimation in der Tat um ein Problem der *modernen* politischen Theorie handelt. Obwohl aber tatsächlich in gewisser Hinsicht ein radikaler Bruch mit der griechischen und römischen Antike zu verzeichnen ist,[4] sind zugleich durchaus erhebliche Kontinuitäten in Arendts eigenem Werk zu beobachten, was nicht zuletzt in einem wiedererwachten Interesse an der Größe der Polis (im Sinne einer politischen Gemeinschaft mit eigenen Regeln) in ihrem zentralen Werk *Vita Aktiva oder Vom tätigen Leben* zu sehen ist. Diese erneute Problematisierung hallt im aktuellen Unbehagen angesichts der Demokratiedefizite nach, die bei der Etablierung politischer Entitäten jenseits des Nationalstaates (so etwa der Europäischen Union) zu beobachten sind.

4 Vgl. Finley 1982: 23; Finley verweist auf Hobbes Kritik an Aristoteles' Politik.

c. Poststrukuralistische Perspektiven auf Legitimation

Weil in Arendts Ansatz Ursprung, Handlung und Praxis im Mittelpunkt stehen, kann er – vielleicht in stärkerem Maße als die bereits angesprochenen Theorien von Weber, Schmitt oder Habermas – aus einer poststrukturalistischen Perspektive hinterfragt werden. So wird oft zu bedenken gegeben, dass es zunehmend problematisch erscheint, ein sich seiner selbst sicheres und in sich ruhendes Subjekts zugrunde zu legen, das im kantischen Sinn Urteilskraft besitzt und über die von Kant und Arendt geforderte Autonomie sowie das entsprechende Vermögen verfügt – genau das ist aber bei Arendt Möglichkeitsbedingung von Handlungen. Vielversprechender scheint mir aber die Frage, wie genau aus einem Gründungsakt Legitimation entsteht. Inspiriert von Derridas Dekonstruktion des performativen Akts der amerikanischen Unabhängigkeitserklärung, wo er Autorität als »mystisch« begründet sieht,[5] betont Bonnie Honig, dass es in der Formulierung »Wir halten diese Wahrheiten für ausgemacht« zu einer versteckten Überlappung von und einem Oszillieren zwischen performativen und konstativen Sprechakten kommt. Aus diesem Grund müsse die Bedeutung jedes Gründungsakts kontinuierlich neu ausgelegt und immer wieder neu etabliert werden. (Vgl. Honig 1991) Ganz ähnlich – und ebenfalls von Derrida inspiriert – argumentiert David Ingram, dass Gründungsakte stets von einem Moment der Illegitimität und Gewalt gekennzeichnet sind: »Der Moment der Legitimation bleibt stets in der Schwebe zwischen Vergangenheit und Zukunft; er kann nie vollständig in Erscheinung treten oder gegenwärtig werden.« (Ingram 1996: 239) Legitimation muss daher stets als etwas Aufgeschobenes, als in der Zukunft angestrebtes Ziel verstanden werden.

d. Implikationen für meinen Ansatz und eine vorläufige These

Dieser »fortlaufende Aufschub der Legitimation«, um Ingrams Formulierung aufzugreifen, erlaubt uns, die Frage der Legitimation auf positive Weise neu zu stellen und letztere nicht als Handlung zu denken,

5 Vgl. Derrida 1991, erstmals ausgeführt in einer Veröffentlichung der Cardozo Law School aus dem Jahr 1990; vgl. auch seinen früher verfassten Aufsatz »Unabhängigkeitserklärungen« (Derrida 2000).

sondern als allmählichen Vorgang, der in sich stetig weiterentwickelnde und zuweilen widersprüchliche Praktiken eingelassen ist. Ich gehe bei meiner Analyse der Geschichte des Kosmopolitismus als eines Bündels diskusiver Praktiken von einer solchen Auffassung aus, und ich stütze mich bei meiner vorläufigen These teilweise auf die jüngeren Arbeiten von Seyla Benhabib. Um das Gründungsparadox der Demokratie in den Blick zu bekommen, verweist Benhabib auf bestimmte Spannungen, die für die Legitimation von Demokratien zentral sind: Indem bei der Erklärung der allgemeinen Menschenrechte von einem »wir« ausgegangen wird, findet zugleich eine Ausschließung statt, und die Legitimation des »wir« ist zugleich eine Delegitimierung des Anderen. Diese Einsicht ist nicht neu. Vor Benhabib arbeitete Julia Kristeva in ihrem Buch *Fremde sind wir uns selbst*, das wiederum auf Arendts *The Origins of Totalitarianism* zurückgreift, eben jenes Paradox heraus, indem sie in einer genauen Analyse der einführenden Absätze der französischen Menschen- und Bürgerrechtserklärung der semantischen Verschiebung von allgemeinen Rechten hin zu Bürgerrechten nachspürte, zu deren Ausübung man auf die Mitgliedschafts- und Zugehörigkeitsregeln einer konkreten Polis angewiesen ist. Benhabib betont aber in ihren Veröffentlichungen nicht nur, dass wir uns mit diesem Paradox auseinandersetzen müssen, sondern skizziert zudem einen neuen Lösungsansatz. Demokratie beruht ihr zufolge zwar auf der von einem *Demos* ausgeübten territorial eingegrenzten Souveränität, beinhaltet aber einen ständigen Wechsel von Evozieren und Zurückziehen und ein nie abgeschlossenes Verhandeln lokaler und allgemeiner Fragen – sie spricht hier von einer »demokratischen Iteration«.[6] Benhabib erklärt:

»Zwar braucht der demokratische Souverän die Kontrolle über ein konkretes Territorium, aber er kann auch durch reflexive Schritte der Selbstbestimmung seine Grenzen und Zugehörigkeitskriterien neu festlegen.« (Benhabib 2008: 55)

---

6 Der Begriff der »demokratischen Iteration« ist teilweise von Derridas Aufsatz »Signatur Ereignis Kontext« inspiriert und wurde von Benhabib erstmals in Kapitel 5 von *Rights of Others* (Benhabib 2004) verwendet und dann in *Kosmopolitismus und Demokratie* (Benhabib 2008a) weiter ausgeführt.

Hieraus leitet sie für den Bereich der Praxis einen »kosmopolitischen Föderalismus« ab, der einen Ausweg aus dem Paradox der demokratischen Legitimation bietet. Dieser Ansatz erinnert deutlich an Kant, dessen Projekt eines dauerhaften Friedens ja eine globale Föderation von Staaten anstelle eines einzigen Weltstaats beinhaltete. Mein Ansatz behält Benhabibs Annahme bei, dass politische Gemeinschaften ihre eigenen Grenzen umgestalten können. Anders als sie aber begreife ich Kosmopolitismus als eine diskursive Praxis, die historisch als Anzeiger von Gemeinschaften fungiert (nicht nur als *demos* des Nationalstaates, sondern auch subnationaler oder transnationaler Gemeinschaften), von Gemeinschaften, die ihre Form und ihre Grenzen in jede Richtung hin ändern und damit auch ihre Selbstwahrnehmung, und die dabei entweder stärker einschließende Einheiten werden oder aber zu exkludierenden Körperschaften schrumpfen. Die Idee des »Anzeigers« ist hier von entscheidender Bedeutung. Ich glaube nicht, dass Gemeinschaften bei diesen Veränderungen bewusst reflektiert handeln; vielmehr haben wir es bei kosmopolitischen Diskursen mit einem historischen Symptom zu tun, mit einem Signal, das eine Neujustierung der Grenzen und, damit einhergehend, (oft zeitverzögert) auch der Selbstwahrnehmung und des eigenen Status anzeigt, wobei die fraglichen Prozesse entweder tatsächlich durch bewusste Überlegung oder mithilfe einer Vielzahl unreflektierter Praktiken von statten gehen können.

Wenn also vermehrt kosmopolitische Ideen auftauchen, wie es etwa seit den frühen 1990er Jahren zu beobachten ist, dann muss ihre gesellschaftliche Funktion mit Hilfe einer historisches Analyse genau herausgearbeitet werden.

Als Bündel diskursiver Praktiken kann die Idee des Kosmopolitismus zwar direkt an laufenden Neuanpassungsprozessen einer Polis beteiligt sein, das muss aber nicht der Fall sein. Fest steht jedoch, dass sie ein Anzeiger dieser Prozesse ist. Ich beziehe mich hier auf die *polis* und nicht den *demos*, um zum Ausdruck bringen, dass ich mich Hannah Arendts Aufforderung in *Vita Activa oder Vom tätigen Leben* verpflichtet fühle, eine der klassischen Fragen der Politischen Philosophie immer wieder neu zu überdenken, nämlich welche Größe und welches Ausmaß einer Polis angemessen sind, wobei mit »Polis« jede politische Gemeinschaft gemeint ist, die sich ihre eigenen Regeln gibt.

Beim Kosmopolitismus handelt es sich keineswegs um den einzigen entsprechenden Indikator. Meines Erachtens gibt es eine ganze Klasse von Begriffen, die in jenem umkämpften Territorium zwischen

Politikwissenschaft und Politikgeschichte ein prekäres Zuhause gefunden haben. Ich denke hier etwa an »Internationalismus«, »Universalismus« oder »Transnationalismus«; diese Begriffe unterscheiden sich zwar in ihrer Bedeutung, haben aber dieselbe Funktion: Sie signalisieren Prozesse der Neukalibrierung politischer Gemeinschaften und können Gesellschaften dabei helfen, solche Veränderungen zu rationalisieren. Kosmopolitismus zeichnet dabei aus, dass er im Gegensatz zum »Universalismus« innerhalb eines Erwartungshorizontes operiert, in dem Unterschiede nicht eingeebnet, sondern integriert werden (im Gegensatz zum »Universalismus«), ohne dass das Volk oder der Nationalstaat als einzige legitime Verkörperung solcher Unterschiede betrachten werden (im Gegensatz zum »Internationalismus«) oder dass auf einem wertfreien deskriptiven Rahmen bestanden wird (im Gegensatz zum »Transnationalismus«). Stattdessen erlaubt der Kosmopolitismus, anders als das oft auf Mosaikstrukturen, Parallelität und somit Isolation aufbauende Modell des »Multikulturalismus«, eine (inter-) aktive Wertschätzung und explizite Anerkennung des Anderssein.[7] Besonders augenfällig ist der Kontrast zum Begriff des »Transnationalismus«, aus dem, seit er in den 1970er Jahren in der US-amerikanischen Politikwissenschaft aufkam, ein Ansatz entwickelt wurde, der jeden ontologischen Bezug auf den Menschen dezidiert ablehnt. Im Gegensatz dazu geht der Kosmopolitismus stets explizit oder stillschweigend von einer gemeinsamen (und zumindest zugänglichen, wenn auch nicht unbedingt transparenten) Menschlichkeit aus, die in entsprechenden Argumentationen eingesetzt oder zumindest angesprochen wird.

Die Spannung zwischen den liberalen und den demokratischen Elementen der Legitimation, die in der Frage der Menschen- und der Bürgerrechte zum Ausdruck kommt und mit der sich Arendt, Benhabib, Julia Kristeva und andere befasst haben – hier wäre auch Derridas schon genannte Dekonstruktion der Unabhängigkeitserklärung zu nennen (Derrida 1992, Derrida 2000) –, macht deutlich, dass bei jeder Überlegung zum Kosmopolitismus auch der Nationalismus im Raum steht. Vor allem in den 1990er Jahren schien es eine Zeit lang verlockend, weltbürgerliche Ideen ausschließlich als Palliativ gegen die Ungerechtigkeiten der Globalisierung zu verstehen. Ulrich Beck und David Held sind heute die wahrscheinlich prominentesten Vertreter

7 Vgl. zur Rolle der »Differenz« im Kosmopolitismus Beck 2004.

dieses Ansatzes. (Beck 2004, Held 2010) So schien der Kosmopolitismus sich auf der globalen Bühne auszubreiten, passend dazu traten die globalen Akteure auf: NGOs, weltweit operierende Interessensvertretungen und »Weltbürger«. Craig Calhoun hat überzeugend über das daraus folgende Problem geschrieben, dass Kosmopolitismus als das »Fehlen des partikularen und nicht als positive Form der Zugehörigkeit« wahrgenommen wird. (Vgl. Calhoun 2007: 291) Selbst wenn wir beiseite lassen, dass »Weltenbürgertum« (*global/world citizenship*) nach wie vor eine schlecht definierte Kategorie darstellt, sollte man die – historischen und aktuellen – Verstrickung des Kosmopolitismus mit dem Nationalstaat und dem Nationalismus nicht so einfach vergessen. Zum einen hat der Nationalismus Formen angenommen, die den aktuellen transnationalen Bedingungen entsprechen (Kastoryano 2007), und zum anderen deuten historische Belege darauf hin, dass Nationalismus und Kosmopolitismus sich an verschiedenen Schnittstellen der modernen europäischen Geschichte wiederholt symbiotisch miteinander verschränkten. Es geht hier nicht um die Rückkehr zu einem »methodologischen Nationalismus«, also zu der epistemischen Strategie, soziale Phänomene ausschließlich durch die Linse des Nationalstaates wahrzunehmen, wie es etwa in Friedrich Meineckes klassischer Studie über die ›Entwicklung‹ vom Weltbürgertum zum Nationalstaat zu beobachten ist. (Meinecke 1908)[8] Die Berücksichtigung des immer wieder neu ausgeprägten Nebeneinander von Kosmopolitismus und Nationalismus kann vielmehr zu einem besseren Verständnis der geschichtlichen Bedeutung des Kosmopolitismus als eines Zeichens oder Symptoms von Umgestaltungsprozessen einer Polis führen – auch wenn damit nicht alles erfasst wird –, da diese sich oft in Debatten über die Grenzen und den Status des Nationalstaats ausdrücken und in dieser Weise überhaupt erst erkennbar werden.

2. ARTIKULATIONSBEREICHE

Im zweiten Teil dieses Aufsatzes will ich mich nun auf der Grundlage der eben ausgeführten Überlegungen zu einer historischen Symbiose von Kosmopolitismus und Nationalismus konkreten Diskursen zuwenden, in denen kosmopolitische Ideen und Vorstellungen artikuliert

8 Für eine kritische Interpretation vgl. Fine 2007: 6-14.

wurden. Dabei werde ich mich auf zwei Bereiche beschränken, deren Entwicklung auf entscheidende Weise von Prozessen bestimmt war, die in der Aufklärung ihren Anfang nahmen: zum einen die Politische Philosophie – hier werde ich vor allem auf Kants Projekt eines ewigen Friedens und einige der wichtigsten Reaktionen auf diesen Ansatz eingehen – und zum anderen die Vergleichende Literaturwissenschaft – in diesem Zusammenhang werde ich mich zunächst in erster Linie auf die Idee einer »Weltliteratur« konzentrieren und dann abschließend kurz auf die Rolle des Exils zu sprechen kommen.

a. Drei Auffassungen von Kosmopolitismus

Zunächst aber sollen die unterschiedlichen Bedeutungen des Begriffs »Kosmopolitismus« voneinander abgegrenzt werden, indem ich den historischen Veränderungen der Definitionen nachgehe. Dazu ist eine vorläufige Typologie von ›Kosmopolitismen‹ erforderlich, die die je unterschiedliche Verwendung in verschiedenen historischen Phasen berücksichtigt. Meines Erachtens ist der Begriff in den folgenden Bedeutungen verstanden und verwendet worden: (a) als persönlicher Ethos der Zugehörigkeit zu einer Polis, die mit der Welt (*cosmos*) zusammen fällt; zu diesem Ethos gehört eine gewisse Offenheit für Kulturen, die außerhalb des eigenen Erfahrungshorizonts und der vertrauten Umgebung liegen; (b) als Grundlage einer politischen Weltordnung; und (c) als methodologisches Paradigma, das bei der Erklärung unserer vernetzten und globalisierten Welt als Ergänzung und Alternative zum Transnationalismus fungieren kann – hierbei handelt es ist um eine relativ neue Entwicklung seit den 1990er Jahren. Obwohl man diese drei semantischen Felder nicht isoliert betrachten sollte und sie historisch oft Hand in Hand gingen, möchte ich an dieser Stelle auf einige Aspekte eingehen, die nur bei den ersten beiden dieser drei semantisch recht unterschiedlichen Verwendungen von Kosmopolitismus zum Tragen kommen. Historisch ist das persönliche Ethos, zu einer Polis, die mit der ganzen Welt (*cosmos*) zusammen fällt, zu gehören und als ein Mitglied dieser zu handeln, die erste diskursive Artikulation von Kosmopolitismus, was mit den Zynikern begonnen hat und von den Stoikern übernommen wurde.[9] Dieser Ansatz ist bis heute in der Debatte zum Kosmopolitismus präsent. Darin wird die Anerken-

9 Vgl. die umfangreiche Studie von Gueye 2006.

nung und Akzeptanz kultureller Differenzen durch Individuen und in späteren Ausprägungen auch auf der kollektiven Ebene, wie wir im Zusammenhang mit der »Weltliteratur« noch genauer sehen werden, deutlich. In den letzten Jahren hat man dieses Konzept reaktiviert und mit dem modernen Diskurs des Kosmopolitismus als Grundlage einer Weltordnung verknüpft, indem man eine Brücke zwischen den Stoikern und Kant geschlagen hat – hier möchte ich vor allem auf Martha Nussbaum verweisen.[10] Während Nussbaum in ihrer Lektüre von Kant und den Stoikern aus philosophischer Perspektive Gemeinsamkeiten und Unterschiede deutlich macht, überwiegt aus der Sicht der politischen Geschichte und der Geistesgeschichte der Eindruck von Bruch und Diskontinuität.[11] Anders als die Stoiker verstand Kant Kosmopolitismus als einen modernen Diskurs, der Implikationen für Machtverhältnisse, Institutionen und Zielsetzungen in der Politik hat. Auch wenn diese Fragen letztendlich vom moralischen Imperativ geleitet sind, bleiben sie politisch und gehen damit über die stoische Auffassung vom Kosmopolitismus als persönlichem Ethos der Bürger hinaus, aus dem konkrete politische Maßnahmen zur Etablierung einer neuen Weltordnung nicht unbedingt abzuleiten sind. In diesem Sinn setzt der Kosmopolitismus als moderner politischer Diskurs mit Kant und besonders mit seinem Aufsatz »Zum ewigen Frieden« ein, weil hier die Idee einer konkret politischen globalen Ordnung »mit weltbürgerlicher Absicht« begonnen wurde. Daher rührt auch die seit Kant immer wieder zu findende Gleichsetzung von Kosmopolitismus und kosmopolitischer Weltordnung: Sie ist darauf zurückzuführen, dass der *moderne* Kosmopolitismus historisch in erster Linie als Idee und Utopie einer kosmopolitischen Weltordnung bestand.

Im Folgenden werde ich mich auf die ersten beiden dieser drei eng miteinander verknüpften kosmopolitischen Ansätze konzentrieren.

---

10 Vgl. z.B. Nussbaum 1996; sie hat diese Idee in späteren Veröffentlichungen weiter ausgearbeitet.

11 An Nussbaums Szenario wurde u.a. kritisiert, es werde nicht berücksichtigt, dass es sich beim Kosmopolitismus um einen »ebenso historisch spezifischen und kulturell kontingenten« Begriff handle wie etwa auch bei den »Menschenrechten«, der »Demokratie« oder dem »Mensch«; vgl. Pagden 2000: 20.

b. Kosmopolitismus als Grundlage einer neuen globalen Ordnung: Ideen eines ewigen Friedens

Weil Kants Aufsatz »Zum ewigen Frieden« (1795) und die einschlägigen Erwiderungen bereits ausgiebig thematisiert wurden,[12] werde ich mich hier auf jene Aspekte beschränken, die direkt für meine Fragestellung relevant sind. Zunächst will ich nun kurz darauf eingehen, was an Kants Ansatz neu war und wie er sich von vorangegangenen Friedensprojekten unterschied.[13]

Im ersten europäischen theoretisch ausgearbeiteten Plädoyer für den Frieden, *De Recuperatione Terre Sancte* (1305, 1308), begnügt sich Pierre Dubois mit einem Friedensschluss aller Christen, die gemeinsam ihre Kräfte auf die Eroberung des Heiligen Lands konzentrieren können. Erasmus von Rotterdam kam in *Querela Pacis* (1517) zu einer rein moralischen Verurteilung des Kriegs, während William Penns Aufsatz »Towards the Present and Future Peace of Europe« (1693) allgemein als der letzte religiöse Ansatz betrachtet wird. Ein »ewiger Frieden« taucht als *desideratum* erstmalig in dem dreibändigen *Projet pour Rendre la Paix Perpétuelle en Europe* (1713) von Abbé Charles Irénée Castel de Saint-Pierre auf, in dem bereits alle grundlegenden Elemente einer internationalen Föderation der Staaten zu finden sind. Jean Jacques Rousseau ging mit zwei Texten auf Saint-Pierres Vorschlag ein, dem »Extrait« (1756/61) und dem »Jugement sur la Paix Perpétuelle« (1756; posthum veröffentlicht im Jahr 1782). Unter dem Pseudonym Dr. Goodheart meldete sich auch Voltaire zu Wort; er kritisierte die Idee einer Föderation der Staaten und betonte, dass Friede nur durch einen moralischen Prozess erreicht werden könne.[14]

Kant kannte Saint-Pierres Vorschlag und auch Rousseaus »Extrait«, hatte aber anscheinend sein »Jugement« nicht gelesen. (Vgl. Kleingeld 2006: 501, Anm. 4) Anders als Rousseau sprach er einem

12 Es gibt sehr viel Literatur zu diesem Aufsatz. Vgl. für eine systematische Darstellung z.B. Cavallar 1992; Cavallar 1999; Brown 2009; eine kritischere Sichtweise findet sich etwa in Höffe 2001.

13 Bei dem nachfolgenden kurzen Überblick über wichtige Herangehensweisen an das Thema Frieden, sowie den Anmerkungen zu der Frage, wie Kant sich von ihnen unterschied, halte ich mich an Cavallar 1992: 23-38.

14 Vgl. *De la la Paix Perpétuelle Parle Docteur Goodheart* (1769).

globalen Völkerbund das Recht und die Autorität ab, zur Durchsetzung von Frieden Krieg zu führen. Obwohl er zugestand, dass die notwendigen Reformen von einer auf aufklärerischen Ideen basierenden Philosophie und politischen Theorie angeregt werden könnten (wenngleich er diese Reformen in erster Linie auf ein Zusammenspiel von Vorsehung und menschlichem Eigeninteresse zurückführte), teilte er Voltaires Überzeugung nicht, dass der moralische Fortschritt Frieden nach sich zieht. Im Gegensatz zu Saint-Pierre zog Kant keine historischen Beispiele zur Legitimation des Friedens heran, sondern versuchte dieses Ideal als philosophische Notwendigkeit, unabhängig von konkreten historischen Entwicklungen, zu begründen – auch wenn er sich der relevanten historischen und politischen Konstellationen bewusst war und durchaus von ihnen beeinflusst wurde. Für meine Argumentation ist außerdem entscheidend, dass es Kant als erstem gelang, den Eurozentrismus seiner Vorgänger zu überwinden: Während andere Denker Angriffskriege jenseits der europäischen Grenzen für gerechtfertigt hielten – so etwa Georg W. F. Leibnitz mit Bezug auf die Türken –, bestand Kant darauf, dass man einen allgemeinen Frieden anstreben müsse.

Wichtig ist in diesem Zusammenhang auch, Kants Aufsatz im deutschen historischen diskursiven Repertoire Ende des 18. Jahrhunderts zu verorten. Anders als andere Wissenschaftler, die sich mit dem Text befasst haben, glaube ich, dass er im Kontext anderer Genres verstanden werden muss, unter anderem der wachsenden Zahl deutschsprachiger Reisebücher, die von Reisen und Ausflügen nicht nur ins Ausland, sondern auch von einer deutschen Provinz in eine andere berichteten und dabei explizit von »kosmopolitischen Wanderungen« sprachen.[15] Das Wort »kosmopolitisch« verweist hier auf einen in der äußeren Welt verorteten Blickpunkt, von dem aus die deutschen Lande

15 Zu diesem Genre siehe genauer Thielking 2000. Vgl. für eine kurze Erörterung der Symbiose von Kosmopolitismus und Provinzialismus in der deutschen Literatur aus einer anderen Perspektive Mecklenburg 1985: 326f. Mecklenburg macht Thomas Manns berühmte These von der »Vereinigung von Weltbedürftigkeit und Weltscheu, von Kosmopolitismus und Provinzialismus im deutschen Wesen« (vgl. Mann 1960) zum Ausgangspunkt seiner Überlegungen. Zur Vereinbarkeit und gegenseitiger Durchdringung von Kosmopolitismus und Patriotismus am Ende des 18. Jahrhunderts in Deutschland, vgl. auch Fink 1993.

erforscht werden. In Georg Rebmanns *Kosmopolitischen Wanderungen durch einen Teil Deutschlands* (1793), einer Zusammenstellung von vierzehn Briefen, die seine Reise von Erlangen über Leipzig nach Berlin nachzeichnen, handelt es sich bei dieser Außenperspektive um eine jakobinische Kritik an den erschütternden Manifestationen sozialer Ungerechtigkeit in Deutschland. Rebmann zufolge sollte sich Deutschland um die Entwicklung eines »politischen«, »moralischen« und »literarischen« Nationalcharakter bemühen, anstatt einen falschen Patriotismus zu fördern. (Rebmann 1968: 56)[16] Die Reise von einer Region in die nächste brachte für die Reisenden nicht nur die Entdeckung eines anderen, ebenfalls deutschen oder von Deutschland geprägten Kulturraums, zudem erweiterten sie den eigenen Horizont und erwarben durch das Reisen auch eine gewisse Kultiviertheit oder Bildung. (Vgl. Feyerabend 1798-1801) Wir sollten nicht vergessen, dass »kosmopolitisch« damals auch die Bedeutung »weltgewandt, kultiviert, gebildet, weise« hatte.[17] Man muss die versteckten Konnotationen von Kants Aufsatz vor dem Hintergrund eines im Entstehen begriffenen deutschen Nationalgefühls, einer Erweiterung der politischen Gemeinschaft und den damit einhergehenden Veränderungen im Selbstverständnis herausarbeiten. Dabei ist es entscheidend, der Tendenz entgegenzuwirken, Kosmopolitismus und Nationalismus als wechselseitig einander ausschließend zu betrachten und sich bewusst zu machen, dass hier zwei diskursive Strömungen gleichzeitig am Werk waren: zum einen fand eine (ausweitende) Umgestaltung der Polis statt und zum anderen wurden die damit assoziierten »Praktiken des Selbst« zum Ausdruck gebracht. Zu letzteren gehört in diesem Fall die Idee der Bildung und Besserung der eigenen Person durch Reisen oder andere Möglichkeiten, mehr über noch unbekannte Teile der Welt zu erfahren.

Dieser letzte Zusatz ist nicht unwichtig, weil Kant selbst davon überzeugt war, dass man durch das Lesen von Reiseberichten ebenso gut, wenn nicht sogar besser Wissen über die Welt erwerben kann. Seine Behauptung, man könne aufgrund der multikulturellen Bevölkerung des Königsberger Hafens fremde Sprachen und Sitten dort kennenlernen, ohne die Stadt verlassen zu müssen, stieß auf vorhersehbare

16 Zu Rebmann vgl. Kawa 1980.

17 Zur Geschichte dieses und verwandter Worte vgl. Feldmann 1904-1905: 345-350.

Kritik. (Kant 1968: 120)[18] Dessen ungeachtet maß Kant dem Studium und der Lehre der Geographie eine große Bedeutung bei, was unter anderem darin zum Ausdruck kommt, dass er im Lauf seiner Karriere als Universitätsprofessor insgesamt 48 Mal eine Einführung in die physikalische Geographie anbot, seine Vorlesung über Moralphilosophie hingegen nur 28 Mal. (May 1970: 4) Noch wichtiger für meine Fragestellung aber ist, dass die Idee von Frieden und Gastfreundschaft auf Überlegungen zur Räumlichkeit und Geographie zurückgehen: Kant erklärt, dass die Menschen »endlich sich doch neben einander dulden müssen«, da sie sich ja auf dieser Erde befänden, »auf der als Kugelfläche, sie sich nicht ins Unendliche zerstreuen können.« (Kant 1923: 358) Es ist also unumgänglich, dass wir durch Reisen oder unsere tagtäglichen sozialen Interaktionen früher oder später entweder als Gastgeber oder als Gäste eines fremden Staates mit anderen in Kontakt kommen. Deswegen muss eine Formel gefunden werden, die es ermöglicht, das Verhältnis zwischen Staaten und ihren »Gästen« auf zivilisierte Weise zu regulieren, wenn es zu einer Grenzüberquerung kommt. Damit »kosmopolitische Wanderungen« nicht nur in den Reiseberichten der Zeitgenossen Kants, sondern bei jeder menschlichen Interaktion im Rahmen einer Grenzüberschreitung ihren Zweck erfüllen können, musste auf der Grundlage der Gastfreundschaft ein »weltbürgerliches Recht« postuliert werden. Im Kontrast zum internationalen Recht geht es dabei nicht um das Verhältnis der Staaten zueinander, sondern um die Beziehung zwischen Staaten und Individuen, die keine Bürger des betreffenden Landes sind.[19] Dieser Umstand ist teilweise dafür verantwortlich, dass die Ausarbeitung einer praktischen institutionellen Lösung zur Realisierung des Kantischen Prinzips so schwierig ist, wenn auch einige sehr konkrete Versuche in dieser Richtung unternommen wurden, unter anderem von Habermas (1996).

Aufgrund des Umstandes, dass Kants Prinzip der Gastfreundschaft zwar ein Besuchsrecht, nicht aber ein Niederlassungsrecht garantiert, gehen die Meinung hinsichtlich der Frage der moralischen Dimension seines Friedensansatzes weit auseinander. Auf der einen Seite hat die Idee einer universellen Gastfreundschaft ohne unbedingtes Niederlassungsrecht zweifellos eine gewisse anti-imperialistische Kraft. Zudem erklärte Kant explizit, dass Bewohner ihr Land nicht nutzen oder kul-

18 Für eine kritische Erörterung siehe Eze 1995: 228-232.

19 Vgl. zu dieser Unterscheidung Ripstein 2009: 296.

tivieren müssen, um es als Eigentum bewahren zu können, womit er sich gegen John Locke richtet, der in der produktiven Nutzung eine Bedingung von Landbesitz sah.[20] Auf der anderen Seite ist nicht klar, wie gut sich sein Prinzip der Gastfreundschaft zur Lösung der Probleme unserer globalisierten Gesellschaften eignet, wenn es auf ein Besuchsrecht beschränkt bleibt. (Vgl. Derrida 1997) Vor allem vor dem Hintergrund von Gottlieb Fichtes Beharren auf dem Anspruch aller auf das »ursprünglichste Menschenrecht« – der Möglichkeit, sich überall »Rechte zu erwerben« (Fichte 1971: 384) – in seiner nur etwas später erschienenen »Grundlage des Naturrechts nach Prinzipien der Wissenschaftslehre« von 1796-97, kann der Eindruck entstehen, dass Kants Ansatz nicht weit genug geht, was wiederum zu anderen problematischen Aspekten (wie etwa Rassismus oder der Taubheit gegenüber Genderfragen) seiner Philosophie passt.[21]

Die bereits erwähnte intensive wechselseitige Durchdringung von Kosmopolitismus und Nationalismus kommt vielleicht am besten in einigen der zeitgenössischen Erwiderungen auf Kants Aufsatz zum Ausdruck,[22] vor allem in Fichtes »Der Geschlossene Handelsstaat« von 1800. Fichte befürwortete Kants Kosmopolitismus im Grunde und wollte ihn für die Verteidigung der französischen Revolution nutzbar machen – vor allem in einem Kommentar von 1796, in dem er noch

---

20 Vgl. zu Kants Anti-Imperialismus Muthu 2003, darin besonders Kapitel 5.

21 Einen guten Einblick über rassistische Aspekte von Kants Werk bietet Eze 1995; vgl. auch die in Eze 1997: 58-64, v.a. 60f. zitierten Passagen aus der »Physischen Geographie. (›Die Menschheit ist in ihrer größten Vollkommenheit in der Rasse der Weißen‹)«, vgl. Kants Werke, Band IX, 2. Theil, 1. Abschnitt, §2: »Einige Merkwürdigkeiten von der schwarzen Farbe der Menschen«, hier: 316. Die beste Einführung in Kants problematische Haltung zu Geschlechterfragen ist nach wie vor Schott 1998. Auf den Seiten 94 und 95 findet sich eine Auflistung sexistischer Ansichten von Kant – unter anderem seine abschätzigen Bemerkungen über »gelehrte Frauen« – aus der *Anthropologie in Pragmatischer Hinsicht* und den Beobachtungen über das Gefühl des Schönen und des Erhabenen. Antje Lange hat ausgerechnet, dass Kants Korrespondenz mit Frauen nur 2,17 % seines gesamten Briefwechsels ausmacht, was nicht besonders überraschend ist; vgl. Lange 1972: 684.

22 Vgl. für Zusammenstellungen zeitgenössischer Erwiderungen Buhr/Dietzsch 1984 sowie Dietze/Dietze 1989.

über Kant hinaus ging, indem er dem vorgeschlagenen Völkerbund das Recht zusprach, Gewalt einzusetzen –, zugleich war er aber überzeugt, dass vor dem Hintergrund der gewaltigen Umgestaltungsprozesse der deutschen Polis Legitimation nur über einen Kosmopolitismus auf der Grundlage des Nationalstaats zu gewinnen sei. Aus diesem Grund stellt der »Geschlossene Handelsstaat« nicht nur die Blaupause eines (totalitären) Staatssozialismus dar, wie in fast allen Veröffentlichungen zu Kant und Fichte bisher angenommen wird,[23] sondern zugleich ist es auch ein Plädoyer für die Französische Revolution und das kosmopolitische Ideal eines ewigen Friedens.

Rufen wir uns an dieser Stelle kurz den historischen Hintergrund ins Gedächtnis: Direkter Anlass von Kants im August 1795 beendeten Aufsatzes war der am 5. April 1795 von Preußen und der französischen Republik unterzeichnete Friedensvertrag von Basel, durch den Preußen von seinen Verpflichtungen gegenüber der antirevolutionären Koalition entlassen wurde, dafür aber die Länder zur Linken des Rheins aufgeben musste. Fichte war der Meinung, dass man, um die Revolution zu schützen und einen dauerhaftem Frieden zu gewährleisten, den anderen Staaten (genauer Deutschland) jeden Anreiz nehmen müsse, Krieg gegen Frankreich zu führen. Um die aggressiven Impulse jener Länder zu dämpfen, müsse man ihnen helfen, unabhängig und stark genug zu werden, um vollständige Kontrolle über die Wirtschaft innerhalb ihrer eigenen Territorien zu haben, daher ökonomisch unabhängig zu sein und somit keinen Grund mehr zu haben, in den Krieg zu ziehen. So wandelte sich ein Entwurf zur Verteidigung der Französischen Revolution und einer kosmopolitischen ewigen Friedensordnung letztendlich zu einem expliziten Aufgebot nationaler Visionen der Selbstgenügsamkeit und Autarkie. In der Ideengeschichte ist kaum ein augenfälligeres Paradox, kaum eine überraschendere Wendung zu finden als jene Allianz von Kosmopolitismus und Nationalismus unter dem Banner eines außerordentlich konkreten sozialen und ökonomischen Programms, in dem das gesamte Geschäftsleben, vom Handel über die Regulierung der Wechselkurse bis hin zu einer Organisation der Industrie in Gilden, angesprochen wird.

23 Zu den wenigen wichtigen Ausnahmen gehören Buhr/Losurdo 1991: 93-105; hier verstehen die Autoren Fichtes Werk als eine die Sache Frankreichs unterstützende Abhandlung, die dem Kolonialismus und einer englischen Form des Kapitalismus kritisch gegenüber steht.

In der Weise, wie Kants Aufsatz im 20. Jahrhundert aufgegriffen wurde, wird deutlich, dass auch hier Nationalismus, die Souveränität des Nationalstaats und eine außerordentlich folgenreiche Umgestaltung der Polis in der Folge bedeutsamer historischer Begebenheiten eine wichtige Rolle spielen. Ich möchte an dieser Stelle zwei sehr unterschiedliche Denker ansprechen, deren theoretische Ausrichtung eigentlich als diametral entgegengesetzt betrachtet werden kann. Während Hannah Arendt in *Urteilen*, ihren Texten zu Kants Politischer Philosophie, befand, dass durch ewigen Frieden der Raum, in dem wir notwendige Urteile fällen können, erweitert würde, zeigt sie sich in einem Aufsatz mit dem sprechenden Titel »Karl Jaspers, Citizen of the World?«, in dem sie sich kritisch mit den Bedingungen einer kosmopolitischen Weltordnung befasst, hinsichtlich einer Welt ohne Krieg eher skeptisch. Obwohl sie diese Vorstellung als Ideal anerkennt, warnt sie vor den Konsequenzen:

»Gleich der Abschaffung einer Vielheit von souveränen Staaten würde die Abschaffung von Kriegen bestimmte Gefahren in sich bergen; die nationalen Armeen mit ihren alten Traditionen und mehr oder weniger respektierten Ehrenkodizes würden durch eine internationale Polizeitruppe ersetzt werden müssen, und unsere Erfahrungen mit modernen Polizeistaaten, die alle die alte begrenzte Macht der Armee mit einer allmächtigen Polizei ersetzten, sind nicht geeignet, uns dieser Aussicht mit übergroßem Optimismus entgegensehen zu lassen.« (Arendt 1989: 112)

Sie impliziert damit, dass es sich bei Kriegen um einen notwendigen Mechanismus zur Kanalisierung und Bewältigung von Konflikten in einer nicht-totalitären Weltordnung handeln könnte. Diese Einschätzung teilte Arendt mit ihrem engen Freund Jaspers, auf den ein wieder erwachtes Interesse an Kants Philosophie nach 1945 zurückzuführen ist. In seiner Interpretation von Kants Aufsatz über den Frieden schrieb Jaspers 1957: »Auf der Stufe der Kultur, worauf das menschliche Geschlecht noch steht, ist der Krieg ein unentbehrliches Mittel, diese weiter zu bringen.«[24] Er erwähnt auch Kants eigene Faszination für die

24 Jaspers 1957: 553. Arendt war voll des Lobs für dieses Buch und regte seine Übersetzung ins Englische an; besonders begeistert zeigte sie sich von Jaspers Interpretation von Kant: »[Ich] bin doch ziemlich sicher, daß das eigentliche Zentrum [des Buchs] die herrliche Kant-Analyse ist. Wenn

Erhabenheit des Krieges, die dieser in der *Kritik der Urteilskraft* (1790) mit dem weichlichen, auf Eigennutz bedachten Lebensgefühl in Friedenszeiten kontrastiert. (Kant 1913: 263) Diese Gegenüberstellung wurde später von deutschen konservativen Denkern wie etwa Werner Sombart und Ernst Jünger übernommen und weiterentwickelt.

Außerdem sollten wir nicht vergessen, dass Arendt den Niedergang des Nationalstaates nach dem ersten Weltkrieg als eine Vorbedingung des Totalitarismus sah. Letztendlich zog sie die von Edmund Burke befürworteten und vom Nationalstaat gewährleisteten »Bürgerrechte« den unveräußerlichen Menschenrechten der Aufklärung vor. Obwohl sie für einen Kosmopolitismus einstand, in dem jedes Individuum als Mitglied der Menschheit anerkannt wird, erfüllte sie der Gedanke, dass »eines Tages ein bis ins letzte durchorganisiertes, mechanisiertes Menschengeschlecht auf höchst demokratische Weise, nämlich durch Majoritätsbeschluss, entscheidet, dass es für die Menschheit im ganzen besser ist, gewisse Teile derselben zu liquidieren« (Arendt 1955: 479), mit Schrecken.

Die Idee, man müsse den Krieg erhalten, ist der Grundgedanke einer konservative Philosophie, was uns zu Carl Schmitts geopolitischem Werk führt. In diesem Zusammenhang ist es wichtig zu verstehen, dass Schmitt zwar letztendlich den Kosmopolitismus in aller Entschiedenheit ablehnte, zugleich aber den Nationalstaat nicht als Grundlage der Politik akzeptieren wollte, auch wenn seine Schriften aus den Jahren vor dem 2. Weltkrieg ein anderes Bild entstehen lassen. Schmitt lehnte den Kosmopolitismus in aller Deutlichkeit, wenn auch ohne Verweis auf Kant, als ideologisches Werkzeug zur Legitimation der globalen Hegemonie von Imperien ab. In seinem Aufsatz »Die Raumrevolution« von 1940 spricht er abwertend von »Genfer Völkerbundspazifisten«, denen die Erde bereits als »ein einziges kosmopolitisches Hotel« erscheine. (Schmitt 1995: 388)[25] Interessant ist hier das

Sie mal in den Himmel kommen, [...] dann wird der alte Kant sich zu Ihren Ehren vom Sitz erheben und Sie umarmen. Den hat noch keiner so verstanden wie Sie.« Vgl. den Brief von Arendt an Jaspers vom 29. August 1957, in: Arendt/Jaspers 1993: 353.

25 Man fragt sich, ob Schmitt beim Verfassen dieses Textes an Theodor Fontanes Aufsatz »Der deutsche Gasthof, das kosmopolitische Hotel und die Engländer« (1867) gedacht hat, in dem sich Fontane gegen Victor Aimé Hubers provinzlerisches Klagen wendet, dass die »guten, ehrlichen deut-

Wort »Hotel«, das deutlich auf eine sehr negativ besetze (oft antisemitische) Vorstellung von Entwurzelung verweist, auf temporäre und unverbindliche Behausungen und das Fehlen jeder Verpflichtung gegenüber einem Nationalstaat, so dass nur eine höchst »fragwürdige« Loyalität zur Menschheit als solcher bleibt. Ähnlich ist auch Schmitts an ein fremdes Zitat angelehnte Aussage einzuschätzen, das Britische Imperium mache die kleinen Staaten zu »Hühnern in der Küche des kosmopolitischen Restaurants«. (Schmitt 1995: 391)

Hinter diesen bissigen Bemerkungen stand die Notwendigkeit, die für ein Widererstarken des gedemütigten deutschen Nationalstaats notwendigen Bedingungen zu schaffen, da dieser nach dem Ende des 1. Weltkriegs alle Macht verloren hatte. Eine isolationistische Politik schien die beste Strategie, um mit der Überlegenheit der siegreichen Staaten (und Imperien) umzugehen. Problematischer und interessanter ist es aber, Schmitts Haltung nach dem 2. Weltkrieg zu erklären. Er lehnte den Kosmopolitismus weiterhin ab, glaubte aber zugleich auch nicht, dass der Nationalstaat die richtige Antwort sei. Schmitt war überzeugt, dass die bipolare Struktur der Welt letztendlich durch die Rückkehr zu einem echten politischen Pluralismus in Form existenzfähiger Großräume abgelöst werden würde. Diese Großräume stellt er sich nicht mehr als multinationale Imperien vor, die um einen mächtigen Kern-Nationalstaat herum gruppiert sind, sondern als einflussreiche regionale Konstrukte, Allianzen von Nationalstaaten, die über eine eigene politische Identität und Rolle verfügen. 1955 argumentierte er in seinem vielleicht besten geopolitischen Aufsatz im Rahmen einer Festschrift zu Ehren von Ernst Jünger, der Dualismus von Ost und West, von Kapitalismus und Kommunismus, erinnere an die urzeitliche Teilung von Land und Meer. (Schmitt 1955) Obwohl also der Dichotomie eine überragende Bedeutsamkeit zugestanden wurde, bemühte sich Schmitt zugleich hartnäckig, die Umrisse einer Welt zu entwerfen, die nicht mehr unter der Kontrolle jener (damals) zwei Supermächte steht, sondern sich stattdessen, in aller Wahrscheinlichkeit, zu einem polyzentrischem Regime weiterentwickelt hat. (Schmitt 1995a) Unter diesem neuen politischen Regime spielt der Frieden nicht mehr die Rolle eines ewigen Aspekts des menschlichen Lebens,

---

schen Gasthöfe« selbst auf deutschem Boden von großen Hotels verdrängt würden, die dem »kosmopolitische[n] Strom der Touristen« Platz böten und arrogante Reisende aus England bevorzugten; vgl. Fontane 1972: 371.

sondern wird nur als »situativ« willkommen geheißen; als realistische Akzeptanz eines vorläufig erreichten Gleichgewichts der Mächte. Schmitt schrieb im selben Jahr in einem Brief an Alexander Kojève, dass der kompetitive Pluralismus der Großräume »eine sinnvolle Feindschaft« garantieren würde, die eine dauerhafte Geschichtsfähigkeit mit sich bringe.[26] Indem Schmitt also eine Ablehnung von Kants Plädoyer für einen Kosmopolitismus und ewigen Frieden formulierte, ließ er zugleich die Vorrangigkeit einer eng definierten Politik der Nationalstaaten hinter sich und entwarf eine andere Art der Polis, die weder Nationalstaat noch Imperium ist und im Rahmen von Großräumen zur Geltung kommt, die sich nach Kriegen neu bilden.

c. »Weltliteratur« und die Geschichte der Disziplin der Vergleichenden Literaturwissenschaft

Im 18. Jahrhundert wurde bei intellektuellen Projekten oft parallel auf Politische Philosophie, Literatur und ästhetische Theorie zurückgegriffen, was den Aufbau eines geteilten Wissensbestands zur Folge hatte, so dass Argumente und Plausibilierungsstrategien, die in einem der Bereiche entwickelt worden waren, für die anderen gleichermaßen relevant werden konnten. Zehn Jahre vor »Zum ewigen Frieden« erklärt Kant im neunten Satz seines Aufsatzes »Idee zu einer Allgemeinen Geschichte in Weltbürgerlicher Absicht« (1784) mit einer gewissen Ironie, aber dennoch nicht ganz zu Unrecht, dass sich der Roman und nicht das historiographische Werk als das angemessene Genre erwiesen habe, den Lauf der Geschichte mit von der Vernunft vorgegebenen Zielen in Übereinstimmung zu bringen. (Kant 1923: 29) Ich will mich hier nicht mit konkreten Beispielen für kreative Praktiken dieser Art befassen, mit Literatur oder Kunst überhaupt,[27] sondern vielmehr die Geschichte eines bestimmten Begriffs (und später einer Disziplin) nachzeichnen,[28] in dessen Rahmen die Literatur als Möglichkeit ver-

26 Zitat aus Tommissen 1998: 109. Vgl. auch Tihanov 2002.

27 Vgl. dazu etwa Thielking 2000, Kirkbright 2000 sowie Albrecht 2005.

28 Anders als jene Autoren, die ein gleichzeitiges Aufkommen des Begriffs »Weltliteratur« und der Disziplin der Vergleichenden Literaturwissenschaften behaupten (wobei erstere gewöhnlich als Gegenstand der letzteren betrachtet wird; vgl. Birus 2005: 30), bin ich der Meinung, dass ein gewisser zeitlicher Abstand zwischen beiden lag, wobei die Idee einer »Weltlite-

standen wird, über den Kosmopolitismus und sein komplexes Zusammenspiel mit dem Nationalismus nachzudenken. Bei dem Begriff handelt es sich um die »Weltliteratur« und bei der Disziplin um die Vergleichende Literaturwissenschaft.

Obwohl der Ausdruck »Weltliteratur« erst durch Johann Wolfgang von Goethe (1827) wirklich zu Ansehen kam, der darunter ein wachsendes Kommunikationsnetzwerk zwischen bestimmten Autoren und ihren Lesern verstand – also kein zu erreichendes Ideal, sondern einen Vorgang –, wurde er bereits ein halbes Jahrhundert zuvor von dem Historiker August Ludwig v. Schlözer (1735-1809) verwendet.[29] Im Anschluss an einen langen Aufenthalt in St. Petersburg wurde Schlözer 1769 als Professor für Russische Literatur und Geschichte an die Universität Göttingen berufen. Während seiner Zeit dort veröffentlichte Schlözer, dessen aus heutiger Sicht ungeheuerliche akademische Vielseitigkeit für damalige Verhältnisse durchaus normal war, ein Buch über die Literatur und Geschichte Islands (1773), in dem er zu dem Schluss kam, die isländische Literatur des Mittelalters sei »für die gesamte Weltliteratur ebenso wichtig [...] als die Angelsächsische, Irländische, Byzantinische, Hebräische, Arabische und Sinesische«.[30] Seine Auffassung von »Weltliteratur« war vom Forscherdrang der Aufklärung und dem Bestreben, den Bereich kultureller Forschungsgegenstände zu erweitern, geprägt, etwa durch die Einbindung von Werken, die zuvor für randständig gehalten oder ganz übersehen wurden. Die daraus letztendlich, wenn auch keineswegs direkt resultierende Revision des eurozentrischen Kulturmodells liegt unserem heutigen Verständnis von »Weltliteratur« zugrunde, demzufolge der westliche Werkkanon nur einen Teil des umfangreicheren und vielfältigeren Literaturbestands ausmacht.[31]

ratur«, wie weiter unten deutlich werden wird, der Komparatistik etwa 30 Jahre vorausging.

29 Für die aktuellste Darstellung von Schlözers Lebens- und Berufsweg, vgl. Peters 2003.

30 Dieses Zitat stammt aus Schamoni 2008: 289; erstmalig wurde es erwähnt bei von Lempicki 1968: 418.

31 Vgl. zur aktuellen Debatte über »Weltliteratur« unter anderem Damrosch 2003 sowie Pizer 2006. Eine kluge Kritik der eurozentrischen kulturellen Vorannahmen, die mit »Weltliteratur« verbunden sind, findet sich etwa in Kimmich 2009. Vgl. auch Sturm-Trigonakis 2007, Knauth 2004 sowie Ette

In dieser Hinsicht lässt sich die Romantik als Weiterführung der Aufklärung verstehen, da das Exotische und das Unvertraute allmählich immer mehr Eingang in die Kunst und die Literatur fanden, wodurch sich Autoren und andere Künstler vor die Frage gestellt sahen, wie Differenzen verstehbar zu machen sind, ohne auf westliche kulturelle Normen reduziert zu werden. Kurz nachdem Schlözer die isländische Literatur nennt, führt Johann Gottfried Herder in seinen *Volksliedern* (1778/79) unter anderem Beispiele mündlich überlieferter Dichtung aus dem fernen Peru an und fügt dem in der zweiten Ausgabe, *Stimmen der Völker in Liedern* (1807), noch Madagaskar hinzu. Wichtig ist hierbei festzuhalten, dass Schlözer diese Ausweitung der Literatur für Schlözer im Zusammenhang mit den einzelnen Völkern der Welt sah: Unter »Weltliteratur« verstand er eine akkumulative, aggregierte Einheit, deren Vollständigkeit durch das Hinzukommen weiterer Völker sicherzustellen ist, deren Literatur dann Teil des gemeinsamen kulturellen Reichtums wird. Es ging also um die Wertschätzung kultureller Unterschiede, die von den Errungenschaften verschiedener Völker verkörpert werden, im Rahmen einer Solidarität mit der – empirisch verifizierbaren – Menschheit in einem weiteren Sinne. An der Förderung eines Dialogs zwischen diesen Nationalliteraturen war Schlözer nichtsdestotrotz wenig gelegen und ihre dynamischen Wechselwirkungen fanden in seiner Forschung kaum Beachtung.

Der Ausdruck »Weltliteratur« hatte aber, ebenso wie »kosmopolitisch«, noch eine zweite Bedeutung, die eher in Richtung eines mit Kultiviertheits- und Bildungserwartungen verbundenen Kulturkanons weist. Man kann diese Auffassung etwa in einer handgeschriebenen Notiz von Wieland beobachten, die aus der Zeit zwischen 1790 und 1813 stammt und daher Goethe vorausging. Wieland verwendet »Weltliteratur« dort als Synonym für »Gelehrsamkeit« und »Politesse«.[32] Noch interessanter und folgenreicher als die Verwendung des Wortes Weltliteratur durch Schlözer und Wieland scheint mir aber das Aufkommen der Idee einer *cosmopolitisme littéraire*, das bereits ein

2001. Für eine anregende Darstellung, die noch ein eurozentrisches Modell in den Vordergrund stellt, vgl. Casanova 1999.

32 Vgl. Weitz 1987: 206-208. Zu Wielands »moralischem Kosmopolitismus« im Kontext deutscher kosmopolitischer Diskuse des 18. Jahrhunderts vgl. Kleingeld 1999: 507ff., Sahmland 1990, Beiser 1992: 335-362 sowie Albrecht 2005: 82-94, 100-105.

Vierteljahrhundert vor Goethe in Louis Sébastien Merciers Vorwort zur französischen Übersetzung (1802) von Friedrich Schillers *Die Jungfrau von Orleans* auszumachen ist.[33]

Wichtig ist in diesem Zusammenhang erstens, dass es sich hierbei um die erste positiv konnotierte Verwendung von Kosmopolitismus im Fanzösischen handelt: »Glücklich kann sich schätzen, wer den Literaturkosmopolitismus kennt!« (»Heureux qui connaît le cosmopolitisme littéraire!«) Zuvor waren Personen ohne festen Wohnsitz oder, etwa in Rousseaus *Emile oder Über die Erziehung*, mangelnder oder schwächlicher Patriotismus »kosmopolitisch« genannt, und hier bezeichnete Mercier damit eine bewundernswerte Eigenschaft, die literarischen Werken von internationaler Bedeutung zukommt, verkörpert von den »großen Dichtungen« von Shakespeare oder Schiller.[34] Zum anderen gilt es zu beachten, dass diese Idee eines *cosmopolitisme littéraire* zeitlich mit einem aufstrebenden deutschen Nationalismus zusammenfällt, der sich von der französischen Kultur absetzen muss – dieser Umstand ist für meine These, dass der Kosmopolitismus lange eine symbiotische Beziehung zum Nationalismus unterhalten hat und Umgestaltungsprozesse einer Polis anzeigt, von großer Bedeutung. Merciers Begriffsprägung kann als beruhigender Vorstoß betrachtet werden, der beiden Ländern die wechselseitige Erkundung und Annäherung ermöglicht. Goethes Rede von einer »Weltliteratur« ist eingebunden in Praktiken zur Schaffung von Räumen, in denen kulturelle Reziprozität möglich ist. Es ist kein Zufall, dass dieser Begriff in erster Linie aus seiner Beschäftigung mit der zeitgenössischen Literaturszene in Frankreich und mit den französischen Übersetzungen und Adaptionen seiner eigenen Werke hervorgeht.[35] Im Gegensatz zu Schlözer geht Goethe jedoch über ein additives und somit zwangsläufig statisches Bild von kulturellem Reichtum hinaus. Seine Vorstellung von

33 Louis Sébastien Merciers Rede von einem »literarischen Kosmopolitismus« wurde erstmalig thematisiert von Hazard 1930: 363.

34 Für einen guten historischen Überblick über die verschiedenen Bedeutungen von »Kosmopolit« und »Kosmopolitismus« in der französischen Aufklärung vgl. van den Heuvel 1986, besonders: 53-55 zur positiven Neubewertung von »Kosmopolitismus« in der französischen Literaturgeschichtsschreibung 1795-1830.

35 Vgl. Günther 1990, Bohnenkamp 2000, Koch 2002 sowie Meyer-Kalkus 2010.

»Weltliteratur« beruht auf kommunikativen Prozessen und freiem intellektuellem Austausch.

Die Rede vom *cosmopolitisme littéraire* behält diesen Aspekt über das ganze 19. Jahrhundert hinweg bei. Das wichtigste Werk in dieser Tradition ist zweifellos Joseph Textes Studie aus dem Jahr 1895, *Jean-Jacques Rousseau et les origins du cosmopolitism littèraire*, mit dem bezeichnenden Untertitel »Eine Studie zur literarischen Beziehung von Frankreich und England im 18. Jahrhundert« (*Étude sur les relations littéraire de la France et de l'Angleterre au XVIIIe siècle*); sie ist ein wunderbares Beispiel für die bis in die 1950er Jahre beharrlich bestehende komparatistische Tradition in Frankreich, konkrete literarische Beziehungen zu untersuchen. Der Titel zeigt, dass Joseph Texte das binationale Gewebe erweitert hat, indem er Rousseaus Entdeckung der englischen Literatur für die frankophone Welt mit einbezog. Mit Rousseau begann eine Entwicklung, die sich wie ein roter Faden durch die Aufklärung und die Romantik zog und schließlich ein »Netzwerk unsichtbarer Verbindungen« ermöglichen sollte, »das Nation an Nation bindet«, »über die Grenzen hinweg – sofern überhaupt noch welche verbleiben«. (Texte 1899: 377) Madame de Stäels Anstrengungen, dem französischen Publikum die deutsche Literatur nahe zu bringen, die in Textes Darstellung ebenfalls eine wichtige Rolle spielt, wird als Weiterführung von Rousseaus Bemühungen gefeiert. Die Aufklärung, der Rousseau gleichermaßen als Vertreter und als Kritiker gegenüber stand, befindet sich hier im Mittelpunkt von Textes Geschichte, die von einem allmählichen ›Erwachen‹ des französischen Geistes für die Errungenschaften der angelsächsischen und der deutschen ›Rasse‹ erzählt. Nachdem Rousseau die »Ausbreitung des englischen Einflusses« und anschließend auch der deutschen Literatur und Kultur in Frankreich deutlich aufgezeigt hat, kommt er zu dem Schluss, dass es sich bei dem romantischen Kosmopolitismus, der die Faszination der Aufklärung für kosmopolitische Werte und eine entsprechende Weltordnung weiterträgt, um eine diskursive Grenzüberschreitung handelt, um ein »Zusammenkommen des Nordens und des Südens« in einem Netzwerk kultureller Wechselseitigkeiten, in dem die gegenseitige Wertschätzung von Unterschieden möglich wird.

Diese Kontinuität von Aufklärung und Romantik wurde von Texte unmissverständlich hervorgehoben. Über Madame de Stäel schrieb er: »Im Hinblick auf ihr Geschichtsbild bleibt sie ein Kind des 18. Jahrhunderts und der Epoche der Enzyklopädie. Sie bedient sich ausgiebig bei d'Alembert, sogar im Ausdruck.« (Texte 1899: 363) Zudem erörtert er weitere Gemeinsamkeiten von Madame de Stäel mit Rousseau, mit Voltaire (im Hinblick auf Shakespeare) und mit Montesquieu. Der letzte Vergleich erweist sich als besonders ergiebig: Von Montesquieu habe Madame de Stäel überhaupt das Bezugssystem, innerhalb dessen sie über kulturelle Vielfalt nachdenkt, nämlich seine bipolare Unterscheidung zwischen Norden und Süden. In *Der Geist der Gesetze* (XXIV.5 und XXV.2) stellt Montesquieu den Norden und den Süden als verschiedene Welten dar, wobei der Norden von einem unabhängigen Geist durchdrungen ist, der dem Süden abgeht. Hieraus ergebe sich auch ein religiöser Unterschied: Montesquieu hält den Protestantismus (dem auch Rousseau und Madame de Stäel ein großes Interesse entgegenbrachten) für ein Ergebnis eben jener Unabhängigkeit und betrachtet ihn als »unendlichen Vorteil«, der dem Süden fehle. Texte zufolge ging De Stäel noch einen Schritt weiter und zog eine »Verbindung zwischen der Religion und der Kunst« (Texte 1899: 366), was Montesquieu nicht getan hatte. Sie sah in der Ästhetik des Nordens denselben unverwüstlichen Unabhängigkeitsgeist, den Montesquieu (wie auch Rousseau) im Protestantismus so begrüßt hatte. Bezeichnenderweise hat die vermutete »Unabhängigkeit« des Nordens in Textes Interpretation eine Entwicklung zur Folge, die in seinen Augen den emanzipatorischen Drang der Moderne auf exemplarische Weise zum Ausdruck bringt: Romantische Schriftsteller des Südens (sprich: Frankreichs), die Rousseau folgend »der zähen Vormachtstellung der antiken Literatur überdrüssig wurden« (Texte 1899: XV, 364)[36] und die Eigenständigkeit des Nordens sowie seine Distanz zu den Vorbildern der klassischen Tradition übernahmen, bezeichnet er als »kosmopolitisch«.

Auch hier dürfen wir die doppelte historische Funktion des kosmopolitischen Diskurses nicht aus den Augen verlieren. Zum einen signalisiert er Umgestaltungsprozesse der Polis und ermöglicht ein Nachdenken über diese Vorgänge und die nun neu zur kulturellen Selbstidentifikation zur Verfügung stehenden Gebiete, zum anderen kann er aber auch den umgekehrten Verlauf anzeigen, indem er die Stärkung und Befestigung von Grenzen zum Ausdruck bringt und ein gezieltes Zusammenziehen, Verengen und selbst gewählte Isolation steuert, wie

36 Vgl. für eine aktuellere Stellungnahme Wohlgemut 2009, besonders Kapitel 3.

es etwa in Schmitts antikosmoplitischen Streitschriften in der Zwischenkriegszeit zu sehen ist. Das Los der Vergleichenden Literaturwissenschaft in der Sowjetunion während der späten 1940er Jahre demonstriert eben jene andere Seite des Kosmopolitismus in eindrucksvoller Weise. Trotz dieses Sprungs in eine ganz andere Zeit kann man auch hier eine Kontinuität ausmachen: In der zweiten Hälfte der 1940er Jahre wird in der Sowjetunion ein weiteres Beispiel für einen kosmopolitischen Diskurs sichtbar – hier von den staatlichen Autoritäten verurteilt und heftig bekämpft –, der eine dramatische Umgestaltung der Polis signalisiert, in diesem Fall im Rahmen einer Strategie, die ich als »gesteuerte Kontraktion« bezeichnen würde. Historiker, die sich mit der sogenannten »Antikosmopolitismus-Kampagne« befassen, führen verschiedene Gründe an, um den hasserfüllten Antisemitismus zu erklären, der sie begleitete – etwa Stalins Enttäuschung über die von ihm weder hinnehmbare noch kontrollierbare pro-amerikanische Außenpolitik von Israel, dessen Gründung die Sowjetunion unterstützt hatte. Am wichtigsten könnte aber die Notwendigkeit gewesen sein, in jener frühen Phase des kalten Kriegs die Dominanz im eigenen Herrschaftsbereich durch eine klare Grenzziehung endgültig abzusichern. Wie Gennadi Kostyrchenko zu Recht betont, musste der sowjetische Ideologieapparat den »gefährlichen« – weil unmittelbaren und relativ frischen – Erfahrungen, die so viele sowjetische Soldaten nach dem Mai 1945 mit sich trugen, etwas entgegensetzen.[37]

Die Geschichte der kleinen Broschüre *Die faschistische Verfälschung der klassischen deutschen Philosophie* (*Fašistskaja fal'sifikacija klassičeskoj nemeckoj filosofii*) von Valentin Asmus demonstriert deutlich, wie wichtig der 2. Weltkrieg für das Schicksal des Kosmopolitismus war. 1942, also lange bevor der Ausgang des Krieges feststand, in Auftrag gegeben und veröffentlicht, gab dieser kleine Text von Asmus (ein enger Freund von Boris Pasternak und einer der kultiviertesten Philosophen Russlands) Gelegenheit, für einen »echten Kosmopolitismus« einzutreten. Er wollte das Erbe der Aufklärung zurückerobern und Kant und Goethe vor der Vereinnahmung durch die nationalsozialistische Propagandamaschine in Schutz nehmen. (Asmus 1942: 6, 18) Hintergrund dieser Bemühung war ein Restglaube an eine

37 Vgl. Kostyrchenko 1995, Kap. 4, sowie Kostyrčenko 2009 und zwei neuere Sammlungen von Dokumenten: Nadžafov/Belousova 2005 und Kostyrčenko 2005.

antifaschistische Solidarität, die auf einer breiten demokratischen Plattform beruhte und die kulturellen Errungenschaften des Westens anerkannte. All das wurde ab Herbst 1943, als sich nach der Schlacht von Kursk der Ausgang des Krieges abzuzeichnen begann, hinfällig. An die Stelle eines positiv konnotierten kosmopolitischen Diskurses wurde ein sorgfältig reglementierter »Internationalismus« gesetzt, in dem die Rolle der Sowjetunion als unangefochtene »Anführerin der gesamten progressiven Menschheit« unablässig betont wurde. Das Wort Kosmopolitismus dagegen wurde auf allerlei verleumderische Bedeutungen reduziert. Tatsächlich scheint die später weit verbreitete Formel vom »wurzellosen Kosmopolitismus« (»bespočvennyi kosmopolitizm«) im Herbst 1943 in der Novemberausgabe der Zeitschrift *Pod Znamenem Marksizma* (*Unter der Flagge des Marxismus*) von dem Schriftsteller und führenden Parteifunktionär Aleksandr Fadeev zum ersten Mal benutzt worden zu sein. Im Januar 1948 wurde dann »isolierter Kosmopolitismus« (»bezrodnyi kosmopolitizm«) als offizieller Propagandabegriff eingeführt.[38]

Der Feldzug gegen die sowjetische Komparatistik gegen Ende der 1940er Jahre muss in diesem Zusammenhang gesehen werden. Komparatistische Literaturwissenschaft zu betreiben war damals in der Sowjetunion ein gefährlicher Beruf, was in starkem Gegensatz zur langen Tradition der kosmoplitisch geprägten Literaturwissenschaft im vorrevolutionären Zarenreich stand.[39] Der bedeutendste Vertreter dieser Tradition war Aleksandr Veselovskij (1838-1906), dessen Erbe zu einem der bevorzugten Angriffspunkte der antikosmopolitischen Kampagne der Jahre 1948-1949 wurde. Obwohl es sich dabei um die erste bedeutende ideologische Kampagne handelte, die nicht mit Massenverhaftungen, Einkerkerungen oder Verbannung in Arbeitslager einherging, kam es auch hier zu öffentlichen Demütigungen, stagnie-

38 S. Kostyrčenko 2001: 314 sowie 319 zu Fadeevs Gebrauch von »bespočevennyi kosmopolitizm« und zur Einführung des Ausdrucks »bezrodnyi kosmopolitizm« durch Ždanov im Januar 1948. Vgl. außerdem Ronen 2005: 336.

39 Einem russischen Gelehrten zufolge wurde der erste Lehrstuhl für Vergleichende Literaturwissenschaften überhaupt als »kafedra vseobščej literatury« (Lehrstuhl für Allgemeine Literaturwissenschaft) 1860 in St. Petersburg gegründet; vgl. Šajtanov 2009: 21. Zu der Aussage, das erste Seminar für Komparatistik sei 1861 in Neapel entstanden, vgl. Weisstein 1973: 234.

renden Karrieren, fristlosen Entlassungen und sogar Selbstmorden aufgrund der ungehemmten Welle offiziell verordneter Feindseligkeit gegenüber den »Kosmopoliten«.[40]

Die Tatsache, dass die Kampagne zum großen Teil (wenn nicht ausschließlich) antisemitisch ausgerichtet war[41] – in Leningrad wurden jüdische Literaturwissenschaftler und Ethnologen wie Boris Ėjchenbaum, Mark Azadovskii, Viktor Žirmunskil und Grigorij Gukovskij, aber auch der deutschstämmige Vladimir Propp zu »Kosmopoliten« erklärt und öffentlich angegriffen –,[42] deutet darauf hin, dass die Parteiführung diese Kampagne, die die russische Nationalität betonte und den ethnischen und kulturellen Zusammenhalt durch Ausgrenzung von Anderen förderte, als wichtiges Werkzeug zur Bewältigung des Schrumpfens der Polis sah. In diesem Zusammenhang ist es kaum überraschend, dass der Begriff »Weltliteratur« in der Sowjetunion wieder kontrovers wurde. Isaak Nusinov (1889-1950) sah sich aufgrund seines Buchs über Aleksandr Puškins Ort in der Weltliteratur (Nusinov 1941, das Buch wurde also lange vor Beginn der antikosmopolitischen Kampagne geschrieben) heftiger Kritik ausgesetzt. Seine Vorstellung von Weltliteratur als einem offenen Terrain des Austauschs fand vor dem Hintergrund der Regierungskampagne wenig Anklang. Nusinov sah in Puškin nicht nur den Schöpfer von Ideen und Mustern in der Kunst, sondern auch als jemand, der von fremden Ideen

40 In seinen Tagebüchern dokumetierte der Historiker Sergej Dmitriev den Selbstmord von Nina Razumovskaoa, einer jungen Historikerin vom Pädagogischen Institut in Ivanovo. Sie wurde in einer öffentlichen Sitzung beschimpft, als sie versuchte, den ungerechtfertigten Angriffen auf den Historiker Nikolaj Rubinštejn entgegenzuwirken, doch die Feindseligkeit ihrer Kollegen war so überwältigend, dass sie nach Hause ging und sich erhängte; siehe S. S. Dmitriev 1999: 3, 149.

41 Nach der Durchsicht von 56 sowjetischen Zeitschriften aus der Zeit von 1948-1953 schätzt Benjamin Pinkus, dass 71% der des »Kosmopolitismus« beschuldigten Personen Juden waren (diese Zahl stammt aus Batygina/Devjatko 1993: 69).

42 Vgl. Azadovskii/Egorov 1990, Azadovskii/Egorov 2002, Alymov 2009. Zur ideologischen Vorbereitung der »antikosmopolitischen« Kampagne in den Jahren 1946-1947 und der allgemeinen Stimmung während ihrer Durchführung vgl. den Bericht einer Zeitzeugin: Frejdenberg 1986. Zum Feldzug gegen die Anhänger Veselovskys Dobrenko 1993: 323-325.

und Mustern beeinflusst war, und dieser Gedanke wurde als eine unpatriotische Herabsetzung des russischen Klassikers stigmatisiert. 1949 wurde Nusinov verhaftet und starb schließlich im Gefängnis. Er teilte dieses Schicksal unter anderem mit dem Literaturwissenschaftler Grigorij Gukovskij, der 1949 in Leningrad verhaftet wurde und im folgenden Jahr ebenfalls in Gefangenschaft verstarb.

Der Umstand, dass viele Denker auf diese Weise ausgeschlossen und gewaltsam marginalisiert wurden, bringt die Frage nach dem Ort des Marginalen auf der Landkarte des Kosmopolitismus auf. Dieser Punkt lässt sich anhand von ein paar Überlegungen zum Exil und zur Emigration im Zusammenhang mit dem Ursprung der modernen Literaturtheorie illustrieren. Emigranten und Exilanten haben bei der Entwicklung der modernen Vergleichenden Literaturwissenschaft eine entscheidende Rolle gespielt. Man sollte nicht unterschätzen, wie wichtig diese Tatsache für unser heutiges Verständnis von Kosmopolitismus ist. Ausgehend von den hervorragenden Studien zur Entwicklung der Vergleichenden Literaturwissenschaft im Umfeld deutscher Emigranten in Istanbul und an der amerikanischen Ostküste in den 1930er und 40er Jahren (vor allem in den Arbeiten von Emily Apter)[43] muss das Exil als ein prägender Faktor in der Geschichte des Kosmopolitismus neu gedacht werden. Es steht außer Frage, dass von Exilerfahrungen geprägte Diskurse manchmal einen Grad an produktiver Entfremdung aufweisen, der dem Versuch, sich auch über den Erfahrungsbereich der eigenen Kultur hinaus theoretisch mit Literatur zu befassen, Substanz und Glaubwürdigkeit verleiht. So schrieb etwa Madame de Stäel ihr bahnbrechendes Buch über deutsche Literatur, während sie in Frankreich im Exil lebte.

Dennoch möchte ich vor einer Idealisierung der produktiven Aspekte des Exils warnen, weil es in bestimmten historischen Situation für die Ausbildung und die Wahrung eines kosmopolitischen Ethos eher ein Hindernis darstellte. Lassen Sie mich kurz auf die Lage einiger linker mitteleuropäischer Exilanten in Moskau in den 1930er und 40er Jahren eingehen, um zu verdeutlichen, was ich damit meine. Fast alle von ihnen waren zum einen aufgrund ihres marxistischen Glaubens an ein »weltweites proletarisches Vaterland« kosmopolitisch eingestellt, zum anderen kamen sie im direkteren Sinne aus einem kos-

43 Vgl. Apter 2006, v. a. Kapitel 3, Mufti 1998, Chow 2009, v. a. 236-249, Tihanov 2004.

mopolitisch geprägten kulturellen Umfeld, sei es aus Budapest, Wien oder anderen Gebieten des österreichisch-ungarischen Imperiums. Viele von ihnen beschäftigten sich mit Literatur, Philosophie und Filmen, aber sie blieben Kosmopoliten ohne Polis. Keinem von ihnen gelang es, Zugang zu den Machtzentren zu erlangen, und häufig vertraute man ihnen nicht einmal innerhalb der engen Grenzen ihres beruflichen Umfelds, in dem ihre Arbeit überwacht, zensiert und öffentlich angegriffen wurde, nicht selten sogar von ihren sowjetischen Kollegen. Sergej Eisenstein hielt Béla Balázs auf Abstand; Viktor Šklovskij, der selbst ein Gefangener des Regimes war, verhinderte durch eine Auftragsbesprechung die Veröffentlichung von Georg Lukács' Buch *Der historische Roman*. So schlich sich unter den im Exil lebenden Intellektuellen zunehmend das Gefühl ein, dass das politische Projekt, dem sie sich verpflichtet fühlten, nicht ihr eigenes war. Obwohl sie kosmopolitische Überzeugungen und Ambitionen hatten, fehlte es ihnen an einer Polis, auf die sie ihr bürgerliches Ethos hätten anwenden können, weil sie vom wirklichen politischen Geschehen ausgeschlossen waren.[44]

Dem Exil wohnt gleichermaßen ein Moment der Erweiterung und der Verengung der eigenen Lebenswelt inne. Wenn wir es als verlässliche Grundlage kosmopolitisch geprägter Gesinnung romantisieren, kann das zur Folge haben, dass andere wichtige Aspekte missachtet werden. Exilanten müssen lernen, die eigene Erfahrung auf die Grenzen eines neuen kulturellen Rahmens zu beschränken, diese Erfahrung in eine noch nicht vollkommen gemeisterte Sprache zu übersetzen und die mit solchen Prozessen des Übergangs zwangsläufig einhergehenden Erfahrungen von Verlust und Trauma zu bewältigen. Wenn diese Anpassungs- und Übersetzungsbemühungen scheitern, wenn die Teilnahme an einer neuen Polis sich als unmöglich herausstellt, können Rückzug und gewaltsame Unterbrechung den Lebensgeist lähmen.

Wenn wir uns nun wieder den aktuellen Debatten zum Kosmopolitismus zuwenden und dabei die grundlegende Ambiguität des Exils berücksichtigen, scheint es mir geraten, Weltbürgertum nicht als normative Kategorie oder feste Errungenschaft, sondern als einen in Erfahrung wurzelnden, ergebnisoffenen und stets auf prekäre Weise umkehrbaren Zustand zu begreifen. Legitimiert werden kann er vielleicht am ehesten über eine Vielfalt »fest verwurzelter« Praktiken und Ge-

44 Vgl. hierzu auch Tihanov 2009.

bräuche,[45] in denen die Intensität, die Färbung und die oft kontroverse Spannung des historischen Moments bewahrt bleibt, dem sie entstammen. Bei der Identifikation solcher Legitimationsakte müssen wir aber stets die Widerstände im Blick behalten, die ebenfalls zur Geschichte des Kosmopolitismus als einer diskursiven Praxis gehören, in der komplexe Umgestaltungsprozesse einer Polis und der damit verbundenen Veränderung kollektiver (ebenso wie individueller) Selbstverständnisse angezeigt und reflektiert werden. Auch heute ist noch ein wenig von dem kritischen Potential vorhanden, das es dem Kosmopolitismus zur Zeit der Aufklärung ermöglichte, dem Schließen der Grenzen von Polis und Geist entgegenzuwirken, auch wenn dieses Erbe enormen Widerständen ausgesetzt ist.

Die kantische Vision der Gastfreundschaft und des ewigen Friedens ist zunehmend ambivalent – sie bringt eine Kritik des kolonialen Denkens mit sich, aber im gleichen Atemzug spricht sie dem Einzelnen das Recht ab, einem fremden Land uneingeschränkt anzugehören und an ihm teilzuhaben. Ebenso verhält es sich mit der Idee der Weltliteratur, deren kritischer Impuls *vis-à-vis* den dominanten Mustern der westlichen Kulturindustrie heute durch die Kommodifizierung der kulturellen Unterschiede geschwächt scheint, durch eine Vereinnahmung des zuvor Unbekannten, in dem jede Möglichkeit, dem vom globalen Kapital sanktionierten und von transnationalen Medien endlos neuverpackten und -zusammengesetzen Wertekatalog Alternativen zur Seite zu stellen, sich allmählich in Luft auflöst.[46]

Aus dem Englischen übersetzt von Eva Engels.

---

45 Zu »fest verwurzeltem Kosmopolitanismus«, vgl. Anthony Appiah, *The Ethics of Identity*, Princeton 2005, besonders Kapitel 6.

46 Ich möchte mich bei meinen ehemaligen Kollegen vom Research Institute for Cosmopolitan Cultures (RICC) an der Universität von Manchester bedanken, vor allem bei Nina Glick-Schiller, Jackie Stacey und Gyan Prakash. Einige der hier angesprochenen Überlegungen habe ich bereits in Vorlesungen und Seminaren in Tübingen, St. Gallen, Berlin, Wien, Essex, Aberdeen, Princeton, Moskau und Sofia vorgestellt. Ich bedanke mich herzlich bei Schamma Schahadat, Dorothee Kimmich, Ulrich Schmid, Henrike Schmidt, Georg Witte, Timothy Snyder, Krzysztof Michalski, Sanja Bahun-Radunović, David Duff, Gyan Prakash, Sergei Zenkin, Diana Mishkova und ihren Kollegen für die Gastfreundschaft und die guten Gespräche.

LITERATUR

Albrecht, Andrea (2005): *Kosmopolitismus. Weltbürgerdiskurse in Literatur, Philosophie und Publizistik um 1800*. Berlin/New York.

Alymov, S. (2009): »Kosmopolitizm, marrizm i pročie ›grechi‹. Otečestvennye ėtnografy i archeologi na rubeže 1940-1950-ch godov«. In: *Novoe literaturnoe obozrenie* 97, 7-36.

Apter, Emily (2006): *The Translation Zone. A New Comparative Literature*. Princeton.

Arendt, Hannah (1955): *Elemente und Ursprünge totaler Herrschaft*. Frankfurt a. M.

Arendt, Hannah (1989): *Menschen in Finsteren Zeiten*. München.

Arendt, Hanna/Jaspers, Karl (1993): *Briefwechsel 1926-1969*, hg. von Lotte Köhler/Hans Saner. München.

Asmus, Valentin (1942): *Fašistskaja fal'sifikacija klassičeskoj nemeckoj filosofii*. Moskau.

Azadovskij, K./Egorov, B. (1990): »›Kosmopolity‹«. In: *Novoe literaturnoe obozrenie* 36, 83-135.

Azadovskii, K./Egorov, B. (2002): »From Anti-Westernism to Anti-Semitism«. In: *Journal of Cold War Studies* 4/1, 66-80.

Beck, Ulrich (2004): *Der Kosmopolitische Blick oder: Krieg ist Frieden*. Frankfurt a. M.

Batygin, G. S./Deviatko, I. F. (1993): »Evrejskij vopros: chronika sorokovych godov«. In: *Vestnik RAN* 63/1, 61-72.

Beiser, Frederick C. (1992): *Enlightenment, Revolution, and Romanticism. The Genesis of Modern German Political Thought. 1790-1800*. Cambridge.

Benhabib, Seyla (2004): *Rights of Others*. Cambridge.

Benhabib, Seyla (2008): *Die Rechte der Anderen. Ausländer, Migranten, Bürger*. Frankfurt a. M.

Benhabib, Seyla (2008a): *Kosmopolitismus und Demokratie. Eine Debatte (Theorie und Gesellschaft)*. Frankfurt a. M./New York.

Birus, Hendrik (2005): »The Co-emergence of *Weltliteratur* and *Littérature Comparée*«. In: Raingard Nethersole (Hg.): *The Task of Comparative Literature Today. Comparative Literature in an Age of Multiculturalism*. Pretoria, 26-35.

Bohnenkamp, Anne (2000): »Rezeption der Rezeption. Goethes Entwurf einer ›Weltliteratur‹ im Kontext seiner Zeitschrift ›Über Kunst und Altertum‹«. In: Bernhard Beutler/Anke Bosse (Hg.):

Spuren, Signaturen, Spiegelungen. Zur Goethe-Rezeption in Europa. Köln, 187-205.

Brown, Garrett (2009): *Grounding Cosmopolitanism. From Kant to the Idea of a Cosmopolitan Constitution*. Edinburgh.

Buhr, Manfred/Dietzsch, Steffen (Hg.) (1984): *Immanuel Kant. Zum Ewigen Frieden. Ein Philosophischer Entwurf. Texte zur Rezeption. 1796-1800*. Leipzig.

Buhr, Manfred/Losurdo, Domenico (1991): *Fichte. Die Französische Revolution und das Ideal vom Ewigen Frieden*. Berlin.

Calhoun, Craig (2007): »Social Solidarity as a Problem for Cosmopolitan Democracy«. In: Seyla Benhabib u.a. (Hg.): *Identities, Affiliations, and Allegiances*. Cambridge, 285-302.

Casanova, Pascale (1999): *Le Republic Mondial des Lettres*. Paris.

Cavallar, Georg (1992): *Pax Kantiana. Systematisch-historische Untersuchung des Entwurfs »Zum Ewigen Frieden« (1795)*. Wien.

Cavallar, Georg (1999): *Kant and the Theory and Practice of International Right*. Cardiff.

Chow, Rey (2009): »›I insist on the Christian dimension‹. On Forgiveness... and the Outside of the Human«. In: *Differences: A Journal of Feminist Cultural Studies* 20/2-3, 224-249.

Damrosch, David (2003): *What is World Literature?* Princeton.

Derrida, Jacques (1991): *Gesetzeskraft. Der »mystische Grund der Autorität«*. Frankfurt a. M.

Derrida, Jacques (1997): *Cosmopolites de Tous les Pays. Encore un Effort!* Paris.

Derrida, Jacques (2000): »Unabhängigkeitserklärungen«. In: Friedrich A. Kittler (Hg.): *Nietzsche – Politik des Eigennamens. Wie man abschafft, wovon man spricht*. Berlin.

Dietze, Anita/Dietze, Walter (Hg.) (1989): *Ewiger Friede? Dokumente einer Deutschen Diskussion um 1800*. München.

Dmitriev, S. S. (1999): »Dnevniki«. In: *Otečestvennaja istorija* 3-6 (1999), 1-6 (2000), 1 (2001).

Dobrenko, Evgenij (1993): *Metafora vlasti. Literatura stalinskoj ėpochi v istoričeskom osveščenii*. München.

Dyzenhaus, David (1997): *Legality and Legitimacy. Carl Schmitt, Hans Kelsen, and Hermann Heller in Weimar*. Oxford.

Ette, Ottmar 2001 (2001): *Literatur in Bewegung. Raum und Dynamik Grenzüberschreitenden Schreibens in Europa und Amerika*. Weilerswist.

Eze, Emmanuel C. (1995): »The Color of Reason. The Idea of ›Race‹ in Kant's Anthropology«. In: Katherine M. Faull (Hg.): *Anthropology and the German Enlightenment. Perspectives on Humanity*. Lewisburg, 200-241.

Eze, Emmanuel (1997): *Race and the Enlightenment. A Reader*. Cambridge.

Feldmann, Wilhelm (1904-1905): »Modewörter des 18. Jahrhunderts II«. In: *Zeitschrift für Deutsche Wortforschung* 6, 3-4.

Feyerabend, Carl (1798-1801): *Kosmopolitische Wanderungen durch Preußen, Liefland, Kurland, Litthauen, Vollhynien, Podolien, Gallizien und Schlesien. In den Jahren 1795 bis 1797*. Bd. 1-3. In Briefen an einen Freund. Germanien (Danzig).

Fichte, Johann Gottlieb (1971): »Grundlage des Naturrechts nach Principien der Wissenschaftslehre«. In: Immanuel H. Fichte (Hg.): *Fichtes Werke*. Bd. III. Berlin, 1-385.

Fine, Robert (2007): *Cosmopolitanism*. London/New York.

Fink, Gonthier-Louis (1993): »Kosmopolitismus-Patriotismus-Xenophobie. Eine Französisch-Deutsche Debatte im Revolutionsjahrzent 1789-1799«. In: Ortrud Gutjahr u.a. (Hg.): *Gesellige Vernunft. Zur Kultur der Literarischen Aufklärung. Festschrift für Wolfram Mauser zum 65. Geburtstag*. Würzburg, 23-42.

Finley, Moses (1982): *Authority and Legitimacy in the Classical City-State*. Kopenhagen.

Fontane, Theodor (1972): »Der deutsche Gasthof, das kosmopolitische Hotel und die Engländer«. In: ders.: *Sämtliche Werke*, Band 18. München, 371-377.

Frejdenberg, Ol'ga (1986): »Budet li moskovskii Njurenberg?« In: *Sintaksis* 16, 149-163.

Gueye, Cheikh Mbacke (2006): *Late Stoic Cosmopolitanism. Foundations and Relevance*. Heidelberg.

Günther, Horst (1990): »›Weltliteratur‹, bei der Lektüre des ›Globe‹ konzipiert«. In: ders.: *Versuche, Europäisch zu Denken. Deutschland und Frankreich*. Frankfurt a. M., 104-125.

Habermas, Jürgen (1992): *Faktizität und Geltung*. Frankfurt a. M.

Habermas, Jürgen (1996): *Kants Idee des Ewigen Friedens. Aus dem Historischen Abstand von 200 Jahren*. Frankfurt a. M.

Hazard, Paul (1930): »Cosmopolite«. In: *Mélanges d'histoire littéraire générale et comparée offerts à Fernand Baldensperger*. Bd. 1. Paris, 354-364.

Held, David (2004): *Cosmopolitanism. Ideals and Realities.* Cambridge.

Honig, Bonnie Honig (1991): »Declarations of Independence. Arendt and Derrida on the Problem of Founding a Republic«. In: *American Political Science Review* 85, 97-113.

Höffe, Ottfried (2001): *Königliche Völker. Zu Kants kosmopolitischer Rechts- und Friedenstheorie.* Frankfurt a. M.

Ingram, David (1991): »Novus Ordo Seclorum. The Trial of (Post)Modernity or the Tale of Two Revolutions«. In: L. May/J. Kohn (Hg.): *Hannah Arendt: Twenty Years Later.* Cambridge, 221-250.

Jaspers, Karl (1957): *Die Großen Philosophen.* München.

Kant, Immanuel (1923): »Idee zu einer allgemeinen Geschichte in weltbürgerlicher Absicht«. In: ders.: *Werke.* Hg. von der Königlichen Preußischen Akademie der Wissenschaften, Bd. 8. Berlin/Leipzig, 15-31.

Kant, Immanuel (1917): »Anthropologie in Pragmatischer Hinsicht«. In: ders.: *Werke.* Hg. von der Königlichen Preußischen Akademie der Wissenschaften, Bd. 7. Berlin, 117-333.

Kant, Immanuel (1913): »Kritik der Urteilskraft«. In: ders.: *Werke.* Hg. von der Königlichen Preußischen Akademie der Wissenschaften, Bd. 5. Berlin, 165-485.

Kant, Immanuel (1923): »Zum Ewigen Frieden«. In: ders.: *Werke.* Hg. von der Königlichen Preußischen Akademie der Wissenschaften, Bd. 8. Berlin/Leipzig, 341-386.

Kastoryano, Riva (2007): »Transnational Nationalism. Redefining Nation and Territory«. In: Seyla Benhabib u.a. (Hg.): *Identities, Affiliations, and Allegiances.* Cambridge, 159-178.

Kawa, Rainer (1980): *Georg Friedrich Rebmann (1768-1824). Studien zu Leben und Werk eines Deutschen Jakobiners.* Bonn.

Kimmich, Dorothee (2009): »Öde Landschaften und die Nomaden in der Eigenen Sprache. Bemerkungen zu Franz Kafka, Feridun Zaimoğlu und der Weltliteratur als ›littérature mineure‹«. In: Özkan Ezli/Dorothee Kimmich/Annette Werberger (Hg.): *Wider den Kulturzwang. Migration, Kulturalisierung und Weltliteratur.* Bielefeld, 297-317.

Kirkbright, Suzanne (Hg.) (2000): *Cosmopolitans in the Modern World. Studies on a Theme in German and Austrian Literary Culture.* München.

Kleingeld, Pauline (1999): »Six Varieties of Cosmopolitanism in Late Eighteenth-Century Germany«. In: *Journal of the History of Ideas* 60, 505-524.

Kleingeld, Pauline (2006): »Kant's Theory of Peace«. In: Paul Guyer (Hg.): *The Cambridge Companion to Kant and Modern Philosophy*. Cambridge, 477-504.

Knauth, Alfons K. (2004): »Weltliteratur. Von der Mehrsprachigkeit zur Mischsprachigkeit«. In: Monika Schmitz-Emans (Hg.): *Literatur und Vielsprachigkeit*. Heidelberg, 81-110.

Koch, Manfred (2002): *Weimaraner Weltbewohner: Zur Genese von Goethes Begriff »Weltliteratur«*. Tübingen.

Kostyrchenko [Kostyrčenko], Gennadi (1995): *Out of the Red Shadows. Anti-Semitism in Stalin's Russia*. New York. (Original: *V plenu u krasnogo Faraona. Političeskie presledovanija evreev v SSSR v poslednee stalinskoe desjatiletie*. Moskau 1994.)

Kostyrčenko, Gennadij (2001): *Tajnaja politika Stalina. Vlast' i antisemitism*. Moskau.

Kostyrčenko, Gennadij (Hg.) (2005): *Gosudarstvennyi antisemitizm v SSSR ot načala do kul'minacii. 1938-1953*. Moskau.

Kostyrčenko, Gennadi (2009): *Stalin protiv »kosmopolitov«. Vlast' i evreiskaia intelligencijia v SSSR*. Moskau.

Lange, Antje (1972): »Kant's Correspondence with Women. A Contribution to a Statistical Evaluation of Kant's Correspondence (Abstract)«. In: Lewis White Beck (Hg.): *Proceedings of the Third International Kant Congress (1970)*. Dordrecht, 684.

Lempicki, Sigmund von (1968): *Geschichte der Deutschen Literaturwissenschaft bis zum Ende des 18. Jahrhunderts*. Göttingen.

Mann, Thomas (1990): »Deutschland und die Deutschen«. In: Thomas Mann: *Gesammelte Werke in dreizehn Bänden*: Frankfurt a. M., Bd. 11, 1126-1148.

May, Joseph A. (1970): *Kant's Concept of Geography and Its Relation to Recent Geographical Thought*. Toronto.

Mecklenburg, Norbert (1985): »Kosmopolitismus vs. Regionalismus im deutschen kulturellen Erbe«. In: Bernd Thum (Hg.): *Gegenwart als Kulturelles Erbe. Ein Beitrag der Germanistik zur Kulturwissenschaft Deutschsprachiger Länder*. München, 317-333.

Meinecke, Friedrich (1908): *Weltbürgertum und Nationalstaat*. München u.a.

Meyer-Kalkus, Reinhard (2010): »World Literature Beyond Goethe«. In: Stephen Greenblatt u.a. (Hg.): *Cultural Mobility. A Manifesto*. Cambridge, 96-121.

Mufti, Aamir R. (1998): »Auerbach in Istanbul. Edward Said, Secular Criticism, and the Question of Minority Culture«. In: *Critical Inquiry* 25/1, 95-125.

Muthu, Sankar (2003): *Enlightenment Against Empire*. Princeton.

Nadžafov, D. G./Belousova Z. S. (Hg.) (2005): *Stalin i kosmopolitizm. Dokumnety Agitpropa TsK 1945-1953*. Moskau.

Nusinov, Isaak (1941): *Puškin i mirovaja literatura*. Moskau.

Nussbaum, Martha (1996): »Kant und stoisches Weltbürgertum«. In: James Bohman/Martin Lutz-Bachmann (Hg.): *Frieden durch Recht. Kants Friedensidee und das Problem einer Neuen Weltordnung*. Frankfurt a. M.

Pagden, Anthony (2000): »Stoicism, Cosmopolitanism, and the Legacy of European Imperialism«. In: *Constellations* 7/1, 3-21.

Peters, Martin (2003): *Altes Reich und Europa. Der Historiker, Statistiker und Publizist August Ludwig (v.) Schlözer (1735 – 1809)*. Münster.

Pizer, John (2006): *The Idea of World Literature*. Baton Rouge.

Rebmann, Georg Friedrich (1968): *Kosmopolitische Wanderungen durch einen Teil Deutschlands*. Frankfurt a. M.

Ripstein, Arthur (2009): *Force and Freedom. Kant's Legal and Political Philosophy*. Cambridge.

Ronen, Omri (2005): *Iz goroda Ėnn*. St. Petersburg.

Sahmland, Irmtraut (1990): *Christoph Martin Wieland und die Deutsche Nation. zwischen Patriotismus, Kosmopolitismus und Griechentum*. Tübingen.

Šajtanov, I. (2009): »›Začem sravnivat'? Komparatistika i/ili poėtika«. In: *Voprosy literatury* 5, 5-31.

Schamoni, Wolfgang (2008): »›Weltliteratur‹ – zuerst 1773 bei August Ludwig Schlözer«. In: *Arcadia* 43/2, 288-298.

Schmitt, Carl (1955): »Die geschichtliche Struktur des Heutigen Welt-Gegensatzes von Ost und West. Bemerkungen zu Ernst Jüngers Schrift ›Der Gordische Knoten‹«. In: Armin Mohler (Hg.): *Freundschaftliche Begegnungen. Festschrift für Ernst Jünger zum 60. Geburtstag*. Frankfurt a. M., 133-167.

Schmitt, Carl (1980 [1932]): *Legalität und Legitimität*. Berlin.

Schmitt, Carl (1995): »Die Raumrevolution. Durch den Totalen Krieg zu einem Totalen Frieden«. In: ders.: *Staat, Großraum, Nomos. Arbeiten aus den Jahren 1916-1969*. Berlin, 388-394.

Schmitt, Carl (1995a): »Die Ordnung der Welt nach dem Zweiten Weltkrieg«. In: ders.: *Staat, Großraum, Nomos. Arbeiten aus den Jahren 1916-1969*. Berlin, 592-618.

Schott, Robin May (1998): »Feminism and Kant: Antipathy or Sympathy?« In: Jane Kneller/Sidney Axinn (Hg.): *Autonomy and Community. Readings in Contemporary Kantian Social Philosophy*. Albany, 87-100.

Sturm-Trigonakis, Elke (2007): *Global Playing in der Literatur. Ein Versuch über die Neue Weltliteratur*. Würzburg.

Texte, Joseph (1899): *Jean-Jacques Rousseau and the cosmopolitan spirit in literature. A study of the literary relations between France and England during the eighteenth century*, trans. J.W. Matthews. London (Frz. Ausgabe: *Jean-Jacques Rousseau et les origines de cosmopolitisme littéraire: etude sur les relations littéraires de la France et de l'Angleterre au XVIIIe Siecle*, Paris 1895).

Thielking, Sigrid (2000): *Weltbürgertum*. München.

Tihanov, Galin (2002): »Regimes of Modernity at the Dawn of Globalisation. Carl Schmitt and Alexandre Kojève«. In: Djelal Kadir/Dorothea Löbbermann (Hg.): *Other Modernisms in an Age of Globalisation*. Heidelberg, 75-93.

Tihanov, Galin (2004): »Why Did Modern Literary Theory Originate in Central and Eastern Europe? (And Why Is It Now Dead?)« In: *Common Knowledge* 10/1, 61-81.

Tihanov, Galin (2009): »Cosmopolitans without a Polis. Towards a Hermeneutics of the East-East Exilic Experience (1929-1945)«. In: J. Neubauer/Z. Török (Hg.): *The Exile and Return of Writers from East-Central Europe*. Berlin/New York, 123-143.

Tommissen, Piet (1998): »Zweimal Kojève«. In: *Schmittiana: Beiträge zu Leben und Werk Carl Schmitts* 6, 11-143.

Van den Heuvel, Gerd (1986): »Cosmopolite, Cosmopoli(ti)sme«. In: R. Reichardt/E. Schmitt (Hg.): *Handbuch Politisch-Sozialer Grundbegriffe in Frankreich. 1680-1820*. Heft 6. München, 41-55.

Weber, Max Weber (1988): »Soziologische Grundbegriffe«. In: ders.: *Gesammelte Aufsätze zur Wissenschaftslehre*. Tübingen, 541-581.

Weisstein, Ulrich (1973): *Comparative Literature and Literary Theory*. Bloomington.

Weitz, Hans-Joachim (1987): »›Weltliteratur‹ zuerst bei Wieland«. In: *Arcadia* 22/2, 206-208.

Wohlgemut, Esther (2009): *Romantic Cosmopolitanism*. Basingstoke.

Überlegungen zu einer Literaturgeschichte als Verflechtungsgeschichte

ANNETTE WERBERGER

Im Folgenden fasse ich Überlegungen zu einem neuen Modell von Literaturgeschichtsschreibung zusammen, das nicht darauf zielt, alle bisherigen Formen der Literaturhistoriographie außer Kraft zu setzen, sondern sich vor allem dafür eignet, asymmetrische Kulturbeziehungen und interkontinentale literarische Verflechtungen zu beschreiben. Verflechtungsgeschichte beschreibt nicht besser einzelne Kulturen, sondern Kontakte zwischen Kulturen oder gar die Genese von literarischen Topoi, Poetiken und Themen durch Kulturkontakt. Sie stellt also eine Form der Literaturhistoriographie dar, die insbesondere transkulturelle Phänomene in den Blick nehmen kann.[1] Nach einem zugespitzten Überblick über Aspekte moderner Literaturgeschichtsschreibung skizziere ich Überlegungen zur Verflechtungsliteraturgeschichte und schließe mit dem Fallbeispiel einer galizischen Literaturgeschichte ab, welches auch die Möglichkeiten einer europäischen Literaturgeschichte ausloten soll.

1 Die folgenden Überlegungen sind im Kontext eines gemeinsamen Forschungsprojekts zu »Weltliteratur in der Longue durée« mit Thomas Geider und Erhard Schüttpelz entstanden. Vgl. hierzu die Sammelbände Ezli/Kimmich/Werberger (2009) und Schüttpelz/Schahadat/Werberger (in Vorbereitung für 2012), *Weltliteratur in der Longue durée*.

1. LITERATURGESCHICHTE SCHREIBEN

Literaturhistoriographie gehörte in den letzten zwei Jahrzehnten sicherlich nicht zu den prestigereichen und drittmittelstarken wissenschaftlichen Unternehmungen von Literaturwissenschaftlern. Nach dem Abklingen der Sozialgeschichte Mitte der 1980er Jahre,[2] das mit einer machtvollen Rezeption postrukturalistischer Theorien[3] und Methoden einherging, wurde die Literaturgeschichtsschreibung oftmals als ein obsoletes Forschungsgebiet betrachtet, dem sich vielleicht noch der eine oder andere Emeritus widmet, das aber sicherlich nicht zu den heißen Feldern der Forschung gehörte. (Pechlivanos 1995: 170f.)

Dabei war die Literaturwissenschaft in gewisser Weise Opfer ihres eigenen Erfolgs durch ihre Verwissenschaftlichung und disziplinäre Neuformierung im 20. Jahrhundert. Seit dem Russischen Formalismus wurde der literaturwissenschaftliche Schwerpunkt auf literarische Ver-

2 Das letzte Großprojekt, das gleichsam den Höhepunkt und das Ende eines breiten sozialgeschichtlichen Interesses in der Germanistik markiert, ist die bei Hanser erschienene *Sozialgeschichte der deutschen Literatur* (Grimminger 1980-2009). Sie ist thematisch gegliedert, wobei ihre Themen sich an Gattungen, Epochen, Schlüsselbegriffen oder einzelnen Autoren orientieren, und sie sucht dabei immer den Zusammenhang zwischen Sozialem und Literarischem zu rekonstruieren. Vgl. zum Projekt einer Sozialgeschichte Schönert 2007a (insbesondere das Kapitel »Vom gegenwärtigen Elend einer Sozialgeschichte der deutschen Literatur«, 5-22).

3 Das trifft vor allem auf Vertreter der Dekonstruktion zu, die das Schreiben von Literaturgeschichte für unmöglich gehalten haben. Jürgen Fohrmann verweist beispielhaft auf Paul de Mans Aufsatz *The Resistance to Theory* (1982), der von seiner Argumentation der »Sinnaussetzung« her literaturhistorisches Schreiben ausschließt. Siehe hierzu Fohrmann 1993: 193. Tatsächlich bleibt für de Man Literaturgeschichte, selbst wenn sie sich gänzlich von den »Platitüden« des Positivismus und Historismus entfernt hat, eine Geschichte der Übereinkunft, die gar nicht erst hinterfragt wird (»Literary history [...] is still the history of an understanding of which the possibility is taken for granted«) und somit ein völlig unkritisches, meisternarratives Unterfangen. (Vgl. De Man 1986: 7) Autoren, Gattungen oder Epochen erscheinen Fohrmann zufolge nicht mehr »als Basiskategorien, sondern als Funktionen eines historisch-genetischen Denkens [...], dem es endlich zu entkommen gilt.« (Fohrmann 1993: 194)

fahren, Strukturen und Funktionen gelegt, auf die Literarizität und Originalität von Texten, wodurch poetische, narratologische oder rhetorische Textanalysen entstanden, die immer präziser und feinteiliger wurden. Allein schon diese Produktivität hermeneutischer, strukturalistischer und poststrukturalistischer Analyse schränkte den Glauben an die Möglichkeit einer literaturgeschichtlichen Darstellung stark ein – eine Skepsis, die dann von der philosophischen und historiographischen Abwahl von Meistererzählungen nur noch bestätigt zu werden brauchte.[4]

Eine abschätzige Haltung gegenüber den Literaturgeschichtsschreibern findet sich nicht überraschend schon im Formalismus, der die positivistische und biographistische Literaturkritik und Literaturhistoriographie seiner Zeit zu überwinden suchte. So vermerkte Roman Jakobson 1921 im Hinblick auf den exemplarischen Literaturhistoriker seiner Zeit, dass dieser sich bis »auf den heutigen Tag meistenteils wie eine Polizei auf[führen würde], die in der Absicht, eine bestimmte Person zu arretieren, für alle Fälle alle und alles in Gewahrsam nimmt, was sich im Quartier aufhält, und gleich die noch mit, die zufällig auf der Straße vorübergehen.« (Jakobson 1987: 185f.)[5] Allerdings fand dann die formale Schule später in den Worten Hans Robert Jauß' einen »eigenen Rückweg in die Geschichte« (Jauß 1970: 166f.), indem sie die literarische Evolution als einen geschichtlichen Wandel von Gattungs- und Formsystemen begriff.

Am besten haben die Literaturgeschichte und die Literaturgeschichtstheorie in den philologischen Teildisziplinen der Mediävistik

4 Eine neuere Arbeit zur russischen Literaturwissenschaft der Späten Zarenzeit verweist auf den unterschiedlichen Literaturbegriff bei präformalistischen und formalistischen Wissenschaftlern, den man als exemplarisch bezeichnen kann: Während die Formalisten Wissenschaftlichkeit auf den Text anwenden, verstehen die noch im 19. Jahrhundert ausgebildeten Literaturhistoriker die Wissenschaftlichkeit als Teil ihres biographischen Selbstverständnisses, d.h. ihre langjährige Ausbildung garantiere den wissenschaftlichen, autonomen Blick auf den Text. Die Formalisten engen den Literaturbegriff auf komplexe, nicht-alltagssprachliche Texte ein, die zaristischen Literaturwissenschaftler besitzen hingegen einen breiten und allgemeinen Literaturbegriff, betrachten aber die Autonomie des Wissenschaftlers als Bedingung erfolgreicher Arbeit. (Siehe Byford 2007: 142)

5 Der Hinweis findet sich bei Pechlivanos 1995: 171.

und Frühneuzeitforschung sowie in den Fremdsprachenphilologien die wissenschaftliche Dürrezeit überlebt. Der New Historicism und die Diskursanalyse sind zwei Beispiele für literaturhistorische Methoden, in denen historisches Denken relevant geblieben ist: Der New Historicism, der aus der Renaissance-Forschung heraus entstanden ist, fragt beständig nach dem »Verbindende[n] zwischen synchronen Texten« (Baßler 2003: 147)[6] verschiedener Herkunft und interessiert sich neben ästhetischen auch für außerliterarische Kriterien bei der Analyse von Texten. Ebenso historisch orientiert ist die Diskursanalyse – insbesondere wenn sie Foucault folgt und die historischen Bedingungen von sprachlichen Äußerungen untersucht. Allerdings scheint damit zeitlich eine gewisse Einengung auf (west)europäische Verhältnisse einherzugehen und oftmals kehrt fast mantrahaft die Zäsur um 1800 wieder, so dass zahlreiche Diskurse (Krankheiten, Tod, Medien, Sexualität, Reise, Tischmanieren etc.) in eine Dichotomie des vorher und nachher eingetaktet werden und länger wirksame Diskurse und Denktraditionen, die unterschwellig weiterlaufen, oftmals aus dem Blick geraten.[7]

6 Siehe hierzu ebenso Gallagher/Greenblatt (2000) und das Konzept der literarischen Anekdote als dezentriertem, quasi metonymischem Ausweg aus dem konventionellen historischen Kanon. Über sein bleibendes Interesse an Literaturgeschichte legt auch Stephen Greenblatts Essay *Was ist Literaturgeschichte* (2000) Rechenschaft ab. Siehe zudem die Diskussion zwischen Greenblatt und Linda Hutcheon zu einer neuen Literaturgeschichtsschreibung. (Hutcheon/Valdés 2002: insbesonders 3-62)

7 Dies scheint mir vor allem für die mit der Aufklärung und dem Kolonialismus verdrängten Traditionen wichtig zu sein, die im Folgenden exklusiv mit Indigenität und Rückständigkeit assoziiert wurden: wie zum Beispiel primitive Affektregister (Pathos), folklorisierte und auf alt getrimmte literarische Formen (André Jolles nannte sie 1930 »einfache Formen«) oder religiöse Praktiken (Fetischismus, Magie, Trance, Exorzismus), die allesamt als vormodern und traditionell kategorisiert wurden und angeblich ab 1800 nur noch einen Abwehrkampf gegen die Moderne leisten. Als ein Beispiel für den Versuch, diese Auffassung zu durchkreuzen, vgl. Hahn/Schüttpelz 2009.

Trotzdem blieb die Diskursanalyse – und Jürgen Fohrmann zufolge auch die Systemtheorie (Fohrmann 1993: 194)[8] – ein gangbarer Weg, um Literaturgeschichte nicht gänzlich aufzugeben, sondern zu ›umschreiben‹.

Weil die philologischen Disziplinen die Literaturgeschichte weitgehend vernachlässigen, genügt die Literaturgeschichtsschreibung der europäischen Literaturen nur selten dem gestiegenen theoretischen Anspruch der Philologien.[9] Die meisten in den letzten drei Jahrzehnten veröffentlichten Literaturgeschichten streben immer noch nach einer chronologischen und sinnorientierten Vernetzung von zumeist synchron aufgefassten Elementen wie Werk, Autor und Gattung, wobei der historische Kontext zumeist als eine Art Hintergrund funktioniert, der mehr oder weniger dynamisch mit dem literarischen Feld in Beziehung gebracht wird.[10] Die Darstellung schwankt zwischen Konstruktion und Rekonstruktion. (Vgl. hierzu Schönert 2007b: 267-284) Dabei

8 Die systemtheoretische ›Umschrift‹ würde Fohrmann (1993: 194) zufolge Literatur nicht im Diskurs, sondern ganz in Kommunikation aufgehen lassen, als »semantisches Korrelat zu soziokulturellen Veränderungen« und in ihrer »Autopoesis«.

9 Eine interessante Ausnahme, d.h. eine Literaturgeschichte, die mit großem Enthusiasmus auch von wissenschaftlicher Seite begrüßt wurde, ist die von David Wellbery (2004) herausgegebene *A New History of German Literature*, die sich in 4- bis 5-seitigen Essays von über hundert Autoren in chronologischer Reihenfolge und, anfangend mit den Merseburger Zaubersprüchen, exemplarischen Ereignissen der deutschen Literaturgeschichte widmet, wobei diese Einzigartigkeit des »literarischen Ereignisses« an Celans Poetik angelehnt wird. Wellbery möchte drei grundlegende traditionelle Maßstäbe der Literaturgeschichte überschreiten: das heißt das ›kontinuierliche Erzählen‹ mittels der chronikartigen Struktur, den ›kulturellen Raum‹ einer »Nation« durch die Betonung der Außenperspektive und das seit der Romantik bestehende ›schöpferische Schreiben‹ durch den Einbezug von Medien wie Radio und Film etc.

10 Exemplarische Beispiele für den deutschsprachigen Raum sind hierfür etwa die beim J.B. Metzler Verlag in Stuttgart erscheinenden Literaturgeschichten, die teilweise schon mehrere Auflagen erreicht haben. Neben den großen europäischen Nationalliteraturen wurden auch drei amerikanische (Amerika, Kanada, Lateinamerika) und eine asiatische (China) Literaturgeschichte veröffentlicht.

orientiert sich die Text- und Autorauswahl trotz vielfältiger Erweiterungen des Kanons in den letzten Jahrzehnten um weibliche oder periphere Autoren[11] immer noch an dem postromantischen Kriterium der »Originalität« oder zumindest der »Exemplarität«.

Der Stanforder Anglist Franco Moretti hat mit seinem Plädoyer für eine »quantitative« und »rationalere« Literaturgeschichte unlängst mit Vehemenz darauf hingewiesen, dass das literaturhistorische Forschungsinteresse dem romantischen Originalitätskriterium folgend zumeist dem literarischen »Ausnahmefall« gilt, was bedeutet, dass es im Falle Großbritanniens für den Roman des 19. Jahrhunderts ungefähr 200 kanonische Romane gibt, die in Literaturgeschichten auftauchen, also wahrscheinlich weniger als ein Prozent der aktuellen Romanproduktion dieser Zeit. (Moretti 2009: 10f.)

1. Diese kanonischen Texte, die vom 19. bis ins 20. Jahrhundert hinein für eine adäquate historiographische Darstellung mit einem Signifikat versehen werden, erhalten im späten 20. Jahrhundert dann immer häufiger mehrere Signifikate oder Teilsignifikate:[12] Die machtvollsten Sinngeschichten sind dabei bis heute hier sicherlich die folgenden drei, die untereinander auch Mischungen eingehen können: Zuerst kann Literaturgeschichte *Nationsbildung* modellieren, ein Signifikat, das im 19. Jahrhundert zumeist qua Poesie und über vermeintlich natürliche Kriterien wie Landschaft, Stämme[13], Lebensart/Mentalität oder »Volksgeist« hergestellt

11 Ein schon klassisches, gelungenes Beispiel für einen ergänzenden Kanon im Hinblick auf Gender sowie eine Relektüre von Literaturgeschichte aufgrund dieser Ergänzung findet sich bei Schabert 1997, den sie 2006 mit einem Band zur englischen Literatur des 20. Jahrhunderts ergänzt hat (Schabert 2006).

12 Fohrmann (1993, 181-185) führt drei Beispiele aus der deutschen Literaturgeschichtsschreibung für dieses »Signfikat« und die futurisierte deutsche Literaturgeschichte an: Gervinus mit seiner »Makrothese« von »der Nationswerdung der Deutschen im Medium der Poesie«, Korffs Bewusstwerdung des »Lebens« und Nadlers Mythisierung von Stämmen und Landschaften.

13 Siehe hierzu Josef Nadlers mehrbändige *Literaturgeschichte der deutschen Stämme und Landschaften*, die von 1912-1917 in Regensburg erschien.

wird[14], während es im 20. Jahrhundert deutlicher mit dem Modernisierungsparadigma und Säkularisierungsdenken verbunden ist (siehe Punkt 3). Nation wird dabei in der Folge kulturalisiert und nur noch als »kulturelle Identität« oder als »kulturelle Erinnerungsgemeinschaft« betrachtet, was v.a. in Nationen, in denen Sprache, Grenze und Ethnie zusammenfällt, besonders produktiv wirkt.[15] Das klassische Beispiel für eine nationale europäische Literaturgeschichte par excellence ist Francesco de Sanctis *Storia della letteratura italiana* aus dem Jahre 1870.[16]

2. In multiethnischen Nationen wie Indien kann literarische Einheit auch durch eine vorgestellte *kulturelle Eigenart* konstruiert werden, die vorgeblich viele Schriftsprachen und Literaturtraditionen vereinigt. Das heißt: In der Vielheit der Sprachen und Literaturen versucht man ein einziges kulturelles Universum (»single cultural universe«), eine gemeinsame Poetik (»a common poetic«) aufzuzeigen.[17] Diese Idee einer kulturellen Einheit trotz verschiedener

14 Pollock (2003: 11) spricht deswegen zurecht von einer Naturalisierung des Nationalstaates, zu der auch die Literaturgeschichte beiträgt, indem sie zum Beispiel lange Genealogien in die mittelalterliche Vergangenheit herstellt, obwohl dort weder die Nationalsprache oder der Nationalstaat einer bestimmten Literatur existierte.

15 Die neue *Cambridge History of African and Caribbean Literatures* verwendet für diese Literaturgeschichte eines ganzen Kontinents plus Karibik ebenfalls ein Ordnungsschema, das sich an sprachlichen, medialen, räumlichen und thematischen »Einheiten« orientiert: zum Beispiel die Literatur in Arabisch, Spanisch, Portugiesisch, Yoruba, Afrikaans, Swahili etc.; spezifische mediale Vorgaben (Schriftlichkeit/Mündlichkeit), rein topographische Kapitel (Nordafrika, Südafrika, Zentralafrika), historische Ereignisse und kulturelle Strömungen (Sklaverei, Kolonialismus; Moderne, Postmoderne etc.). Siehe hierzu Irele/Gikandi 2004.

16 Carl Fehrmann schreibt, dass die nationalen Literaturgeschichten im 19. Jahrhundert (er nennt hier zahlreiche europäische Nationalliteraturhistoriker von Gervinus, Scherer, de Sanctis, Lanson, Saintsbury, Atterbom, Schück, Warburg, Bull, Paasche bis zu Andersen) als »kulturelle Unabhängigkeiterklärungen« fungierten. (Fehrmann 2004: 10)

17 Harish Trivedi verweist als Beispiel für eine solche Literaturgeschichte auf die indische Literaturgeschichte von Das (1991-1995), siehe Trivedi 2006: 28. – Ich habe gemeinsam mit Renata Makarska versucht, das ethnographi-

Sprachen taucht sofort nach der Unabhängigkeit Indiens 1947 auf und folgte dem Motto »Indian literature is one though written in many languages« (Pollock 2003: 6) – und wird heute mit Recht hinterfragt.[18]

3. Mittels Literaturgeschichten wird die Selbstentfaltung einer selbstbewussten, reflektierten modernen Schriftkultur aufgezeigt, in der sich literarische Gattungen und Formen entwickeln, ausdifferenzieren und verfeinern, parallel dazu literarische Institutionen (Zeitungen, Salons, Literaturhäuser etc.) entstehen, sich die heteronome religiöse Literatur säkularisiert und folkloristische Mündlichkeit sowie Anonymität überwunden werden. Hier werden also fast nebenbei kleine Gattungsgeschichten als Modernisierungserzählungen nachgezeichnet: Man schreitet von oralen Formen, Mythen und Epen zum modernen Roman, von den Heiligenviten zur Biographie oder von den geistlichen Liedern zum hermetischen Gedicht.

Das von poststrukturalistischer Seite betonte dezentrierende und subversive Potential von Literatur scheint sich nur aus dieser Literaturautonomie heraus entwickeln zu können.[19] Es handelt sich um das Großnarrativ von der *säkularen autonomen Literatur* als höchster europäischen Kunstform, das als übernationales und überkulturelles, ja rein »wissenschaftliches« Kriterium zu gelten hat, obwohl es seine west-

---

sche Schreiben als Kriterium mitteleuropäischen Schreibens für das frühe 20. Jahrhundert zu etablieren. Siehe Makarska/Werberger 2010.

18 Pollock (2003: 1-36) weist auf Probleme bei der Darstellung von indischer Literaturgeschichte hin: z.B. die unterschiedlichen Literaturbegriffe (oral, schriftlich, Folklore etc.), der Status der Literatursprache oder die historischen Rahmendaten, die bei Darstellung verwendet werden. Gerade bei der Definition von Literatur wird implizit – so Pollock – der moderne europäische fiktionale und autonome Literaturbegriff verwendet (ebd.: 8), der dann falsche Raster nach sich zieht. Pollock fordert ein, die Entwicklung des Literaturbegriffs zu historisieren: »The key question thus becomes not whether to define or not to define, but how to make the history of definition a central part of our history of the literary.« (Ebd: 9).

19 Ein Hinweis darauf ist schon die Ausschließlichkeit, mit der sich viele Vertreter der Dekonstruktion auf kanonische Autoren von Kant, Hegel, Rousseau, Mallarmé bis Freud konzentriert haben.

oder mitteleuropäische philosophische Herkunft kaum verbergen kann.[20]

Aufgrund der Skepsis gegenüber großen Erzählungen wird vor allem das erste Signifikat »Nation« im 20. und 21. Jahrhundert zunehmend aufgegeben. Auch die Genese der Literaturgeschichten selbst ändert sich: Viele Literaturgeschichten entstehen als Gemeinschaftsproduktion, was schon eine Pluralität der Perspektiven bei der Interpretation und Darstellung anzeigt. Diese Sammelunternehmungen[21] stimmen dabei ihre Perspektive nicht immer miteinander ab. Oftmals entstehen isolierte literaturgeschichtliche Teilerzählungen, die lose aneinandergereiht werden nach dem Prinzip der Summation und Addition, so dass man zeitweise gar von einer »Entropie des Genres«[22] sprechen kann.[23]

Zusammengefasst folgt die Literaturgeschichtsschreibung noch heute *grosso modo* einem Einheitsprinzip, das entweder die Nation (bzw. seine kulturelle Identität), eine Nationalsprache und immer häu-

20 Hier sind sicherlich die frühromantische Poetik und die Idee der Kunstautonomie von zentraler Bedeutung. Man kann die Literaturautonomie auch als eine Art (deutschen) Mythos verstehen, der durch Exklusion von Gebrauchsliteratur aus dem romantischen und später modernen Literaturbegriff, durch eine Fremdmachung und Antiquisierung von oraler Literatur zu Folklore und durch eine Sakralisierung von weltlicher Literatur entstand. Soziologisch gesehen darf man es als eine Gegenstrategie betrachten, der zunehmenden Ökonomisierung von Schriftlichkeit zu entgehen. Auch die Systemtheorie könnte man mit dem Hinweis darauf, dass das Literatursystem an einem bestimmten Entwicklungspunkt von Fremdreferenz auf Selbstreferenz umschaltet, vielleicht noch in diese Traditionslinie einreihen. Siehe hierzu Koschorke 1999.

21 Fohrmann (1993: 177) weist darauf hin, dass die ersten »Sammelunternehmen« bei deutschen Literaturgeschichten in den 1920er Jahren entstehen.

22 Fohrmann (1993: 190) versieht dieses Szenario der Entropie allerdings mit einem Fragezeichen.

23 Die von Sheldon Pollock 2003 herausgegebene südasiatische Literaturgeschichte *Literary Cultures in History. Reconstructions from South Asia* geht einen anderen Weg. Die Forscher trafen sich in regelmäßigen Abständen über drei Jahre hinweg, um sich methodisch abzusprechen.

figer einen Raum[24] ins Zentrum der literarhistorischen Erzählung rückt und darüber die Entwicklungsgeschichte zu einer modernen Literatur erzählt. Auch linguistisch komplexere Nationen wie die vielsprachige Schweiz oder Kanada können in dieser Struktur durchaus zur Darstellung finden.[25]

Für die durch Kolonialismus und Imperialismus hervorgerufenen »Abweichungen« vom nationalsprachlichen Einheitsprinzip wurden in der postkolonialen und poststrukturalistischen Forschung Darstellungsmittel gefunden, die diese zumeist als »hybrid« beschriebenen kulturellen Phänomene einzuordnen suchen: zum Beispiel *Frankophonie*, *Migrationsliteratur*, *Commonwealth-Literatur* oder die *multikulturelle Literatur* eines bestimmten Landes.

Ein Resultat dieser transnationalen Aufmerksamkeit der Forscher sind die *Bindestrichliteraturen*, die als angehängte Zusatzkapitel Eingang in die Handbücher und Literaturgeschichten gefunden haben oder gar als supplementierende Monographien erschienen sind.[26] Auf diese

---

24 Neben den schon erwähnten Beispielen von geographisch orientierten Literaturgeschichten, mit einem Bezug zu Kontinenten (Afrika) oder halben Kontinenten (Lateinamerika, Südasien) sei hier das Beispiel der Einheit der skandinavischen Literaturen als europäisches Beispiel erwähnt, siehe Glauser 2006.

25 In der Metzler *Literaturgeschichte der Schweiz* folgen zum Beispiel einzelnen Epochenkapiteln zur deutschsprachigen Schweizer Literatur und Einzelkapitel zu den Literaturen der französischen, italienischen und rätoromanischen Schweiz. Da die Literaturgeschichte vor allem eine Orientierung zum Weiterlesen bieten möchte, wird man hier nur in Ausnahmefällen erfahren, wie diese vier über sprachliche Differenz definierte Literaturen, die über lange Strecken im gleichen geopolitischen Raum angesiedelt sind, miteinander verflochten sind. (Rusterholz/Solbach 2007: XII) Auch die *Kanadische Literaturgeschichte* von Metzler folgt der Anschaulichkeit zuliebe dieser sprachlichen Unterscheidung, versucht dann aber jeweils in einem Epochenschnitt sowohl die frankophone als auch die anglophone Literatur in sich geschlossen darzustellen und bietet sogar einen Kurzüberblick über die orale Literatur der First Nations, der indigenen Bevölkerung Kanadas. Vgl. Groß/Klooß/Nischik 2005.

26 Dieser Begriff lehnt sich an das postkoloniale Konzept der »hyphenation« von Identitäten an, das in den 1990er Jahren entstand. Als Beispiele können hier erneut die Literaturgeschichten von Metzler angeführt werden

Weise konnten Phänomene des letzten Globalisierungsschubes[27] entsprechend eingeordnet werden.[28] Im Falle der deutschen Literatur betrifft dies insbesondere die deutsch-türkische Literatur (Zaimoğlu, Özdamar etc.), die eine ausreichend große Gruppe an Autor/-innen vereinigen kann, damit man von einer relevanten Teilmenge der deutschen Literatur sprechen kann, die aber manchmal auch einfach in der deutschen Migrationsliteratur aufgeht. Für die polnische Literatur könnte man das Interesse und die Integration der jiddischen oder jüdisch-polnischen Literatur anführen.[29]

Diese neue transnationale Systematik hat auch Einfluss auf die Betrachtung der Literatur früherer Epochen, was man sehr gut an der Aufmerksamkeit für die jüdischen Literaturen Europas sehen kann, vor allem, wenn sie als nationale Phänomene betrachtet werden, da sie in einer nicht-jüdischen Sprache geschrieben wurden: so zum Beispiel an der deutsch-jüdischen oder polnisch-jüdischen Literatur[30]. Hier werden in Einzelkapiteln und Zusatzpublikationen Autoren und Texte in nationalsprachliche Literaturgeschichten integriert, die die klassischen Ansprüche nationalstaatlicher Literatur angeblich lange nicht erfüllen

27 Bei dieser Einteilung beziehe ich mich auf Erhard Schüttpelz 2009. Siehe hierzu aber auch grundlegend: Osterhammel/Petersson 2003.

28 Dies ist aber erst in den letzten Jahren passiert und betrifft, wie gesagt, vor allem die Literaturen seit den 1990er Jahren. Die Geschichte der deutschen Literatur von 1945 bis zur Gegenwart endet zum Beispiel mit den 1990er Jahren und geht noch gar nicht auf diese Migrationsliteratur ein. Siehe Barner 1995.

29 Siehe zum Beispiel die Arbeiten von Monika Adamczyk-Garbowska 2004.

30 Als Beispiele für die retrospektive Erweiterung der deutschen oder polnischen Literaturgeschichte um jüdische Autorinnen und Autoren können Andreas Kilchers (2003) *Lexikon der deutsch-jüdischen Literatur* oder Luigi Marinellis (2004) polnische Literaturgeschichte bei Einaudi angeführt werden. Marinellis Literaturgeschichte ist das seltene Beispiel einer nichtpolnischen (hier: italienischen) Literaturgeschichte Polens und umfasst einen »Anhang« (Appendice) zur jiddischen und jüdisch-polnischen Literatur von Laura Quercioli Mincer (493-526). Diese Literaturgeschichte wurde mittlerweile sogar ins Polnische übersetzt. Zur Verschiedenheit und Uneinheitlichkeit zweier jüdischer Literaturen, der hebräischen und jiddischen, insgesamt siehe Dan Miron 2007.

konnten, deren Heterogenität einfach verschluckt[31] wurde oder die – umgekehrt gelesen – eine heute vor allem negativ gelesene nationalsprachliche Homogenität bereichern.[32]

Selbst eine nur unterschwellig an Einheitsvorstellungen orientierte und nationalstaatlichen Registern gehorchende Literaturgeschichtsschreibung wird immer bestimmte Literaturen exkludieren: Diese Literaturgeschichten erfüllen den Zweck, einen Überblick über einen aktuellen Bildungskanon zu geben; aber man benötigt meiner Meinung nach eben zusätzlich andere Literaturgeschichten, die zeigen, dass sich Wandel durch Kulturkontakt ergibt, dass dieser nicht nur in eine Richtung funktioniert, dass Entwicklungen abbrechen können und sehr viel später eventuell wieder aufgenommen werden, dass es literarische Genealogien in Europa gibt, die nicht einem indizierten europäischen Standard entsprechen und dass man diese trotzdem nicht vorschnell als Zurückgebliebenheit oder Vormodernität interpretieren sollte. Es kann aus dieser Perspektive aufschlussreicher sein danach zu fragen, warum

31 In den postkommunistischen Ländern kann dieser Hinweis auf eine zweite Sprache, eine andere Nationalität oder einen Migrationsweg heute unter Umständen gemieden werden. So wird etwa Eugeniusz Tkaczyszyn-Dycki als polnischer und nicht als polnisch-ukrainischer Autor rubriziert. Ukrainische Autoren, die auf Russisch schreiben, wie Andrej Kurkov, oder tschechische Autoren, die auf Deutsch schreiben, wie Libuše Moníková, werden nicht als Bindestrichautoren wahrgenommen und feuilletonistisch rubriziert und bewertet, sondern als tschechische Autoren deutscher Sprache oder ukrainische Autoren russischer Sprache, da es eine lange Tradition von Mehrsprachigkeit oder Andersprachigkeit im postimperialen Räumen gibt. Andererseits sind manche Gruppen und Eliten auch damit beschäftigt, nach Weltkrieg und Sozialismus ein Anrecht auf einen nationalsprachlichen westeuropäischen Standard zu formulieren, in denen Heterogenität oftmals bewusst ausgeblendet wird. So wurde in der Ukraine heftig darüber diskutiert, ob russischsprachige ukrainische Autoren bei der Buchmesse für die Ukraine auftreten können. Ich danke meinen Kolleg/-innen Claudia Dathe, Renata Makarska und Václav Petrbok für die Diskussion dieses Zusammenhangs.

32 Hier kann als einer der Ansätze Deleuze/Guattaris (1975) an Kafka angelegtes Konzept einer »Kleinen Literatur« gelten.

sich etwa in Ostmitteleuropa oder Nordeuropa ein breiterer Literaturbegriff gehalten hat, als nur Modernitätskriterien abzugleichen.[33]

2. LITERATURGESCHICHTE ALS VERFLECHTUNGSGESCHICHTE

Ich möchte im Folgenden versuchen, einige Anforderungen und Merkmale einer Literaturgeschichtsschreibung als Verflechtungsgeschichte zusammenzutragen. Anregungen zu einer solchermaßen gestalteten Literaturgeschichte kommen aus den Forschungen zum Raumbegriff, aus der Migrationsforschung und aus der Global- oder Welt(literatur)geschichte. Auch die Netzwerkforschung mit ihrem Denken in Übersetzungsketten ist hierfür relevant, insofern sie es als eine kulturwissenschaftliche Netzwerkanalyse erlaubt, die Interaktion von Handelnden, Wegen, Institutionen und Dingen (also nichthumanen Aktanten) in den Blick zu nehmen.[34]

33 Zur Bedeutung von Folklore und Folkloristik in Nordeuropa/Skandinavien, allerdings unter der klassischen Fragestellung ihrer Bedeutung als Beförderer der Nationalisierung, siehe Anttonen 2005.

34 Siehe hierzu Belliger/Krieger 2006: 13-50. Hinweise auf die Relevanz der Netzwerktheorie für die Kulturwissenschaften allgemein siehe bei Hartmut Böhme, der eine Kulturwissenschaft als Netzwerk-Analyse vorstellt und von Bruno Latour die Einbindung nicht-humaner Entitäten sowie die Verheißung übernimmt, dass »sich *sub specie* des Netzwerks der traditionelle Gegensatz von Natur und Kultur« auflöse. (Böhme 2007: 47) Er sieht »Vernetzen« als einen »basalen *modus operandi* von Natur wie von Kultur« (ebd.) und die Netzwerkanalyse als Instrument »für die Beobachtungsbeobachtung von Kulturen in ihrer *longue durée* wie in ihrer aktuellen Realisierung« (ebd.: 52). Auch Albrecht Koschorke hat auf lohnenswerte Anregungen aus der Netzwerkanalyse hingewiesen, wie zum Beispiel, wenn er von einem »infrastructural turn« (Koschorke 2010: 22) spricht, der nicht mehr von stabilen, klar geordneten hierarchischen politischen Gebilden ausgeht, sondern »Verbreitungswege und Diffusionsweisen der Macht« (ebd.) untersucht. Übertragen auf die Literaturgeschichte wäre also hier nicht die Herausbildung literarischer Gattungen, Nationalliteraturen oder Kanones interessant, sondern die Zirkulation bestimmter

Vor allem aber sind es neuere Überlegungen aus der Geschichtswissenschaft zu einer Geschichte als *Verflechtungsgeschichte* (*shared, entangled* oder *connected histories*; *histoires croisée*), die den Impuls gegeben haben zu prüfen, ob die historiographisch arbeitenden Teile der Literaturwissenschaft ebenfalls Nutzen aus dieser neuen Analyse geschichtlicher Zusammenhänge ziehen könnten.

Vertreter der Verflechtungsgeschichte möchten durch verschiedene methodische Verschiebungen und analytische Umstellungen den Blick auf die geschichtliche Vergangenheit verändern. Die Historiker selbst sprechen dabei eher von einer durch die letzte Globalisierung ausgelösten neuen *Perspektive* oder *Beobachterposition*, als von einer Methode oder Theorie. (Budde/Freist/Günther-Arndt 2008: 174f.) Die Vertreter der Verflechtungsgeschichte verfolgen trotz dieser redlichen Beschränkung auf einen reinen Perspektivwechsel sicherlich kein kleines Ziel, nehmen sie doch »Abschied von der langlebigen Vorstellung, die europäische Geschichte sei abgekoppelt vom Rest der Welt verlaufen, habe aber dennoch den Maßstab für ›Normalität‹ und ›Modernität‹ gesetzt.« (Osterhammel 2007: 593) Die Verflechtungshistoriker behalten die *Welt* immer im Blick, gerade wenn sie sich um lokalen Wandel und lokale Ereignisse kümmern. Europäische Geschichte wird von ihnen immer in Bezug auf außereuropäische Geschichte verstanden. Lokale Kleinstereignisse und globale Ereignisse gehören zusammen, Mikrogeschichte wird mit Makrogeschichte verbunden.[35]

Die in den Kulturwissenschaften oder *Cultural Studies* angesiedelten *Postcolonial studies* haben auf diesen Sachverhalt schon früh hingewiesen; im Unterschied zu diesen Erforschern der Kolonialzeit und postkolonialen Epoche betrachten Verflechtungshistoriker eine »geschichtliche Verflechtung« (*entanglement*) aber nicht ausschließlich als »ein modernes und koloniales Phänomen«, sondern ziehen zur Analyse etwa auch frühneuzeitliche Phänomene hinzu. (Conrad/Randeria 2002: 10) Zudem kann man mit dieser neuen Perspektive unter-

---

Genres und Moden und ihre Verbreitungswege oder die Partizipationsweisen bzw. bewusste Ausschlusspraktiken.

35 Als historisches Beispiel möchte ich hier Jürgen Osterhammel folgend Timothy Brooks *Vermeer's Hat: The Seventeenth Century and the Dawn of the Global World* aus dem Jahre 2008 nennen, das den Maler Vermeer in Delft mit Kontakten und Ereignissen in und nach Asien in Beziehung setzt. (Osterhammel 2011: 92)

repräsentierte »intra-europäische Entwicklungen« neu bewerten und darstellen, d.h. hierarchische oder koloniale Beziehungen zwischen europäischen Staaten oder Räumen (ebd: 11).

Bedeutsamer Ideengeber für die Verflechtungsgeschichte ist die Forschung zu Raum und Räumen. Das hat den Effekt, dass meist der Begriff des Staats oder der Nation von einerseits umfassenderen Begriffen wie Kulturraum oder gar Zivilisation abgelöst wird – selbst wenn man als Literaturwissenschaftlerin diese Begriffe wegen ihrer Unbestimmtheit und Verallgemeinerungen mit einem gewissen Unbehagen liest. Andererseits geraten kleinere Einheiten wie Ethnie, Stämme, Lokalitäten ins ethnographische Visier (Osterhammel 2008: 19), die vorher nur von ethnologischer oder volkskundlicher Seite wahrgenommen wurden. Die untersuchten Einheiten können trotz ihrer Asymmetrien miteinander verflochten sein. Diese in Bezug auf ihre Macht und ihre Sichtbarkeit asymmetrischen Einheiten machen die Verflechtungsgeschichte zugleich kompatibel oder offen für Ideen aus der Netzwerkforschung mit ihrem Denken in Übersetzungsketten und der Vernachlässigung von scharfen Grenzen und Reinheit.[36] Der Schwerpunkt liegt eben auf Übersetzungsprozessen im Raum, auf Transformationen durch Kulturkontakt und nicht allein auf Herkunft. Ein weiterer Impuls, der aus einem Bezug zur Raumforschung kommt, ist deswegen nicht überraschend die Darstellungsform literarischer und kultureller Prozesse in Form von Karten, den nicht zuletzt Franco Moretti gegeben hat.[37]

Aus der von der Netzwerkforschung angeregten gesteigerten Bezugnahme zur *material culture* resultiert zudem ein gewisser »Detailrealismus« der Verflechtungshistoriker: Interaktion zwischen Kulturen und Gruppen geschieht nicht nur über Personen und Gruppen sowie über philosophische oder religiöse Ideen oder Texte, sondern auch mittels wichtiger Wege zu Wasser und zu Land, durch Instrumente, Güter und Institutionen. Die Handlungsmacht der Dinge und die Interaktion von Personen, Dingen, Institutionen und Räumen müssen in einer lite-

---

36 Koschorke (2010: 22f.) betont, dass die Netzwerkanalyse »um Fragen der Einheit und der dazugehörigen Reinhaltung von Grenzen wenig besorgt« sei.

37 Der heuristische Wert von Literaturkarten wird von Jörg Döring (2009: 247-290) befragt. Siehe auch den frühen Versuch philosophischer Karten durch Elmar Holenstein 200 und Franco Morettis Roman-Atlas 1999.

rarischen Verflechtungsgeschichte mitbeschrieben werden.[38] Durch dieses Denken in Netzen gibt es keine Einbahnstraßen, sondern ein verflechtungshistorischer Blick müsste auch die »Reversibilität« von Kontakten ins Auge fassen, also nicht nur die Modernisierung etwa indianischer Kultur, sondern auch die Indianisierungsmomente unserer Moderne.[39]

Überlegungen zu einer *literarischen* Verflechtungsgeschichte müssen ebenfalls Impulse eines literarischen Wandels aufnehmen, der durch den letzten Globalisierungsschub ausgelöst wurde und auf den schon die Migrations- und Raumforschung sowie Untersuchungen zur Transnationalität reagiert haben. Die Veränderungen haben dazu geführt, dass die Ausweitung einer nationalen Literaturgeschichtsschreibung zu einer transnationalen bzw. die Ergänzung um Bindestrichliteraturen schon lange nicht mehr ausreicht, um aktuelle literarische Phänomene zu beschreiben: Begriffe wie die *Neue Weltliteratur* (Sturm-Trigonakis 2007), *Literaturen in Bewegung* und *transareale Literaturstudien* (Ette) versuchen diesem Dilemma zu begegnen. Die Romanisten Elke Sturm-Trigonakis (2007) und Ottmar Ette (2005 und 2009: 259) haben an prominenter Stelle auf den Wandel im weltliterarischen Textkorpus reagiert und spezielle Aufmerksamkeit für diese neuen Literaturen gefordert. Allein schon, dass Romanisten gewissermaßen auf drei Kontinenten (Europa, Amerika und Afrika) literarische Entwicklungen in mehreren romanischen Sprachen verfolgen müssen, scheint eine Art Sensorium für diese Bewegungen hervorgerufen zu haben. Das untersuchte Textkorpus beider Wissenschaftler überschneidet sich teilweise bei den Autoren von Bindestrichliteraturen, die in den letzten zwei Jahrzehnten publiziert haben (Yoko Tawada, José F.A. Oliver, Emine Özdamar), wobei Sturm-Trigonakis englischsprachige Autoren mit einbezieht und Ette eine Art Vorläufer dieser Literaturform bei den Autoren ausmacht, die während und nach der Shoah über Kontinente hinweg ein Zuhause suchen mussten (Max Aub, Emma Kann, Cécile Wajsbrot). Beide Forscher verbinden biographische Exil- und Migrationsgeschichten (Fluchtwege oder Arbeitsmigration) mit der Genese und Lektüre von Texten. Elke Sturm-Trigonakis arbeitet dabei vor allem die Vielsprachigkeit in Texten heraus und erstellt dabei eine Sys-

38 So etwa exemplarisch bei Thomas Geider 2009.

39 Siehe hierzu stellvertretend Iris Därmann 2005, aber auch die neue Arbeit von Cora Bender 2011.

tematik der aktuellen Literaturen – Neue Weltliteratur, globalisierte Literatur, postkoloniale Literatur etc. –, Ette betont die Wichtigkeit eines außereuropäischen Blicks auf Europa für das Verständnis der europäischen Literatur.

Während die Romanistik damit auf die letzten Jahrzehnte reagiert, scheint gerade der Perspektivenwechsel auf die europäische Vergangenheit und literarische Verflechtungsgeschichte vor der Mitte des 20. Jahrhundert noch auszustehen. (Sebastian/Eckert/Freitag 2007)[40] Für eine solche europäische Literaturgeschichte wird auch die literaturwissenschaftliche Forschung zu Ostmitteleuropa und Südosteuropa und allgemein zu den Literaturen, die im Kontext der europäischen bzw. interkontinentalen Vielvölkerstaaten entstanden sind (Österreich-Ungarn, Russisches Reich, Osmanisches Reich) relevant werden. Die mittel- und ostmitteleuropäischen Literaturen vereinigen teilweise auf kleinem Raum viele unterschiedliche Sprachen und Literaturen und die Modelle der Neuen oder globalisierten Weltliteratur greifen hier nicht oder nur teilweise zur Beschreibung ihrer Position innerhalb der europäischen Literaturen – und dies besonders in Bezug auf das 18. oder 19. Jahrhundert.

Auch die Forschungen der letzten 15 Jahre zu *World Literature* sind das Resultat eines Art Globalisierungseffekts, so dass die weltliterarische Genese, Verknüpfung und Bedeutung von Texten erneut befragt wird.[41] Die Rede von der Globalisierung, das Bewusstsein für die Gefahren der Weltökonomie und -ökologie und der Fall des Eisernen Vorhangs haben eine partielle Welterfahrung durch das Gefühl abgelöst, wieder gemeinsam auf einer Welt zu leben. Deswegen zirkulieren wieder ›welthaltige‹ Begriffe, die man wahrscheinlich vor dem letzten

---

40 Sebastian Conrad und Andreas Eckert (2007) folgern in ihrer Einleitung, dass sich globalgeschichtliche Studien vor allem auf die »Verflechtungsgeschichte der modernen Epoche« konzentrierten. Die meisten Arbeiten würden zwischen dem 18. Jahrhundert und der Gegenwart liegen, aber durchaus »mit einem Interesse an einer Genealogie grenzüberschreitender Prozesse, die bis ins 16. Jahrhundert zurückreicht.« (Conrad/Eckert 2007: 25f.) Beide Autoren vermuten aber, dass das Interesse an Verflechtungsprozessen sich zunehmend auf frühere Epochen verlagern wird.

41 Siehe hierzu die Bibliographie und Einleitung in Ezli/Kimmich/Werberger 2009, in der auch auf die Untersuchungen von Bernheimer, Schmeling, Casanova, Spivak, Damrosch, Prendergast oder Saussy eingegangen wird.

Weltkrieg zum letzten Mal so häufig verwendet hat: Kosmopolitismus[42], Weltbürgertum (Bartelson 2009), Imperium und Empire[43].

Diese nicht genuin literaturwissenschaftlichen Fragen nach Weltbürgertum, Weltgeschichte oder Kosmopolitismus werden von literaturwissenschaftlicher Seite aus ergänzt durch ein Wiederaufgreifen des durch Goethe populär gemachten Begriffs der »Weltliteratur«. Die Hauptbeiträger zu dieser neuen Debatte um eine Weltliteratur kommen aus den USA. David Damrosch, Christopher Prendergast, Gayatri Chakravorty Spivak, Emily Apter, Franco Moretti und andere haben versucht der Frage auf den Grund zu gehen, wie Texte Grenzen überschreiten und wie sie es schaffen, mittels lokaler und globaler Bindung einen weltliterarischen Status zu beanspruchen.

Franco Morettis schon erwähnte Modelle folgen einem einzelnen Genre wie dem Detektiv-Roman oder einem Verfahren wie der erlebten Rede bei ihrem Weg durch die Welt; er zeigt beispielsweise die Verwandlung des Stils oder die relative Stabilität einiger Plots. Moretti sucht nach einer vergleichenden Literaturwissenschaft,

> »die sich selbst einerseits als Wissenschaft der *Weltliteratur*, andererseits aber auch als *vergleichende Morphologie* ernst nehmen würde. Man isoliert ein erzähltechnisches Mittel, verfolgt es über unterschiedliche Räume hinweg und untersucht die Ursachen seiner Transformation [...]. Natürlich ist die Vielzahl der Räume die große Herausforderung (und damit der Fluch) der vergleichenden Literaturwissenschaft.« (Moretti 2009: 107)

Sein Hauptfokus ist der Roman, und während er räumlich von Nigeria nach Brasilien, Nordamerika, Frankreich bis nach Russland ausgreift, grenzt er sich zeitlich auf die letzten 150-180 Jahre ein.

Die Französin Pascale Casanova nimmt hingegen einen bewusst französisch-eurozentrischen Blick bei ihrer Beschreibung von Globalisierung und Weltliteratur ein, wenn sie Paris zum universellen Zentrum der literarischen Welt nicht nur des 19. Jahrhunderts macht, von dem aus die Regeln definiert werden, wie und ob man als Literat bei

---

42 Vgl. hierzu die Arbeiten von David Adams und Galin Tihanov 2011, aber etwa auch Breckenridge/Pollock/Bhabha/Chakrabarty 2002.

43 Vgl. hierzu v.a. Münkler 2005. Eine für deutsche Leser eher erstaunliche Tatsache ist, dass viktorianische oder Spenglersche Termini wieder aufgegriffen werden, wie zum Beispiel zuletzt bei John Darwin 2007.

den Wettkämpfen um literarischen Erfolg teilnehmen darf. Nicht genügend ausdifferenzierte Nationalliteraturen oder zu wenig moderne Autoren werden von eingesessenen, gefestigten Autoren und Nationalliteraturen exkludiert bzw. nicht in den Kreislauf der literarischen Währung hineingelassen. Man könnte in Bezug auf die galizische Literatur ironisch festhalten, dass es nach Josef Roth und Bruno Schulz erst wieder Jurij Andruchovyč geschafft hat, als ›galizischer‹ Autor in diesen literaturwirtschaftlichen Kreislauf der Weltliteratur in Casanovas Prägung hineinzugeraten.

Wie müsste nun nach diesen Ausflügen in die Raumtheorie, Netzwerkforschung und Weltliteraturkonzepte eine Literaturgeschichte aussehen, wenn sie sich an der Verflechtungsgeschichte der Historiographie orientieren möchte und dabei Impulse aus oben genannten Überlegungen von Moretti bis Ette aufnimmt? Was wäre eine verflechtungsgeschichtliche Perspektive in Bezug auf das Forschungsobjekt Literatur selbst, ihre Methode und die Wissenschaftler?

a. Erweiterung des Literaturbegriffs

Der Literaturbegriff der Verflechtungsgeschichte wird umfassender und materieller gefasst werden müssen, damit eine wirklich transkulturelle Literaturwissenschaft und nicht nur eine transnationale möglich wird.[44] Dazu muss zuerst unser gegenwärtiger Begriff von Literatur erweitert werden. Ein solcher erweiterter Literaturbegriff umfasst kleinere und größere Einheiten als die Nationalliteratur (z.B. orale Literaturen, nichteuropäische Motive und Genres sowie Literaturen bestimmter kultureller Räume ohne nationale Rahmung). Christopher Prendergast hat darauf hingewiesen, dass Weltliteratur zwar die Welt einbezieht, aber nicht alle Formen und Arten von Literaturen in der Welt:

44 Zu den unterschiedlichen Literaturbegriffen siehe allgemein Lindberg-Wada 2006: 6. Dort verweist der Herausgeber des Erstens Teilbandes, Anders Pettersson, auf die unterschiedlichen Bezeichnungen für Literatur in der Welt und auf die Schwierigkeiten, sie in Einklang mit unserer modernen europäischen Vorstellung von Literatur zu bringen: Genannt werden u.a. Chinesisch »wen«, Sanskrit »kavya«, Arabisch »adab« und Griechisch/Lateinisch »poiesis/poesis«, aber auch der Hinweis auf den sich durch die Jahrhundert stark verändernden Literaturbegriff in Europa selbst.

> »In the perspectives of world history, one might be tempted to classify the ›literatures‹ of the world into three broad kinds: folk literatures (that is, orally transmitted unwritten literatures), traditional literatures and modern, cosmopolitan literatures. The study of ›world literature‹ does not typically seek to incorporate all of these and it is difficult to conceive of a methodology which could cope with such a vaulting ambition (for one thing, it would be impossible to avoid the inbuilt ethnocentrism of literary-historical periodizations).« (Prendergast 2001: 104, Hervorhebungen A. W.)

Orale Literatur, verschriftlichte orale Literatur, die als nicht-moderne Literatur kategorisiert wird, und eine moderne, kosmopolitische Literatur sind die *drei Literaturen*, die Prendergast ausmacht und deren methodische Zusammenführung er zurecht für schwierig hält, wenn man sie periodisieren und europäisch-historisch kategorisieren möchte, denn der Ethnozentrismus ist der Aufteilung Prendergasts selbst eingeschrieben, folgt sie doch dem Prinzip der Kunstautonomie und Modernität, von dem die traditionelle oder orale Literatur ausgeschlossen ist. Statt Literatur aber in einer Entwicklungsfolge aufzureihen (oral, verschriftlicht, modern) sollten eben Beziehungen und Verknüpfungen zwischen diesen bis heute relevanten Literaturformen dargestellt werden, die nicht hierarchisieren, sondern symmetrisieren. (Vgl. Schüttpelz 2005) Eine Einbeziehung oraler, traditioneller Literaturen müsste zudem an Thomas Geiders zusammenfassende Überlegungen zu einem kommunikativen Weltliteraturmodell anschließen, das »nicht allein Werke, sondern auf einer Teilebene darunter auch literarische Elemente, Haltungen, Übersetzungen, Sprachinterferenzen, Interpretationen, zugrunde liegende Lektüren, explizite und implizite Interessen, Einflussgrößen und Kritikerdiskurse« (Geider 2009: 367) als Literatur betrachtet. Durch dieses Erweiterung werden nicht nur Werke oder Texte erfasst, sondern auch Motive, Figuren (vgl. hierzu Erhard Schüttpelz' Untersuchung zum Trickster, 2010) und Elemente, denen sich eine ethnologisch und linguistisch orientierte Literaturwissenschaft widmet. Der Einschluss von sogenannter traditioneller und oraler Literatur ist sicherlich die größte Herausforderung, weil sie aus einer modernen Darstellung bisher meist völlig ausgeschlossen wurden.

Hier wird zugleich ein erster Unterschied zur Komparatistik deutlich, die gerade solchen hierarchischen Asymmetrien wenig Aufmerksamkeit zukommen lässt, da mit dem Ausschluss der Oralität aus dem

Literaturbegriff zugleich die Volkskunde, Ethnolinguistik und Ethnopoetik von einer »modernisierten« Literaturwissenschaft abgegrenzt wurde.

b. Methode: Symmetrisierung, Übersetzungsketten und Reversibilität

Die Erweiterung des Literaturbegriffs soll die Symmetrisierung von unterschiedlichen literarischen Entitäten in der literaturwissenschaftlichen Analyse ermöglichen. Indigene Literatur – sei sie auch nur Impulsgeber für kanonische europäische Werke von Longfellow über Anskij, Hofmannsthal bis zu Canetti – würde so zumindest einen Ort im Zentrum der europäischen und westlichen Literaturgeschichte erhalten und müsste vorher nicht erst einen Modernisierungstests durchlaufen.

Mit der Beschreibung von Übersetzungsketten und Verflechtungsgeschichten werden Entwicklungsgeschichten und große Narrative ausgebremst, ergänzt und in Beziehung zueinander gesetzt. Zudem geht es bei diesen Ansätzen nicht immer nur um den Transfer vom Zentrum in die Peripherie, sondern auch darum, was in der Gegenrichtung passiert. Nicht allein wird danach gefragt, warum sich Henry Longfellow für den Indianermythos »Hiawatha« und die Ojibwa interessierte und wie er diesen Mythos europäisierte und konstruierte, sondern auch danach, wie die Ojibwa-Legenden über Vermittlung von verschiedenen Sammlern, Vermittlern und Übersetzern überhaupt in das amerikanische Langgedicht »The Song of Hiawatha« (1855) ›hineingeraten‹ sind.

Man könnte zudem Transfers und kulturelle Übersetzungen ins Auge nehmen, die nicht aufgrund von Asymmetrie weitgehend unbeachtet oder nur »teilerzählt« blieben, sondern weil der Weg gewissermaßen über einige nationalliterarische Literaturkarten führte: zum Beispiel der Transfer eines metrischen Systems (die Syllabik) von der Romania nach Polen über die Ukraine bis nach Russland im 17. Jahrhundert; die jiddische Literatur als eine bis in die 1930er Jahre interkontinental agierende Literatur; der Transfer des Okkulten und Esoterischen von Ost nach West;[45] die asiatisch-afrikanisch-europäische

45 Bis ins 20. Jahrhundert hinein sind einige ostmitteleuropäische Medien des Okkulten wie Elena Blavatskaja und Georgij Ivanovič Gjurdžiev Garanten für die Authentizität des östlichen esoterischen Wissens für den Westen.

Transfergeschichte der *Geschichten aus Tausendundeine Nacht* und generell das Konzept der Schachtelerzählung als Marker für Oralität, die die europäische Imagination über den Orient erhitzte und zahlreiche europäische Volkserzählungssammlungen hervorbrachte oder als letztes Beispiel: die Sanskrit-Lektüre Hegels und Friedrich Schlegels, die eine allgemeine europäische Ursprungssuche initiierte.[46] Auch gut untersuchte gesamteuropäische Phänomene wie der Petrarkismus, das europäische Sonett oder der sozrealistische Roman könnten auf diese Weise noch einmal anders erzählt werden.

c. Forschungsbezogenheit

Verflechtungsgeschichten, die die Welt oder zumindest eine Makroebene im Blick behalten, machen stärker national oder homogen orientierte Literaturgeschichten oder kleinteilig arbeitende literaturhistorische Arbeiten keinesfalls obsolet. Im Gegenteil: Verflechtungsgeschichte hängt sehr stark von ihnen ab. Osterhammel betont in seiner Geschichte des 19. Jahrhunderts, dass der Weltliteraturgeschichtsschreiber einerseits ein gutes Gefühl für Proportionen haben muss, um das Typische und Repräsentative zu erkennen, andererseits müsse er sich ein »demütiges Abhängigkeitsverhältnis zur Forschung bewahren.« (Osterhammel 2009: 15) Ähnlich argumentiert Moretti mit seinem Plädoyer für eine rationale, quantitative Literaturgeschichte, die mit ihrem *distant reading* und dem Interesse an der weltweiten Verbreitung, Entwicklung und Verwandlung der Romangenres anschlussfähig ist an die Verflechtungsgeschichte. Und Moretti – seine aus vielen Einzelpublikationen angefertigten statistischen Karten zeigen das – verweist darauf, dass »quantitative Arbeit [...] ohne Kooperation gar nicht denkbar« (Moretti 2009: 12) ist.

Derjenige, der Interesse an literarischer Verflechtungsgeschichte und Weltliteraturgeschichte hat, ist also noch abhängiger von Forschung als jeder Literaturwissenschaftler ohnehin.

d. Fazit

Verflechtungsgeschichte ist trotz vieler Berührungspunkte nicht gleichzusetzen mit der vergleichenden Literaturgeschichte, weil sie

46 Pollock 2003: 5, siehe auch Michaels 2004.

quer zu den symmetrischen transnationalen Vergleichen der Komparatistik liegt, d.h. weil sie folkloristische und populäre Literatur mit kanonischer Literatur auch retrospektiv in Beziehung setzt; weil sie keine Literaturgeschichten hervorbringt, die die Akteure nach Sprachen, Nationalitäten und Arriviertheit sortiert, sondern raumorientiert beschreibt, da spezifische kulturelle Räume bestimmte literarische Semantiken oder Übersetzungsdynamiken hervorbringen können; weil sie keine vollständigen Karten aufzeichnet, sondern nur Linien durch riesige kulturelle Semiosphären zieht, die exemplarisch zeigen, welche literarischen Wege ins Abseits führten, begehbar oder gar semantisch überfüllt waren. Es geht also vor allem um einen Ausschnitt an literarischen Ereignissen und Prozessen, der zu einem gewissen Zeitabschnitt weltliterarisch relevant wurde.

Verflechtungsgeschichte ist zudem nicht gleichzusetzen mit Ideengeschichte oder Rezeptionsgeschichte, weil sie sich stärker um die materielle Seite kümmert, durch die rezipiert und Ideen weitergegeben werden können. Sie interessiert sich nicht nur für die Konstruktion von Ideen, sondern ebenso für die damit verbundenen Machtverhältnisse und Aneignungen.

3. Europa als Galizien. Die ostmitteleuropäischen Literaturen als Beispiel für eine verflochtene Literaturgeschichte?

Die ostmitteleuropäische Literaturgeschichte ist Teil der allgemeineuropäischen und weist zusätzlich einige Besonderheiten auf, die nicht nur auf der gemeinsamen postkommunistischen Vergangenheit beruhen:[47] Zuerst ist Galizien bis ins 20. Jahrhundert hinein wie einige andere Gebiete in Ostmitteleuropa und Südosteuropa seit vielen Jahrhunderten multireligiöser, multiethnischer und linguistisch vielfältiger als der europäische Durchschnitt. Andreas Kappeler schreibt zurecht, dass die Bevölkerung der Ukraine, d.h. der nationale Raum, in dem sich

47 Auf diese gemeinsame Vergangenheit geht beispielsweise Harold B. Segel (2008) ein, der die Literaturen als Spiegel der Ereignisse seit dem 1. September 1939 sieht.

Ostgalizien heute befinden würde, »selbst für osteuropäische Verhältnisse ethnisch sehr bunt gemischt« (Kappeler 1994: 146) war.

Eine Literaturgeschichtsschreibung muss also diese imperialen Verhältnisse im Auge haben und zugleich die ab dem letzten Drittel des 19. Jahrhunderts stattfindenden Versuche registrieren, imperiale Strukturen in nationale umzubauen. »Die Vielfalt historisch gewachsener Räume, die fein austarierte Machtbalance zwischen Peripherie und Zentrum und die Realität von Ungleichheit trafen« ab den 1870er Jahren, so Jörn Leonhard und Ulrike von Hirschhausen in einer neueren Imperiums-Studie, »auf die Ansprüche des ethnisch homogenen Nationalstaates mit seinen klar definierten Grenzen und den Idealen von Rechtsgleichheit und politischer Teilhabe.« (Leonhard/von Hirschhausen 2009: 11)

Was heißt das für die Literaturgeschichtsschreibung von solchen Räumen? Zuerst, dass eine homogenisierende Literaturgeschichte unmöglich ist. Offensichtlich funktioniert eine imperiale, hier galizische Literaturgeschichte nicht wie eine nationale. Es gibt neben der Sprachenvielfalt ganz unterschiedliche rivalisierende kulturelle Erinnerungen im 20. Jahrhundert und auf den ersten Blick ganz unterschiedliche historiographische Genealogien und Bezugnahmen.

Eine galizische Literaturgeschichte, die v.a. die drei Hauptsprachen Polnisch, Deutsch und Ukrainisch umfasst, war bisher Teil dreier nationaler Literaturgeschichten. In einer polnischen und österreichischen Literaturgeschichte fungierte Galizien häufig als eine Art innere Peripherie (Stichworte »Galizien« oder »Kresy«). Für die ukrainische Literaturgeschichte wurde Galizien durch Zirkulare und Erlasse der russischen Regierung von 1863 und 1876[48] und durch die liberalere Sprachenpolitik der Habsburgermonarchie (seine Autoren, Institutionen und kulturelle Aktivitäten) zu einem zentralen Bezugspunkt bei der Darstellung der Entwicklung einer ukrainischen Literaturgeschichte (hier ist vor allem die Figur Ivan Frankos relevant). Für die jiddische Literaturgeschichte, die lange Zeit die Autoren ihres unmittelbaren Kontextes beraubte und eher innerliterarische Entwicklungen verfolgte, ist Galizien – soweit ich das überblicke – überhaupt kein Ordnungsbegriff.

48 Siehe hierzu Alexander Kratochvils (2010) Überblick über die Ukrainischen Literatur in der *Wieser Enzyklopädie des Europäischen Ostens*.

Wenn ich diese drei Literaturen – mit der jiddischen wären es vier – zusammenbringen möchte, kann ich das zunächst additiv tun und es wäre nicht sehr schwierig, alle Autoren epochal etwa in der Abfolge Realismus bis Moderne zu ordnen. Es würden sich hier überraschende Ähnlichkeiten finden, so zum Beispiel, dass sowohl die ukrainische als auch jiddische Literaturgeschichtsschreibung den Beginn der Moderne im engeren Sinne im ersten Jahrzehnt des 20. Jahrhunderts verankern: In der ukrainischen Literatur mit der Zeitschrift Moloda Muza und wichtigen Publikationen von Mychajlo Kocjubyns'kyj in der jiddischen mit Sholem Aleykhem, Y.L. Perets und der Yidishe Biblyotek.

Dabei müsste bei diesen Vergleichen – und hier ist ein verflechtungsgeschichtlicher Ansatz sicherlich geeignet – beachtet werden, dass die ukrainische und jiddische Literatur in Galizien eine ganz andere Stellung besitzen als die österreichische oder polnische Literatur, die beide an nationalgeschichtliche Genealogien anschließen können. Die Literatur spielte als autonome Institution und Instrument zum Ausdruck »nationaler« Belange und Bedürfnisse deswegen für die jiddische und ukrainische Literatur eine sehr viel stärkere Rolle. Jiddische und ukrainische Autoren reagieren mit ihren Texten unmittelbar auf die homogenisierenden Anforderungen der zunehmenden Nationalisierung Ostmitteleuropas.[49]

Der imperiale Rahmen, der langsam von nationalen Ideen abgelöst wird, ist meines Erachtens der Grund dafür, dass die Folklore und die orale Tradition allgemein bis ins 20. Jahrhundert hinein eine deutlich größere Rolle spielen als in Westeuropa. Orale Tradition und Folklore überlebten in den heterogenen Verhältnissen leichter als in den schon homogenisierten Kulturen der westeuropäischen Nachbarn. Als Zeichen für Modernität oder Vormodernität darf dies deswegen nicht gelesen werden.

Eine reine Summierung von jiddischen, österreichischen, polnischen und ukrainischen literarischen Autoren, Genres und Institutionen entlang einer epochalen Entwicklungsachse Romantik – Realismus – Moderne etc. ließe sich durchaus herstellen, würde aber ungleiche Einheiten hier in eine hierarchische Beziehung, ja Konkurrenz zueinander

49 Siehe hierzu Makarska/Werberger 2010, wo wir zeigen, dass die homogenen jüdischen und ukrainischen literarischen Welten eines An-skij und Kocjubyns'kij im Gegensatz zu den kosmopolitischen Versionen Ostmitteleuropas bei Morgenstern und Vincenz stehen.

setzen, die dann die jiddischen und ukrainischen Literaturhistoriker dazu zwingen würde, ständig zu betonen, dass Lesja Ukrainka, Ivan Franko oder Debora Vogel weltliterarisches Niveau erreichen, was aber leider noch nicht zur Kenntnis genommen wurde. Dabei sollte es nicht darum gehen, in einer Literaturgeschichte zu markieren, wann die Folklore denn endlich überwunden wurde, sondern warum die Folklore so bedeutsam ist und warum sie zum literarischen Selbstverständnis gehört.

Auch ein zweiter Punkt würde bei einer Summierung übersehen werden, der mir eine Spezifik Ostmitteleuropas und Galiziens auszumachen scheint, nämlich die große Kenntnis westlicher Literatur, die den lokalen Bezug oft ergänzt. In genuiner Weise versuchen galizische Texte lokal und zugleich weltliterarisch zu agieren. Vielleicht ist der Bezug zum Zentrum stärker, weil man das Gefühl hatte, in der Peripherie zu schreiben. Auf jeden Fall ist diese doppelte Bezugnahme vor allem in jenen Literaturen erfolgreich, die schon sprachlich einen direkteren Zugang zu den Zentren und Metropolen wie Wien oder Krakau besitzen: Dabei geraten Bruno Schulz und Joseph Roth mit ihren Texten, die zugleich eine lokale Markierung besitzen (etwa das Leben in einer jüdischen Kaufmannsfamilie in Drohobycz bei Schulz oder im halbfiktiven Progrody bei Roth) und modernistischen Ansprüchen genügen, erfolgreich in die weltliterarische Zirkulation hinein, während Soma Morgenstern oder Stanisław Vincenz dies nicht gelingt.

Die erstaunliche Multikulturalität und Mehrsprachigkeit galizischer Autoren darf keinesfalls mit der Mehrsprachigkeit und Multikulturalität von Migrationsautoren der letzten 20 Jahre verwechselt werden, wie sie etwa Elke Sturm-Trigonakis überzeugend beschreibt. Wenn Franko in unterschiedlichen Sprachen schreibt, tut er dies aus Adressatenbezogenheit und im Bewusstsein sprachlicher und kultureller Differenz und nicht aus einem Effekt der »Hybridität« heraus. Galizien ist seit Jahrhunderten ein multiethnisches Gebiet und unterscheidet sich damit von einem Multikulturalismus neuerer Provenienz, wie er durch Migration in kolonialer und postkolonialer Zeit in diesem und im letzten Jahrhundert hervorgerufen wurde – auch wenn Chris Hann Ähnlichkeiten in urbanen Zentren erkennt. (Hann/Magosci 2005: 211)

Insbesondere die Germanistik hat die deutsch-jüdische Literatur Galiziens erfolgreich als eine frühe Bindestrichliteratur untersucht, trotzdem kann man Ivan Franko sicherlich nicht als deutsch-ukrainischen Autor bezeichnen, weil er auch auf deutsch geschrieben hat, sondern eben nur als ukrainischen Autor, der in unterschiedlichen Sprachen geschrieben und publiziert hat – eine in Westeuropa seltene Erscheinung, die sich aber in Ostmitteleuropa und Südosteuropa häufig finden lässt (vgl. hierzu beispielsweise die Autoren Ivan Cankar, Debora Vogel oder Semon An-skij).

Die großen Unterschiede im Modernitätsgrad im Verhältnis zu Westeuropa resultieren also aus diesen zuletzt beschriebenen Zusammenhängen. In Galizien liegen Avantgarde und Folklore eng beieinander und man darf dies nicht als Überbietung modernen Schreibens oder als Zurückgebliebenheit interpretieren, sondern sollte dieses Zusammenspiel einfach in seiner Funktion innerhalb der literarischen Kultur Galiziens beschreiben.

Eine Literaturgeschichte, die zwar noch teilweise additiv, teilweise verflechtungsgeschichtlich arbeitet, ist die von Marcel Cornis-Pope und John Neubauer (2004-2010) herausgegebene *History of the Literary Cultures of East-Central Europe*. Sie verfährt summierend, wenn sie beispielsweise die Nationalpoeten von Mickiewicz bis zu Bialik in Einzelanalysen nennt, einige thematische Kapitel zur Bedeutung von Folklore oder literarischen Phänomenen (female identity, family) beisteuert. Dieselbe Literaturgeschichte von Cornis-Pope/Neubauer arbeitet aber da verflechtungsgeschichtlich, wo sie zum Beispiel die Räuberfiguren und Outlaws in mehreren ostmitteleuropäischen Literaturen untersucht, dabei »a global view« im Blick behält und dann vermerken kann, wie etwa einige Räuberfiguren sich zwar von einer Sprache zur anderen stilistisch wandeln, sich die Rollenverteilung innerhalb des Erzählplots aber kaum verändert.[50]

Eine Verflechtungsgeschichte Galiziens, die die Unterschiede in Status und Reichweite der einzelnen Literaturen beachtet, Kulturkontaktszenen aufzeigt, kulturelle Übersetzungsprozesse anhand von Genres, Formen und wichtigen Plattformen nachzeichnet, könnte Hinweise geben, wie eine zukünftige *Europäische Literaturgeschichte* aussehen könnte: Sie würde nicht additiv alle Literaturen in ihrer Entwickeltheit und in ihrer Passgenauigkeit auf den modernistischen Kriterienkatalog bemessen, sondern exemplarische Knotenpunkte und Transferprozesse nachzeichnen, die auf adäquate Weise die literarische Kulturen in Europa im Blick auf die Welt beschreiben.

50 Siehe Leersen/Neubauer u.a. 2010: 407-441.

LITERATUR

Adamczyk-Garbowska, Monika (2004): *Odcienie tożsamości. Literatura żydowska jako zjawisko wielojęzyczne*. Lublin.

Adams, David/Tihanov, Galin (2011): *Enlightenment Cosmopolitanism*. Oxford.

Anttonen, Pertti J. (2005): *Tradition through Modernity. Postmodernism and the Nation-State in Folklore Scholarship*. Helsinki.

Barner, Wilfried (Hg.) (1995): *Die Geschichte der deutschen Literatur von 1945 bis zur Gegenwart*. München.

Baßler, Moritz (2003): »New Historicism, Cultural Materialism und Cultural Studies«. In: Ansgar Nünning/Vera Nünning (Hg.): *Konzepte der Kulturwissenschaften*. Stuttgart, 132-155.

Belliger, Andréa/Krieger, David J.(Hg.) (2006): *ANThology. Ein einführendes Handbuch zur Akteur-Netzwerk-Theorie*. Bielefeld, 13-50.

Bender, Cora (2011): *Die Entdeckung der indigenen Moderne*. Bielefeld.

Böhme, Hartmut (2007): »Aufgaben und Perspektiven der Kulturwissenschaft«. In: Iris Därmann/Christoph Jamme (Hg.): *Kulturwissenschaften. Konzepte, Theorien, Autoren*. München, 35-52.

Breckenridge, Carol/Pollock, Sheldon/Bhabha, Homi K./Chakrabarty, Dipesh (2002): *Cosmopolitanism*. Durham/London.

Budde, Gunilla/Freist, Dagmar/Günther-Arndt, Hilke (2008): *Geschichte. Studium – Wissenschaft – Beruf*. Berlin.

Byford, Andy (2007): *Literary Scholarship in Late Imperial Russia. Rituals of Academic Institutionalisation*. London.

Conrad, Sebastian/Eckert, Andreas/Freitag, Ulrike (Hg.) (2005): *Globalgeschichte: Theorien, Ansätze, Themen*. Frankfurt a. M.

Conrad, Sebastian/Randeria, Shalini (Hg.) (2002): *Jenseits des Eurozentrismus. Postkoloniale Perspektiven n den Geschichts- und Kulturwissenschaften*. Frankfurt a. M./New York.

Cornis-Pope, Marcel/Neubauer, John (Hg.) (2004-2010): *History of the Literary Cultures of East-Central Europe. Junctures and Disjunctures in the 19th and 20th centuries*. Band I: Amsterdam 2004; Band II: Amsterdam 2006; Bd. III: The making and remaking of literary institutions, Amsterdam 2007; Band IV: Types and Stereotypes, Amsterdam 2010.

Därmann, Iris (2005): *Fremde Monde der Vernunft. Die ethnologische Provokation der Philosophie*. München.

Darwin, John (2007): *After Tamerlane. The Rise and Fall of Global Empires*, 1400-2000. London/New York 2007. (dt. *Der imperiale Traum. Die Globalgeschichte großer Reiche 1400-2000*, Frankfurt a. M. 2010).

Das, Sisir Kumar (1991-1995): *A History of Indian Literature*, 2 Bände. New Dehli.

De Man, Paul (1986): *The Resistance to Theory*. Minneapolis.

Deleuze, Gilles/Guattari, Félix (1975): *Kafka – pour une littérature mineure*. Paris.

Döring, Jörg (2009): »Zur Geschichte der Literaturkarte (1907-2008)«. In: Jörg Döring/Tristan Thielmann (Hg.): *Mediengeographie. Theorie – Analyse – Diskussion*. Bielefeld, 247-290.

Ette, Ottmar (2005): *ZwischenWeltenSchreiben. Literaturen ohne festen Wohnsitz*. Berlin.

Ette, Ottmar (2009): »Europäische Literatur(en) im globalen Kontext. Literaturen in Europa«. In: Özkan Ezli/Dorothee Kimmich/Annette Werberger (Hg.), *Wider den Kulturenzwang. Migration, Kulturalisierung und Weltliteratur*. Bielefeld, 257-296.

Ezli, Özkan/Kimmich, Dorothee/Werberger, Annette (Hg.) (2009): *Wider den Kulturenzwang. Migration, Kulturalisierung und Weltliteratur*. Bielefeld.

Fehrmann, Carl (2004): *Literaturgeschichte in europäischer Perspektive. Von Komparatistik bis Kanon*. Leipzig/Berlin.

Fohrmann, Jürgen (1993): »Über das Schreiben von Literaturgeschichte«. In: Peter Brenner (Hg.), *Geist, Geld und Wissenschaft. Arbeits- und Darstellungsformen der Literaturwissenschaft*. Frankfurt a. M., 175-202.

Gallagher, Catherine/Greenblatt, Stephen (2000): *Practising New Historicism*. London.

Geider, Thomas (2009): »Weltliteratur in der Perspektive einer Longue Durée II: Die Ökumene des swahili-sprachigen Ostafrika«. In: Özkan Ezli/Dorothee Kimmich/Annette Werberger (Hg.): *Wider den Kulturenzwang. Migration, Kulturalisierung und Weltliteratur*. Bielefeld, 61-401.

Glauser, Jürg (Hg.) (2006): *Skandinavische Literaturgeschichte*. Stuttgart.

Greenblatt, Stephen (2000): *Was ist Literaturgeschichte.* Frankfurt a. M.

Grimminger, Rolf u.a. (Hg.) (1980-2009): *Hansers Sozialgeschichte der deutschen Literatur vom 16. Jahrhundert bis zur Gegenwart.* München.

Groß, Konrad/Klooß, Wolfgang/Nischik, Reingard M. (Hg.) (2005): *Kanadische Literaturgeschichte.* Stuttgart.

Hann, Christopher/Magosci, Paul Robert (Hg.) (2005): *Galicia. A Multicultured Land.* Toronto/Buffalo/London.

Hahn, Marcus/Schüttpelz, Erhard (Hg.) (2009): *Trancemedien und Neue Medien um 1900. Ein anderer Blick auf die Moderne.* Bielefeld.

Holenstein, Elmar (2004): *Philosophie-Atlas. Orte und Wege des Denkens.* Zürich.

Hutcheon, Linda/Valdés, Mario J. (Hg.) (2002): *Rethinking Literary History. A Dialogue on Theory.* Oxford.

Irele, Abiola F./Gikandi, Simon (Hg.) (2004): *The Cambridge History of African and Caribbean Literature.* Cambridge.

Jakobson, Roman (1987): »Die Neueste Russische Poesie«. In: Fritz Mierau (Hg.): *Die Erweckung des Wortes. Essays der russischen Formalen Schule.* Leipzig, 177-210.

Jauß, Hans Robert (1970): *Literaturgeschichte als Provokation.* Frankfurt a. M.

Jens Bartelson, Jens (2009): *Visions of World Community.* Cambridge.

Kappeler, Andreas (1994): *Kleine Geschichte der Ukraine.* München.

Kilcher, Andreas (2003): *Lexikon der deutsch-jüdischen Literatur. Jüdische Autorinnen und Autoren deutscher Sprache von der Aufklärung bis zur Gegenwart.* Stuttgart.

Koschorke, Albrecht (1999): »Die Grenzen des Systems und die Rhetorik der Systemtheorie«. In: Albrecht Koschorke/Cornelia Vismann (Hg.): *Widerstände der Systemtheorie. Kulturtheoretische Analysen zum Werk von Niklas Luhmann.* Berlin.

Koschorke, Albrecht (2010): »Ein neues Paradigma der Kulturwissenschaft«. In: Eva Esslinger/Tobias Schlechtriemen/Doris Schweitzer/Alexander Zons (Hg.): *Die Figur des Dritten. Ein kulturwissenschaftliches Paradigma.* Frankfurt a. M., 9-34.

Kratochvil, Alexander (2010): »Ukrainische Literatur«. In: *Enzyklopädie des Europäischen Ostens*, einsehbar unter: http://eeo.uni-klu.ac.at/index.php/Ukrainische_Literatur [Zugriff : 13.12. 2010].

Leersen, Joop/Neubauer, John u.a. (2010): »The Rural Outlaws of East-Central Europe«. In: Marcel Cornis-Pope/John Neubauer (Hg.): *History of Literary Cultures of East-Central Europe*, Band IV: Types and Stereotypes. Amsterdam/Philadelphia, 407-441.

Leonhard, Jörn/von Hirschhausen, Ulrike (2009): *Empires und Nationalstaaten im 19. Jahrhundert*. Göttingen.

Lindberg-Wada, Gunilla (Hg.) (2006): *Literary History: Towards a Global Perspective*, 4 Bände. Band 1: Anderss Pettersson (Hg): Notions of Literature Across Times and Cultures. Berlin.

Makarska, Renata/Werberger, Annette (2010): »Die ethnographische Narration als mitteleuropäische Erzählweise«. In: Magdalena Marszałek/Sylvia Sasse (Hg.): *Geopoetiken. Geographische Entwürfe in den Literaturen mittel- und osteuropäischen Literaturen.* Berlin, 93-114.

Marinelli, Luigi (Hg.) (2004): *Storia della letteratura polacca*. Torino.

Michaels, Axel (2004): »Wissenschaft als Einheit von Religion, Philosophie und Poesie. Die Indologie als frühromantisches Projekt einer ganzheitlichen Wissenschaft«. In: Gabrielle Brandstetter/ Gerhard Neumann (Hg.): *Romantische Wissenspoetik*. Würzburg, 325-340.

Miron, Dan (2007): *Verschränkungen. Über jüdische Literaturen*. Göttingen.

Moretti, Franco (1999): *Atlas des europäischen Romans. Wo die Literatur spielt*. Köln.

Moretti, Franco (2009): *Kurven, Karten, Stammbäume. Abstrakte Modelle für die Literaturgeschichte*. Frankfurt a. M.

Münkler, Herfried (2005): *Imperien. Die Logik der Weltherrschaft – vom Alten Rom bis zu den Vereinigten Staaten*. Berlin.

Nadler, Josef (1912-1917): *Literaturgeschichte der deutschen Stämme und Landschaften*. Regensburg.

Osterhammel Jürgen (2008): »Alte und neue Zugänge zur Weltgeschichte«. In: Ders. (Hg.): *Weltgeschichte. Basistexte*. Stuttgart, 9-34.

Osterhammel, Jürgen (2007): »Globalgeschichte«. In: Hans-Jürgen Goertz (Hg.): *Geschichte. Ein Grundkurs*. Reinbek bei Hamburg, 592-610.

Osterhammel, Jürgen (2009): *Die Verwandlung der Welt. Eine Geschichte des 19. Jahrhunderts*. München.

Osterhammel, Jürgen (2011): »Globalizations«. In: Jerry H. Bentley: *Oxford Handbook of World History*. New York, 89-104.

Osterhammel, Jürgen/Petersson, Niels P. (2003): *Geschichte der Globalisierung*. München.

Pechlivanos, Miltos (1995): »Literaturgeschichte(n)«. In: Miltos Pechlivanos/Stefan Rieger/Wolfgang Struck/Michael Weitz (Hg.): *Einführung in die Literaturwissenschaft*. Stuttgart, 170-181.

Pollock, Sheldon (2003): *Literary Cultures in History. Reconstructions from South Asia*. Berkeley/Los Angeles/London.

Prendergast, Christopher (2001): »Negotiating World Literature«. In: *New Left Review* 8, 100-121.

Rusterholz, Peter/Solbach, Andreas (Hg.) (2007): *Schweizer Literaturgeschichte*. Stuttgart.

Schabert, Ina (1997): *Englische Literaturgeschichte. Eine neue Darstellung aus der Sicht der Geschlechterforschung*. Stuttgart.

Schabert, Ina (2006): *Englische Literaturgeschichte des 20. Jahrhunderts. Eine neue Darstellung aus der Sicht der Geschlechterforschung*. Stuttgart.

Schüttpelz, Erhard/Schahadat, Schamma/Werberger, Annette (2012): *Weltliteratur in der Longue durée*, erscheint voraussichtlich 2012 beim Wilhelm Fink-Verlag.

Schönert, Jörg (2007a): *Perspektiven zur Sozialgeschichte der Literatur*. Tübingen.

Schönert, Jörg (2007b): »Literaturgeschichtsschreibung«. In: Thomas Anz (Hg.): *Handbuch der Literaturwissenschaft. Band 2: Methoden und Theorien*. Stuttgart, 267-284.

Schüttpelz, Erhard (2005): *Die Moderne im Spiegel des Primitiven*. München.

Schüttpelz, Erhard (2009): »Weltliteratur in der Perspektive einer Longue Durée I: Die fünf Zeitschichten der Globalisierung«. In: Özkan Ezli/Dorothee Kimmich/Annette Werberger (Hg.): *Wider den Kulturenzwang. Migration, Kulturalisierung und Weltliteratur*. Bielefeld, 335-356.

Schüttpelz, Erhard (2010): »Der Trickster«. In: Eva Esslinger/Tobias Schlechtriemen/Doris Schweitzer/Alexander Zons (Hg.): *Die Figur des Dritten. Ein kulturwissenschaftliches Paradigma*. Frankfurt a. M., 208-224.

Segel, Harold B. (2008): *The Columbian History of Eastern Europe since 1945*. New York.

Sturm-Trigonakis, Elke (2007): *Global playing in der Literatur. Ein Versuch über die Neue Weltliteratur*. Würzburg.

Trivedi, Harish (2006): »The World as India. Some Models of Literary History«. In: Gunilla Lindberg-Wada (Hg.): *Studying Transcultural Literary History*. Berlin, 23-31.

Wellbery, David (2004): *A New History of German Literature*. Cambridge, Mass.. (dt. *Eine neue Geschichte der deutschen Literatur*, München 2006).

II. Realisierungen

Heidnisches und Christliches in einer altirischen Erzählung vom Irdischen Paradies

BERNHARD MAIER

Als 2003 das Rheinische Landesmuseum Bonn nach fünfjähriger Schließung infolge umfangreicher Baumaßnahmen wieder eröffnet wurde, hatte man sämtliche Exponate unter thematischen Gesichtspunkten neu geordnet. Grabbeigaben aus der frühkeltischen Späthallstattzeit, die früher zusammen mit anderen Überresten der materiellen Kultur jener Zeit präsentiert worden waren, hatte man nunmehr aus diesem Zusammenhang herausgelöst. Unter der prägnanten Überschrift »Von den Göttern zu Gott: Religion, Tod, Jenseits« sollten sie dem Publikum zentrale Aspekte der Religionsgeschichte des Rheinlands von der Vorzeit bis zur Gegenwart näher bringen. Um den Museumsbesuchern eine Vorstellung vom Inneren eines frühkeltischen Grabhügels aus dem 6./5. Jahrhundert v. Chr. zu vermitteln, hatte man einen dafür typischen vierrädrigen Wagen anhand der erhaltenen Eisenbeschläge rekonstruiert und mit Hilfe einer lebensgroßen Puppe angedeutet, wo und wie man sich den Leichnam in einem derartigen Grab vorzustellen habe: auf dem Rücken ausgestreckt im Wagenkasten, umhüllt von einer jener karierten Decken, wie sie in Schottland gerne den Touristen zum Kauf angeboten werden. *Tote tragen keine Karos* war mein erster Gedanke bei diesem Anblick – eingedenk des Titels jener vergnüglichen Komödie von Carl Reiner und Steve Martin aus dem Jahr 1982, die ich vor vielen Jahren als eindrucksfähiger junger Student zum ersten Mal gesehen hatte. Doch was mochte die Museumspädagogen zu der Annahme bewogen haben, die frühen Kelten des Rheinlands hätten ihre Toten in eine Art schottisches Plaid gehüllt?

Wie der archäologisch interessierte Leser weiß, sind Textilfunde aus der vorrömischen Eisenzeit Mitteleuropas zwar insgesamt äußerst selten, doch kennt man einige recht gut erhaltene Beispiele, etwa aus den Salzbergwerken von Dürrnberg bei Hallein und Hallstatt sowie aus dem Fürstengrab von Eberdingen-Hochdorf (vgl. Kurzynski 1996, Banck-Burgess 1999, Bichler 1905 und Rast-Eicher 2008). In der Mehrzahl aus Wolle gefertigt, veranschaulichen diese in verschiedenen Naturfarben gemusterten Überreste eisenzeitlicher Textilproduktion den hohen Stand der frühkeltischen Web- und Färbetechnik, die natürlich auch Karomuster kannte. Für die moderne Vorstellung antiker Kelten in Schotten-Plaids dürften diese Funde gleichwohl kaum verantwortlich sein, da sie in der Mehrzahl jüngeren Datums und überdies kaum allgemein bekannt sind. Nun könnte man vermuten, dass die Vorstellung einer Kontinuität der Kleidung von der keltischen Eisenzeit bis zur schottischen Gegenwart von der Beobachtung sprachlicher Kontinuitäten ausging, doch auch diese Vermutung erweist sich als Sackgasse. Zwar stammt *Plaid* eindeutig aus dem Schottisch-Gälischen, doch bedeutete *plaide* dort ursprünglich nur so viel wie »Decke« oder »Umhang«, während man *Tartan* als die klassische englische Bezeichnung des Schottenstoffs gemeinhin für ein romanisches Lehnwort hält. Überdies konnte bislang keine dieser beiden Bezeichnungen irgendwo im antiken keltischen Sprachgut nachgewiesen werden. Die mutmaßliche Lösung des Rätsels findet man, wie so oft bei der Suche nach den Ursprüngen unseres modernen Keltenbilds, in der antiken Ethnographie. Dort berichtet der Historiker Diodoros von Sizilien, wohl in Anlehnung an eine Formulierung des Naturforschers, Philosophen und Historikers Poseidonios:

»Sie [die Kelten] tragen auffällige Kleider, nämlich gefärbte und bunt gemusterte Röcke sowie Hosen, die sie *Braken* nennen. Darüber tragen sie, mit einer Spange an der Schulter befestigt, gestreifte und mit bunten Vierecken gemusterte Umhänge, im Winter dickere, im Sommer leichtere.« (*Bibliothek* 5, 28, 1-3).

Dass hier der Ursprung der modernen Vorstellung von den Schotten-Karos tragenden Kelten zu suchen ist, unterliegt kaum einem Zweifel, sah doch schon im frühen 19. Jahrhundert der Dramatiker, Historiker und Kostümspezialist James Robinson Planché (1796-1880) in der von Diodoros beschriebenen Kleidung »the undoubted origin of the Scotch plaid or tartan«, wobei er seine Leser versicherte, ein »Highland chief in his full costume« sei »as good an illustration of the appearance of an ancient Briton of distinction as can well be imagined«. (Planché 1834: 8) Nun war Planché jedoch keineswegs nur ein Opfer der zeitgenössischen Schottenromantik. Tatsächlich schrieb bereits der Entdecker der keltischen Spracheinheit, der schottische Humanist George Buchanan (1506-1582), in seiner *Rerum Scoticarum Historia* über die Bewohner der Hebriden (Buchanan 1762: 19f.): »Majores sagis versicoloribus plurifariam distinctis utebantur, ut adhuc plærisque mos est« (»Ihre Vorfahren trugen Umhänge in vielen verschiedenen Farben, wie es bei einigen von ihnen immer noch Brauch ist«). Dass Buchanan dabei die antike Keltenschilderung Diodors im Auge hatte, zeigt der unmittelbar darauf folgende Hinweis auf den Gebrauch des Schottisch-Gälischen bei den Bewohnern der Hebriden: »Vetere Gallorum sermone paulum mutato utuntur« (»Sie verwenden die nur wenig veränderte alte Sprache der Gallier«). In der Romantik war die Annahme einer keltisch-schottischen Kontinuität in Tracht und Sprache offenkundig so weit verbreitet, dass der Herausgeber einer Übertragung der *Historia* Buchanans ins Englische ohne viel Federlesens *sagum* mit *plaid* und *vetus Gallorum sermo* mit *the ancient Gaelic language* übersetzen konnte (Buchanan 1827: I, 40f.). So verwundert es nicht, dass ein 1933 von schottischen Archäologen in Falkirk entdecktes Tuchfragment aus dem 3. Jahrhundert n. Chr. als *Falkirk Tartan* in die Textilgeschichte einging (Cheape 2006: 7). Nimmt man die archäologischen und literarischen Belege zusammen, wird man also kaum bestreiten können, dass bei den vorrömischen Kelten des Rheinlands Tote sehr wohl Karos trugen – oder doch zumindest hätten tragen können.

Im Hinblick auf diese Wahrscheinlichkeit einer gewissen Kontinuität in Tracht und Sprache wollen wir uns nun der Frage zuwenden, wie es um die Kontinuität altkeltischer religiöser Vorstellungen im Gefolge der Christianisierung bestellt war. Gerieten die heidnischen Vorstellungen in Vergessenheit oder lebten sie möglicherweise in abgewandelter Form weiter? Zur Klärung dieser Frage richtet sich das Hauptaugenmerk der Forschung seit nunmehr über 300 Jahren auf die in frühmittelalterlichen Klöstern gepflegte alt- und mittelirische Literatur, doch ist das Verhältnis zwischen heidnischem und christlichem

Überlieferungsgut in diesen Texten bis heute höchst umstritten. In welchem Umfang erinnerte man sich nach der Christianisierung noch an vorchristliche religiöse Vorstellungen und Mythen? Wie kann man angesichts unserer unzureichenden Kenntnis der vorchristlichen irischen Religion genuin heidnisches Überlieferungsgut in den Texten überhaupt erkennen? Und welche Haltung nahmen die christlichen Verfasser der uns erhaltenen Texte zur Religion ihrer heidnischen Vorfahren ein? Auf den folgenden Seiten will ich diesen Fragen auf der Grundlage eines Textes nachgehen, der den dreifachen Vorteil prägnanter Kürze, hohen Alters und einer faszinierenden Mischung unterschiedlicher religiöser Vorstellungen bietet.

Die gemeinhin unter dem Titel *Echtrae Chonnlai* (*Connlaes abenteuerliche Fahrt*) bekannte Erzählung wird aus sprach- und überlieferungsgeschichtlichen Gründen ins 8. Jahrhundert datiert, wobei mehr oder weniger vollständige Fassungen jedoch nur in Handschriften des 11.-16. Jahrhunderts auf uns gekommen sind. (McCone 2000: 1-47) Die folgende Übersetzung des Textes basiert auf der neuesten, ausführlich kommentierten kritischen Ausgabe und Übersetzung durch Kim McCone, wobei jedoch kein Versuch gemacht wurde, die Alliterationen und metrisch gebundene Sprache der Dialogpassagen im Deutschen nachzuahmen.

»Dies ist die abenteuerliche Fahrt Connlaes, des Sohnes von Conn Hundertkampf.

Connlae der Rote, der Sohn von Conn Hundertkampf, war an der Seite seines Vaters auf dem Hügel von Uisnech, als er die ungewöhnlich gekleidete Frau erblickte. Connlae sprach: ›Woher bist du gekommen, Frau?‹ Die Frau antwortete: ›Ich bin gekommen aus den Ländern der Lebenden, wo es weder Tod, noch Sünde, noch Erbsünde gibt. Wir genießen andauernde Feste ohne Bedienung und haben Eintracht ohne Streit. Wir leben in einem großen Frieden und darum nennt man uns die Leute des *síd*.‹ ›Mit wem sprichst du da?‹, sagte Conn Hundertkampf. Niemand sah die Frau außer Connlae. Die Frau antwortete: ›Er spricht mit einer jungen und schönen Frau aus edlem Geschlecht, die weder Tod noch Alter gewärtigt. Ich habe mich in Connlae den Roten verliebt. Ich rufe ihn zum Feld der Wonnen, wo Bóadag der Ewige in Freuden herrscht; sein Land kennt weder Not noch Kummer, seit er König wurde. Komm mit mir, sommersprossiger, rothaariger Connlae. Dein rotblonder Schopf wird ein Zeichen deiner königlichen Erscheinung sein. Kommst du mit mir, werden

deine Jugend und Schönheit bis zum Gericht, das die Visionen voraussagen, nicht vergehen.‹
Conn sagte zu seinem Druiden, der Corann hieß: ›Ich bitte dich, Corann mit den gewaltigen Liedern und der gewaltigen Kunst: Man stellt mir eine ungebührliche Forderung, die über meinen Rat und mein Vermögen geht, ein Streit, wie ich ihn niemals erlebt habe, seit ich König wurde. Es ist ein Zweikampf mit einem gestaltlosen Gegner, der mir durch tückische Ränke meinen wunderbaren Sohn zu stehlen versucht. Durch Zaubersprüche von Frauen wird er aus meiner königlichen Gegenwart entführt.‹ Da sang der Druide einen Spruch über den Ort, an dem die Frau stand, so dass niemand mehr die Stimme der Frau hören und Connlae sie nicht mehr sehen konnte. Bevor die Frau jedoch vor der Beschwörung des Druiden wich, warf sie Connlae einen Apfel zu. Danach war Connlae einen ganzen Monat lang ohne Speise und Trank und wollte immer nur von seinem Apfel essen. Soviel er davon auch aß, blieb der Apfel dennoch unversehrt. Sehnsucht ergriff Connlae da nach der Frau, die er gesehen hatte.
Am Ende des Monats war Connlae an der Seite seines Vaters in der Ebene von Arcommin. Er sah die Frau auf sich zukommen, und sie sprach: ›Prächtig sitzt Connlae unter den kurzlebigen Toten in Erwartung eines schrecklichen Todes. Die ewig lebenden Lebenden laden dich ein. Ein Held bist du für die Bewohner der See, die dich täglich in den Versammlungen deines Vaterlandes unter deinen lieben Verwandten beobachten.‹ Als Conn Hundertkampf die Stimme der Frau hörte, sagte er zu seinen Leuten: ›Ruft mir den Druiden. Ich sehe, dass sein Spruch über sie keine Wirkung mehr hat.‹ Da sagte die Frau: ›O Conn Hundertkampf, liebe nicht der Druiden Kunst! Bald gelangt zu dir der Rechtschaffene und Wahrhafte des Großen Königs mit einem zahlreichen und wunderbaren Gefolge. Sein Gesetz kommt bald zu dir. Er wird die Sprüche der Druiden mit ihrer schlechten Lehre in Gegenwart des schwarzen, zauberischen Teufels vernichten.‹
Conn schien es seltsam, dass Connlae allen nur dann antwortete, wenn die Frau anwesend war. ›Connlae, hast du das, was die Frau sagte, bedacht?‹, sagte Conn. Connlae sagte, ›Es ist nicht leicht für mich, und außerdem liebe ich meine Leute. Doch Sehnsucht nach der Frau hat mich ergriffen.‹ Die Frau sagte: ›Du sehnst dich doch – lass mich uns von Bitten befreien –, auf See und fern von ihnen zu sein. In meinem Boot aus Kristall gelangen wir zum Frieden Bóadags. Noch ein anderes Land gibt es, das nicht das am nächsten gelegene sein mag. Ich sehe, dass die Sonne sinkt. Ist es doch weit, erreichen wir es doch vor der Nacht. Es ist das Land, das alle seine Bewohner erfreut. Nur Frauen und Mädchen leben dort.‹ Da tat Connlae einen Satz und sprang von ihnen weg

in das Boot aus Kristall. Sie sahen die beiden sich entfernen, bis sie außer Sichtweite gerieten. Sie fuhren hinaus auf das Meer und wurden danach nicht mehr gesehen.«

Wie der zeitgenössische Leser bereits aus der Überschrift des Textes ersehen konnte, spielt diese Geschichte in einer fernen, heidnischen Vergangenheit, da König Conn Cétchathach (»Hundertkampf«) mittelalterlicher irischer Überlieferung zufolge im 2. Jahrhundert n. Chr. lebte. (Ó hÓgáin 1990: 116-119) Im Hinblick auf die heidnische Religion jener Zeit bietet der Text vier Elemente oder Aspekte, die man aus anderen frühen Quellen kennt und daher einer vergleichenden Betrachtung unterziehen kann: die geheimnisvolle Frau aus dem Volk der »Leute des *síd*«, den Druiden, die »Zaubersprüche von Frauen« und schließlich die Vorstellung einer wunderbaren Insel vor der irischen Küste.

Wie der jüngste Herausgeber des Textes anmerkt, impliziert die Selbstbezeichnung der geheimnisvollen Frau (»Wir leben in einem großen Frieden und darum nennt man uns die Leute des *síd*«) ein nur schwer wiederzugebendes Wortspiel, das auf dem Gleichklang der beiden altirischen Homonyme *síd* »Grabhügel« und *síd* »Frieden« beruht. Wie aus einer Vielzahl lateinischer und volkssprachlicher irischer Quellen hervorgeht, galten die in der irischen Landschaft bis heute markanten Grabhügel der vorkeltischen Stein- und Bronzezeit im Mittelalter weithin als Wohnstätten übernatürlicher Wesen, die man nach ihren Wohnsitzen als *fir/mná/áes síde* (»Männer/Frauen/Leute der Grabhügel«) bezeichnete. (Ó hÓgáin 1990: 185-190, Sims-Williams 1990, Borsje 2009). Für diese – in mancher Hinsicht den orientalischen *Ǧinn* ähnlichen – Wesen des irischen Volksglaubens hat sich im Englischen die konventionelle Bezeichnung *fairies*, im Deutschen das dem englischen *elf/elves* nachempfundene Kunstwort *Elfen* eingebürgert. Was genau man sich im vorchristlichen Irland unter den *áes síde* vorstellte, ist jedoch keineswegs klar. In einem Gedicht aus dem 8. Jahrhundert lesen wir: »For tūaith Hérenn bái temel · tūatha adortais síde : ní creitset in fírdeacht · inna trindōte fire«. Die der Standardausgabe dieses Textes beigegebene englische Übersetzung lautet: »On the folk of Ireland there was darkness: the people used to worship síde: they believed not the true Godhead of the true Trinity.« (Stokes/Strachan 1901-03: II, 317) Dies könnte uns vermuten lassen, es handle sich bei den *fairies*/*Elfen* um die zu Gestalten einer »Niederen

Mythologie« herabgesunkenen einstigen Götter der Iren. Tatsächlich handelt es sich bei dieser Annahme vielleicht aber nur um eine christliche Neuinterpretation, da viele frühmittelalterlichen Autoren ausgehend von der Bibel und den Schriften der Kirchenväter die alten Götter mit Teufeln oder Dämonen gleichsetzten. (Woyke 2005) Aus einer gewissen Ähnlichkeit der *áes síde* mit den Dämonen der antiken Literatur hätten die frühen irischen Christen dann den – möglicherweise falschen – Schluss gezogen, ihre Vorfahren hätten diese Wesen einst wie Götter verehrt. Dazu passt, dass man nur in einer der beiden Handschriften, auf denen die Ausgabe des obigen Textes beruht, das Wort *sidi*, in der anderen aber das lateinische Lehnwort *ídla* (d. h. *idola* »Götzen«) findet. (Vgl. Borsje 2009: 59, Anm. 27) Im Hinblick darauf kann man sich fragen, ob nicht auch das von den Herausgebern mit *people* übersetzte Wort *tūatha* nur eine Lehnübersetzung des lateinischen Wortes *gentes* (im Sinne des griechischen *éthnē* »Heiden«) darstellt, so dass der Ausdruck »tūatha adortais síde« vielleicht gar keine religionsgeschichtlich verwertbare Information, sondern nur das christliche Stereotyp »Die Heiden verehrten Dämonen« enthält. Festzuhalten bleibt, dass die auffällig enge Verbindung der *áes síde* mit vorgeschichtlichen Grabhügeln zwar für einen ursprünglichen Zusammenhang mit dem vorchristlichen Toten- und Jenseitsglauben spricht, dass die frühe Geschichte der mit ihnen verbundenen Vorstellungen jedoch weitgehend im Dunkel liegt. Nach der Christianisierung gab es augenscheinlich eine gewisse Bandbreite unterschiedlicher Meinungen über die *áes síde*, die in einigen Texten mit Dämonen, in anderen mit den alten vorchristlichen Göttern und in wieder anderen mit (gefallenen) Engeln gleichgesetzt werden. (Vgl. Carey 1999: 1-38)

Mit dem Erscheinen des vom König zu Hilfe gerufenen Druiden kommen wir zu einem weiteren Aspekt, mit dem unsere Erzählung an die Religion des vorchristlichen Irland anknüpft. Erstmals erwähnt in der vorchristlichen griechischen Ethnographie, wurden die Druiden als eine Art keltische Priester insbesondere von dem bereits erwähnten stoischen Philosophen und Historiker Poseidonios, aber auch von Iulius Caesar in seiner Darstellung der gallischen Gesellschaft ausführlich beschrieben. Ausgehend von der Bewunderung, die viele Autoren erst im Hellenismus und dann in der römischen Kaiserzeit den Druiden als Philosophen entgegenbrachten, haben die antiken Nachrichten über die Druiden seit ihrer Wiederentdeckung durch patriotische französische Humanisten des 15. und 16. Jahrhunderts eine schier unglaubliche Vielfalt mehr oder weniger gelehrter religionsgeschichtlicher Deutungen hervorgerufen, deren weitgehend spekulativer Charakter jedoch in einem augenfälligen Gegensatz zur geringen Anzahl der verifizierbaren Fakten stand. (Vgl. zuletzt Brunaux 2006, Hutton 2009 und Maier 2009). Im mittelalterlichen Irland unter der lateinischen Bezeichnung *magus* oder – in volkssprachlichen Quellen – als *druí* bekannt, spielt der Druide als wichtigster Repräsentant der alten heidnischen Religion sowohl in hagiographischen als auch pseudohistorischen Erzählungen eine herausragende Rolle. Dabei bleibt jedoch häufig unklar, welche Angaben über ihn tatsächlich auf alter Überlieferung und nicht vielmehr auf gelehrter Spekulation oder schierer Lust am Fabulieren beruhen. So etwa lesen wir in der ältesten irischen Vita der späteren Nationalheiligen Brigit, dass bei ihrer Geburt ein Druide während der Betrachtung der Sterne über dem Haus, in dem sich ihre Mutter befand, eine Feuersäule erblickte (Ó hAodha 1978: 1). Verbindet man diese Stelle mit den antiken Nachrichten über astronomische Kenntnisse der Druiden (z.B. bei Caesar, *De Bello Gallico*: 6, 14, 6, oder Pomponius Mela, *De chorographia*: 3, 2, 18), so könnte man darin einen Hinweis auf die Rolle der Druiden als Sterndeuter auch im vorchristlichen Irland sehen. (Kelly 1988) Nun erinnert die Feuersäule des irischen Textes jedoch auch stark an die Feuersäule, die den Israeliten den Weg aus Ägypten wies (Exodus 13, 21-22), und an den bekannten Stern, der den Weisen aus dem Morgenland den Geburtsort Jesu anzeigte (Matthäus 2, 9-11). Unterstellte der irische Hagiograph den Druiden etwa nur deswegen ein Interesse an der Sterndeutung, weil er sie mit den aus der antiken Literatur bekannten Magiern/Sterndeutern gleichsetzte? Bezeichnenderweise gestaltete bereits der Hagiograph Muirchú im späten 7. Jahrhundert seinen Bericht von der Auseinandersetzung des heiligen Patrick mit den Druiden des heidnischen Königs Loíguire nach dem Vorbild der biblischen Berichte vom Kampf zwischen Mose und den Zauberern des Pharaoh (Exodus 7) bzw. zwischen Petrus und dem heidnischen Zauberer Simon Magus (Apostelgeschichte 8: 9-25), während der unbekannte Autor einer altirischen Glosse die Zauberer des Pharaoh ohne viel Federlesens als »zwei ägyptische Druiden, die mit Mose stritten« (»da druith aegeptacdi robatar ocimbresun frimmoysi«) bezeichnen konnte. (Vgl. Bieler 1979: 74-99 sowie Stokes/Strachan 1901-03: I, 695) Zusammenfassend wird man festhalten dürfen, dass zwar vieles für eine bedeutende Rolle des Druiden in der Religion des vorchristlichen Irland spricht, wir diese Rolle jedoch kaum im Einzelnen klar bestimmen können.

Folgen wir dem Gang unserer Erzählung weiter bis zum Punkt, an dem der König seinen Schrecken darüber ausdrückt, dass sein Sohn »durch Zaubersprüche von Frauen« (»brechtaib ban«) entführt wird. Dies führt uns zu einem weiteren Aspekt der vorchristlichen keltischen Religion, bittet doch schon der unbekannte Verfasser eines später dem heiligen Patrick zugeschriebenen altirischen Hymnus (Stokes/Strachan 1901-03: II 357) um göttlichen Beistand »gegen die Zaubersprüche von Frauen, Druiden und Schmieden« (»fri brichtu ban $_7$ gobann $_7$ druad«). Dabei finden die altirischen Ausdrücke *brechtaib ban* bzw. *fri brichtu ban* eine genaue Entsprechung in der festlandkeltischen Wendung *bnanom brictom* (»Zauber von Frauen«), die in einer 1983 auf dem gallorömischen Friedhof von L'Hospitalet du Larzac bei La Graufesenque entdeckten gallischen Inschrift bezeugt ist. (Vgl. Lambert 1994: 166-72) Dabei ist freilich anzumerken, dass die Assoziation der Druiden mit Zauberei in dem oben zitierten altirischen Hymnus nicht notwendigerweise die realen Verhältnisse im vorchristlichen Irland, sondern vielleicht nur die spezifisch christliche Perspektive unserer mittelalterlichen Texte widerspiegelt.

Mit dem in unserer Erzählung eher impliziten als expliziten Hinweis auf die Vorstellung einer wunderbaren, in geheimnisvoller Weise mit der Welt der Toten verbundenen Insel jenseits des Meeres kommen wir schließlich zum vierten und letzten Punkt, mit dem der unbekannte Verfasser augenscheinlich an die vorchristliche Religion der Iren anknüpfte. Vielleicht noch aus dem 6. oder 5. Jahrhundert v. Chr. stammt der Hinweis auf eine der portugiesischen Küste vorgelagerte »Insel, reich an Gras und dem Saturn geweiht«, die der spätantike Dichter Avienus in seiner versifizierten Küstenbeschreibung mit dem Titel *Ora maritima* erwähnt. (Hofeneder 2005: 20-22) In der frühen römischen Kaiserzeit berichtete Strabo unter Berufung auf den Geographen Artemidoros von Ephesos von einer der britannischen Küste vorgelagerten Insel, auf dem ein Kult ähnlich dem der Demeter und ihrer Tochter Kore auf Samothrake bestanden habe. (Hofeneder 2005: 109-111) Aus derselben Quelle stammt vielleicht auch Strabos Hinweis auf eine Insel vor der Mündung der Loire, auf der Priesterinnen einem dem Dionysos ähnlichen Gott gehuldigt hätten. (Hofeneder 2005: 132-136) Aus etwas späterer Zeit findet man ähnliche Hinweise bei Pomponius Mela und Plutarch, deren Angaben bemerkenswerte

Entsprechungen in den mittelalterlichen irischen und walisischen Literaturen finden. (Vgl. Maier 2001: 94-99 sowie Hofeneder 2008: 272-274 und 532-540) Ist die genaue Bedeutung dieser Parallelen im Einzelnen auch umstritten, so spricht doch viel für eine religiöse, vielleicht mit Fruchtbarkeits- und Totenkult verbundene Bedeutung küstennaher Inseln bei den vorchristlichen Kelten.

Nach diesem Überblick über die Berührungspunkte unserer Erzählung mit vorchristlichen religiösen Anschauungen wollen wir uns nun den möglichen Bezügen zu zeitgenössischen christlichen Vorstellungen zuwenden. Diese betreffen in erster Linie die frühmittelalterliche Vorstellung vom Paradies als dem Aufenthaltsort einiger ausgewählter Gerechter, Propheten, Apostel und Märtyrer, denen bereits nach ihrem Tod ein Vorgeschmack jener Glückseligkeit zuteil wurde, wie sie alle anderen Rechtschaffenen erst am Ende der Zeiten im Himmel genießen würden. Die Grundlage der mittelalterlichen Vorstellungen und Beschreibungen des Paradieses bildeten zum einen die biblischen Schilderungen des urzeitlichen Paradieses im Buch *Genesis* und des verheißenen Gottesreiches in der *Offenbarung des Johannes*, zum anderen die Jenseitsschilderungen apokrypher Visionsberichte wie etwa der Petrus- und Paulus-Apokalypse, Berichte über die Visionen der Märtyrer vor ihrer Hinrichtung sowie die theologischen Spekulationen der Kirchenväter. (Vgl. Amat 1985, Ciccarese 1987, Gardiner 1989, Carozzi 1994, Bauckham 1998 und Kabir 2001)

In unserer Erzählung begegnet der erste explizite Bezug zur christlichen Paradiesvorstellung bereits in der Antwort, mit der die geheimnisvolle Frau Connlaes Frage nach ihrer Herkunft beantwortet. »Aus den Ländern der Lebenden« greift hier eindeutig einen spezifisch christlichen Sprachgebrauch auf, in dem die *terra viventium* bzw. *regio vivorum* der Psalmen (27: 13, 116: 9 und 142: 6) eben nicht – wie noch für die Verfasser der hebräischen Originale – diese »Welt der Lebenden«, sondern den Himmel als zukünftigen Ort der Gegenwart Gottes bezeichnet. Dazu passt der explizite Hinweis auf das Fehlen von Tod und Sünde (altirisch *peccad* aus lateinisch *peccatum*), aber auch der Name des Herrschers über die Länder der Lebenden, *Boadag*, der als mutmaßliche Variante des altirischen Adjektivs *buadach* (»siegreich«) als Anspielung auf die paulinische Anschauung von Christus als dem Überwinder des Todes (Römer 5: 12-21) verstanden werden kann.

Eine weitere biblische Anspielung bildet vermutlich das »Feld der Wonnen«, auf das die geheimnisvolle Frau den Königssohn einlädt. Hier gilt es zu beachten, dass die Septuaginta in ihrer Übersetzung des Verses Genesis 2:8 das Wort עדן als einen Eigennamen und die darauf folgende adverbiale Bestimmung מקדם nicht in einem zeitlichen, sondern in einem räumlichen Sinn verstanden hatte: »Kai ephyteusen kyrios ho theos paradeison en Edem [sic] kata anatolas« (»Und Gott der Herr pflanzte einen Garten in Eden gen Osten«). Dagegen verstand die Vulgata עדן nicht mehr als Namen, sondern als ein homonymes Appellativum mit der Bedeutung *voluptas* (»Wonne«). Auch übersetzte sie den Ausdruck מקדם nicht mehr mit »gen Osten«, sondern entsprechend der ebenfalls möglichen zeitlichen Bedeutung mit *a principio* »am Anfang«: »Plantaverat autem Dominus Deus paradisum voluptatis a principio«. Wer in der Nachfolge altchristlicher Theologen wie etwa Tertullian der Auffassung war, das Paradies sei irgendwo auf dieser Erde zu finden, konnte nunmehr überall und keineswegs nur im Osten der bewohnten Welt danach suchen (vgl. Scafi 2006). Darüber hinaus verstärkte die Übersetzung von עדן mit *voluptas* die Assoziation des Paradieses mit dem Begriff »Wonne«, wie sie bereits die Septuaginta mit ihrer Übersetzung des Wortes עדן durch *tryphē* »Wonne« (z. B. in Genesis 3: 23) angebahnt hatte.

Wie die arabische Bezeichnung des Paradieses als *Ǧannāt al-ni'am* (»Gärten der Wonne«) im Koran dürfte also auch der irische Ausdruck *mag mell* (»Feld der Wonnen«) letztlich auf dem hellenistisch-jüdischen und frühchristlichen Verständnis des biblischen Schöpfungsberichts beruhen. Dabei spiegelt sich in dem – im Mittelalter keineswegs seltenen – Ersatz des Wortes »Garten« (*paradisus* oder *hortus*) durch »Feld« oder »Ebene« (*campus*) die antike Verquickung biblischer Paradiesschilderungen mit dem *locus amoenus*, der Ideallandschaft antiker bukolischer Literatur. Ein frühes Zeugnis dieser Entwicklung ist die apokryphe *Petrus-Apokalypse*, deren Abfassung man in die Zeit um 135 n. Chr. datiert und die in einer äthiopischen sowie in einer erst 1886 wiederentdeckten griechischen Fassung auf uns gekommen ist. (Vgl. Bauckham 1998: 160-258 sowie Bremmer/Czachesz 2003) In einem engen literarischen Zusammenhang mit ihr steht die ebenfalls apokryphe *Paulus-Apokalypse*, die an die im Zweiten Brief an die Korinther (12: 1-10) geschilderte Vision des Apostels Paulus anknüpfte und in der als *Visio Pauli* bekannten lateinischen Fassung zu den einflussreichsten Visionsschilderungen des Mittelalters zählte. (Vgl. Bremmer 2007) Darin begegnet auch bereits die in *Echtrae Chonnlai* so prominente Vorstellung der Überfahrt zum Paradies in einem Boot, das in der *Visio Pauli* allerdings nicht aus Kristall, sondern aus Gold ist. Von der antiken bukolischen Literatur beeinflusste Schilderungen des Paradieses enthalten auch die Visionsberichte der frühchristlichen Märtyrerakten (Musurillo 1972: 111, 223), während das in *Echtrae Chonnlai* so hervorstechende Kennzeichen des jenseitigen Friedens eine bemerkenswerte Entsprechung in den zahlreichen Hinweisen auf *quies*, *pax* und *tranquilitas* in den Totenfürbitten der frühchristlichen Liturgie findet. (Ntedika 1971: 200-220) Besondere Beachtung verdient in diesem Zusammenhang auch jene Stelle in der irischen Erzählung, in der die geheimnisvolle Frau Connlaes Freunde und Verwandte als »kurzlebige Tote« mit den »ewig lebenden Lebenden« kontrastiert und gleich darauf dem König und seinem Druiden in verhüllten Worten die Ankunft des heiligen Patrick prophezeit. Sie erinnert an jene bekannte, unter anderem von Augustinus (*De Civitate Dei* 13, 10) aufgegriffene Stelle in Ciceros Erzählung vom *Traum Scipios* (*Somnium Scipionis*), in der Scipios verstorbener Großvater seinem Enkel die Zukunft voraussagt und die Toten als die eigentlich lebendigen bezeichnet (*De re publica* 6, 14, 14).

Wenn die geheimnisvolle Frau dem Königssohn »andauernde Feste ohne Bedienung« verheißt, so lässt sich dies zwanglos mit der frühchristlichen Auffassung der Himmelsfreuden als Gastmahl verbinden, wie sie sowohl im Neuen Testament (Offenbarung 19: 19) als auch in den frühchristlichen Märtyrerakten (Musurillo 1972: 179-181) bezeugt ist. Dabei dürfte die Wendung »ohne Bedienung« natürlich nicht als Indiz für die Vorstellung eines himmlischen kalten Büffets, sondern als Hinweis auf die übernatürliche Speisung der Paradiesbewohner durch das Manna als dem »Brot der Engel« (vgl. Exodus 16: 4, Psalm 78: 24-25 und Offenbarung 2: 17) zu verstehen sein. In Konkurrenz zu dieser alttestamentlichen Ausdeutung des paradiesischen Gastmahls durch die frühen Christen stehen auch hier Vorstellungen des hellenistischen Heidentums. Sie findet man etwa bei dem spätantiken Dichter Prudentius, der in seiner *Hamartigenia* die heimgekehrte Seele im Paradies auf einem Ruhelager ausgestreckt Ambrosia und den Duft unverwelklicher Blumen genießen lässt. (Thomson 1949: I, 265) Beachtung verdient dabei der Umstand, dass die frühchristlichen Märtyrerakten mitunter davon erzählen, dass die Glaubenszeugen im Kerker von

Engeln göttliche Speise als einen Vorgeschmack des Paradieses erhalten. (Musurillo 1972: 221) Dies erinnert an den wunderbaren Apfel, den die geheimnisvolle Frau Connlae zuwirft (und der nach mittelalterlicher typologischer Exegese als Sinnbild Christi aufgefasst werden konnte). Dass Connlae endgültig aus der Welt der Menschen ins Paradies entrückt wird, ist dabei ebenfalls vor einem zeitgenössischen, frühmittelalterlichen Hintergrund zu verstehen, denn die frühe christliche Literatur kannte – ebenso wie die nachalttestamentliche jüdische – eine ganze Reihe von Gestalten, darunter Henoch und Elija, von denen man annahm, dass Gott sie aus dieser Welt hinweg genommen und unmittelbar in seine Gegenwart entrückt hatte. (Vgl. Smith 2000, Felber 2002 und Landesmann 2004)

Auf den ersten Blick mag es daher befremden, wenn die geheimnisvolle Frau am Ende ihres Gesprächs mit Connlae »noch ein anderes Land« erwähnt, »das alle seine Bewohner erfreut. Nur Frauen und Mädchen leben dort.« Auch dabei dürfte es sich jedoch kaum um ein Überbleibsel vorchristlicher Jenseitsvorstellungen handeln, denn obschon ein jenseitiges »Land der Frauen« (altirisch *tír na mban*) auch in der ungefähr gleichzeitigen Erzählung von Brans wunderbarer Seefahrt (*Immram Brain*) begegnet, muss die so bezeichnete Vorstellung doch keineswegs allgemein bekannt gewesen sein, sondern kann ebenso gut dem monastischen Umfeld der Verfasser dieser beiden in mancher Hinsicht eng verwandten und vermutlich nahezu gleichzeitig entstandenen altirischen Texte entstammen. Den Ursprung der Vorstellung von einem jenseitigen »Land der Frauen« bildet vielleicht die frühchristliche Vorstellung von einer Geschlechtertrennung im Paradies, wie sie im äthiopischen *Liber Requiei* auf uns gekommen (Shoemaker 2002: 191 und 346), vermutlich aber auch für die Vorlage der irischen Übersetzung dieses apokryphen Textes vorauszusetzen ist (vgl. Bauckham 1998: 344).

Nach diesem Überblick über die heidnischen und christlichen Bezüge unserer Erzählung ist abschließend nach der Botschaft des unbekannten Autors aus dem 8. Jahrhundert zu fragen. Hier ist zunächst festzustellen, dass die christlichen Bezüge im Vergleich zu den heidnischen nicht nur zahlreicher, sondern auch spezifischer und in sich kohärenter sind. Blendet man die Rahmenhandlung aus und betrachtet lediglich die Schilderung des Paradieses, so findet man darin im Grunde nichts, was nicht der Bibel, den Apokryphen, christlichen Märtyrerakten oder den Schriften der Kirchenväter entlehnt sein könnte. Auf den ersten Blick liegt die Vermutung nahe, der Autor habe diese Schilderung in den Mund einer Frau der *áes síde* gelegt, um einer synkretistischen Weltanschauung oder einer Art Ausgleich zwischen Heidentum und Christentum das Wort zu reden. Tatsächlich wendet sich die geheimnisvolle Frau jedoch explizit gegen »die Sprüche der Druiden mit ihrer schlechten Lehre« und prophezeit den nahen Sieg des Christentums. Doch wenn der Autor eine so negative Einstellung gegenüber dem Heidentum hatte, wieso ließ er dann überhaupt eine Frau der *áes síde* in seiner Erzählung auftreten und wieso ist deren Rahmenhandlung so verschieden von jenen explizit christlichen Texten, die doch so enge Übereinstimmungen in einzelnen Motiven aufweisen?

Um einen Vorschlag zur Lösung dieses Rätsels zu machen, möchte ich noch einmal auf den Anfang meines Beitrags zurückkommen. Produziert nach einem Drehbuch von Carl Reiner und Steve Martin, ist die 1982 erschienene Komödie *Tote tragen keine Karos* eine Parodie und zugleich eine Hommage auf den amerikanischen *Film Noir* der 1940er und 50er Jahre. Um ihrem Werk eine falsche, doch möglichst authentisch wirkende Patina zu verleihen, hatten die Autoren ein phantastisches Drehbuch ersonnen, dessen von Klischeefiguren getragene Handlung in den späten 40er Jahren spielt. Unter Rückgriff auf die Kamera- und Beleuchtungstechnik jener Zeit hatte man den Film mit nostalgischen Kostümen der Veteranin Edith Head (1897-1981) und einer ebenso nostalgischen Musik des Veteranen Mikós Rózsa (1907-1995) ganz in Schwarz-Weiß produziert, wobei man durch die geschickte Verbindung neu gedrehter Szenen mit solchen aus berühmten Klassikern der Filmgeschichte bei den Zuschauern die Illusion erzeugte, dass hier moderne Schauspieler und längst verstorbene Größen des Hollywood der 1940er und 50er Jahre interagierten und sich wechselseitig die Stichworte ihrer Dialoge gaben.

»Es war toll, aber nun ist es vorbei«, lautet die augenzwinkernde Botschaft des Films und – dies meine These – der altirischen Erzählung *Echtrae Chonnlai*. Wie den Filmemachern, so war auch dem unbekannten frühmittelalterlichen Erzähler sehr wohl bewusst, dass seine eigene Gegenwart von der Vergangenheit durch eine unüberbrückbare Distanz getrennt, jedoch ohne diese Vergangenheit undenkbar war. Wie der Film, so kann auch sein Werk als Parodie und zugleich Hommage auf die vorchristliche irische Kultur mit ihren Geschichten um Königssöhne, Elfen und Druiden gelesen werden – einer Kultur, die in mancher Hinsicht noch immer die gesellschaftliche und politische Realität des Frühmittelalters prägte, in ihrem Weltbild jedoch kaum mehr verständlich anders war. Wie die Filmemacher, so mag auch der Erzähler mit den Kenntnissen seines Publikums und dessen Erwartungshaltung gespielt haben, um es durch die geschickte Verwendung aus ihrem ursprünglichen Zusammenhang losgelöster Versatzstücke zu unterhalten und zum Lachen zu bringen. Wahrscheinlich wollte er jedoch auch seiner Überzeugung Ausdruck geben, dass das Christentum der alten heidnischen Religion überlegen sei, dass die christliche Lehre für dieses Leben vollständig ausreiche und dass seine Zuhörer sich in ihrer letzten Stunde mit einer Gewissheit würden trösten können: *Tote tragen keine Karos.*

LITERATUR

Amat, Jacqueline (1985): *Songes et visions. l'au-delà dans la littérature latine tardive.* Paris.

Banck-Burgess, Johanna (1999): *Die Textilfunde aus dem späthallstattzeitlichen Fürstengrab von Eberdingen-Hochdorf (Kreis Ludwigsburg) und weitere Grabtextilien aus hallstatt- und latènezeitlichen Kulturgruppen.* Stuttgart.

Bauckham, Richard (1998): *The Fate of the Dead. Studies on the Jewish and Christian Apocalypses.* Leiden.

Bichler, Peter (Hg.) (2005): *Hallstatt textiles. Technical analysis, scientific investigation and experiment on Iron Age textiles.* Oxford.

Bieler, Ludwig (Hg.) (1979): *The Patrician Texts in the Book of Armagh.* Dublin.

Borsje, Jacqueline (2009): »Monotheistic to a certain extent: The ›Good Neighbours‹ of God in Ireland«. In: Anne-Marie Korte/ Maaike de Haarst (Hg.): *The Boundaries of Monotheism. Interdisciplinary Explorations into the Foundations of Western Monotheism.* Leiden, 53-81.

Bremmer, Jan N. (Hg.) (2007): *The Visio Pauli and the Gnostic Apocalypse of Paul.* Leuven.

Bremmer, Jan N./Czachesz, István (Hg.) (2003): *The Apocalypse of Peter.* Leuven.

Brunaux, Jean-Louis (2006): *Les Druides. Des philosophes chez les Barbares.* Paris.

Buchanan, George (1762): *Rerum Scoticrum Historia*. Aberdeen.

Buchanan, George (1827): *The History of Scotland*, translated from the Latin by James Aikman. Glasgow.

Carey, John (1999): *A Single Ray of the Sun. Religious speculation in Early Ireland*. Aberystwyth.

Carozzi, Claude (1994): *Le Voyage de l'âme dans l'au-delà d'après la littérature latine (Ve – XIIIe siècle)*. Rom.

Cheape, Hugh (2006): *Tartan: the Highland habit*. Edinburgh.

Ciccarese, Maria Pia (Hg.) (1987): *Visioni dell'aldilà in occidente*. Firenze.

Felber, Anneliese (2002): »Die Henochgestalt in der Patristik«. In: *Protokolle zur Bibel* 11, 21-32.

Gardiner, Eileen (Hg.) (1989): *Visions of Heaven and Hell before Dante*. New York.

Hofeneder, Andreas (2005): *Die Religion der Kelten in den antiken literarischen Zeugnissen*. Band I: *Von den Anfängen bis Caesar*. Wien.

Hofeneder, Andreas (2008): *Die Religion der Kelten in den antiken literarischen Zeugnissen*. Band II: *Von Cicero bis Florus*. Wien.

Hutton, Ronald (2009): *Blood and mistletoe. The history of the Druids in Britain*. New Haven/Conn.

Kabir, Ananya Jahanara (2001): *Paradise, Death and Doomsday in Anglo-Saxon Literature*. Cambridge.

Kelly, Fergus (1988): *A Guide to Early Irish Law*. Dublin.

Kurzynski, Katharina von (1996): *»... und ihre Hosen nennen sie bracas«: Textilfunde und Textiltechnologie der Hallstatt- und Latènezeit und ihr Kontext*. Espelkamp.

Lambert, Pierre-Yves (1994): *La langue gauloise*. Paris.

Landesmann, Peter (2004): *Die Himmelfahrt des Elija*. Wien.

McCone, Kim (2000): *Echtrae Chonnlai and the Beginnings of Vernacular Narrative Writing in Ireland*. A Critical Edition with Introduction, Notes, Bibliography and Vocabulary. Maynooth.

Maier, Bernhard (2001): *Die Religion der Kelten*. München.

Maier, Bernhard (2009): *Die Druiden*. München.

Musurillo, Herbert (Hg.) (1972): *The Acts of the Christian Martyrs*. Oxford.

Ntedika, Joseph (1971): *L'Évocation de l'au-delà dans la prière pour les morts. Étude de patristique et de liturgie latines (IVe – VIIIe s.)*. Louvain.

Ó hAodha, Donncha (Hg.) (1978): *Bethu Brigte*. Dublin.
Ó hÓgáin, Dáithí (1990): *Myth, Legend and Romance. An Encyclopaedia of the Irish Folk Tradition*. London.
Planché, James Robinson (1834): *History of British Costume*. London.
Rast-Eicher, Antoinette (2008): *Textilien, Wolle, Schafe der Eisenzeit in der Schweiz*. Basel.
Scafi, Alessandro (2006): *Mapping Paradise: a history of heaven on earth*. Chicago.
Shoemaker, Stephen J. (2002): *Ancient Traditions of the Virgin Mary's Dormition and Assumption*. Oxford.
Sims-Williams, Patrick (1990): »Some Celtic Otherworld Terms«. In: A.T.E. Matonis/D.F. Melia (Hg.): *Celtic Language, Celtic Culture. A Festschrift for Eric P. Hamp*. Van Nuys/Calif., 57-81.
Smith, Daniel A. (2000): »The assumption of the righteous dead in the Wisdom of Solomon«. In: *Studies in Religion* 29, 287-299.
Stokes, Whitley/Strachan, John (Hg.) (1901–03): *Thesaurus Palaeohibernicus. A Collection of Old-Irish Glosses, Scholia, Prose and Verse*. 2 Bde. Cambridge.
Thomson, H. J. (Hg.) (1949): *Prudentius*. 2 Bde. Cambridge/Mass.
Woyke, Johannes (2005): *Götter, »Götzen«, Götterbilder. Aspekte einer paulinischen »Theologie der Religionen«*. Berlin.

Erziehungswissenschaftliche Perspektiven auf den pädagogischen Umgang mit Ambivalenz

S. Karin Amos/Rainer Treptow

Die folgenden Überlegungen werden aus der Sicht der Allgemeinen Pädagogik und der Sozialpädagogik vorgetragen. Im ersten Teil finden sich grundsätzliche systematische und historische Überlegungen zur erziehungswissenschaftlichen Tradition im Umgang mit Ambivalenz, Ungewissheit und Heterogenität. Dieser Teil beleuchtet die in Rede stehende Fragestellung unter Rückgriff auf einige Grundunterscheidungen im pädagogischen Wissenschaftsverständnis und illustriert dieses am Beispiel Schule. Dabei geht es nicht um die Eigenlogik der Disziplin, sondern um ihre Einbettung in bestimmte soziale und kulturelle Kontexte. Die These ist, dass sich diese Einbettungen im Übergang von der Hochmoderne zur Spätmoderne entscheidend verändern. Im zweiten Teil werden einige Elemente dieser Überlegungen nochmals aufgenommen, erweitert und in einen sozialpädagogischen Zusammenhang gestellt. Am Beispiel der Beratung als zentralem Handlungsbereich werden wesentliche Dimensionen des Umgangs mit Ambivalenz, Heterogenität und Eindeutigkeit vertieft.

TEIL I: ERZIEHUNGSWISSENSCHAFTLICHE TRADITIONEN UND PERSPEKTIVEN AUF FORMEN DES PÄDAGOGISCHEN UMGANGS MIT AMBIVALENZ, UNGEWISSHEIT UND HETEROGENITÄT (S. KARIN AMOS)

Zum historischen Nexus von Moderne, Nationalstaat, Pädagogik und Kultur: Null Toleranz für Ambiguität

Ein spezifisches Spannungsverhältnis ist konstitutiv für den modernen Umgang mit Ambiguität: die grundsätzliche Kontingenz gesellschaftlicher Verhältnisse, die mit der »Entsicherung« der gesellschaftlichen Beziehungen durch die europäische Aufklärung beginnt. Der Verlust transzendent-transzendentaler »Ankerung« in einer göttlichen Ordnung (Schäfer 2009) ermöglicht einerseits erst die Steigerung der Dynamik gesellschaftlicher Entwicklung, die im Fortschritts- und Perfektibilitätsgedanken aufgehoben ist; andererseits stellt sich damit dauerhaft die Frage nach der Begründung gesellschaftlicher Ordnungsverhältnisse. Alle Antworten stehen seitdem unter Vorläufigkeitsvorbehalt. Im folgenden Abschnitt wird zunächst von damit verbundenen Kontingenzen und Ambiguitäten der gesellschaftlichen Erziehungsverhältnisse die Rede sein. Diese bildungs- und erziehungstheoretische Berücksichtigung von Ambiguität und Heterogenität gerät handlungspraktisch in schulischem Kontext unter Vereindeutigungs- und Homogenisierungsdruck, wie der anschließende erste Teil verdeutlichen soll.

Die Dynamisierung der Gesellschaftsverhältnisse koinzidiert mit der »Entdeckung« der menschlichen Entwicklungstatsache; nicht umsonst konstatiert die Historiographie, dass im 18. Jahrhundert die Kindheit als eigenständige Lebensphase in das soziale Blickfeld gerät: Kindliche Selbsttätigkeit und Bildsamkeit avancieren zu grundlegenden Begriffen der emergenten modernen Pädagogik, deren Status als wissenschaftliche Disziplin durch eine zunächst transitorische Verortung an Universitäten unterstrichen wird, wobei sie sich freilich noch nicht aus ihren Bezügen zu Theologie und Philosophie zu lösen vermag. Im bewussten und reflektierten erzieherischen Umgang begegnen sich jedenfalls mindestens zwei menschliche Subjekte, traditionell als Erzieher und zu Erziehender oder Zögling bezeichnet. Da Menschen verschieden sind, sind Ambivalenz, Ungewissheit und Heterogenität konstitutiv für pädagogische Handlungszusammenhänge. Daher ist eine Selbstbeschreibungsform der Pädagogik selbst die der Ungewissheitshandlungsform. Dies liegt zum einen an ihrer Zukunftsorientierung: Erzogen wird zwar im Hier und Jetzt, aber mit eindeutiger Zukunftserwartung; mithin sind die unterschiedlichen Formen pädagogischen Handelns: Erziehen, Unterrichten, auch Beraten sozusagen Wechsel auf die Zukunft. Diese Erwartung einer positiven Beeinflussung der künftigen Lebensgestaltung ist aber unter Kontingenzbedingungen gestellt, wobei es im Falle des Pädagogischen dann gleich um eine doppelte Kontingenz geht. In unnachahmlich präzis-nüchterner Weise hat Niklas Luhmann (2002) dies auf den Punkt gebracht. Eine der Kernformen, Jochen Kade spricht von *der* Kernform pädagogischen Handelns, die Vermittlung, funktioniert nicht im Modus der Trivialmaschine. Denn im Gegensatz zu jener, die einen bestimmten Input gemäß einer starren Transformationsregel immer zu einem bestimmten Output verarbeitet, hat es die Pädagogik mit der rekursiven Schleife des eigensinnigen Bewusstseins zu tun, das nach von außen betrachtet uneinsichtigen Maßgaben selbst und eigenständig entscheidet, was wie, wann verarbeitet wird und welche Wirkungen die in Aneignung überführte Vermittlung entfaltet. Die Pädagogik sieht dies nicht als Mangel, sondern macht es zu ihrer ethischen Maßgabe: Einer ihrer wesentlichen Grundsätze besagt, den Eigensinn des Subjekts nicht als Störfaktor zu behandeln, sondern pädagogisches Handeln an ihm auszurichten. Geschieht dies nicht, ist Erziehung von Dressur, Manipulation und Indoktrination nicht zu unterscheiden. Dies umso mehr, als Erziehungsverhältnisse klassisch als Generationenverhältnisse konzipiert sind. In professionellen intentionalen Kontexten wirkt ein älterer Mensch auf einen jüngeren Menschen ein (trifft dies nicht zu, wird der Fokus stärker auf die Aneignungs- oder Adressatenseite gerichtet, spricht man von Bildung und nicht von Erziehung). Schärfer noch als Schleiermacher, der gefragt hatte, was denn die ältere Generation mit der jüngeren wolle, oder Siegfried Bernfeld, der unter Erziehung die Summe aller Reaktionen auf die Entwicklungstatsache verstanden hatte, begriff die Sozialphilosophin Hannah Arendt Erziehung als Auseinandersetzung der Jüngeren mit den Älteren und des Neuen mit dem Alten; es geht mithin um ein Ringen um die Entwicklung der Gesellschaft und damit auch ihrer kulturellen Dimensionen. Damit stellt sich die Frage, unter welchen Bedingungen diese Eingriffe in das noch in der Entwicklung begriffene Leben legitim seien. Paradigmatisch hierfür die Kant'sche Formel, wie denn die Freiheit bei dem Zwange zu kultivieren sei, auf die Rainer Treptow noch zurückkommen wird (s.u.). Die moderne Pädagogik oszilliert nicht nur zwischen dem Autonomie- und Kontrollgedanken, zwischen der Ausrichtung an der Eigensinnigkeit des Subjekts und den gesellschaftlichen Anpassungserwartungen; sie muss sich auch die Frage nach der wechselseitigen Berechtigung und Begründung der Ansprüche stellen.

Trotz oder vielleicht wegen dieser Komplexität wird der Pädagogik – und dies wird durch ihre akademische Institutionalisierung unterstrichen – die Aufgabe zugesprochen, Unsicherheit in Sicherheit, Ungewissheit in Gewissheit zu überführen und die nachwachsende Generation vorhersehbar und kalkulierbar in das bestehende Gesellschaftsgefüge einzufügen, sie zu enkulturieren. Enkulturation ist der ältere, heute eher ungebräuchliche Begriff, der später durch den der Sozialisation abgelöst wurde.

Der Nationalstaat als Grundmodell moderner Gesellschaftsverhältnisse

Die entscheidende gesellschaftliche Neuerung besteht darin, dass sich im Laufe des 19. Jahrhunderts in Europa und einigen anderen Teilen der Welt das Modell des Nationalstaats durchsetzt, das im Laufe des 20., im Zuge der postkolonialen Bewegungen, als gesellschaftliches Organisationsmodell nahezu alternativlos wird: Die heutige Welt besteht fast ausnahmslos aus souveränen Nationalstaaten.

Diese Umstellung ist äußerst folgenschwer für den Umgang mit Ambiguität und Heterogenität, auch und gerade in Erziehungszusammenhängen, vor allem in schulisch organisierten. Um dies nachzuvollziehen ist es notwendig, sich der Vorstellungen zu vergewissern, die dem Modell des Nationalstaats zugrunde liegen. Dabei ist zu zeigen, welch eminent bedeutsame Rolle moderne Massenerziehungssysteme bei dieser Konstruktion spielen. Zur Beleuchtung dieses Zusammenhangs greife ich auf eine für die vergleichende Erziehungswissenschaft äußerst bedeutsame soziologische Theorie zurück, den Neo-Institutionalismus amerikanischer Provenienz (vgl. Koch/Schemmann 2009), der vor allem im Arbeitszusammenhang um John W. Meyer in Stanford (Meyer 2005) entwickelt wurde. Meyers Ansatz zugrunde liegt die These, dass die gesellschaftliche Entwicklung als umfassende Rationalisierungsprozesse aufzufassen seien; er fasst diese Prozesse im

Begriff der »world polity« oder Weltkultur. In der Tradition okzidentaler Theoretiker wie Werner Sombart oder Max Weber ist damit eine grundlegende kulturelle Ordnung gemeint, die ihre expliziten Ursprünge in der westlichen Gesellschaft hat. Fortschrittsglaube, Säkularisierung und Zweckrationalität zählen zu den wesentlichen Grundprinzipien.

In Erweiterung des klassischen rationalisierungstheoretischen Bezugsrahmens gehen die Stanforder Forscher von einer Reihe weiterer Grundprinzipien aus, wie beispielsweise dem Individualismus, universalistischen Gerechtigkeitsnormen und anderen sozialen Normen (vgl. auch Ullmann-Margalit 1977), der Idee des Weltbürgertums. So zählt zur Konstruktion des modernen Individualismus die Bereitschaft, andere zu erziehen und selbst erzogen zu werden oder auch andere zu beraten und sich selbst beraten zu lassen. (Zu dieser spezifischen pädagogischen Form mehr im zweiten Teil des Beitrags.) Universalistische Gerechtigkeitsnormen, zu nennen sind vor allem die Menschenrechte, haben sich nach leidvoller historischer Erfahrung ausgebildet und werden vor allem durch internationale Organisationen wie der UNO und ihre Unterorganisationen durchgesetzt und verbreitet. Vorstellungen vom Weltbürgertum haben zwar eine lange Geschichte, in den vergangenen Jahrzehnten aber durch die Globalisierung nochmals eigene Dynamiken gewonnen und technikbeeinflusste Formen angenommen. Fazal Rizvi (2009) etwa spricht in Anlehnung an Ulrich Beck (1997) von der Polygamie des Ortes.

Diese Rationalitätsprinzipien, Werte und Normen bilden, so könnte man unter Rückgriff auf Benedict Anderson (2005) sagen, eine überindividuelle Vorstellungswelt, die hinter dem Rücken der Akteure wirkt, ihre Handlungen prägt und durch die Regelhaftigkeit Sicherheit verleiht. Institutionen werden in dieser Perspektive also als übergreifende und verfestigte gesellschaftliche Erwartungsstrukturen verstanden, die individuelles Handeln einschränken und ermöglichen. Damit stehen die Stanforder Forscher durchaus auch in der Tradition von Talcott Parsons, wenn sie sich auch von dessen Strukturfunktionalismus distanzieren.

Der Neo-Institutionalismus ist grundsätzlich anti-realistisch, denn vermeintlich objektive Gegebenheiten, die in sozialstrukturellen Analysen als soziale Realität behandelt werden, sind nach neo-institutionalistischer Lesart nur im Rahmen eines umfassenden und übergreifenden Deutungssystems nationalstaatlicher Prägung zu verstehen. Damit sind die Neo-Institutionalisten dicht an dem, was Benedict Anderson (2005) aus kulturwissenschaftlicher Perspektive als »Imagination« oder »Vorstellung« beschrieben hat: Nationen sind Anderson zufolge vorgestellte Gemeinschaften. Sie nutzen bestimmte Medien: Zeitungen und Romane, Lehrpläne an den Schulen, um eine bestimmtes geteiltes Repertoire von Wissen zu verbreiten und ein kollektives Gedächtnis zu erzeugen. Symbole wie Flaggen und Nationalhymnen, bestimmte erinnerungskulturelle Elemente usw. dienen dem gleichen Zweck. Die Neo-Institutionalisten sprechen von Symbolen und Mythen, die die Handlungen individueller und kollektiver Akteure orientieren, und argumentieren damit in eine ähnliche Richtung wie Anderson. Als »Mythen« werden die Grundbestandteile der kulturellen Ordnung selbst verstanden, wie beispielsweise der Individualismus, Fortschritt und Zweckrationalität, die Handlungen entlasten und dadurch ermöglichen. Diese Mythen werden durch kollektiv anerkannte Symbole unterstützt. So symbolisieren Schulen und andere Einrichtungen des Bildungssystems die Bedeutung individueller Leistungsfähigkeit und gesamtgesellschaftlichen Fortschritts. Der Begriff des Mythos ist hier im Sinne des Sozialkonstruktivismus im Sinne Peter Bergers und Thomas Luckmanns (1969) gemeint; Begriffe wie Individualismus spiegeln nicht eine vorgefundene Realität, sondern sie stellen diese erst her; es handelt sich um spezifische Perspektiven auf die Welt, die immer auch anders gedacht werden kann. Um die Grundperspektive des Sozialkonstruktivismus zu illustrieren, möchte ich das Stichwort Individualismus nochmals aufnehmen, denn schließlich steht die Konstitution des modernen Individuums in engem Zusammenhang mit erziehungswissenschaftlichen Fragen. Neo-institutionalistisch betrachtet sind Akteure und ihre Interessen der Gesellschaft nicht vorgängig (»bottom up«), sondern es ist im Gegenteil so, dass die Gesellschaft in fortwährenden Rationalisierungsprozessen »ihre« Akteure erst hervorbringt (»top down«). Gesellschaft wird hier begriffen – und das macht die Perspektive nicht nur anschlussfähig an kulturwissenschaftliche Überlegungen, sondern in gewisser Weise auch kompatibel mit Luhmanns Sicht auf Gesellschaft als Kommunikationszusammenhang – als überindividuelle Vorstellungswelt der »world polity«, die auf den kognitiv kulturellen Grundprinzipien der westlichen Moderne aufruht. Akteure, Individuen, Organisationen, Staaten, sind jedenfalls nicht vorauszusetzen, sondern entstehen erst im Laufe der Entwicklung moderner Gesellschaften. Der entscheidende Gedanke ist, um beim Beispiel des

Individuums (vgl. Meyer 1986) zu bleiben, dass dieses nicht im Sinne eines selbstbestimmten Akteurs zu verstehen ist. Ähnlich wie auch bei Luhmann, allerdings in anderer Terminologie, gelten moderne Akteure als »scripted«, sie können über Mittel und Zwecke nicht frei verfügen, sondern müssen sich den externen gesellschaftlichen »Drehbüchern« der »world polity« entsprechend verhalten. Neo-Institutionalisten erklären den Aufstieg der Pädagogik in modernen Gesellschaften damit, dass intensive und extensive Sozialisation, man könnte auch Erziehung sagen, zu einem gewissen Zeitpunkt gesellschaftlicher Evolution notwendig geworden ist, da die vorgängigen Formen: Privatunterricht, informelle Erziehung in der Familie, auf bestimmte Gruppen beschränkte Beschulung vor allem durch die Kirchen, sich als nicht geeignet erwiesen für moderne Kollektivierungsformen: Individuen werden nur dann als gesellschaftlich legitime Akteure anerkannt, wenn sie sich den gesellschaftlich vorherrschenden und legitimen Deutungsmustern unterwerfen. Schule als die universale Erziehungsorganisation, die alle zukünftigen Mitglieder mittels der allgemeinen Schulpflicht inkludieren muss, ist der wesentliche Ort, in dem auf ritualisierte und zeremonielle Weise moderne Individualität und damit gesellschaftliche Mitgliedschaft erzeugt wird. (Meyer/Rowan 1977) Schule ist mithin eine nationalstaatliche Kernorganisation, weil hier der »Mythos«, die Vorstellung vom engen Zusammenhang zwischen individueller Vervollkommnungsfähigkeit, manifestiert im Prinzip der Meritokratie und gesellschaftlichem Fortschritt, ihren zentralen Ausdruck findet. Zur Eindämmung von Kontingenz und zur Reduktion von Komplexität sind bestimmte Legitimations- und Begründungsformen vonnöten; nicht zuletzt deshalb entsteht die moderne Erziehungswissenschaft, die allerdings erst in der Hochmoderne, im 20. Jahrhundert, dauerhaft an Universitäten etabliert wird.

Nationalstaat und Kultur

Die obigen Ausführungen waren mit zwei eng verbundenen zentralen Merkmalen der neo-institutionalistischen Perspektive auf Gesellschaft befasst: Der Betonung der Universalität des Modells des Nationalstaats und dem Primat einer kognitiven Kultur, die sich in gemeinsamen Rationalitätsvorstellungen und Werten ausdrückt. Dabei haben sich gewisse Ähnlichkeiten zu kulturwissenschaftlichen Perspektiven gezeigt. Es gibt auch entscheidende Unterschiede, die sich nicht ohne weiteres in eine neo-institutionalistische Betrachtungsweise unterbringen lassen und die für den pädagogischen Umgang mit Heterogenität und Ambivalenz absolut zentral ist. Diese Unterschiede sind aber nicht im Sinne von Inkompatibilitäten zu sehen, sondern eher als komplementäre Perspektiven.

Mit kulturwissenschaftlichem Blick betrachtet ist es eine andere Bedeutung von Kultur, die den Nationalstaat vor allem kennzeichnet: Kultur wird hier nicht primär als kognitive Kultur verstanden als Voraussetzung für den von Max Weber so treffend beschriebenen Prozess gesellschaftlicher Rationalisierung, sondern Kultur wird verstanden als Konstruktion abgeschlossener Einheiten, als Ausdruck der jeweiligen »Essenz« des Volkes. Paradigmatisch hierfür ist Herders Kulturkonzept. Dieses von Welsch (1999) kritisierte »kulturelle Kugelmodell«, hat als zentrale Kennzeichen soziale Homogenisierung, ethnische Konsolidierung und interkulturelle Grenzziehung.

Pädagogische Abwehr von Heterogenität

Der primäre Modus des Modells nationalstaatlicher Identität ist Vereinheitlichung. Unter nationalstaatlichen Vorzeichen wird ethnische Heterogenität in Homogenität überführt, wobei ein enger Zusammenhang zwischen Ethnizität und Sprache hergestellt wird. Nicht von ungefähr ist der Umgang mit Mehrsprachigkeit für die Schule nach wie vor eine große Herausforderung. Ingrid Gogolin (1994/2008) sprach in diesem Zusammenhang bereits in den 1990er Jahren vom »monolingualen Habitus der multikulturellen Schule« und gerade aktuell ist die Frage der Mehrsprachigkeit ein integrationspolitisch besonders wichtiges Thema. Marianne Krüger-Potratz (2006) bezieht sich im Kontext der Reflexion der »langen Schatten der Vergangenheit der interkulturellen Pädagogik« darauf, in welch zentraler Weise das Ringen um Sprache, um Anerkennung oder Verbot bestimmter Sprachen die Schulgeschichte prägt. Bemerkenswert ist dabei zunächst, wie die schulisch durchgesetzte Hochsprache die Sprachenvielfalt überformt und eine Vereinheitlichung und Vereindeutigung erzeugt. Dies gilt nicht nur hinsichtlich der vielen Dialekte und lokalen Färbungen, sondern auch hinsichtlich der Minderheitensprachen in Grenzregionen. In Bezug auf Sprache hat die Pädagogik in einem ihrer zentralen Handlungsfelder, der Schule, traditionell keine Formen entwickelt, um mit Heterogenität umzugehen: Die an den Schulen gelehrte Nationalsprache ist wesentliches Identifikationsmittel für die nachwachsende Generation gesellschaftlicher Mitglieder. In den aktuellen Auseinandersetzungen um Integration von »Zuwanderern« (eine höchst aufschlussreiche Wortschöpfung) spielt der so genannte Neo-Assimilationismus (Brubaker 2001) eine wichtige Rolle. Dieser versucht, die affektiv aufgeladenen Dimensionen aus der Diskussion auszublenden und stellt eine nüchterne Betrachtung in den Mittelpunkt der Überlegungen. Sprache wird dann als Verkehrssprache gefasst, als technisches Mittel zur gesellschaftlichen Teilhabe, nicht als mit Gefühlen der Zugehörigkeit verbundenes Vergemeinschaftungsinstrument. Um zu verdeutlichen, dass damit die lange Zeit prävalenten Dimensionen affektiv aufgeladener sprachlicher Heterogenität ausgeblendet werden, sei hier der Reformpädagoge Berthold Otto in seinem Mahnwort an die deutsche Jugend aus dem Jahre 1902 zitiert (Otto in Krüger-Potratz 2006: 87):

> »Jedes deutsche Kind, das einem polnischen Kind zuliebe einige polnische Wörter spricht, sollte immer denken: ›Jetzt ist es ein Stück von mir, also auch ein kleines Stückchen Deutschland, von den Polen erobert.‹ Darum braucht man nicht unfreundlich zu sein gegen polnische Kinder, man kann freundlich und nett mit ihnen spielen; aber wenn sie mit uns reden wollen, müssen sie deutsch sprechen; in Deutschland wird deutsch gesprochen.«

Diese Textpassage illustriert, wie Zugehörigkeit, Identität und Sprache ineinander geschoben werden und die Anderssprachigkeit mit Nicht-Dazu-Gehörigkeit und Fremdheit assoziiert wird. Besonders eindringlich wird hier aber auch deutlich, wie stark Kultur, Sprache und Nationalität miteinander verflochten, auf Eindeutigkeit und Abgrenzung bedacht sind und Kontakte konfrontativ und in den Begriffen des Kampfes und Konflikts behandeln.

Auch die Pädagogiken, die explizit zum Umgang mit Heterogenität angetreten waren, die Ausländer- und dann die Interkulturelle Pädagogik, konnten auf den Umgang mit sprachlicher Heterogenität keine angemessene Antwort finden. Vielmehr nahmen sie kulturelle Heterogenität, die sich vor allem in der Sprache ausdrückt und die den schulischen Homogenitätsvorstellungen zuwiderläuft, zunächst als Problem wahr: Mit Blick auf die erwartete und vorausgesetzte Homogenität wurde ein Defizit diagnostiziert und dieses Defizit wurde mit den Mitteln kompensatorischer Erziehung bearbeitet, die dieses Defizit, gemeint ist also vor allem das Sprachdefizit, ausgleichen sollen. Auch das Programm der Interkulturellen Pädagogik, das von Defizit auf Differenz umstellt, auf das Ziel der Anerkennung und der Toleranz ausgerichtet ist und die Bearbeitungsform der Mehrperspektivität und des Kulturrelativismus wählt, ändert an dieser Grundwahrnehmung wenig. Behinderung und soziale Herkunft sind weitere Formen der Heterogenität, welche die Schule bislang weitgehend im Modus der Homogenisierung bearbeitet: Deutschland ist eines der wenigen Länder, die sich ein ausdifferenziertes, eigenes Förderschulsystem leisten, und auch eines der international betrachtet wenigen Länder, in welchem der Zusammenhang zwischen sozialer Herkunft und Schulerfolg besonders stark ausgeprägt ist. Das Differenzmerkmal »Geschlecht« wurde in Deutschland in den weiterführenden Schulen ebenfalls lange Zeit durch Separation bearbeitet; somit ist auch Geschlechterheterogenität ein historisch junges Phänomen. Der Umgang mit all diesen Heterogenitätsformen ist an einem für deutsche Schulen besonders wichtigen Homogenitätsmerkmal ausgerichtet: der Leistung. Folglich dient der Umgang mit den genannten Differenzmerkmalen oder Heterogenitätsformen vor allem einem: der Erzeugung homogener Leistungsgruppen. Diese orientieren sich vornehmlich am Lebensalter und dem damit unterstellten ähnlichen Entwicklungsstand, an Begabung und Interessen. Auch das Geschlecht und/oder die kulturelle und soziale Herkunft spielen eine Rolle. Mit der Verwirklichung der Koedukation im Sekundarschulwesen hat sich die Bedeutung der Geschlechterdifferenz verändert, ohne deswegen grundsätzlich an Relevanz zu verlieren. Mit der basalen Orientierung an homogenen Lerngruppen wird die frühe Selektion der Schülerinnen und Schüler begründet, die in den meisten Bundesländern bereits nach der vierten Grundschulklasse erfolgt. In außerschulischen pädagogischen Kontexten zeigen sich nicht nur andere Bedeutungskonstruktionen, sondern auch andere Bearbeitungsformen der angesprochenen Vielfaltsformen.

Nationalstaat, Kultur, Schule: Eine Betrachtung im Anschluss an Zygmunt Bauman

Zygmunt Baumans (1995) luzide Betrachtungen zur Verfasstheit der Moderne und dem ihr eigenen Verhältnis zur Ambivalenz bildet den Ausgangspunkt der Betrachtung. Zum Begriff der Ambivalenz stellt er zunächst fest, dass es sich bei dieser Möglichkeit, einen Gegenstand oder ein Ereignis mehr als nur einer Kategorie zuzuordnen, um eine sprachspezifische Unordnung handelt; um ein Versagen der Nenn-Trenn-Funktion, die Sprache doch eigentlich erfüllen soll. (Bauman 1995: 13)

Ambivalenz schließt Klassifizieren als basale Handlung des Ein- und Ausschließens aus. Beim Klassifizieren handelt es sich um eine Benennungshandlung oder, mit Niklas Luhmann gesprochen, um eine Unterscheidungshandlung, die Einheiten mit einem Namen versieht und eindeutig zuordnet. (Bauman 1995: 15) Das auf Fortschritt und Vervollkommnung ausgerichtete Projekt der Moderne beruht aber auf rigider Ordnungsbildung. Somit ist das Nicht-Zuordenbare, das sich der Vereindeutigung der Klassifikation entziehende, von nachgerade unerträglicher Irritation. Inbegriff dieser Irritation ist die Figur des Fremden. Der Fremde wird daher auch von Bauman, wie vorher von Simmel, als wichtigstes archetypisches Mitglied der Familie des Unentscheidbaren bezeichnet – jener verwirrenden, gleichwohl universalen Einheiten, die von Bauman, Jacques Derrida zitierend, »nicht mehr innerhalb des philosophischen (binären) Gegensatzes eingeschlossen werden können und ihm dennoch innewohnen, ihm widerstehen, ihn desorganisieren, aber *ohne jemals* einen dritten Ausdruck zu bilden, ohne jemals zu einer Lösung nach dem Muster der spekulativen Dialektik Anlaß zu geben.« (Bauman 1995: 76, Hervorhebung im Original).

Nach Bauman ist kognitive klassifikatorische Klarheit ein Spiegelbild, ein intellektuelles Äquivalent der Verhaltenssicherheit. Beide Relate gehören unverbrüchlich zusammen. Verstehen heißt, wie Wittgenstein in den *Philosophischen Untersuchungen* ausführte, weiterzuwissen.

Insofern lässt sich in der territorialen und funktionalen Trennung gesellschaftlicher Organisation eine Widerspiegelung bestehender hermeneutischer Probleme erkennen. Der Fremde weigert sich, sich auf das fremde Land beschränken zu lassen, und irritiert damit den modernen Staat, der durch seine planende und ordnende Tätigkeit gekennzeichnet ist, der Eindeutigkeiten erzeugen, das Richtige vom Falschen trennen und eine für alle gültige Struktur installieren (Bauman 1995: 136) will. Mit dieser Universalisierung im Partikularen, wenn man so will, tritt der Zwang zur Assimilation als Ambivalenzgegenmaßnahme auf den Plan, denn der für alle gültigen Struktur müssen sich auch alle fügen.[1]

Zu den bereits angesprochenen Homogenisierungen der Schule lassen sich im Anschluss an Baumans Ausführungen weitere Überlegungen zur Assimilationsfunktion deutlicher als bislang herausarbeiten. In der Tradition der Cultural Studies haben David Lloyd und Paul Thomas in *Culture and the State* (1998) darauf hingewiesen, dass es einen engen Konnex gibt zwischen Kultur, Bildung und moderner Staatlichkeit. Gemeint ist hier die Vorstellung einer das Besondere des jeweiligen Nationalstaats repräsentierenden Hochkultur, im Sinne von Matthew Arnolds: »The best which has been thought and said in the world« (1869: viii), als je spezifischer Ausdruck des Menschheitsideals. Insofern handelte es sich bei dieser Form der Assimilation um einen Universalismus, ein – im Sinne der Goetheschen Formel ausgedrücktes – ewig Wahres und Gleiches, allerdings national gewendet. Mit dieser Form der »Assimilation« aufs engste assoziiert ist der klassische Bildungsbegriff als die subjektive Wendung der Kultur. Bildung als Höherstreben, als individuelle Vervollkommnungsfähigkeit (viel später erst sollte in den Cultural Studies die partikulare Verortung dieses Universalismus entlarvt werden).

Zusammenfassend lässt sich also festhalten, dass der Zusammenhang zwischen Nationalstaat, Schule (Pädagogik) und Kultur den Umgang mit Ambiguität und Heterogenität auf eine Weise rahmt oder sie grundlegt, die dem modernen Gesellschaftsverständnis inhärent ist. Es lässt sich sogar darüber hinausgehend feststellen, dass Pädagogik nicht nur mit der Heterogenität der Schüler umgeht und diese in Homogenität überführt, sondern die spezifische Individualität, das Schülersein dabei erst erzeugt, um sie dann bearbeitbar zu machen. Im Sinne von Ian Hackings *Making up people* (1986), Leute zurecht machen, ein Aufsatz, der passend zum Thema der Ambivalenzvermeidung mit der Klassifikation von Individuen befasst ist, erzeugt die Pädagogik das schulfertige Kind, das Schulkind, den abweichenden Jugendlichen, um über diese fokussierte Perspektive die unordentliche Lebenswelt für pädagogische Interventionen bearbeitbar zu machen. Um an die obigen

---

1 Auch zum Assimilationsbegriff hat Bauman sehr scharfsichtig Überlegungen angestellt, die nach wortgeschichtlichen Ausführungen zu den biologischen Ursprüngen am Beispiel der jüdischen Assimilation die mit dem Begriff verbundene Problematik entfalten (Bauman 1995: Kapitel 4).

Überlegungen anzuschließen: In der interkulturellen Pädagogik ist in den vergangenen Jahren daher zunehmend darüber nachgedacht worden, dass kulturelle Heterogenität nicht einfach da ist, sondern zu einem nicht unbeachtlichen Anteil auch pädagogisch erzeugt wird. Die Darstellung des Migrantenkindes im Schulbuch, wie der Untertitel einer Untersuchung meiner Frankfurter Kollegen Thomas Höhne, Thomas Kunz und Frank-Olaf Radtke (1999) lautet, trägt durch bestimmte Interpellationen entscheidend dazu bei: Subjektpositionen zu markieren und zuzuweisen. »Ali, erzähl doch mal wie ihr zu Hause Ramadan feiert«. Oder: »befragt Eure ausländischen Mitschülerinnen zum Thema Jugendkriminalität bei Ausländern.« So unterstreicht dieses Beispiel einmal mehr, wie pädagogisches Handeln dazu neigt, Ambivalenz und Ambiguität so zu bearbeiten, dass Handlungsgewissheit verschaffende Eindeutigkeit am Ende steht.

Transkulturalität und Post-nationale Konstellation: Alternativen zum traditionellen pädagogischen Umgang mit Ambivalenz und Heterogenität

Obwohl an der fortwährenden Bedeutsamkeit des Nationalstaats als wirkmächtigem politischem Akteur kein Zweifel besteht, so zeigen politikwissenschaftliche Überlegungen doch deutlich, dass er im Wandel begriffen ist. Nicht nur, weil er sich zu supra-, trans- oder internationalen politischen Akteuren positionieren muss, sondern weil unter dem Signum der Globalisierungsdebatte das Gefüge Nationalstaat, Kultur und moderne Pädagogik von tiefgreifenden Veränderungen begriffen ist. Ein Indiz hierfür ist die Kritik am nationalstaatlich fundierten Kulturbegriff im angesprochenen Konzept der Transkulturalität von Wolfgang Welsch. Ein weiteres Indiz betrifft neue Überlegungen zum Begriff des Individuums, das sich nicht mehr so ohne weiteres »top down« konstruieren lässt, wie dies in der Hochmoderne der Fall war. Zu diesem Thema haben John W. Meyer und David J. Frank (2002) aufschlussreiche Überlegungen angestellt. Die Autoren sprechen hier von einer seit wenigen Jahrzehnten stattfindenden »Identitätsexplosion«, die das Ergebnis der Entfaltung der Kultur der Moderne sei. Individuelle Identitäten als gesellschaftliches Zurechnungskonstrukt entstünden, indem das Konstrukt durch den Staat vorgegebener kollektiver Identitäten geschwächt werde. Die zunehmende Konstruktion individueller, zweckrationaler und handlungsmächtiger Identitäten wird als weltweites Phänomen gesehen. Auf gegenwärtig in Deutschland stattfindende Diskussionen bezogen kann man sich diesen Trend am Beispiel des Umbaus des Sozialversicherungssystems verdeutlichen. An die Stelle staatlich organisierter Solidargemeinschaften in der Arbeitslosen-, Kranken- und Rentenversicherung treten in allen drei Bereichen Vorsorgestrategien auf, die sich an individuellen Identitäten orientieren. Diese sind jedoch nicht ontologisch gegeben. Hierzu sind weitreichende Konstruktionsprozesse erforderlich. In deren Verlauf wird das Konstrukt der durch den Staat paternalistisch zu beschützenden Gesellschaftsmitglieder, für die Arbeitslosigkeit und Krankheit unveränderliche Schicksalsschläge sowie Rentenalter und -höhe feste Größen darstellen, durch das Konstrukt des sich aktiv, eigenverantwortlich und rational um seine Absicherung bemühenden Individuums ersetzt. Darüber hinaus werden durch breite kulturelle Prozesse vormals im Rahmen gesellschaftlicher Normalitätsunterstellungen als unhinterfragt angenommene Identitäten reflexiv aufgelöst. Für Frank/Meyer (2002) stehen vor allem sexuelle und geschlechtliche Identitäten paradigmatisch für die Auflösung, Rekombination und Vervielfältigung von Identitäten in der Moderne. Schwule, Lesben und Transsexuelle werden auf diese Weise zu neuartigen und mit Handlungsfähigkeit ausgestatteten gesellschaftlichen Akteuren. Die vormalige Normalität ihrer Nicht-Existenz wird durch die aktuelle Normalität ihrer Existenz ersetzt. Gleichzeitig werden Individuen und ihre Identitäten komplexer gedacht: der Intersektionalitätsansatz löst die Eindeutigkeit monolithischer, primär durch Geschlecht, kulturelle oder soziale Zugehörigkeit bestimmter Subjektpositionen auf und thematisiert das Zusammenwirken der Differenzlinien, an deren Schnittpunkt Subjektivität verortet ist. Zudem sind diese Identitäten nicht mehr als statisch, als einmal erworben und damit unveränderbar, sondern als in ihrer Bedeutung und Zusammensetzung wandelbar gedacht.

Kritisiert werden auch die Grundlagen pädagogischer Klassifikationen: Intelligenz lasse sich nicht auf den kognitiven Bereich beschränken; lange vor modernen neurowissenschaftlichen Erkenntnissen entwickelte William James das Modell des *Stream of Consciousness*, um darauf hinzuweisen, dass Kognition, Volition und Affekte stets zusammenwirken. All dies legt einen anderen Umgang mit Ambivalenz und Heterogenität nahe, als den bislang pädagogisch präferierten. Dazu lässt sich kritisch anmerken, dass wir in unseren pädagogischen Organisationen bislang wenig Phantasie entwickelt haben. Eher im Gegenteil: je vielfältiger die Individualitäten werden, umso größer der Drang, so scheint es, nach wertrationaler Bearbeitung. Insofern lässt sich fast sagen, dass die gegenwärtige Tendenz zu Standardisierung, Benchmarking, Evidenzbasiertheit in Forschung und Praxis eine geradezu erwartbare Reaktion auf diese Entwicklung darstellen. Es handelt sich darum, Eindeutigkeiten und Gewissheiten in einer Welt zu erzeugen, die immer unübersichtlicher, ambivalenter und heterogener zu werden scheint.

Die Polygamie des Ortes ist, auch pädagogisch, weniger geschätzt als die Eindeutigkeit der Zugehörigkeit – trotz der technischen Möglichkeiten der Überwindung großer Distanzen und der (fast) gleichzeitigen (virtuellen) Präsenz an mehreren Orten. Trotz der theoretischen Überwindung des kulturellen Kugelmodells schließen wir in den aktuellen Integrationsdebatten Identität und Sprache wieder miteinander kurz. Damit soll die Bedeutung des Sprachenlernens nicht bestritten werden, sondern lediglich darauf verwiesen werden, dass wir noch keine der Spätmoderne angemessenen Konstruktionen gesellschaftlicher Erziehungsverhältnisse entwickelt haben.

TEIL II: ÜBER DEN UMGANG MIT AMBIVALENZ, HETEROGENITÄT, EINDEUTIGKEIT (RAINER TREPTOW)

Sozialpädagogik als Teildisziplin der Erziehungswissenschaft befasst sich mit der Frage, wie die Lebensbewältigung von Menschen verläuft und welche Unterstützung ihnen angeboten werden kann, und zwar besonders auch in belasteten Lebenslagen und Lebenssituationen. Dabei spielt die Bewältigung der schulischen Anforderungen eine wichtige Rolle, etwa in der Schulsozialarbeit, die Kindern und Jugendlichen Unterstützung bietet beim Zurechtkommen im Spannungsfeld von Familie, Schule und Gleichaltrigen. Sozialpädagogen unterstützen auch Bewältigungsformen, Bildungs- und Lernprozesse, die außerhalb der Schule stattfinden (informelles Lernen), die lebensgeschichtlich vor der Schule und neben ihr stattfinden z.B. in Kindertagesstätten oder in der Jugendarbeit. Bildung wird heute als Ganztagsbildung begriffen, entsprechend vielfältig sind die Bildungsorte und die Lernwelten (vgl. Coelen/Otto 2008; BMFSJ 2008). Insgesamt gehört dazu die Jugendhilfe, die Familienberatung und Familienhilfe, aber auch die Soziale Arbeit mit älteren Menschen.

Welche Bedeutung haben nun Ambivalenzen, Ungewissheiten und Heterogenität für die Soziale Arbeit? Ein Beispiel aus dem Bereich der Erziehungs-, Ehe-, Lebens- und/oder Familienberatung soll diese Frage in einem ersten Schritt klären, wobei derartige Beratung im Unterschied zu alltäglichen Formen als professionelle Unterstützung von Menschen im Umgang mit Ungewissheit und Gewissheitssuche verstanden wird. (Vgl. Helsper/Hörster/Kade 2003) Dieses Beispiel wird – zweitens – im Hinblick auf theoretische Erklärungen und die Spannung zwischen Eindeutigkeit und Kontingenz im Horizont einer Theorie der Ambivalenz der Moderne erläutert. Drittens folgt die erziehungswissenschaftliche Diskussion der Herausforderung, die der Spannung zwischen Eindeutigkeitserwartung und Mehrdeutigkeitstatsache entspringt. Zum Schluss findet sich eine knappe Bemerkung über die pädagogische Neigung, zu rasch zu sein: voreilige Eindeutigkeit.

1. Ungewissheit und Gewissheitssuche: Beispiel Beratung

Vor einigen Jahren wartete die Presse mit einer Schlagzeile auf, die anschaulich macht, welche Bedeutung die Frage nach dem Umgang mit Ambivalenz nicht nur in einem theoretischen, sondern in einem alltagspraktischen Sinne hat.

Am 7. Mai 2009 titelt die Zeitung: *»Unsichere Eltern. Großer Zulauf in der Erziehungsberatung«*. In dem Zeitungsartikel ist die Rede von einer Beratungsstelle eines Verbandes, der von einer konstanten Gesamtzahl der Beratungsfälle pro Jahr – nämlich 460 – berichtet. Diese Zahl gibt lediglich die Fälle wieder, die aufgrund vorhandener Personalkapazitäten bearbeitet werden konnten. Die Nachfrage sei jedoch viel höher. Und dann folgt eine Reihe von Interpretationen für diese Nachfrage nach Beratung: »Viele Eltern seien ›überpädagogisiert‹ und verkrampft, was die Erziehung betreffe...«. Berichtet wird von einer »steigenden Zahl hilfesuchender Eltern mit Migrationshintergrund, die eigentlich klare Erziehungsvorstellungen hätten, die aber denken ›alles wäre falsch‹«. Hinzu käme die Beobachtung, »das Schulsystem tendiere immer mehr dazu, ›mädchengerecht‹ zu werden. Identifikationsfiguren für Jungen: Fehlanzeige.« Und weiter »Dabei neigten diese einfach eher dazu, Grenzen zu überschreiten. ›Sie wollen es wissen.‹«. Auch in Paarbeziehungen seien Verunsicherungen häufig, die Berater unterstützen die Veränderung »gewisser Muster [...] um einer Beziehung neue Perspektiven zu eröffnen«. Zu verzeichnen sei ein Rückgang männlicher Klienten aller Altersklassen. Der Artikel schließt mit den Sätzen:

> »Nach Ansicht der Experten ein Hinweis auf den zunehmenden gesellschaftlichen und strukturellen Druck. ›Funktionieren, nicht auffallen und zeigen, dass man in Hochform ist‹, so reagierten viele Männer unter existentiellem Druck...« (Südwest Presse 7.5.2009).

Bestätigt wird dieser Befund in einer Bilanz einer Beratungsstelle eines anderen Landkreises, deren Zukunft allerdings selber ungewiss sei. Die »Ängste nehmen zu« heißt es darin; Ängste, die zu einem erheblichen Teil der Wirtschaftskrise geschuldet seien. Aber »viele Ratsuchende würden sich die Schuld für somatische Störungen oder Ohnmachtsgefühle selbst zuschreiben.« (Südwest Presse 15.05.2009)

Was fällt an diesem Bündel unterschiedlicher Beobachtungen auf? Nun: Sie alle haben es entweder mit der Bewältigung von Ungewissheit zu tun – nicht wissen, was richtige und was falsche Erziehung ist, so der Hinweis auf Eltern mit so genanntem Migrationshintergrund. Christine Riegels Untersuchung zeigt, dass für Mädchen und junge Frauen mit Migrationshintergrund der Kampf um Zugehörigkeit und Anerkennung von einer geradezu elementaren Ambivalenz geprägt ist. Riegels empirische Befunde im Anschluss an Axel Honneths Buch *Kampf um Anerkennung* (1992) dokumentiert zwei Ebenen: Es geht um Anerkennung der Mädchen aus anderen Ländern in ihrer *Gleichheit* zu den »hiesigen« Kindern und Jugendlichen und um Anerkennung ihrer *Differenz* zu ihnen (Riegel 2009) – ein Befund, der nicht selten für Schwierigkeiten in der Erziehung sorgt, gilt es doch hier, die Kinder auf beiden Ebenen zu stärken und vorzubereiten.

Der Wunsch, beraten zu werden, hat aber noch mit einer weiteren Ambivalenz zu tun. Man gibt eine Selbstdarstellung vor, »als ob« man »funktioniere«, ohne dieses Image des »flexiblen Menschen« (Richard Sennett) letztlich seelisch und körperlich wirklich durchhalten zu können: so das Beispiel der männlichen Ratsuchenden, die als Jungen aufwachsen, ohne männliche Vorbilder zu haben.

Schließlich haben wir es noch mit Beratungsbedarf für den Umgang mit Vielfalt, mit Heterogenität zu tun. Vielfalt – die Grund- und Freiheitsrechte, die demokratische Verfassungen garantieren –, ermöglicht eine breite Streuung von Lebensformen und Lebensentwürfen, zwischen denen man sich orientieren muss, man kann Zugehörigkeiten wechseln, ist in vielen Bereichen zugleich zugehörig, von anderen aber auch ausgeschlossen, steht unter dem Druck, sich Lebensentwürfe zu »basteln«, die nicht mehr eindeutig auf überlieferte Rollen hin fixiert sind. Umgang mit »riskanten Chancen« hat dies Heiner Keupp genannt, Betonung auf »riskant«. (Keupp 2001)

Offensichtlich beobachten die Fachkräfte von der Erziehungsberatungsstelle ein soziales Phänomen, das durch die Suche nach Unterstützung entsteht. Beratungsbedarf kann als ein Ausdruck der Bewältigung von Unsicherheit und Ungewissheit verstanden werden. Wenn schon klar zu sein scheint, was »richtig« ist, so begleitet das gleichsam mitlaufende Gefühl, was man tue, könne dennoch »falsch« sein, den Alltag einiger Ratsuchender. Gesucht wird danach, wie entweder die Ungewissheit durch Gewissheit, Unsicherheit durch Sicherheit ersetzt oder zumindest, wie der Umgang erleichtert werden kann, wenn schon die Unsicherheit nicht schwindet. Wir erfahren, dass die Unsicherheit der Eltern auf ein Übermaß an »Pädagogisierung« zurückgeführt wird und dass dieses Übermaß den Eltern die Gelassenheit, ja die Entspannung raube, mit den Herausforderungen umzugehen, die durch ihre Entscheidung, Kinder zu haben und zu erziehen, entstehen. Sie »verkrampfen«, so steht es dort. Eine allzu komplizierte Allianz von – so könnte man es sehen – pädagogischen Erwartungen und schwierigen Verständigungsverhältnissen macht sie ratlos – und deshalb suchen sie Rat.

Bemerkenswert ist weiterhin, dass es sich keineswegs bei allen um eine durchgängige, allumfassende Unsicherheit handele. »Klare« Erziehungsvorstellungen von Eltern mit Migrationshintergrund scheinen sich nicht problemlos vereinbaren zu lassen mit denjenigen, die im Einwanderungsland üblich sind. Und schließlich bekommen wir Einblick in die Verunsicherung im Aufwachsen von männlichen Kindern und Jugendlichen: Es fehle die Eindeutigkeit in der Rollendefinition. Geeignete männliche Identifikationsfiguren würden der Entwicklung der Identität von Jungen vorenthalten. Dadurch griffen sie auf eine bekannte Bewältigungsform zurück: Sie suchen Eindeutigkeit. Und sie wollen Eindeutigkeit durch die Reaktionen erleben, die durch die

»Überschreitung von Grenzen« bei Erwachsenen ausgelöst werden. Die Formulierung »Sie wollen es wissen« bedeutet auch: Sie wollen klare Antworten und sie wollen sich ausprobieren. Es ist das Ausprobieren der Fähigkeit, Grenzen eindeutig zu überschreiten und ihre – eindeutige – Gültigkeit zu testen. Ältere männliche Erwachsene wiederum suchen die Eindeutigkeit in einer Selbstinszenierung, die wenigstens nach Außen »unzweideutig« ist. Das eigene Bild soll fraglos sein: »Funktionieren, nicht auffallen, zeigen, dass man in Hochform ist«.

Unsicherheit, Verkrampfung, Grenzüberschreitung, Beratungsbedarf – das sind Schlüsselbegriffe, auf die sich die Beobachtungen bündeln lassen. Die Erscheinungsformen, also *wie* Eltern sich verhalten, müssen indessen unterschieden werden von den Hintergründen, die zu diesem Verhalten beitragen. Bemerkenswert ist nämlich, dass diese Befunde, obwohl sie auf konkrete Menschen in der Beratungsstelle bezogen sind, keineswegs nur diesen Einzelnen angelastet werden. Die Befunde werden vielmehr in einen Bezugsrahmen struktureller Art gestellt, in das Schulsystem, in –»zunehmenden gesellschaftlichen und strukturellen Druck«.

Wie bei jedem informativen Zeitungsartikel löst auch dieser weitere Rückfragen aus, was denn mit »Pädagogisierung« gemeint sein könnte; worin der strukturelle und gesellschaftliche Druck bestehe und woran seine Zunahme zu erkennen sei; welche Erwartungen es genau sind, die klare Erziehungsvorstellungen unklar machen. Wenn diese Beobachtungen aus der Beratungspraxis auf einen Zusammenhang hinweisen zwischen Verunsicherung und verschiedenen Formen, diese zu bewältigen, wie lassen sie sich wissenschaftlich begreifen?

2. Eindeutigkeit und Kontingenz – Erziehung in Fragestellung

Der Sozialwissenschaftler Zygmunt Bauman hat in seinem Buch *Moderne und Ambivalenz. Das Ende der Eindeutigkeit* einen Trend beschrieben, der eine Reihe von Diskursen in den Sozial-, Geistes- und Kulturwissenschaften zusammenführt. (Bauman 2005) Dieser Trend hat mit der Selbstbeschreibung der Gesellschaft über ihre eigenen Entwicklungsprozesse zu tun. Demnach lässt sich die Entwicklung moderner Gesellschaften etwa seit der Zeit der Aufklärung beschreiben als Zuwachs von Vielfalt oder auch »Komplexität«. Dazu zählt die zunehmende Arbeitsteilung, Beschleunigung von Kommunikations-

und Herstellungsverläufen, wachsende Bevölkerungszahlen, Verdichtung sozialer Räume, vergrößerte Vielfalt der Kulturen, Mischungen und neue Kreativitätsschübe usw.

Dieser Zuwachs an wirtschaftlicher, kultureller und sozialer Vielfalt ist aber nicht nur als quantitative Zunahme zu bestimmen; vielmehr führt er zu Veränderungen der *Qualität* der Beziehungen der Gesellschaftsmitglieder untereinander – und zwar auch im Verhältnis der älteren Generation zur jüngeren und damit zu Veränderungen in Auftrag, Methode und Ergebnis von Erziehung. Friedrich Daniel Ernst Schleiermacher stellt in seinen Vorlesungen von 1826 die Frage: »Was will denn eigentlich die ältere Generation mit der jüngeren?« (Schleiermacher 1826/1983: 9) Und er gibt die Antwort »dass die Jugend tüchtig werde einzutreten in das was sie vorfindet, aber auch tüchtig in die sich darbietenden Verbesserungen mit Kraft einzutreten.« (Schleiermacher 1826/1983: 31)

Abgesehen von dieser Antwort: Allein die Frage Schleiermachers signalisiert ein Fragwürdig-Gewordensein von Erziehung, genauer: In einer sich modernisierenden Gesellschaft wird fragwürdig, was denn den Willen der Erwachsenen bestimme. Sie, die Erwachsenen, sind sich also selbst nicht mehr sicher, sich ihres Willens nicht mehr problemlos gewiss. Wozu bräuchte man sonst so zu fragen? Dass dieses, Erziehung, längst fragwürdig geworden ist, war Schleiermacher selbstverständlich deutlich, denn vor ihm hatten Jean-Jaques Rousseau, Immanuel Kant und Johann Heinrich Pestalozzi ähnlich gefragt – und zum Teil sehr verschiedene Antworten gegeben. Die Erziehungswissenschaftler Kurt Lüscher und Ludwig Liegle sprechen heute vom Beginn der »Generationenambivalenz«, also von sichtbar werdenden Gegensätzlichkeiten innerhalb und zwischen den Generationen. (Lüscher/Liegle 2003)

Mit der Vielfalt der Welt wächst auch die Komplexität der Fragen. Während die Moderne durch die Suche nach der eindeutigen Bestimmbarkeit »gesicherten« Wissens geprägt wird – durch Wissenschaft, die immer nur vorläufiges Wissen erzeugt, also sich selbst die eigene Verunsicherung methodisch verordnet –, so gibt es doch auch immer weniger eindeutige Antworten auf sehr eindeutige Fragen im Alltag. Ja, es steht nicht einmal mehr eindeutig fest, was man fragen darf und was nicht. Zwar gab und gibt es eine Reihe von Tabus, die nicht in Frage stehen, doch im Zuge einer zunehmend Fahrt aufnehmenden Überzeugung, dass gegebene Sachverhalte angezweifelt werden können, ja angezweifelt werden müssen, will man der Wahrheit eine Chance geben, wird alle Gewissheit nur noch vorläufig. Das deutsche Wort Zweifel, als einer der Motoren des Fragens und des Fragwürdig-Werdens, in Frankreich von René Descartes mit geradezu bezwingender Beharrlichkeit methodisch vorangetrieben, dieses Wort Zweifel enthält die Zwei, die Doppeldeutigkeit, die Ambivalenz, die etwas Eindeutigem unterstellt werden kann. Der Zweifel unterstellt ja, dass das Eindeutige nur scheinbar gelte, aber vielleicht doch mehrdeutig ist, also mindestens zwei Möglichkeiten enthalten könnte. Nicht von ungefähr weist uns die Begriffsgeschichte, die Etymologie, darauf hin, dass das Wort Zweifel in der Nähe zu Zwist und Zwietracht steht,[2] also auf Differenzbildung, auf Konflikt angelegt und damit auf Konfliktregulierung angewiesen ist, so Bauman. Der moderne und sogar der post-moderne Mensch ist, will er in einem solchen Umfeld überleben, der zweifelnde Mensch, der aus dem Angebot an Mehrdeutigkeit die Eindeutigkeit herausziehen, aus der Ungewissheit die Gewissheit und aus der Unsicherheit die Sicherheit gewinnen will.

Wo der Zweifel – im eigenen Interesse, nicht übertölpelt oder ausgebeutet zu werden – zum allgemeinen Habitus vor allem auch des demokratiefähigen Menschen wird, beginnt eine Gratwanderung. Der Grat verläuft zwischen dem Überhandnehmen des Zweifels, das in die Ver-Zweiflung führen kann und der Sehnsucht nach unbefragbaren, »fest-stehenden« Tatsachen, die auf ein Ende der Fragerei, auf einen Reflexionsstop (Niklas Luhmann) setzt und – gleichsam blind – vertrauen möchte.

In erziehungswissenschaftlicher Sichtweise lassen sich dementsprechend Entwürfe einer Erziehung identifizieren, die auf die Ausbildung von Neugier, Frageinteresse und der Fähigkeit zur Selbstbegrenzung setzt und einer Erziehung, die auf das blanke Gehorchen, das Stillstellen von Fragen und das Einpassen in fraglose Unterordnung setzen.

Zwischen diesen Extrempolen also – eines übertriebenen und in Fassungslosigkeit endenden Fragens und einer dumpfen Haltung dauernder Fraglosigkeit – spannt sich ein Phänomen auf, für das die Wissenschaft den Begriff der Kontingenz gefunden hat. Die Tragweite

---

2 http://www.magazin.institut1.de/667_Etymologie_Zweifel_Zwist_und_Zwietracht_Lautliche_Ambivalenzen.html

dieses Phänomens ist ungeheuer: Kontingenz bedeutet nämlich, dass »alles auch anders sein könnte«.

Es gibt nicht wenige Autoren, die das Ende der Eindeutigkeit, von dem Zygmunt Bauman schreibt, als Ausdruck einer Signatur der Moderne begreifen, in der diese Annahme, dass alles auch anders sein könnte, jede, und zwar jede Aussage über den festen Bestand der Wirklichkeit wie Sand in den Fingern zerrinnen lässt. Nichts, buchstäblich nichts ist gegen den Vergleich mit der Möglichkeit gefeit, dass es so, wie es sich zeigt, nicht hätte werden müssen: Der Notwendigkeit steht die Freiheit gegenüber.

Mit anderen Worten: Mit dem Zuwachs an Vielfalt der Tatsachen geht ein Zuwachs der Vielfalt der Möglichkeiten einher. Es entsteht ein neuer Frageraum, der die Menschen fordert, die Änderbarkeit gegebener Dinge und Beziehungen herauszufinden. Wenn Erziehung anders verliefe, würden sich Kinder und Jugendliche anders verhalten, also: Ändern wir die Erziehung doch einfach. Dass diese Einfachheit aber schwierig ist, wusste schon Immanuel Kant. »Zwei Erfindungen des Menschen«, so Kant, »kann man wohl als die schwersten ansehen: die der Regierungs- und die der Erziehungskunst …«. Gleichwohl ist für Kant Erziehung dem Menschen unausweichlich aufgegeben: »Der Mensch wird nur Mensch durch Erziehung« (Kant 1982: 11). Offensichtlich scheint im Ozean des Mehrdeutigen hier eine Eindeutigkeit festzustehen: Der Mensch muss nicht nur erzogen werden – er hat sogar ein Recht auf Erziehung, wie dies in Paragraph 1 des Achten Sozialgesetzbuches steht.

Was aber haben diese Überlegungen mit meinem Eingangsbeispiel, der Lebensberatung zu tun? Es mag ja sein, dass die Ratsuchenden typische Kinder der Moderne und ihrer Ambivalenzen sind – *so what*?

Die These lautet: Pädagogen haben, wie andere Professionen übrigens auch, die Aufgabe, Menschen im Umgang mit *bestimmten* Formen von Ambivalenzen, Ungewissheiten und Vielfalt zu unterstützen. Sie tun dies, indem sie professionelle Rahmenbedingungen anbieten, die diese Aufgabe auf verschiedene Weise zu lösen erlauben. Und sie tun dies, indem sie Hilfe mit Kontrolle verbinden, stehen also selbst in einer durchaus ambivalenten Situation, können sich in Paradoxien verstricken, weil sie Eindeutigkeit konstruieren müssen, ohne der Vielfalt gerecht werden zu können und mit Vielfalt umgehen, ohne immer Eindeutigkeit herstellen zu können.

Dabei lassen sich mindestens folgende vier Umgangsformen unterscheiden. Pädagogen können

a) Ungewissheit begrenzen bzw. auflösen, b) Ambivalenzen bewusst machen und als »riskante Chance« begreifen, c) Entscheidungshilfen erarbeiten und d) Möglichkeiten entwickeln, mit Vielfalt und Mehrdeutigkeit konstruktiv umzugehen.

a) *Ungewissheit begrenzen bzw. auflösen*, indem sie selbst Gewissheit und Eindeutigkeit herstellen. Das ist dann der Fall, wenn die Pädagogen vorläufig gesichertes Wissen an ihre Adressaten weitergeben, wie dies in jedem Schulunterricht, in jeder Beratungsstelle der Fall ist. Dabei ist die schlichte Information, dass etwas sich *so* und eben nicht anders verhält, bereits eine Chance zur Auflösung. In der Gesundheitsberatung werden beispielsweise eindeutige Information zu Aids-Prävention angeboten; in der Schuldnerberatung Strategien zum Abbau von Schulden; in der Rechtsberatung über die Gesetzeslage und so weiter. Ungewissheit aufzulösen ist auch dann die Aufgabe, wenn Adressaten eine eindeutige Rückmeldung bekommen, in der Schule etwa, ob der Test bestanden wurde oder nicht, in der Beratung, ob das Gespräch wieterführend ist oder nicht, in den erzieherischen Hilfen, ob die Familienhilfe nützlich war oder nicht. Dass diese Eindeutigkeit selbst wieder erschüttert bzw. differenziert werden kann, steht auf einem anderen Blatt, indessen ist erst einmal der Rahmen, genauer: die Grenze abgesteckt, von der aus gesehen alles Weitere geschieht. Mit anderen Worten: Es handelt sich um die Herstellung einer immer auch bloß vorläufigen Eindeutigkeit. Weiterhin können Pädagogen

b) *Ambivalenzen in der Lebenssituation von Adressaten bewusst machen.* Sie können sie als Risiko und als Chance verdeutlichen. Folgt man Kurt Lüscher und Ludwig Liegle, so ist charakteristisch für den Begriff der Ambivalenz, dass er Gegensätze fasst, die immer gleichzeitig erfahren werden müssen. »*Ambivalenz betont die Unausweichlichkeit oder Alternativlosigkeit eines Gegensatzes*« (Lüscher/Liegle 2003: 287), z.B. müssen Liebe und Hass, Schönheit und Schrecken, Freiheit und Zwang usw. simultan vorkommen. »Von Ambivalenz soll gesprochen werden, wenn gleichzeitige Gegensätze des Fühlens, Denkens, Wollens, Handelns und der Beziehungsgestaltung [...] zeitweise oder dauernd als unlösbar interpretiert werden.« (Lüscher/Liegle 2003: 288)

c) *Entscheidungshilfen erarbeiten*: Professionelle Beratungsgespräche erarbeiten gleichsam Schicht für Schicht solche Gegensätze, ordnen und sortieren das, was den Ratsuchenden zu unübersichtlich geworden ist und sie überfordert. Dabei erörtern sie, in welcher Entscheidungssituation sich jemand befindet, welche Entscheidungen welche Folgen haben. Offensichtlich gehört die Frage, auf welche Weise Berater die Ratsuchenden dabei unterstützen, die »richtigen« Entscheidungen zu treffen, zu den Hauptschwierigkeiten professioneller Beratung, folgt man den Forschungsergebnissen von Sabine Schneider oder Marc Weinhardt (Schneider 2006: 147ff, Weinhardt 2009). Denn Entscheidungen laufen ebenfalls auf die Herstellung von Eindeutigkeit hinaus. Zum Beispiel kann in der Trennungs- und Scheidungsberatung die Entscheidung, die Trennung zu vollziehen, ein sowohl riskantes wie chancenreiches Unterfangen sein, die Ambivalenz von Zuneigung und Abneigung schafft schwierige Gefühlslagen, die Frage, wie die Ungewissheit der Zukunft bewältigt werden soll etc. Diese Ambivalenzen sind den Adressaten von Beratung nicht immer bewusst, sie müssen aufgehellt werden.

d) *Konstruktiver Umgang mit Ambivalenz*: Pädagogen können bei der Klärung behilflich sein, wie Vielfalt, Verschiedenheit und Ambivalenz nicht aufgelöst, sondern *integriert*, »unter einen Hut« gebracht, gestaltet werden oder schlicht weiter nebeneinander koexistieren können. Das Spektrum reicht von der Frage, wie unterschiedliche Rollenmodelle integriert werden können, ohne dass z.B. Zuschreibungen typisch männlichen oder weiblichen Verhaltens, sexuelle Identitäten als einengend und blockierend empfunden werden, über die Frage, wie kulturelle Praktiken aus unterschiedlichen Kontexten wenn nicht integriert, so doch in Austausch gebracht werden können.

3. Eindeutigkeitserwartung und Mehrdeutigkeitstatsache

Die Kontingenzformel, wie man diese Signatur des modernen Lebens auch nennen könnte, stimuliert Wünsche, bleibende, unabweisbare Fundamente zu suchen, die gleichsam nicht wackeln, die verlässlich sind und wie Felsen in der Brandung der Wucht des Zweifels und des Infragestellens standhalten und auf die sich erschöpfte und verunsicherte Eltern retten können. (Einen Moment lang dachte ich, dass eine Erziehungsberatungsstelle mit einem solchen Fels in der Brandung verglichen werden könnte, aber dann wurde mir der Vergleich nicht geheuer.) Die Entdeckung der Kontingenz führte nicht dazu, dass das anarchische Chaos einer ständigen Zerbröselung von Ordnungsstrukturen ausgebrochen wäre. Allerdings sind die Ordnungsstrukturen selber nicht vor Infragestellungen gefeit, so dass es in der Gesellschaft darauf ankommt, solche Ordnungsstrukturen zu entwickeln, die der gewachsenen Vielfalt – von Interessensgruppen und von Möglichkeiten, anders leben zu können – einen angemessenen Raum und eine angemessene Stimme geben. Eine dieser Ordnungsstrukturen ist die Demokratie, also der Verzicht auf die Ordnungsstruktur der Diktatur – einer Diktatur, die der Vielfalt mit der Einfalt eines einzigen Machtinteresses entgegentritt. Die historische Antwort auf die falsche, weil unterdrückerische Eindeutigkeit der Diktaturen, die ins Verhängnis führt, ist die Anerkennung der »Vielfalt der Stimmen« (Jürgen Habermas). Es ist die Verständigung, die nicht babylonische Sprachverwirrung, sondern Einverständnis über die Unterschiede hinweg darüber erzeugt, wie und in welchen Formen und in Beachtung aller Unterschiede zusammen gelebt werden soll. Mit anderen Worten: Es geht um Anerkennung und um Regulierung von Vielfalt, genauer: um ihre Selbstregulierung, nicht um ihre Unterdrückung.

Damit ist immerhin schon eine Eindeutigkeit gesetzt, die sicherlich auch in Frage gestellt werden kann und auch in Frage gestellt wird, auf die sich zu einigen aber vielleicht etwas von der Sicherheit zurückgeben kann, die verunsicherte Eltern von der Beratungsstelle erwarten. Und noch eine Eindeutigkeit lässt sich festhalten: Immerhin vertrauen sie auf die gestaltende Unterstützung der Verständigung mit Fachkräften, auf ihre Methoden der Beratung, mit den Eltern zusammen Klarheit und Sicherheit zu erarbeiten. Das ist deshalb wichtig zu erwähnen, weil wir auch davon ausgehen müssen, dass nicht alle, die Rat bräuchten, dies an sich selbst auch wahrnehmen, es sich nicht eingestehen, es nicht in Worte fassen können, sondern schweigen, es spüren und »in sich hineinfressen«, traurig werden oder – ein besonders männliches Modell – die Zähne zusammenbeißen und zuschlagen.

Dazu erscheint eine nähere Bestimmung der Begriffe geeignet. Pädagogische Professionen sollen, wie alle Professionen, Erwartungen erfüllen. Eine dieser Erwartungen besteht darin, bestimmte Orientierungs- und Ordnungsleistungen zu erbringen. In wenigstens einem Segment, nämlich der Wissensvermittlung, sollen Pädagogen Übersicht und Eindeutigkeit herstellen, und zwar gerade dann, wenn es tatsächlich schwierig oder kaum möglich ist. Auf Vielfalt braucht man nicht mit Einfalt reagieren und Mehrdeutigkeiten brauchen nicht auf Eindeutigkeiten beschränkt werden.

Aber der Gedankengang lässt sich auch umkehren: Wo die krasse Eindeutigkeit keinen Spielraum mehr lässt, weil die funktionale Differenzierung die Menschen zu Festlegungen auf Zeiten und Räume zwingt, schwinden die Chancen auf Vereinbarkeit dieser aufgenötigten Festlegungen. Ein aussagekräftiges Beispiel ist die Schwierigkeit für Eltern, insbesondere für Frauen, Kindererziehung und Berufstätigkeit zu vereinbaren, also die doppelte Rolle einer immer anspruchsvoller werdenden Berufswelt mit der Erziehungsverantwortung zu verbinden – eine Tatsache, die nicht wenige Frauen und auch Männer davon abhält, sich in die Ambivalenz einer Lebensplanung hinein zu wagen, in der Vielfalt gelebt werden müsste. Was nicht wenige stattdessen tun, ist eine Entscheidung für eine Eindeutigkeit zu treffen, die die Ambivalenz, mindestens die Vielfalt eines Lebensentwurfes auflösen soll: Kinder statt Karriere bzw. Karriere statt Kinder. Bildungspolitische Maßnahmen, die diesen strukturell zugemuteten Entscheidungsdruck zur Eindeutigkeit zurücknehmen und die Vereinbarkeit des Unterschiedlichen erreichen sollen, finden sich z.B. im 2008 verabschiedeten Kinderförderungsgesetz, das die öffentliche Verantwortung für die Betreuung der Kinder unter drei Jahren durch die Einrichtung von Krippenplätzen stärken soll – und prompt neue Erwartungen an die Anerkennung der Tätigkeit als Erzieherin weckt, wie sie in Streiks zum Ausdruck gebracht wurde.

So befinden sich die Ratsuchenden also in unterschiedlichen Szenarien: Die einen fragen nach dem angemessenen Umgang mit der Erwartung, eindeutig sein zu sollen, wo sie lieber mehrdeutig sein möchten. Sie gehen mit der Zumutung um, sich selbst angesichts einer ihnen möglich erscheinenden Vielfalt an Optionen zurückzunehmen im Sinne eines »Du kannst nicht alles haben«. Die anderen suchen Rat angesichts der Unklarheit darüber, wie mit Vielfalt, Mehrdeutigkeit, Ambivalenz umzugehen sei. Zugespitzt formuliert: Die einen stehen vor der Zumutung, eindeutig sein, ohne diese Eindeutigkeit zu wollen, die anderen stehen vor der Zumutung, Unbestimmtheit und Mehrdeutigkeit auszuhalten, ohne sich in dieser Mehrdeutigkeit zurecht zu finden.

Wie bereits zu sehen war, reagiert die Gesellschaft auf die Folgen, die der Zuwachs an Vielfalt zeitigt, den sie sich doch selber macht. Sie bildet professionelle Orte und professionell erzeugte Situationen der

Beratung aus, in denen diese Dilemmata im wahrsten Sinne des Wortes *zur Sprache* gebracht werden. Bringt die moderne Entwicklung den Menschen die Zumutung, in ihrer Vielfalt *eindeutige* Funktionen zu übernehmen, so ist »eine Beratungsstelle [...] ein besonderer Ort, wo Menschen nicht als Funktionsträger gesehen, sondern in ihrer ganzen Person wahrgenommen werden«. Diese Bestimmung einer Beratungsstelle im Abschiedsbericht ihres langjährigen Leiters (s.o. Südwest Presse 15.05.09) bringt die Ambivalenz von Vordergrund und Hintergrund auf den Punkt: Beratung hat es – im Vordergrund – mit der gemeinsamen Klärung von Problemen und ihrer Lösung zu tun, deren Hintergrund die teils sozialen und strukturellen, teils kulturellen und moralischen Gegebenheiten bilden, die längst, bevor die Ratsuchenden ins Zimmer treten, zusammengewirkt haben. Der »besondere Ort« des Beratungsgesprächs soll es erlauben, jene Dimensionen in der Lebensgeschichte sichtbar zu machen, die die Aufspaltung in funktionale Rollen ausblendet. Ist für das Unternehmen, für das ich arbeite, für die Schule, in die ich gehe, für die Kinder, die ich erziehe, in der Hauptsache nur *die* Seite von Interesse, die ihre Funktionalität garantieren soll, so führt die Beratung über diese Auftrennung in einzelne Handlungssphären hinaus und bringt Aspekte zusammen, die je für sich gesehen vielleicht stimmig zu sein scheinen, in ihrer Gesamtheit aber in erhebliche Widersprüche geraten und höchst spannungsreich sein können.

»Nicht als Funktionsträger, sondern in ihrer ganzen Person wahrgenommen werden« – dies wünscht sich die Mutter, die mehrere Jobs an der Kasse im Supermarkt und in der Putzabteilung einer Klinik miteinander kombinieren muss, Jobs, die an klarer Eindeutigkeit nichts entbehren, aber in der zeitlichen Regulierung des Alltags eine Vielfalt kaskadierender Anforderungen erzeugen, die mit den ebenfalls nicht unerheblichen Erwartungen von Kindern und Partnern abgeglichen werden sollen. Nicht nur als Funktionsträger wahrgenommen werden – das wünscht sich auch der Vater, dem – und seiner Familie – auf der Flucht vor Verfolgung Asyl gewährt wurde, und der nun die Eindeutigkeit religiöser Glaubensvorschriften mit der Eindeutigkeit liberaler Verfassungsgrundsätze abstimmen muss und der Rat sucht, wie er mit seinen Kindern verfährt, die ihre Persönlichkeitsrechte wahrnehmen und dem kulturellen Eindeutigkeitsdruck weder folgen können noch folgen wollen.

4. Schluss: Voreilige Eindeutigkeit?

Man kann die seit einigen Jahren und Jahrzehnten immer wieder erhobene Forderung nach stärkerer Disziplinierung von Kindern und Jugendlichen und nach stärkerem Grenzensetzen (vgl. Bueb 2006; kritisch dazu: Brumlik 2007) auch als einen Versuch von Pädagogen verstehen, ihrerseits auf eine sie irritierende Vielfalt und auf Ambivalenz mit einer Eindeutigkeit zu antworten, die vor allem eines erreichen soll: die Suche nach dem »richtigen« Umgang möglichst rasch zu überspringen, weil er mehr Zeit braucht als das einfache Gehorchen, das Einfügen in selbst gewählte Verengungen.

Es ist aber zu überlegen, ob eine solche rasche Auflösung nicht auch eine falsche Einfachheit bedeuten kann, ja, eine falsche Eindeutigkeit insofern, als sie eher den Ordnungsphantasien verunsicherter Erwachsener zuarbeitet als eine angemessene Umgangsform mit Kindern und Jugendlichen zu bieten. Im Zuge eben jener ambivalenten Moderne werden sie mit widersprüchlichen Stimulierungen und paradoxen Erwartungen ausgestattet und brauchen Gelegenheiten, einen eigenen Willen zu bilden, der mit Überzeugung und Verantwortungsübernahme und nicht mit Außenlenkung und vertagter Mündigkeit zu tun hat. Wo es in der Erwachsenenwelt »funktional« geworden ist, Entgrenzung zu betreiben – in der Internet-Technologie, in weltweiter Mobilität, in globalen Transaktionen, in der Abschleifung von Traditionen und der moralischen Verbindlichkeit der Lebensstile –, wird es schwierig, im gleichen Atemzug von Heranwachsenden zu verlangen, sich im Stile der 1950er Jahre zu beherrschen und an sich selbst zu ächten, was alle Welt vor ihren Augen aufführt. Hier kann Pädagogik einen Raum symbolischer Thematisierung, ja faktischer Strukturierung der Lebensentwürfe dafür bieten, was man heute wollen kann und was zu wollen problematisch ist. Sie käme dem Wunsch nach angemessener Orientierung entgegen, könnte dem Bedürfnis nach Klarheit, Eindeutigkeit und Übersichtlichkeit entsprechen, zugleich den Reiz der Unübersichtlichkeit, der Mehrdeutigkeit und Vielfalt sichtbar machen und sie kultivieren.

LITERATUR

Anderson, Benedict (2005): *Die Erfindung der Nation. Zur Karriere eines folgenreichen Konzepts.* 3. Auflage. Frankfurt a. M.

Arnold, Matthew. (1869): *Culture and Anarchy: An Essay in Political and Social Criticism.* Oxford.

Bauman, Zygmunt (1995): *Moderne und Ambivalenz. Das Ende der Eindeutigkeit.* Frankfurt a. M. Auch: Bauman (2005): *Moderne und Ambivalenz. Das Ende der Eindeutigkeit.* Hamburg.

Beck, Ulrich (1997): *Was ist Globalisierung?* Frankfurt a. M.

Berger, Peter/Luckmann, Thomas (1969): *Die gesellschaftliche Konstruktion der Wirklichkeit. Eine Theorie der Wissenssoziologie.* Frankfurt a.M.

Brumlik, Micha (Hg.) (2007): *Vom Missbrauch der Disziplin. Die Antwort der Wissenschaft auf Bernhard Bueb.* Weinheim.

Brubaker, Rogers (2001): »The Return of Assimilation? Changing Perspectives on Immigration and its Sequels in France, Germany, and the United States«. In: *Ethnic and Racial Studies* 24/4, 531-548.

Bueb, Bernhard (2006): *Lob der Disziplin: Eine Streitschrift.* Berlin.

Bundesministerium für Familie, Senioren, Frauen und Jugend (BMFSFJ) (2008): *Zwölfter Kinder- und Jugendbericht. Bericht über die Lebenssituation junger Menschen und die Leistungen der Kinder- und Jugendhilfe in Deutschland.* Berlin.

Coelen, Th./Otto, H.U. (Hg.) (2008): *Grundbegriffe der Ganztagsbildung. Das Handbuch.* Wiesbaden.

Frank, David J./Meyer, John W. (2002): »The Profusion of Individual Roles and Identities in the Postwar Period«. In: *Sociological Theory* 20/1, 86-105.

Gogolin, Ingrid (1994/2008): *Der monolinguale Habitus der multikulturellen Schule.* Münster/New York.

Helsper, Werner/Hörster, Reinhard/Kade, Jochen (2003): *Ungewissheit. Pädagogische Felder im Modernisierungsprozess.* Weilerswist.

Kant, Immanuel (1982): *Ausgewählte Schriften zur Pädagogik und ihrer Begründung.* 2. Auflage. Besorgt von Hans-Hermann Groothoff. Paderborn.

Keupp, Heiner (2001): *Riskante Chancen. Das Subjekt zwischen Psychokultur und Selbstorganisation.* Kröning.

Koch, Sascha/Schemmann, Michael (2009) (Hg.): *Neo-Institutionalismus in der Erziehungswissenschaft. Grundlegende Texte und empirische Studien*. Wiesbaden.

Krüger-Potratz, Marianne (2006): *Interkulturelle Bildung*. Münster u.a.

Hacking, Ian (1986): »Making up People«. In: Thomas C. Heller/Morton Sosna/David E. Wellbery (Hg.): *Reconstructing Individualism: Autonomy, Individuality, and the Self in Western Thought,* Stanford, 222-236.

Höhne, Thomas /Kunz, Thomas/Radtke, Frank-Olaf (1999): *Bilder von Fremden – Formen der Migrantendarstellung als der »anderen Kultur« in deutschen Schulbüchern von 1981-1997*. Frankfurt a. M. (vergriffen, Link zum Download unter: http://download.bildung.hessen.de/schule/foerderschule/info/Rundbrief/Neues_aus_dem_Internet_Maerz-April_2009.pdf [Zugriff am 10.12.2010])

Honneth, Axel (1992): *Kampf um Anerkennung*. Frankfurt a. M.

Lloyd, David/Thomas, Paul (1998): *Culture and the State*. New York/London.

Lüscher, K./Liegle, Ludwig (2003): *Generationenbeziehungen in Familie und Gesellschaft.* Konstanz.

Luhmann, Niklas (2002): »Interaktionssystem Unterricht«. In: Ders.: *Das Erziehungssystem der Gesellschaft*. Frankfurt a. M., 102-110.

Meyer, John W./Rowan, Brian (1977): »Institutionalized Organizations: Formal Structure as Myth and Ceremony«. In: *American Journal of Sociology* 83/2, 340-363.

Meyer, John W. (1986): »Myths of Socialization and Personality«. In: Thomas C. Heller/Morton Sosna/David E. Wellbery (Hg.): *Reconstructing Individualism. Autonomy, Individuality, and the Self in Western Thought.* Stanford, 208-221.

Meyer, John W. (2005): *Weltkultur. Wie die westlichen Prinzipien die Welt durchdringen. Edition Zweite Moderne*. Frankfurt a. M.

Otto, Berthold (1902): *Polen und Deutsche. Ein Mahnwort an die deutsche Jugend*. Leipzig.

Riegel, Christine (2009): »Pädagogische Herausforderungen und Ambivalenzen im Umgang mit sozialer Heterogenität«. In: Hans-Ulrich Grunder/Adolf Gut (Hg.): *Zum Umgang mit Heterogenität in der Schule*. Baltmannsweiler, 169-183.

Rizvi, Fazal (2009): »Global Mobility and the Challenge of Educational Research and Policy«. In: Thomas Popkewitz/Fazal Rizvi (Hg.): *Globalization and the Study of Education*. The 108th Yearbook of the National Society for the Study of Education, Vol. II. Malden/Mass., 268-289.

Schäfer, Alfred (2009): *Die Erfindung des Pädagogischen*. Paderborn u.a.

Schleiermacher, Friedrich Daniel Ernst (1826/1983): »Vorlesungen aus dem Jahre 1826«. In: Ders.: *Pädagogische Schriften* 1, hg. v. Th. Schulze. Frankfurt a. M., 1-370.

Schneider, Sabine (2006): *Sozialpädagogische Beratung. Praxisrekonstruktionen und Theoriediskurse*. Tübingen.

Sennett, Richard (1998): *Der flexible Mensch (The Corrosion of Charakter). Die Kultur des neuen Kapitalismus*. Berlin.

Ullmann-Margalit, Edna (1977): *The Emergence of Norms*. Oxford.

Weinhardt, Marc (2009): *E-Mail-Beratung. Eine explorative Studie zu einer neuen Hilfeform in der sozialen Arbeit*. Wiesbaden.

Welsch, Wolfgang (1999): »Transculturality – the Puzzling Form of Cultures Today«. In: Mike Featherstone/Scott Lash (Hg.): *Spaces of Culture: City, Nation, World*. London, 194-213.

Transkulturelles Strafrecht*

JOACHIM VOGEL

Nicht selten wird argumentiert, Internationalisierung und Europäisierung des Strafrechts stießen auf Grenzen, die sich aus der Notwendigkeit ergäben, nationale Strafrechtskulturen zu bewahren. Hier soll diesem Begriff und der Möglichkeit und Reichweite transkulturellen Strafrechts sowie einer internationalen Strafrechtskultur nachgegangen werden.

I. EINLEITUNG

Kritiker der Internationalisierung und Europäisierung des Strafrechts berufen sich nicht selten auf eine Notwendigkeit, nationale Strafrechtskulturen zu bewahren.[1] Damit wird implizit in Abrede gestellt, dass es eine – jedenfalls eine hinreichend tragfähige – internationale oder europäische Strafrechtskultur gebe. In der Tat ist es berechtigt, die Frage zu stellen: »Gibt es ein interkulturelles Strafrecht?«, wie es der Tübinger (Rechts-)Philosoph Ottfried Höffe in seiner gleichnamigen Studie aus dem Jahr 1999 getan hat. Höffe beantwortet die Frage

* Überarbeitete und mit Nachweisen versehene Fassung des Vortrages, der am 6.5.2009 im Rahmen der Vortragsreihe »Transkulturalität« im Studium Generale der Universität Tübingen gehalten hat. Der Vortragsstil ist beibehalten worden.

1 Siehe nur die ebenso nachdenklichen nachdenkenswerten Ausführungen von Weigend 1993: 786ff.; zugespitzt Rüter 1993: 39ff.

mit einem vorsichtigen »Ja«, indem er die Möglichkeit eines interkulturellen Strafrechts mit der (normativen) Gültigkeit und (faktischen) Geltung universeller, aber zugleich kulturoffen gefasster Menschenrechte verbindet. Das prägnante Schlagwort lautet: »Universalität ohne Uniformität« (Höffe 1999: 96).

Hieran möchte ich anknüpfen und fragen, ob und inwieweit ein transkulturelles Strafrecht möglich ist. Den Hintergrund des Begriffswechsels – nicht »inter«-, sondern »trans«kulturell – bildet die kultur- und politikwissenschaftliche, aber auch allgemeinpolitische Debatte, ob nun Interkulturalität, Multikulturalität oder Transkulturalität Schlüsselkonzepte für eine anspruchsvolle und fruchtbare Analyse kultureller Interaktionen sind. (grundlegend hierzu Welsch 1999: 194) Zu dieser Debatte kann ich als Fachfremder nur einige Bemerkungen aus strafrechtswissenschaftlicher Sicht machen: Nach einem strikt interpretierten Konzept der *Interkulturalität* agieren autonome, separate und homogene nationale Kulturen als solche miteinander. Unter dem Vorzeichen der Trennung zwischen Eigen- und Fremdkultur grenzen sie sich voneinander ab und sie ignorieren sich gegenseitig, verkennen sich, diffamieren oder bekämpfen sich sogar. Im Recht und Strafrecht ist das gewiss die Vergangenheit der Westfälischen Staatenordnung gewesen. Aber der heutigen und künftigen Wirklichkeit des internationalisierten und europäisierten Strafrechts und, politikwissenschaftlich gesprochen, der *global and regional governance* mittels internationaler und europäischer Strafrechtsinstrumente wird ein solche strikte Interpretation von Interkulturalität nicht mehr gerecht.

Auch das Konzept der *Multikulturalität*, der im Idealfall friedlichen und toleranten Koexistenz mehrerer an sich autonomer, separater und homogener Kulturen in ein und derselben Gesellschaft und in ein und derselben staatlichen Gemeinschaft, passt auf den typischerweise umfassenden Geltungsanspruch nationaler Strafrechtssysteme nur sehr ausnahmsweise. Ein Gegenbeispiel findet sich in einigen lateinamerikanischen Staaten, deren staatliche Rechtsordnung das indigene Strafrecht respektiert und es akzeptiert, wenn indigene Gemeinschaften auf in ihnen begangene Straftaten mit ihren eigenen tradierten Institutionen und nach ihren eigenen tradierten Normen reagieren (näher Jiménez 2000). Vielmehr scheint mir das Konzept der *Transkulturalität* auch für das heutige Strafrecht durchaus fruchtbar zu sein. Einerseits standen und stehen nationale Strafrechtsordnungen seit je her im Austausch miteinander, und es kam und kommt zu »Rechtstransplantaten«

(»legal transplants«), die zu einer internen Pluralisierung der nur scheinbar autonomen, separaten und homogenen nationalen Strafrechtskulturen führen.[2] Andererseits schreitet die externe Vernetzung nationaler Strafrechtsordnungen immer stärker voran und die klassische Impermeabilität nationalen Rechts gegenüber internationalen oder europäischen Vorgaben nimmt immer stärker ab. Auch im Strafrecht sind wir eben nicht mehr absolut autonom, sondern vielfach in die internationale und europäische Rechtsordnung eingebunden. Diese folgt nicht mehr nationalkulturellen Vorgaben, sondern wird notwendigerweise in transkulturellen Diskursen erarbeitet, was im Idealfall zur Herausbildung einer internationalen und europäischen Rechtskultur führen kann.[3]

Im Folgenden möchte ich in drei Schritten vorgehen: Erstens soll der Begriff »Strafrechtskultur« erörtert und es sollen an ausgewählten Beispielen markante Unterschiede zwischen nationalen Strafrechtsordnungen aufgezeigt und die Kulturabhängigkeit dieser Unterschiede hinterfragt werden (II.). Zweitens soll das transkulturelle Strafrecht in einer horizontalen Perspektive betrachtet werden: Inwieweit finden sich innerhalb nationaler Strafrechtsordnungen transkulturelle Phänomene, und wie entsteht transkulturelles Strafrecht in der horizontalen Interaktion gleichgeordneter souveräner Staaten (III.)? Und drittens soll in einer vertikalen Perspektive auf supranationales Strafrecht, insbesondere das Völkerstrafrecht und das internationale und europäische Strafrecht, eingegangen werden (IV.), um zum Schluss die Frage nach einer internationalen universellen oder regionalen, z. B. europäischen Strafrechtskultur zu stellen (V.)

II. STRAFRECHTSKULTUREN

1. Strafrecht, so schreibt Hassemer, ist ein Rechtsgebiet, welches »stark kulturell verhaftet und deswegen interkulturell kaum beweglich ist.« (Hassemer 1999: 157) Es lebe so intensiv von den jeweiligen kulturellen Gegebenheiten und sozialen Normen, dass seine Gestalt und auch die Möglichkeit seines Wandels von den jeweiligen Inhalten der jeweiligen regionalen Kultur abhängig seien. Wie Gewalt, Ehebruch

2 Siehe dazu noch unten III.2.

3 Siehe noch unten V.

oder Abtreibung strafrechtlich geregelt seien, scheine ebenso von der jeweiligen Alltagskultur abhängig zu sein wie die Ausgestaltung des Strafverfahrens oder des Rechts auf Verteidigung. Hiernach ist es sinnvoll, von (je nach Kulturkreis unterschiedlichen) *Strafrechtskulturen* zu sprechen.

Auch wenn das auf den ersten Blick einleuchtet, so sind doch gewisse kritische Rückfragen angebracht. Zwar hat es jedenfalls im deutschen Sprachraum Tradition, Recht im Allgemeinen und Strafrecht im Besonderen als »Kulturerscheinung« aufzufassen und Rechtsnormen, vor allem solche des Strafrechts, auf hinter ihnen stehende »Kulturnormen« zurückzuführen.[4] Unproblematisch ist diese Tradition jedoch nicht. Keineswegs selten entspringt die Interpretation des Rechts als »Kulturerscheinung« einer analytisch eher unscharfen konservativen Grundhaltung, die sich gegen Rechtsmodernisierung wehrt und das Recht inhaltlich auf tradierte »moralische Werte« oder gar die tradierte »Sittenordnung« festlegen will (treffend dazu Hörnle: 801). In neuerer Zeit werden nationale Strafrechtskulturen häufig als Bollwerke gegen die Internationalisierung und Europäisierung des Strafrechts in Stellung gebracht (Rüter 1993). Unter Sozialwissenschaftlern, so konstatiert Hörnle, wird der Verweis auf »kulturelle Faktoren« gar als Indiz für schlampige Theoriebildung kritisiert: Wem keine präzisen Hypothesen zu Ursachen und Folgen einfielen, ziehe sich gerne auf schwammige »kulturelle Faktoren« zurück. (Hörnle 2005: 801f.) Noch zugespitzter wird in der Rechtstheorie vertreten, dem Begriff der »Kultur« komme für das Recht keinerlei praktische Relevanz zu, da er keinerlei fassbares Kriterium enthalte, nach dem sich menschliche Praxis zu bestimmen bzw. juristische Legitimationsansprüche zu orientieren vermögen (Maier 1989).

Damit freilich wird das Kind mit dem Bade ausgeschüttet. Es lässt sich nicht ernsthaft bestreiten, dass Rechtskulturen (*legal cultures*) in dem nicht emphatischen Sinne des Inbegriffs von auf das Recht bezogenen Erfahrungen, Erwartungen, Vorverständnissen, Einstellungen und Überzeugungen einer Gesellschaft das Recht und dessen Praxis

4 Grundlegend dazu Mayer 1903, zur Einordnung der Mayerschen »Kulturnormentheorie« s. Hörnle 2005: 801 in Fußnote 2; Weigend 1993: 785 in Fußnote 48; je m. w. N.

beeinflussen.[5] Kulturelle Faktoren können und müssen als historische, politische, religiöse, geistesgeschichtliche und sozialpsychologische Faktoren ausdifferenziert und präzisiert werden (treffend Hörnle 2005). Und kontrastiert man »Kultur« nicht mit dem philosophischen Gegenbegriff »Natur«, sondern mit Gegenbegriffen wie »Unkultur«, »Kulturbruch« oder »Barbarei«, so wird auch ein normativer Anspruch sichtbar. Mithin kann in einem nicht emphatischen Sinne durchaus von Strafrechtskulturen und von einer Kulturabhängigkeit des Strafrechts die Rede sein.[6] Allerdings ist sie stärker im *Besonderen Teil des Strafrechts* als in dessen *Allgemeinem Teil* und stärker als in beiden im Strafverfahrensrecht ausgeprägt.[7]

2. Der *Allgemeine Teil* des Strafrechts – hier verstanden als Inbegriff der rechtlichen Regeln und Prinzipien zur zeitlichen, räumlichen und sachlichen Geltung der Strafgesetze, zur objektiven und subjektiven Zurechnung und Begründung der strafrechtlichen Verantwortlichkeit natürlicher und ggf. juristischer Personen und zu den Rechtsfolgen der Straftat – weist zwar von Rechtsordnung zu Rechtsordnung teils markante Unterschiede auf. Überzeugende Belege für eine Kulturabhängigkeit dieser Unterschiede lassen sich aber nicht durchweg angeben.

a) Das die Geltungsregeln überwölbende strafrechtliche Gesetzlichkeitsprinzip ist zwar vielfach menschenrechtlich abgesichert[8] und kann deshalb zur universellen Strafrechtskultur gezählt werden – weshalb die leider nicht wenigen Staaten, die ohne Rücksicht auf zur Tatzeit geltende Strafgesetze bestrafen, einen »Kulturbruch« begehen und ein schweres Defizit an Rechtsstaatlichkeit aufweisen. Aber auch in Rechtsstaaten findet sich das Gesetzlichkeitsprinzip bekanntlich in zwei markant unterschiedlichen Ausprägungen: Im kontinentaleuropäischen Rechtskreis darf Strafe im Prinzip nur auf der Grundlage eines

5 Siehe zur amerikanischen Diskussion um *legal cultures*, die von Hörnle 2005: 802 in Fußnote 4 ff. nachgewiesene Literatur, insbesondere Friedman 1997.

6 Ähnlich Weigend (1993: 786), der auf der darauf folgenden Seite freilich Zweifel an der These äußert, das Strafrecht sei insgesamt ein jeweils unverwechselbares Produkt der nationalen Kultur.

7 Zu den durchaus uneinheitlichen Einschätzungen, an welchen Stellen das Strafrecht nun in der Kultur verwurzelt sei, Weigend 1993: 787 m. w. N.

8 Siehe nur Art. 7 MRK, Art. 15 IPbMR.

Parlamentsgesetzes verhängt werden; demgegenüber genügt im englischen und angloamerikanischen Rechtskreis im Prinzip das von Gerichten geschaffene *common law*.[9] Der Unterschied erklärt sich ohne Zweifel aus unterschiedlichen politischen Traditionen, unterschiedlichen Verständnissen von Gewaltenteilung und – vor allem – unterschiedlichem Vertrauen in die Richterschaft. Zweifelhaft bleibt aber, ob es richtig, sinnvoll und nützlich wäre, dem kontinentaleuropäischen Rechtskreis eine besondere »Parlamentskultur« im Bereich des Strafrechts zuzuschreiben, dem Rechtskreis des *common law* hingegen eine Art »Richterkultur«.

b) Keine deutlichen kulturellen, insbesondere religiösen, geistesgeschichtlichen und sozialpsychologischen Bezüge weist auch der unterschiedliche Umgang unterschiedlicher Strafrechtsordnungen mit dem die moderne strafrechtliche Zurechnung beherrschenden Schuldprinzip auf, wonach die strafrechtliche Verantwortlichkeit höchstpersönlich ist und ein vorwerfbares höchstpersönliches Versagen voraussetzt. Zwar hat das Schuldprinzip bekanntlich kirchenrechtliche und mittelbar jüdisch-christliche Wurzeln (vgl. Kéry 2006), die dazu beigetragen haben, dass im Zuge der Individualisierung Kollektivschuld und Kollektivstrafen immer stärker zurückgedrängt worden sind. (Vgl. Maihold 2005) Jedoch korreliert der Umfang, in dem Beschränkungen oder Durchbrechungen des Schuldprinzips zugelassen werden, nicht wirklich mit der Religiosität oder dem Grad an Individualisierung der jeweiligen Gesellschaft und Kultur.[10] Immerhin lassen sich handfeste kulturelle Einflüsse beispielsweise bei den strafrechtlichen Regeln zur Schuldfähigkeit nach Alkoholkonsum diskutieren (vgl. Dingwall 2006): Unter dem Vorzeichen religiöser Missbilligung des Alkohol-

9 Bekanntlich dringt der Kodifikationsgedanke aber auch im Rechtskreis des *common law* immer stärker vor. Drastische Ausnahme ist z. B. die Strafbarkeit von Mord und Totschlag in England und Wales, die bis heute auf einer »judicial description of the offence dating from the early seventeenth century« (treffend The Law Commission, A New Homicide Act for England and Wales? Consultation Paper No. 177 – Overview, 2005, Nr. 1.11) beruht.

10 So wäre für das amerikanische Recht angesichts betonter christlicher Religiosität und hohem Individualisierungsgrad der amerikanischen Gesellschaft zu erwarten, dass kaum Einschränkungen oder Durchbrechungen des Schuldprinzips zugelassen werden; das Gegenteil ist der Fall.

konsums wie im Islam oder Puritanismus liegt es mehr als nahe, dem Volltrunkenen eine Entschuldigung und auch jede Strafmilderung zu verwehren oder den Alkoholkonsum gar strafschärfend zu bewerten, wie es in der Tat in vielen arabischen Staaten oder auch in England und Wales der Fall ist.[11] In Staaten, in deren Gesellschaften Alkoholkonsum kulturell akzeptiert und faktisch endemisch ist wie in der Bundesrepublik Deutschland, finden sich hingegen Entlastungsmöglichkeiten mit der Begründung, unter Alkoholeinfluss sei die Steuerungsfähigkeit gemindert.[12]

c) Unter den Rechtsfolgen der Straftat ist die Todesstrafe die prekärste und zugleich umstrittenste. Ihre Befürworter wie ihre Gegner berufen sich nicht nur auf juristische, sondern auch und vor allem auf historische, politische, religiöse, geistesgeschichtliche und sozialpsychologische Argumente.[13] Das mag es auf den ersten Blick nahe legen, kulturelle Faktoren als für die Akzeptanz oder Nichtakzeptanz der Todesstrafe entscheidend zu erachten. Demgegenüber ist in historischer Perspektive zu bedenken, dass die Todesstrafe bis ins 20. Jahrhundert hinein eine nahezu universelle und in diesem Sinne kulturinvariant akzeptierte Strafe war. Die heute breite Mehrheit der Strafrechtsordnungen, die die Todesstrafe abgeschafft haben oder zumindest nicht mehr praktizieren, vereint Staaten und Gesellschaften unterschiedlichster Kulturen und das Gleiche gilt für die Minderheit der Staaten, die die Todesstrafe beibehalten haben und praktizieren. Einen kulturellen »kleinsten gemeinsamen Nenner« zwischen der Volksrepublik China, der Islamischen Republik Iran, dem Königreich Saudi-Arabien, den Vereinigten Staaten von Amerika und Japan anzugeben, der zugleich den Umstand erklärt, dass diese fünf Staaten für die große Mehrzahl aller derzeit vollstreckten Todesurteile verantwortlich sind, dürfte schwerlich möglich sein.

11 Siehe Sentencing Guidelines Council 2004: 6 unter 1.22.

12 Vgl. auch die rechtsvergleichende Darstellung bei Thilmann 2007: 255 ff.

13 Nur scheinbar kurios United States Court of Appeals for the Ninth Circuit, Fields v. Brown, 503 F.3d 755 (2007), zur Frage, ob es von amerikanischen Bundesrechts wegen zu beanstanden ist, wenn ein Geschworener in die Beratung der Jury über die Todesstrafe Bibelzitate als »pros and cons« einbringt und die Jury daraufhin die Todesstrafe verhängt.

3. Der *Besondere Teil* des Strafrechts – hier verstanden als Inbegriff der Rechtsnormen, die ein Verhalten umschreiben und mit Strafe bedrohen – kann, um das berühmte Wort von Georg Jellinek aufzugreifen, als ethisches Minimum einer Gesellschaft[14] aufgefasst werden und weist dann eine deutlichere Kulturabhängigkeit als der *Allgemeine Teil* auf. In der Tat unterscheiden sich die *Besonderen Teile d*er Strafrechtsordnungen der Welt durchaus markant und in durchaus kulturabhängiger Weise.

a) Das lässt sich zunächst in dem nur scheinbar universellen und kulturinvarianten Bereich der Straftaten gegen das Leben und die körperliche Unversehrtheit zeigen. Als solche sind sie zwar universell mit Strafe bedroht. Jedoch weisen ihre Ausgestaltung im Einzelnen, die jeweils anerkannten Strafschärfungs-, Strafmilderungs- und Strafausschlussgründe und nicht zuletzt die jeweilige Verfolgungspraxis markante kulturabhängige Unterschiede auf. Was gute Gründe für die Tötung eines Menschen sind, variiert von Kultur zu Kultur – im Wilden Westen mag der Umstand genügen, dass jemand rechtswidrig in ein Gebäude oder eine Wohnung eingedrungen ist,[15] im Mittleren Osten mag die Verteidigung wie immer auch verletzter Ehre oder Familienehre als guter Grund für Mord und Totschlag angesehen werden.[16] In traditionell patriarchalischen Gesellschaften und Kulturen finden sich bis heute Gewaltrechte des Mannes und Vaters gegenüber Frauen und Kindern, und umgekehrt wird der Aszendentenmord, insbesondere der Vatermord, in solchen Gesellschaften und Kulturen besonders hart bestraft.[17] Viel beschrieben worden ist, dass und wie die Reichweite des

14 »Minimum sittlicher Lebensbetätigung und Gesinnung, welches von den Gesellschaftsgliedern gefordert wird.« (Jellinek 1908: 45)

15 So die altehrwürdige sog. »Castle Doctrine« (von: »my home is my castle«) des *common law*, die in den letzten Jahren in zahlreichen Bundesstaaten der Vereinigten Staaten von Amerika gesetzlich verfestigt und ausgebaut worden ist. Vgl. nur Catalfamo 2007.

16 Vgl. Baumeister 2007; s. noch unten III. 1., bei und mit Fn. 30 f.

17 Vgl. Inoue 2000: 496 ff. zu Strafschärfung für Aszendentenmord im früheren japanischen Recht (Art. 200 jap. StGB a. F.) und zu der im japanischen Obersten Gerichtshof streitig gewesenen Frage, ob diese Schärfung gleichheitswidrig ist, weil sie »auf den Gedanken des früheren Familiensystems zurückgeführt werde und insofern ein Überrest aus der Zeit der feudalen Gesellschaft sei.« (Ebd.: 497)

Abtreibungsstrafrechts von vorherrschenden religiösen Vorstellungen über die Schutzwürdigkeit ungeborenen Lebens abhängt[18]. Desgleichen hängt die Reichweite des Strafrechts bei Suizidversuch, Suizidbeihilfe und Sterbehilfe maßgeblich von vorherrschenden religiösen Vorstellungen über die Verfügbarkeit des eigenen Lebens ab.[19]

b) Auf der Hand liegt, dass das Sexualstrafrecht maßgeblich von kulturellen Faktoren geprägt ist, insbesondere wenn es vormodern als Strafrecht zum Schutze einer wie auch immer bestimmten »Sittlichkeit« aufgefasst wird. Ich nenne nur die klassischen Probleme der Strafbarkeit des Ehebruchs oder einverständlicher homosexueller Handlungen unter Erwachsenen. Aber auch die moderne Umstellung des Sexualstrafrechts auf den Schutz der sexuellen Selbstbestimmung[20] hat kulturelle Wurzeln, ist nämlich erst mit der Anerkennung der sexuellen Selbstbestimmung im Zuge der sexuellen Revolution möglich geworden. Und auch in modernen Staaten und Gesellschaften prägen tief verwurzelte kulturelle und religiöse Vorstellungen beispielsweise über die sexuelle Unschuld von Kindern bis heute maßgeblich das Sexualstrafrecht.[21]

c) Schließlich sei das Korruptionsstrafrecht erwähnt. Die Grenze zwischen sozialadäquatem oder gar sozial gebotenem Geschenk und

18 Siehe nur Weigend 1993: 787 mit Verweis auf Eser /Koch 1988/1989.

19 Augenfällig geworden ist das in dem amerikanischen Fall des Ernährungsabbruchs bei der Wachkomapatientin Theresa Maria Schindler Schiavo 2005 (juristisch dokumentiert unter http://news.findlaw.com/ legalnews/ lit/schiavo/); die amerikanische religiöse Rechte und auch der damalige Präsident der Vereinigten Staaten von Amerika, George Walker Bush, brachten eine religiös begründete »Kultur des Lebens« gegen eine angebliche säkulare »Kultur des Todes« in Stellung.

20 Im deutschen Recht durch das Vierte Gesetz zur Reform des Strafrechts v. 23.11.1973 (BGBl. I S. 1725); s. hierzu Sick/Renzikowski 2006: 603 mit Fn. 5.

21 Sie werden teilweise »umkodiert« in die These, Kinder und Jugendliche seien nicht (voll) zur sexuellen Selbstbestimmung fähig, vgl. Sick/ Renzikowski 2006: 611 f. ; zur Debatte um das sog. Schutzalter für Kinder und Jugendliche s. nunmehr das Gesetz zur Umsetzung des Rahmenbeschlusses des Rates der Europäischen Union zur Bekämpfung der sexuellen Ausbeutung von Kindern und der Kinderpornographie v. 31.10.2008, BGBl. I: 2149.

sozialinadäquater und strafrechtlich verbotener Bestechung bzw. Bestechlichkeit ist offensichtlich kulturabhängig und verläuft beispielsweise in (post-)feudalistischen Kulturen anders als in modernen westlichen Zivilisationen.

4. Beim Strafverfahrensrecht handelt es sich nur für den Laien um eine rechtstechnisch-instrumentelle Materie. In Wahrheit sind, wie namentlich Hörnle aufgezeigt hat (Hörnle 2005: 801 ff.), gerade die strafverfahrensrechtlichen Regeln und Prinzipien in besonders hohem Maße kulturabhängig.

a) Diese Abhängigkeit lässt sich zunächst an den beiden weltweit konkurrierenden Modellen des Strafverfahrens aufzeigen: Das im kontinentaleuropäischen Rechtskreis verbreitete inquisitorische Modell ist idealtypisch dadurch gekennzeichnet, dass der Richter – im Vorverfahren als Untersuchungsrichter, im Hauptverfahren als Tatrichter – das Verfahren beherrscht, es einleitet, führt und die Beweise für und gegen den Beschuldigten sammelt. Demgegenüber ist das im Rechtskreis des *common law* vorherrschende adversatorische Modell idealtypisch dadurch gekennzeichnet, dass es von den Parteien – der Staatsanwaltschaft als Anklagebehörde einerseits und dem Beschuldigten sowie seinem Verteidiger andererseits – beherrscht und geführt wird; die Staatsanwaltschaft sammelt und präsentiert die belastenden Beweise, der Beschuldigte und sein Verteidiger die entlastenden Beweise; das Gericht ist darauf beschränkt, die Beweise zu würdigen und über Schuld und Strafe zu entscheiden. Damaška hat diese Modelle einem eher alteuropäischen hierarchischen und aktivistischen Staatsverständnis einerseits und einem neuen amerikanischen, auf Koordination ausgerichteten, reaktiven Staatsverständnis andererseits zugeordnet. (Damaška 1986; teils kritisch hierzu Hörnle 2005: 805)· Dahinter wiederum stehen tief verwurzelte kulturelle und politische Überzeugungen über die Aufgabenverteilung zwischen Staat und Gesellschaft, schlagwortartig: alteuropäische Staatsgläubigkeit einerseits und amerikanische Staatskritik andererseits.

b) Auch die unterschiedlichen Antworten auf die Frage, ob ein Verfolgungszwang besteht, also jede Straftat verfolgt werden muss, haben tiefe kulturelle Wurzeln. (Hörnle 2005: 807 ff.) Strafrechtsordnungen, die einen Verfolgungszwang anerkennen, betonen Rechtsprinzipien wie Gerechtigkeit und Gleichheit, haben kein Vertrauen in eine sachgemäße Ausübung eingeräumten Verfolgungsermessens und wollen insbesondere die Möglichkeit verdeckter politischer Einflussnahme auf die Verfolgungsentscheidung ausschließen. Demgegenüber denken Strafrechtsordnungen, die es ins Ermessen, sei es des Verletzten der Straftat, sei es der Polizei, der Staatsanwaltschaft oder des Untersuchungsrichters stellen, ob die Straftat verfolgt wird, eher pragmatisch (auch in Kategorien wie Ressourcenschonung und Schwerpunktsetzung) und vertrauen darauf, dass Verletzte, Polizeibeamte oder Staatsanwälte vernünftige Verfolgungsentscheidungen treffen und sachwidrige politische Einflussnahmen in der politischen Öffentlichkeit aufgedeckt und verhindert werden können. Welche Grundhaltung sich durchsetzt, hängt maßgeblich von der jeweiligen historischen Erfahrung und der jeweiligen politischen Kultur ab.

c) Kulturelle Faktoren bestimmen schließlich den Umfang mit, in dem eine Laienbeteiligung im Strafverfahren zugelassen wird. (Hörnle 2005: 813 ff.) Bekanntlich entscheidet im englischen und angloamerikanischen Strafverfahren jedenfalls in der Theorie – in der Praxis nur selten und nur bei schweren oder aufsehenerregenden Straftaten – die Jury über die Schuldfrage und die Geschworenen sind keine professionellen Juristen. Demgegenüber entspricht es der kontinentaleuropäischen Tradition, dass jedenfalls auch professionelle Juristen als Berufsrichter über die Schuldfrage entscheiden. Das Bekenntnis zur Jury drückt Misstrauen gegenüber dem Staat und den Berufsrichtern aus, setzt auf das Egalitätsprinzip – die Aburteilung Gleicher durch Gleiche (peers) – und auf das Demokratieprinzip – die Jury wird als »kleines Parlament« aufgefasst und als Symbol der Selbstregierung des Volkes hochgehalten . Wer demgegenüber auf Berufsrichter setzt, hat Systemvertrauen, begnügt sich mit einer indirekten demokratischen Legitimation der Berufsrichter, schätzt sie als unabhängig, erfahren und sachverständig ein und betont das Prinzip der Gewaltenteilung. Auch hier sind es historische Erfahrungen und politische Kulturen, die determinieren, welche Grundhaltung sich durchsetzt.

III. TRANSKULTURELLES STRAFRECHT IN HORIZONTALER PERSPEKTIVE

1. Damit es zu einer Interaktion verschiedener Strafrechtskulturen und zu transkulturellen Phänomenen kommt, bedarf es keiner internationalen oder supranationalen Organisationen. Vielmehr genügt es,

dass eine Strafrechtsordnung ihr kulturell geprägtes Strafrecht auf einen »Fremden«[22] anwenden will, der aus einer anderen Strafrechtskultur stammt. Das Problem ist alt, freilich angesichts der zunehmenden globalen Migrationsströme immer brisanter geworden und beschäftigt zunehmend die Gerichte, auch in der Bundesrepublik Deutschland.[23] Bislang weniger bemerkt worden ist, dass angesichts des weitreichenden extraterritorialen Geltungsanspruchs des deutschen Strafrechts immer mehr Auslandstaten von Ausländern in den Anwendungsbereich deutschen Strafrechts geraten, was, würden diese Taten verfolgt, ein erhebliches Potential weiterer strafrechtskultureller Konflikte beinhalten würde.[24]

---

22 Zur Frage, ob es im Strafrecht »den großen Fremden« gibt, siehe Hassemer 1999: 172 f.

23 Beispiele: Ein Jude oder Muslim schlachte ein Schaf ohne Betäubung (Schächten); nach § 17 Abs. 2 b) TierSchG ist es mit Strafe bedroht, einem Wirbeltier länger anhaltende erhebliche Schmerzen oder Leiden zuzufügen. – Ein Ausländer züchtige seine Ehefrau oder seine Kinder; in seiner Heimat ist ein solches Züchtigungsrecht anerkannt; ein Züchtigungsrecht unter Ehegatten gab es im deutschen Recht nie, und Kinder haben nach § 1631 Abs. 2 BGB ein Recht auf gewaltfreie Erziehung und körperliche Bestrafungen sind unzulässig. – Ein Ausländer nehme, wie es in seiner Heimat rechtlich möglich und nicht unüblich sei, eine geschlechtsreife Dreizehnjährige ohne Zwang zur Frau und vollziehe mit ihr den Beischlaf, strafbar als Verbrechen des schweren sexuellen Missbrauchs von Kindern (§ 176a Abs. 2 Nr. 1 StGB). – Die ausländischen Eltern eines Mädchens lassen dessen Genital beschneiden, strafbar als gefährliche Körperverletzung (§ 224 Abs. 1 Nr. 2 StGB) und gefährliche Misshandlung von Schutzbefohlenen (§ 225 Abs. 3 Nr. 2 StGB). – Ein Ausländer tötet eine Familienangehörige, weil sie ein uneheliches Verhältnis mit einem Deutschen hat, und er beruft sich darauf, dass in seiner Kultur dieses Verhältnis die Familie entehre und die Familienehre nur durch die Tat habe wiederhergestellt werden können; hierzu unten bei und mit Fn. 30 f.

24 Beispielsweise ist es nach § 6 Nr. 6 i. V. m. § 184b Abs. 2 StGB nach deutschem Recht strafbar, wenn ein Ausländer im Ausland es unternimmt, einem anderen den Besitz an sog. virtueller – wirklichkeitsnah gezeichneter – Kinderpornographie zu verschaffen, unabhängig davon, ob dies am Tatort rechtswidrig oder strafbar ist. In Japan, wo es eine alte Tradition künstlerischer erotischer bis pornographischer Darstellungen gibt, ist ge-

Wie soll mit solchen strafrechtlichen »Kulturkonflikten« umgegangen werden? Im Recht der Vereinigten Staaten von Amerika wird diskutiert, ob und inwieweit eine »cultural defense« anzuerkennen ist: Ist es ein strafrechtlich entlastender Einwand, dass die Tat durch kulturelle Faktoren beeinflusst ist, die von der Kultur abweichen, die den Hintergrund des anwendbaren Strafrechts bildet? (Siehe nur Dundes Renteln 2004) Zugunsten einer solchen »cultural defense« wird das Menschenrecht auf Kultur (*right to culture*) ins Feld geführt, wie es u.a. im Hintergrund der von der UNESCO aufgelegten, von der Bundesrepublik Deutschland ratifizierte Übereinkommen über den Schutz und die Förderung der Vielfalt kultureller Ausdrucksformen[25] steht. Vergleichbares wird – soweit ersichtlich – in der deutschen strafrechtswissenschaftlichen Diskussion bislang noch nicht erwogen. Gleichwohl lässt sich zeigen, wie Transkulturalität ins deutsche Strafrecht einwandert: Die weitestgehende Option ist, mit Rücksicht auf die fremde Kultur den Geltungsanspruch des eigenen Rechts zu relativieren, also in der Sache ein rechtfertigendes Recht auf Kultur anzuerkennen. So geschieht es etwa beim Schächten;[26] nach § 4a Abs. 2 Nr. 2 TierSchG erteilt die zuständige Behörde eine Ausnahmegenehmigung für das Schächten, wenn zwingende Vorschriften einer Religionsgemeinschaft dies vorschreiben oder den Genuss von Fleisch nicht geschächteter Tiere untersagen und trägt damit der grundgesetzlich geschützten Religionsfreiheit Rechnung.

Eine weniger weitgehende Option ist es, zwar den Geltungsanspruch des eigenen Rechts beizubehalten und daran festzuhalten, dass nach deutschem Recht Unrecht geschehen ist, aber auf der Ebene der Schuld fremden Kulturvorstellungen Rechnung zu tragen und, wie Hassemer formuliert, »die handelnde Person mit fremder Enkulturation konkret, vorsichtig und gerecht anzufassen.« (Hassemer 1999: 163) Im geltenden Recht bietet hierfür insbesondere die Verbots-

zeichnete Pornographie, insbesondere auch Jugend- und Kinderpornographie eine faktisch geduldete, viel frequentierte (Sub-)Kultur (sog. Hentai, Manga oder Anime).

25 Siehe Gesetz zu dem Übereinkommen vom 20. Oktober 2005 über den Schutz und die Förderung der Vielfalt kultureller Ausdrucksformen v. 1.3.2007, BGBl. II: 234.

26 Siehe Renteln 2004; weiterhin BVerfGE 104, 337 mit Anm. Traulsen 2003; BVerwGE 127, 183 mit Anm. Traulsen 2007.

irrtumsdogmatik einen Ansatzpunkt, wenn die handelnde Person nicht weiß, dass ihr Handeln nach deutschem Recht verboten ist.[27] Die Zurückhaltung bei der Anerkennung solcher Verbotsirrtümer dürfte sich aus der Furcht erklären, so den Geltungsanspruch des eigenen Rechts zu relativieren. Aber jedenfalls bei Ersttaten jedenfalls nicht oder schlecht integrierter Ausländer gebietet das Schuldprinzip eine »konkrete, vorsichtige und gerechte« Handhabung des § 17 StGB – mangelnde oder schlechte Integration ist als solche nicht strafbar. Auch im Übrigen besteht Anlass zur Selbstbesinnung, um rechtskulturelle Überlegenheitsgesten zu vermeiden – dem das Kind züchtigenden Ausländer muss auch zugute gehalten werden, dass das Kindesrecht auf gewaltfreie Erziehung und das Verbot körperlicher Strafen im deutschen Recht noch nicht einmal zehn Jahre alt sind.[28]

Natürlich besteht auch die prozessuale Option, nicht schwere (Erst) Taten wegen geringer Schuld nicht zu verfolgen (§§ 153, 153a StPO). Und niemand verschließe die Augen davor, dass faktische Nichtverfolgung mangels Anzeigeerstattung durchaus soziale Realität ist.[29]

Schließlich eröffnen sich Spielräume bei der Auslegung unbestimmter Rechtsbegriffe wie dem des niedrigen Beweggrundes beim Mord. Bekanntlich hatte sich die Rechtsprechung in den 1980er und 1990er Jahre durchaus darauf eingelassen, bei Ausländern mit fremder Enkulturation deren Wertvorstellungen anzuwenden, sofern die Täter subjektiv von ihnen geprägt und durchdrungen und sie in der Heimat nicht geächtet waren.[30] Wenn der BGH in tendenzieller Abkehr hiervon nunmehr entschieden hat, dass der Maßstab für die Bewertung ei-

---

27 Näher Vogel, in: *Leipziger Kommentar StGB*, 12. Aufl. 2007, § 17 Rdn. 100 f.

28 Die heutige Fassung des § 1631 Abs. 2 BGB – s. o. Fn. 23 – geht auf das Gesetz zur Ächtung der Gewalt in der Erziehung und zur Änderung des Kindesunterhaltsrechts v. 2.11.2000, BGBl. I S. 1479 zurück.

29 So mag der Vollzug einer religiös anerkannten Ehe mit einer geschlechtsreifen Dreizehnjährigen, ein Verbrechen des schweren sexuellen Missbrauchs von Kindern, s. bereits o. Fn. 23, nie zur Kenntnis der Ermittlungsbehörden gelangen, wenn er sich in einer kulturell homogenen Gemeinschaft von Ausländern nach deren Regeln und von ihr gebilligt vollzieht.

30 Vgl. BGH NJW 1980, 537 m. Anm. Köhler, JR 1980, 238; StV 1981, 399; 1994, 182; 1997, 565.

nes Beweggrundes als »niedrig« grundsätzlich den Wertvorstellungen der Rechtsgemeinschaft der Bundesrepublik Deutschland zu entnehmen sei,[31] ist das ersichtlich einem klassisch-strikten Verständnis von Interkulturalität verpflichtet.[32]

2. Nicht nur bei der Strafrechtsanwendung, sondern auch bei der Strafgesetzgebung kommt es zu transkulturellen Phänomenen. Wie Watson in seiner berühmten Studie über »Legal Transplants« aus dem Jahre 1974 gezeigt hat,[33] gehen Wandlungen von Rechtsordnungen häufig mit der Übernahme von als vorbildhaft angesehenen Regeln, Institutionen oder Strukturen fremden Rechts einher, eben mit »Rechtstransplantaten« oder mit Anleihen (*borrowing*) an fremdem Recht. Ein spektakuläres Beispiel ist die Strafrechtsmodernisierung in der Republik Türkei unter ihrem Gründer Kemal Atatürk; 1926 übernahm die Türkei mehr oder weniger unverändert das damalige italienische Strafgesetzbuch und 1929 mehr oder weniger unverändert die deutsche Strafprozessordnung in der damaligen Fassung. Mit jedem solchen »Rechtstransplantat« und jeder solchen Anleihe wird eine Rechtsordnung mit Regeln, Institutionen oder Strukturen konfrontiert, die nicht nur einer anderen Rechtsordnung, sondern häufig auch einer anderen Rechtskultur entstammen und gleichsam enkulturiert werden müssen: »[I]t is rules [...], institutions, legal concepts, and structures that are borrowed, not the ›spirit‹ of a legal system.« (Watson 2000) Wegen der Kontext- und Kulturabhängigkeit des Rechts verändern sich die Rechtstransplantate: »Context is all. [...] [A] transplanted rule is not the same thing as it was in its previous home.« (Ebd.) So kommt es zwingend zu transkulturellen Phänomenen.

Für das deutsche Strafrecht lässt sich das an der »Transplantation« der Verantwortlichkeit juristischer Personen nach dem Zweiten Weltkrieg veranschaulichen. Zwar gab es bereits vor 1945 erste Ansätze, juristische Personen eine Haftung für Geldstrafen und -bußen aufzuerlegen, die gegen für sie handelnde natürliche Personen verhängt wurden. (Vgl. Schmitt 1958: 47ff.) Jedoch war es erstmals das Besatzungsrecht, mit dem – ersichtlich nach dem Vorbild des amerikani-

31 BGH NJW 2006, 1008 (1011); s. zur Problematik Fischer, StGB, 56. Aufl. 2009, § 211 Rdn. 29 ff. m.w.N.

32 Siehe oben in I.

33 2. Aufl. 1993.

schen Rechts – eine strafrechtliche Verantwortlichkeit juristischer Personen in das auf deutschem Gebiet geltende Recht eingeführt wurden.[34] Die Rechtsprechung behandelte das auch nach Gründung der Bundesrepublik Deutschland als weiterhin geltendes Recht, selbst wenn es »deutschem Rechtsdenken« widersprach, und legte es eigenständig aus, ohne angelsächsische oder französische Rechtsgrundsätze heranzuziehen, von denen die Besatzungsmächte ausgegangen waren.[35] Zugleich wanderte die Verantwortlichkeit juristischer Personen – sei es für ein Handeln ihrer Organe, sei es für deren Aufsichtsverschulden – in das deutsche Gesetzesrecht ein, freilich nur als ordnungswidrigkeitenrechtliche Verantwortlichkeit und mit Bußgelddrohung.[36] In dieser »deutschen« Gestalt einer proto-strafrechtlichen Verantwortlichkeit juristischer Personen ist sie mittlerweile fest im deutschen Recht verankert.

3. Ein weiteres Einfallstor für »Rechtstransplantate« sind bi- und multilaterale völkerrechtliche Verträge, die die Vertragsparteien verpflichten, bestimmte Verhaltensweisen unter Strafe zu stellen. So entstehen internationale, internationalisierte oder vertragsbasierte Straftaten (*international, internationalised, treaty-based crimes*) wie Folter, Betäubungsmittelstraftaten oder Finanzierung des Terrorismus. Es liegt auf der Hand, dass bereits bei den Verhandlungen zu den jeweiligen Verträgen nationale Strafrechtskulturen der Vertragsparteien aufeinandertreffen und transkulturelle Rechtsdiskurse ausgelöst werden. Freilich kann es auch dazu kommen, dass sich »starke« Vertragsparteien einseitig mit ihren Vorstellungen durchsetzen; dann aber werden bei der späteren Umsetzung der vertraglichen Vorgaben in das nationale Recht

---

34 Siehe insbesondere die Militärregierungsgesetze Nr. 53 (Art. VIII Nr. 1 i.V.m. Art. X a – Devisenstrafrecht) und Nr. 56 (Art. VII Nr. 12 i. V. m. Art. V Nr. 9 a – Kartellstrafrecht); hierzu Schmitt 1958: 60 f., 71 ff.

35 Grundlegend BGHSt 5, 28 (32 f.).

36 Siehe § 23 WiStG 1949 bzw. 1952 und § 5 WiStG 1954 (Geldbuße gegen juristische Person bei Straftat oder Ordnungswidrigkeit und Aufsichtspflichtverletzung); § 41 GWB 1957 (Geldbuße gegen Unternehmen, wenn Organe einer juristischen Person sich an einer ordnungswidrigen Wettbewerbsbeschränkung beteiligen); § 26 OWiG 1968 (»Verbandsgeldbuße«); heute § 30 OWiG.

einer »schwachen« Vertragspartei rechtskulturbedingte Probleme auftreten.[37]

IV. TRANSKULTURELLES STRAFRECHT IN VERTIKALER PERSPEKTIVE

1. Das Völkerstrafrecht ist seiner Quelle und seinem Inhalt nach von nationalem Strafrecht unabhängig und von nationalen Strafrechtskulturen gelöst und in diesem Sinne genuin transkulturelles Strafrecht.[38] Seinem historischen Ursprung nach ist es Völkergewohnheitsrecht, entspringt nämlich der Rechtspraxis und Rechtsüberzeugung der Völkergemeinschaft. Seine Inhalte sind, wie es in der Präambel des Römischen Statuts des Internationalen Strafgerichtshofs[39] heißt, die »unvor-

---

37 Ein notorisches Beispiel hierfür ist die Strafbarkeit der Geldwäsche (zur überbordenden Lit. s. nur Fischer 2009: § 261 Rdn. 1c): Ausgehend von dem pragmatischen und ökonomischen Gedanken, dass sich namentlich organisiertes Verbrechen nicht lohnen dürfe (»crime must not pay«), wurde 1986 in den Vereinigten Staaten von Amerika der Geldwäschetatbestand gleichsam »am grünen Tisch« konstruiert. Allerdings war es für die amerikanische organisierte Kriminalität ein Leichtes, die Strafbarkeit dadurch zu vermeiden, dass Verbrechensgewinne nun eben im Ausland »gewaschen« wurden; zudem erlitten amerikanische Banken nicht unerhebliche Geschäftseinbußen. Deshalb unternahm die amerikanische Regierung – u. a. über die OECD – erhebliche Anstrengungen, die Geldwäschestrafbarkeit zu internationalisieren, auch um das wirtschaftliche »Spielfeld« für Banken »einzuebnen« (»levelling the playing-field«). Die Bundesrepublik Deutschland gab dem Druck 1992 nach und transplantierte so eine Vorschrift ins Strafgesetzbuch, die in ihrer Weite und Unbestimmtheit ihresgleichen sucht und eine Instrumentalisierung des Strafrechts zu ökonomischen Zwecken beinhaltet, die hierzulande keine strafrechtskulturellen Wurzeln hat und zahlreiche Anwendungsprobleme mit sich bringt.

38 Treffend bemerkt Ambos (2008: § 7 Rdn. 2), es sei »nicht an einem bestimmten Strafrechtssystem […] [zu] orientieren, sondern eigenständig aus den völkerstrafrechtlichen Quellen [zu] entwickeln.«

39 Vom 17.7.1998, in Kraft getreten am 1.7.2002. S. für die Bundesrepublik Deutschland das Gesetz zum Römischen Statut des Internationalen Straf-

stellbaren Gräueltaten [...], die das Gewissen der Menschheit zutiefst erschüttern« (»unimaginable atrocities that deeply shock the conscience of humanity«), die »schwersten Verbrechen, welche die internationale Gemeinschaft als Ganzes berühren« (»most serious crimes of concern to the international community«). Das verweist auf negative Universalien im Strafrecht. Gerade deshalb – weil die Kernverbrechen (*core crimes*) des Völkerstrafrechts, nämlich Völkermord, Verbrechen gegen die Menschlichkeit, Kriegsverbrechen und Aggression (verbotener Angriffskrieg), aus dem Erschrecken der Menschheit vor Barbarei, Unkultur und Zivilisationsbruch heraus geboren sind – stellt das Völkerstrafrecht doch eine sehr spezifische, sehr limitierte Materie dar, die von der Höffeschen Vision eines interkulturellen Strafrechts, das »die Menschenrechte in aller Welt zu achten hilft« (Höffe 1999: 111), doch sehr weit entfernt ist: Das Verbot, Kernverbrechen zu begehen, ist nur eine Mindestbedingung für die Achtung der Menschenrechte in der Welt. Enttäuschend ist das freilich nur für denjenigen, welcher nicht einsieht, wie sehr das Völkerstrafrecht die Staatensouveränität relativiert.

Näher am »gewöhnlichen« transkulturellen Strafrecht liegen der Allgemeine Teil des Völkerstrafrechts und – vor allem – das Strafverfahrensrecht der internationalen Strafgerichtshöfe. Beide werden mit Recht als eine Art Laboratorium für transkulturelle Strafrechtskurse angesehen: Zunächst treffen bei der statuarischen Fixierung der jeweils anwendbaren allgemeinen völkerstrafrechtlichen Regeln und Prinzipien und des jeweiligen Strafverfahrensrechts die führenden Strafrechtskulturen dieser Welt aufeinander.[40] Sodann sind Rechtsanwendung und -praxis der internationalen Strafgerichtshöfe, in denen regelmäßig herausragende Richterpersönlichkeiten aus aller Welt wirken, Felder, in denen unterschiedliche strafrechtskulturelle Vorverständnisse aufeinander treffen und miteinander interagieren. Es ist in hohem Maße interessant und weiterführend zu analysieren, wie sich internationale Richterpersönlichkeiten miteinander auseinandersetzen und teils im Konflikt, teils im Kompromiss, überwiegend im Konsens

gerichtshofs vom 17. Juli 1998 (IStGH-Statutgesetz) v. 4.12.2000, BGBl. II: 1393.

40 Vgl. hierzu Ambos 2008: § 7 Rdn. 2, § 8 Rdn. 2.

auseinandergehen.[41] Noch offen ist allerdings, ob hier wirklich das Potential besteht, eine Art Muster für einen transkulturellen Allgemeinen Teil des Strafrechts und ein transkulturelles Strafverfahrensrecht zu entwickeln.

2. Bekanntlich haben internationale und regionale, z. B. europäische, Organisationen seit einigen Jahrzehnten das Strafrecht als Wirkungsfeld entdeckt und zunehmend kommt es zu internationalen oder regionalen, z. B. europäischen Vorgaben für nationales Strafrecht. Dabei werden »horizontale« Handlungsformen – insbesondere im Rahmen einer internationalen oder regionalen Organisation verhandelte und aufgelegte Völkerverträge, die noch der Ratifikation durch die jeweiligen Parlamente bedürfen – zunehmend durch »vertikale«, auch ohne Ratifikation verbindliche Handlungsformen abgelöst. So hat der Sicherheitsrat der Vereinten Nationen in seiner Resolution 1373 (2002) alle Mitgliedstaaten dazu verpflichtet, die Finanzierung des Terrorismus unter Strafe zu stellen; und strafrechtliche Rahmenbeschlüsse der Europäischen Union sind für die Mitgliedstaaten verbindlich,[42] wenn Einigkeit der im Rat vertretenen Regierungen – nicht zwingend Parlamente – besteht, nach kommendem Recht sogar dann, wenn Mitgliedstaaten durch eine qualifizierte Mehrheit überstimmt worden sind.[43] Bei der Initiierung, den Verhandlungen und der Verabschiedung solcher strafrechtlichen Instrumente zwischen den Delegationen der beteiligten Staaten kommt es, wenn die Staaten unterschiedli-

41 Vgl. hierzu Burchard, Der »Clash of Legal Cultures« in internationalen Straftribunalen und seine Bedeutung für die Globalisierung des Rechts (noch unveröff. Manuskript).

42 Relativierend BVerfGE 113, 273 (301 – »notfalls auch [...] Verweigerung der Umsetzung«, 315 – »normative Freiheit« des Gesetzgebers bei der Umsetzung).

43 Art. 82, 83 AEUV i. d. F. des Vertrages von Lissabon v. 13.12.2007 (konsolidierte Fassung in ABl. EU Nr. C 115 v. 9.5.2008: 1) sehen für straf- und strafverfahrensrechtsharmonisierende Richtlinien das ordentliche Gesetzgebungsverfahren vor, in dem Mehrheitsentscheidungen möglich sind; es kann allerdings für vier Monate ausgesetzt werden, wenn ein Mitgliedstaat »grundlegende Aspekte seiner Strafrechtsordnung« berührt sieht; wird kein Einvernehmen erzielt, können mindestens neun Mitgliedstaaten eine verstärkte Zusammenarbeit begründen.

che Strafrechtskulturen haben, notwendigerweise zu transkulturellen Diskursen und Kompromissen, und je nach Ergebnis kann es bei der Implementierung und Durchsetzung des internationalen oder regionalen Vorgaben zu ähnlichen transkulturellen Phänomenen wie bei »Rechtstransplantaten« kommen.[44] Alles das harrt freilich noch anspruchsvoller Analyse, die die verschiedenen Akteure, die verschiedenen Phasen (Initiative, Verhandlung, Entscheidung, Implementierung, Durchsetzung) und typische Probleme erfassen muss (vgl. Burchard 2010).

V. AUSBLICK

Ob aus alledem eine internationale universelle oder zumindest regionale, z. B. europäische Strafrechtskultur erwachsen kann, müssen alle diejenigen von vornherein in Abrede stellen, für welche in Herderscher Tradition Kultur nur Nationalkultur sein kann – ähnlich wie in der deutschen Staatsrechtslehre vertreten wird, Staatlichkeit könne nur einem Nationalstaat zukommen, der ein kulturell homogenes Staatsvolk habe (vgl. Kirchhof 1992, krit. Weiler 1996). Aber *ius commune* im Europa der frühen Neuzeit und *common law* im Commonwealth of Nations zeigen, dass Rechts- und auch Strafrechtskulturen nicht notwendigerweise an Nationen gebunden sind. Den theoretischen Ansatzpunkt für eine internationale Strafrechtskultur hat Höffe, so meine ich, überzeugend aufgezeigt: Es sind die kulturoffen interpretierten universellen oder zumindest regional, z. B. in Europa anerkannten Menschenrechte. Sie prägen in erster Linie in ihrem »garantistischen« strafrechtsbegrenzenden Gehalt die entstehende internationale Strafrechtskultur, beispielsweise mit dem universellen Verbot der Folter oder anderer grausamer, unmenschlicher oder erniedrigende Behandlung auch und gerade von strafrechtlich Verfolgten.[45] In zweiter Linie leiten sich aus ihnen Schutzpflichten in der Weise ab, dass jedenfalls schwerwiegende Menschenrechtsverletzungen unter Strafe gestellt und

44 Siehe oben in III. 2.3.

45 Siehe Gesetz zu dem VN-Übereinkommen vom 10. Dezember 1984 gegen Folter und andere grausame, unmenschliche oder erniedrigende Behandlung oder Strafe v. 6.4.1990, BGBl. II: 246.

strafrechtlich verfolgt werden müssen.[46] Eine solche internationale Kultur eines menschenrechtlichen Strafrechts ist aufgerufen, menschenrechtswidrige (Un-)Kulturen wie z. B. »Folterkulturen« oder Kulturen, die schwerwiegende Menschenrechtsverletzungen wie z. B. Sklaverei oder Menschenhandel dulden, ins Unrecht zu setzen.

LITERATUR

Ambos, Kai (2008): *Internationales Strafrecht*. 2. Aufl. München.

Baumeister, Werner (2007): *Ehrenmorde, Blutrache und ähnliche Delinquenz in der Praxis bundesdeutscher Strafjustiz*. Münster.

Burchard, Christoph (2010): »The Internationalization of Criminal Justice as Polycentric Governance: Typical Problems & Solutions«. In: *Nouvelles Études Pénales*, 49-58.

Burchard, Christoph: Der »Clash of Legal Cultures« in internationalen Straftribunalen und seine Bedeutung für die Globalisierung des Rechts (noch unveröff. Manuskript).

Catalfamo, Christine (2007): »Stand your ground: Florida's Castle Doctrine for the twenty-first century«. In: *Rutgers Journal of Law & Public Policy* 4, 504-545.

Damaška, Mirjan R. (1986): *The Faces of Justice and State Authority: A Comparative Approach to the Legal Process*. New Haven.

Dundes Renteln, Alsion (2004): *The Cultural Defense*. New York.

Eser, Albin/Koch, Hans-Georg (Hg.) (1988/1989): *Schwangerschaftsabbruch im internationalen Vergleich*. 2 Bde. Baden-Baden.

46 Der im deutschen Verfassungsrecht gängige Gedanke, dass Grundrechte auch Schutz- und erforderlichenfalls Strafpflichten des Staates auslösen, beginnt sich als »duty to protect« auch im Völkerrecht durchzusetzen; s. nur Klein 2000. Weiterhin aus rechtsphilosophischer Sicht Höffe 1999: 78, sowie Hassemer 1999: 179: »Die Lehren von der ›philosophia negativa‹ tragen [...] vor, dass sich ein Konsens über das, was nicht sein soll, eher herstellen lässt als ein Konsens über das, was sein soll. Der Konsens über die Ächtung grundlegender Rechtsverletzungen ist [...] zu einem Teil schon erreicht und zu weiteren Teilen erreichbar.«

Friedman, Lawrence (1997): »The Concept of Legal Culture: A Reply«. In: David Nelken (Hg.): *Comparing Legal Cultures*. Aldershot/Dartmouth, 33-40.

Gavin Dingwall Gavin (2006): *Alcohol and Crime*. Devon.

Hassemer, Winfried (1999): »Vielfalt und Wandel. Offene Horizonte eines interkulturellen Strafrechts«. In: Ottfried Höffe: *Gibt es ein interkulturelles Strafrecht*. Frankfurt a. M., 157-180.

Höffe, Ottfried (1996): *Gibt es ein interkulturelles Strafrecht? Ein philosophischer Versuch*. Frankfurt a. M.

Hörnle, Tatjana (2005): »Unterschiede zwischen Strafverfahrensordnungen und ihre kulturellen Hintergründe«. In: *Zeitschrift für die gesamte Strafrechtswissenschaft* 4/117, 801-838.

Inoue, Noriyuki (2000): »Der allgemeine Gleichheitssatz der japanischen Verfassung im Spiegel der Rechtsprechung und der Verfassungslehre«. In: *Jahrbuch des Öffentlichen Rechts der Gegenwart* 48, 489-509.

Jellinek, Georg (1908): *Die sozialethische Bedeutung von Recht, Unrecht und Strafe*. 2. Aufl. Berlin.

Jiménez, Borja (2000): *Introducción a los fundamentos del derecho penal indígena*. Valencia.

Kéry, Lotte (2006): *Gottesfurcht und irdische Strafe. Der Beitrag des mittelalterlichen Kirchenrechts zur Entstehung des öffentlichen Strafrechts*. Köln/Weimar/Wien.

Kirchhof, Paul (1992): »Der deutsche Staat im Prozess der europäischen Integration«. In: Josef Isensee/Paul Kirchhof: *Handbuch des Staatsrechts der Bundesrepublik Deutschland*. Bd. VII, 855-887.

Klein, Eckart (Hg.) (2000): *The Duty to Protect and to Ensure Human Rights*. Berlin.

Maier, Eva Maria (1989): »Naturrecht und Kulturwissenschaft Erwägungen zum Begriff der ›Kultur‹ in der rechtswissenschaftlichen Grundlagendiskussion«. In: Erhard Mock (Hg.): *Rechtskultur – Denkkultur*. (Archiv für Rechts- und Sozialphilosophie, Beiheft Nr. 35). Stuttgart, 49-63.

Maihold, Harald (2005): *Strafe für fremde Schuld? Die Systematisierung des Strafbegriffs in der Spanischen Spätscholastik und Naturrechtslehre*. Köln/Weimar/Wien.

Mayer, Max Ernst (1903): *Rechtsnormen und Kulturnormen*. Breslau.

Rüter, Frederik (1993): »Harmonie statt Dissonanz«. In: *Zeitschrift für die gesamte Strafrechtswissenschaft* 1/105, 30-47.

Schmitt, Rudolf (1958): *Strafrechtliche Maßnahmen gegen Verbände.* Stuttgart.

Sentencing Guidelines Council (2004): *Overarching Principles. Seriousness.*

Sick, Brigitte/Renzikowski, Joachim (2006): »Der Schutz der sexuellen Selbstbestimmung«. In: Andreas Hoyer/Henning E. Müller/Michael Pawlik (Hg.): *Festschrift für Friedrich-Christian Schroeder zum 70. Geburtstag.* Heidelberg, 601-617.

The Law Commission (2005): *A New Homicide Act for England and Wales?* Consultation Paper No. 177 – Overview Nr. 1, 11.

Thilmann, Christine (2007): *Die Auswirkungen von Alkohol und Drogen auf die Schuldfähigkeit.* Hamburg.

Traulsen, Christian (2003): »Betäubungsloses Schlachten nach islamischem Ritus in Deutschland. Zum Urteil des Bundesverfassungsgerichts vom 15. 1. 2002«. In: *Zeitschrift für evangelisches Kirchenrecht* 48, 198-206.

Traulsen, Christian (2007): »Zum verfassungsrechtlichen Rahmen für einfachgesetzliche Regelungen über das Schächten«. In: *Natur und Recht* 12/29, 800-802.

Watson, Alan (2000): »Legal Transplants and European Private Law«. In: *Eletronic Journal of Comparative Law* 4.4. http://www.ejcl.org /ejcl/44/44-2.html.

Weigend, Thomas (1993): »Strafrecht durch internationale Vereinbarungen – Verlust an nationaler Strafrechtskultur?«. In: *Zeitschrift für die gesamte Strafrechtswissenschaft* 4/105, 774-802.

Weiler, Joseph H. H. (1996): »Der Staat ›über alles‹ – Demos, Telos und die Maastricht-Entscheidung des Bundesverfassungsgerichts«. In: *Jahrbuch des öffentlichen Rechts* 44, 91-135.

Welsch, Wolfgang (1999): »Transculturality – the Puzzling Form of Cultures Today«. In: Mike Featherstone/Scott Lash (Hg.): *Spaces of Culture: City, Nation, World.* London, 194-213.

Abkürzungen

BGB Bürgerliches Gesetzbuch
BGBl. Bundesgesetzblatt
BGH Bundesgerichtshof
BGHSt Entscheidungssammlung des Bundesgerichtshof in Strafsachen

BVerfGE Bundesverfassungsgericht
GWB Gesetz gegen Wettbewerbsbeschränkungen
IStGH Internationaler Strafgerichtshof (Den Haag)
OWiG Ordnungswidrigkeitengesetz
StGB Strafgesetzbuch
StPO Strafprozessordnung
TierSchG Tierschutzgesetz
WiStG Wirtschaftsstrafgesetz

Lisboa – Maputo – Berlin

Ein transkulturelles Musikprojekt am Goethe-Institut in Lissabon 2006-2008

RONALD GRÄTZ

EINLEITUNG

»Transkulturalität« ist ein großer Begriff für eine komplexe Theorielage. Von der vielschichtigen Realität transkulturellen Handelns zeugt ein Projekt und Experiment, das nachfolgend dargestellt werden soll.

Das Weltbild der globalisierten Moderne muss seit dem 11. September 2001 neu gesehen werden, denn dieses Ereignis markiert einen Bruch in der scheinbar linearen Entwicklung hin zu einer globalisierten Weltgemeinschaft, deren Entstehung unter vor allen Dingen westlichen Vorzeichen abzulaufen schien oder ablaufen sollte.

Der Terroranschlag auf das World Trade Centre in New York brachte dem Westen die Existenz anderer Kulturen mit anderen Weltbildern ins Bewusstsein – Kulturen, die nicht bereit sind, sich einem westlichen Universalismus zu unterwerfen, sondern ihren eigenen Universalitätsanspruch vertreten. Durch dieses Ereignis sind Denkweisen in den Blick getreten, die sich radikal jeder westlichen Moderne verweigern und auf einem eigenen Weg in eine selbst definierte Moderne insistieren. Es wird deutlich, dass Gesellschaften, die vormals meist der so genannten Dritten Welt zugerechnet wurden, nicht mehr wie einst die Peripherie der Welt bilden, sondern neue Zentren, z.B. Indien, China, Saudi Arabien, Südamerika und Afrika. Diese neuen

Zentren nicht-europäischer Kulturen beeinflussen zunehmend unsere Gesellschaften.

Aus der bis vor kurzem eher wissenschaftlich-philosophischen bzw. kulturellen Beschäftigung mit anderen Kulturen wird zunehmend ein Überlebensprojekt. Denn es muss uns gelingen, das ökonomische, ökologische und soziale Überleben der Weltbevölkerung mit anderen Gesellschaften weltweit zu organisieren und viele Welt- und Sinnentwürfe, die sich nicht mehr eindeutig geographisch orten lassen, in Dialog miteinander zu bringen. Die Auseinandersetzung mit »den Anderen« wird und muss in gleicher Weise eine Auseinandersetzung mit uns selbst sein, denn es gilt v.a. für den »Westen«, den Umgang mit kultureller Differenz neu zu erlernen.

Eine Aufgabenstellung, die sich aus dieser Überlegung für Kulturinstitutionen, aber auch für die Wissenschaft und Politik ableitet, wäre, das Wechselspiel zwischen Innen und Außen im Kontext der Identitätsfrage herauszuarbeiten. Wie ist z. B. Geschichte – im vorliegenden Projekt geht es um Kolonialgeschichte – in die eigene Identität eingeschrieben? Und was bedeuten die gegenwärtigen Beziehungen zu dieser Geschichte – im vorliegenden Beispiel die Beziehungen der ehemaligen portugiesischen Kolonien in Afrika zu Portugal – für die eigene Identität?

GRUNDLEGUNG

Im internationalen Kulturaustausch geht es wesentlich um die Veränderung bestehender und die Entwicklung bewusster Haltungen. Wo verschiedene Perspektiven, Sehweisen und Meinungen auf einander stoßen, ist die Fähigkeit, Konflikte auszuhalten und auszutragen, zentral. Da wir uns nicht auf erfolgversprechende Lösungen für die neuen maßgeblich kulturellen Konflikte stützen können, ist die Schaffung eines Freiraums unabdingbar, in dem gesellschaftliche Handlungs- und Sinnentwürfe, also Identitäten erprobt werden können. Die Kunst kann einen solchen Experimentierraum bilden, denn sie agiert per se prozessorientiert und ergebnisoffen.

Kulturaustausch und Kulturmittlung werden sich bei Berücksichtigung der nationalen Verwurzelung aber stärker als bisher den realen Wanderbewegungen von Menschen, Kulturen und der Kunst anpassen müssen. Kultur ist immer weniger gleichzusetzen mit Kategorien wie

Staat, Nation oder auch Sprachraum. Wenn z.B. ein wichtiger Teil der lusophonen afrikanischen Intelligenzija, also Kulturträger aus Angola, Mosambik, den Kapverden, São Tomé und Príncipe oder Guinea-Bissau, nicht in Afrika, sondern in Brasilien oder Portugal lebt und arbeitet, dann muss Kulturarbeit solche Veränderungen in ihre Szenarien einarbeiten und Kulturaustausch nicht mehr bilateral, sondern multinational verstehen.

Für die auswärtige Kultur- und Bildungspolitik Deutschlands, vertreten durch Institutionen wie das Goethe-Institut oder das Institut für Auslandsbeziehungen, ist dies in mehrfacher Hinsicht relevant:

1. als Teil einer europäischen Außenkulturpolitik;
2. als Umfeld für kulturelle und gesellschaftliche Veränderungen in Deutschland;
3. als Reflexion über einen sich verändernden Kulturbegriff in Zeiten neuer globaler künstlerischer und kultureller Selbstdefinitionen und immer schwächer werdender Nationalbezüge.

Kulturdialog ist ein Verständigungsmodus zwischen den Differenzen, die globalisierte Gesellschaften prägen. Die entscheidende Aufgabe für die auswärtige Kultur- und Bildungspolitik ist es, den Abschied vom Konzept der staatlich verorteten Kulturen zu vollziehen und neue kulturelle, sprachliche und historische Räume zu entdecken, wie sie sich z. B. in Lissabon aufgrund der »ästhetischen Migration« aus den portugiesischsprachigen Ländern Afrikas nach Portugal ergeben. Kulturmittlung muss ihre Aufmerksamkeit für die zunehmend komplexen kulturellen Prozesse und Entwicklungen steigern und ihre Vermittlungsformen daran ausrichten.

Wie eine solche Ausrichtung aussehen kann, welche Rolle darin Ästhetik, Künstler, Räume, Netzwerke und Medien spielen, sollte ein Projekt mit dem Titel »Lisboa – Maputo – Berlin« (LMB) verdeutlichen, das 2007/2008 am Goethe-Institut Lissabon entwickelt und realisiert wurde. LMB ist hinsichtlich seiner Konzeption und der zugrunde liegenden kulturellen Strategie als gegenseitige globale Kulturvermittlung und Plattform für Transkulturalität zu verstehen. Es ist der Versuch, durch Kunst (hier Musik) kulturelle Aufklärung als Erkundung zu ermöglichen und die Bearbeitung noch nicht zu Ende gestellter Fragen an kulturelle Globalisierungsprozesse bewusst zu machen. Musik ist dabei nicht erhabener Ausdruck ästhetischer Autonomie, sondern Ausweis gesellschaftlicher Positionen.

VORAUSSETZUNGEN

Migration stellt nicht nur eine zentrale Herausforderung für gegenwärtige Gesellschaften dar, sondern Phänomene der Migration konstituieren unsere Gesellschaften und transkulturellen Lebenswege seit jeher entscheidend mit. Die mit der Migration einhergehenden politischen, gesellschaftlichen und kulturellen Wandlungsprozesse betreffen dabei Strukturen und Prozesse unserer Gesellschaften im Ganzen. Paul Mecheril schreibt hierzu:

»Von der Migrationstatsache ist der Nationalstaat in vielerlei Hinsicht grundlegend betroffen, da nicht nur gewohnte Praxen und Institutionalisierungsformen gesellschaftlichen Handelns durch Migrationsphänomene herausgefordert werden, sondern auch gesellschaftliche Selbstverständnisse und Programme unter Bedingungen rigoroser Vielfalt und demokratisch nicht legitimierbarer Ungleichheit prekär werden bzw. überhaupt in ihrem prekären Status sichtbar werden.« (Mecheril 2007: 470)

Migration problematisiert Grenzen. Nicht so sehr territoriale Grenzen als vielmehr symbolische, d.h. Grenzen kultureller Zugehörigkeit. Dies gilt nicht nur für die Zugehörigkeit der Migrantinnen und Migranten, sondern für die Zugehörigkeiten aller in der Gesellschaft lebender Menschen. Die kulturelle Produktion von Migraten muss deshalb als gesellschaftliche wie als lokale Suche nach Zugehörigkeiten gesehen werden.

PORTUGAL

Portugal ist ein Einwanderungsland. 40% der Einwohner haben einen Migrationshintergrund. 25% der Neugeborenen haben mindestens einen nicht-portugiesischen Elternteil, Tendenz steigend. Die Politik hat sich lange schwer getan, dem Thema gerecht zu werden. Nun geht es – auch dank eines neuen Zuwanderungsgesetzes – darum, Brücken zwischen den Kulturen und Menschen im Land zu bauen, da Portugal in den letzten Jahrzehnten große kulturelle Ressourcen aus Afrika zugewachsen sind. Es geht darum, einen Wandel vom Problembewusstsein zum Potentialbewusstsein zu vollziehen, denn Millionen Menschen mit Kontakten nach Afrika spielen in Portugal eine zunehmend wichtige Rolle als Kulturmittler.

Auch Künstlerinnen und Künstler aus den ehemaligen afrikanischen Kolonien Angola, Mosambik, den Kapverden, Sao Tomé und Príncipe sowie Guinea-Bissau bilden eine Künstlergemeinschaft aus wichtigen Kulturträgern der genannten Länder. Vor allen Dingen Musikerinnen und Musiker tragen ihre Botschaften nach Portugal und Europa hinein.

Kulturarbeit muss sich einlassen auf Inhalte und Themen dieser »migrierten Kunst«, der Kunst von Migranten, sie befragen, sich von ihr beeinflussen lassen. Man darf sie nicht nur präsentieren oder ihr einen abgeschlossenen Raum geben, sondern muss versuchen, Dialogprozesse zu beginnen.

DAS PROJEKT »LISBOA – MAPUTO – BERLIN« (LMB)

Das Projekt versuchte zu ergründen und zu bearbeiten, ob mit der Migration von Künstlern auch Kunst migriert, d. h. die Auswanderungsländer nicht nur ihrer kulturellen Intelligenzija verlustig gehen, sondern ob sich auch ein Bruch künstlerischer Traditionen einstellt. Denn die Kulturträger, die die national verankerte Kultur nicht mehr in ihrem Herkunftsland tradieren und weiterentwickeln, sondern in der Migration und unter Einflüssen Europas, nehmen einerseits kulturelles Gedächtnis und andererseits zeitgenössische Reflexion und Zukunft mit.

Die Frage lautete, ob die Künstlerinnen und Künstler, die sich nach ihrer Migration in einem anderen, in diesem Fall europäischen Kulturkreis befinden, sich noch als Kulturträger ihrer Herkunftsländer verstehen, als Kulturträger eines multikulturellen Europas oder ihrer eigenen Kulturgeschichte.

Schließlich widmete sich das Projekt der Frage, wie die Herkunftsländer auf emigrierte Künstlerinnen und Künstler reagieren, wenn sie wieder zurückkommen. Die Herkunftsländer haben die künstlerische Weiterentwicklung ihrer Kulturträger in der Regel nicht miterlebt,

Brüche, Erfahrungen und Experimente nicht nachvollzogen. Ihre Kulturen stehen – so war die Vermutung – in der Gefahr, durch die »Rückkehrer« kulturell folklorisiert zu werden.

Referenz für diesen Projektansatz war Ernst Cassirers Definition kollektiver Identität aus dem *Versuch über den Menschen*: Die verschiedenen Formen der Kultur werden nach Cassirer nicht durch eine gemeinsame Identität in ihrem inneren Wesen zusammengehalten, sondern dadurch, dass sich ihnen eine gemeinsame Grundaufgabe stellt. Solche Gemeinsamkeiten zu erkennen und eine gemeinsame Aufgabe zu formulieren war das zentrale Motiv zu Beginn des Projekts. Deshalb wählten wir ein Projektformat, das Momente künstlerischer Produktion und des Lebens im Exil auf einen Punkt konzentriert und wollten diesen Punkt erfahrbar und ausdrückbar machen. Die Beteiligten sollten dem europäischen und afrikanischen Publikum zeigen, inwieweit Momente der Kulturtradierung in der Ferne auch konstruktiv sind für das innere Verständnis der eigenen Kultur. Entscheidend waren das Sich-ins-Verständnis-setzen zu dem Anderen, das Vergleichen der eigenen Wahrnehmungen mit denen des Anderen und, wenn dies gelingt, auf gemeinsame künstlerische Ergebnisse hin zu wirken.

PROJEKTVERLAUF

Kern des Projekts war die Bildung einer Musikband. Vom Goethe-Institut gesetzt wurde die musikalische Leitung durch die Berliner Sängerin, Professorin an der Universität Dresden und ECHO-Preisträgerin 2010 Céline Rudolph. Die weiteren Musikerinnen oder Musiker sowie die Instrumente waren offen. Auch das gemeinsam zu erarbeitende Musikmaterial war der Gruppe überlassen – im Vertrauen darauf, dass Künstlerinnen und Künstler und vielleicht vor allen Dingen Jazz-Musiker im weitesten Sinne Bezüge zum Anderen suchen.

Die ersten Schritte waren die Ansprache der Botschaften Mosambiks, Guinea-Bissaus, São Tomé und Príncipes, der Kapverden und Angolas, verschiedener Kultureinrichtungen in Lissabon sowie informelle Gespräche mit Musikerinnen und Musikern in Bars, Clubs und auf der Straße, um zu sehen, welche afrikanischen Musiker in Lissabon lebten und arbeiteten.

Vornehmlich die Botschaft Mosambiks unterstützte das Projekt, wobei uns vor allem auf informellem Weg eine Reihe von Musikern genannt wurden, zu denen wir Kontakt aufnahmen. Zwei Schwierigkeiten ergaben sich in diesem ersten Schritt: Die Musiker spielten oft Schlaginstrumente oder typisch afrikanische Instrumente, sodass man je höchstens einen von ihnen in eine zu bildende Band integrieren konnte. Zudem entsprach die künstlerische Einstellung nicht dem Ansatz des Projekts. Manche Musiker sahen sich vor allem als Vertreter afrikanischer Musik. Sie spielten auf einschlägigen Festivals oder als Straßenmusiker.

Ein weiteres Problem war, dass die musikalischen Fähigkeiten aufgrund fehlender Ausbildung oft nicht dem Niveau entsprachen, das man voraussetzen musste, um eine solche Band zu bilden. Nach einem fast sechsmonatigen Casting, nach Kneipen- und Studiobesuchen kristallisierten sich acht Musiker (Musikerinnen waren ausschließlich Sängerinnen) heraus, die wir zu einem ersten Treffen in das Goethe-Institut in Lissabon einluden. Es war das erste Mal, dass diese Musiker ein europäisches Kulturinstitut besuchten. Entsprechend reserviert – um nicht zu sagen schüchtern – war ihr Auftreten. Das spiegelt wahrscheinlich die Weise wider, in der diese Musiker vom kommerziellen Musikmarkt behandelt werden – nämlich ökonomisch ausgenutzt und folkloristisch funktionalisiert.

Der schwierigste Schritt war, den Musikern die Projektidee verständlich zu machen und sie zum Nachdenken darüber zu bewegen, ob sie bei diesem Projekt mitmachen wollten. Es zeigte sich, dass sie wenig konzeptionell dachten. Sie machten einfach Musik und kulturelle oder kulturpolitische Fragen waren ihnen meist fremd.

Zwei der Musiker kamen aus der Band von Sara Tavares, einer portugiesischen Sängerin mit kapverdischen Wurzeln, und waren weltweit unterwegs; zwei arbeiteten in Lissabon vor allen Dingen als Background- und Studiomusiker und zwei waren Solisten – alle auf hohem musikalischem Niveau.

Nach dem ersten Kulturschock der persönlichen Begegnung und der Diskussion über das Projekt folgten verschiedene mehrtägige Sessions im Goethe-Institut, wo die Musiker sich mit ihren Instrumenten und dem technischen Equipment in einem großen Raum trafen. Zunächst versuchten sie, eine gemeinsame musikalische Sprache und einen gemeinsamen Ansatz zu finden, um ihre je eigene musikalische Herkunft miteinander in Verbindung zu bringen. Von großem Vorteil war, dass die musikalische Leiterin, Céline Rudolph, über Erfahrung im Bereich interkultureller Projekte verfügte und seit mehreren Jahren mit Musikern aus Brasilien zusammenarbeitete. Sie verbesserte für dieses Projekt ihre Portugiesisch-Sprachkenntnisse.

Bei den verschiedenen Sessions brachten die Musiker unterschiedliches Musikmaterial mit, von typisch afrikanischen Songs bis zu deutschem Volksliedgut (»Wenn ich ein Vöglein wär«). Ihre musikalischen Sprachen, Ausdrucksmöglichkeiten und Erfahrungen versuchten sie zu dem fremden Musikmaterial in Beziehung zu setzen. Am Ende entstand ein Sound, der sich nicht als Weltmusik in Addition verschiedener, möglichst exotischer Instrumente versteht, sondern als Musik, die für die Welt gemacht wird, um zu zeigen, welch universelle Sprache in Musik steckt und wie verbindend sie wirken kann.

Eine neue Schwierigkeit, die im Verlauf der einjährigen Probenarbeit entstand, war die zeitliche Einspannung der Musiker in unterschiedliche andere Bands, Festivals und Reisen, da sie von ihrer Musik leben mussten. Das schränkte auch die Möglichkeiten zum abendlichen Gespräch und besseren Kennenlernen ein. In der Regel musste eine Probe genügen, bevor die Teilnehmer abends gemeinsam auf der Bühne standen.

Rückschläge erlitt das Projekt durch die Entscheidung zweier Musiker, mit anderen Bands zusammenzuarbeiten und aus »Lisboa – Maputo – Berlin« auszusteigen, sowie durch zwei Musiker, die sich nicht gut behandelt fühlten. Im Nachhinein war von niemandem rekonstruierbar – auch nicht von den afrikanischen Musikerkollegen – wodurch sich die Betreffenden beleidigt, gekränkt, unwürdig behandelt oder fehl am Platze gefühlt hatten.

Nach ca. fünfwöchigem Proben fand vor ca. 1100 begeisterten Zuhörern im März 2007 die Premiere am Centro Cultural de Belém (CCB) in Lissabon statt, begleitet durch eine umfangreiche Licht- und Bühnenshow. Die kulturelle und politische Prominenz der beteiligten Länder war anwesend und viele Afrikaner fanden wohl erstmals den Weg in diesen großen Konzertsaal im kulturellen Zentrum Portugals. Einige Monate später fuhr die Band zu zwei Konzerten nach Maputo, bevor das Abschlusskonzert im Frühjahr 2008 im Theater Hebbel am Ufer in Berlin stattfand.

In Lissabon wie auf den Reisen wurden jeweils Gastmusiker eingebunden, sodass die Band, die für dieses Projekt zusammenkam, durch örtliche Einflüsse bereichert wurde. Der für die Elektronik zuständige Musiker nahm zu jedem Konzert Sound Scapes von Städten auf und brachte so Geräusche aus Lissabon nach Maputo und von Maputo und Lissabon nach Berlin, die wiederum eine völlig neue Atmosphäre und einen neuen akustischen Kontext bildeten. LMB wurde von einem Filmteam begleitet, das einen Dokumentarfilm erstellte.

ALLGEMEINE ERFAHRUNGEN AUS DEM PROJEKT

Tendenziell zeigte sich, dass die beteiligten Musiker vor allen Dingen mit ihrem Instrument beschäftigt waren und weniger über Musik reflektierten. Die musikalische Qualität der Musiker und letztlich die Neugier, miteinander zu musizieren, etwas zu entdecken und zu erschließen, waren die treibenden Kräfte des Projekts. Es ging den Beteiligten weniger darum, ein abstraktes Ziel zu verfolgen, eine Aussage über die Situation als migrierte Musiker in Europa oder als Akteure im globalen Kunsttransfer zu treffen, sondern vielmehr darum, sich interessante Melodien mit neuen Einflüssen zu erarbeiten.

Recherche, Kennenlernen, Diskussion des Projektkonzepts, Casting, musikalische Erarbeitung, Entwicklung des Programms und der Bühnenshow und schließlich Weltpremiere und Tournee brachten ein Projekt zustande, dessen Kraft vornehmlich in der Entwicklung lag. Gleichwohl wurde die Musik tatsächlich keine Weltmusik, sondern Musik für die Welt.

Das Projekt hat die gestellten Fragen nicht hinreichend beantwortet – die Musiker hatten sich zwar vorgenommen sie zu behandeln, aber die an das Projekt herangetragenen Fragen stellten sich in der Praxis im Grunde nicht wirklich. Die Annahmen waren zu einfach, um die komplexen lebensweltlichen, künstlerischen und transkulturellen Prozesse zu erfassen. Kunst schafft sich im radikalen Individualismus. Künstler – zumindest Musiker – wollen keine Interkultur, sie wollen Kultur. Die Erfahrungen der Emigration aus Afrika blieben in den Werken spürbar, sichtbar und hörbar, waren aber nicht konstituierend und wurden nicht explizit thematisiert oder kommuniziert. Kunst mehrt offensichtlich bestenfalls das Glück der Individuen. Sie bildet oder festigt als nationale Kategorie keine Gruppe.

Vielleicht wurde erwartet, dass sich Künstler in einer Migrationssituation wie derjenigen in Portugal gerne und oft zu gesellschaftlichen und politischen Fragen hinsichtlich ihrer Situation, ihrer Zukunft und der Transkulturalität als Existenzform äußern. Das war nicht der Fall. Was übersehen wurde, war, dass die Künstlerinnen und Künstler keine Experten zum Thema Transkulturalität waren, wohl aber Experten in anderen Dingen, z.B. in Musik. Man kann auch fragen, ob Transkulturalität als bewusst reflektierte Situation nicht eher ein gesellschaftliches Thema ist als ein Thema von Künstlerinnen und Künstlern. Gibt es eine Weltkultur? Gab es je etwas anderes als Weltkultur? Haben nationale Zuschreibungen von Kunst und Kultur überhaupt viel mit der künstlerischen Realität zu tun? Multikulturelles, »transkulturelles« ebenso wie interdisziplinäres und interkulturelles Denken, Leben und Arbeiten prägten und prägen Künstler und Intellektuelle dennoch wesentlich.

Das Projekt LMB entstand im Rahmen auswärtiger Kulturpolitik. Es wollte neue Aspekte des Kulturdialogs analysieren, erarbeiten und unterstützen. Die Kultur scheint in der auswärtigen Politik immer wichtiger zu werden für die Analyse gesellschaftlicher Vorgänge sowie politischer und sozialer Problemlagen. Dies reicht vom Thema »Kultur und Entwicklung« bis hin zu »Kultur und Konflikt«, »Kultur und Klima« oder »Kultur und Migration«. Auch der Künstler wird leicht für die Politik »kulturalisiert«. Die Kunst jedoch verwahrt sich dagegen, entzieht sich, ist flüchtig. Das war die Erfahrung aus diesem Projekt.

Man kann behaupten, dass grenzüberschreitende Kulturprojekte etwas ganz Normales sind, etwas, das den kulturellen Bedürfnissen der

Menschen entspricht. In solchen Projekten sind auswärtige und Innenkulturpolitik ununterscheidbar ineinander verschmolzen. Ein portugiesisch-deutsch-afrikanisches Musikprojekt dient nicht mehr nur dem alten Begriff des Kulturaustausches, sondern der gemeinsamen, kulturellen Selbstvergewisserung und Selbstbefragung über kulturelle und nationale Grenzen hinweg. Kulturarbeit, die sich mit diesem neuen Verständnis transkultureller Bedingungen, Biographien und Produkte entwickelt, ist Moderatorin ergebnisoffener kultureller Prozesse, von denen sie politische Impulse erhofft – eine Moderatorin, die gleichzeitig die moderierten Prozesse aktiv vorantreibt.

Die Außenkulturpolitik und die politischen Akteure haben aus diesem Projekt gelernt, dass offene Prozesse die sinnvollste Weise sind, einen wirklichen Kulturdialog herzustellen. Sie haben gelernt, dass es keine Begegnung zwischen Staaten, Nationen oder Kulturen gibt, sondern nur zwischen Menschen. Insofern ist gelungene Außenkulturpolitik die Beeinflussung individueller Biographien. Biographien haben sich bei LMB tatsächlich nachhaltig verändert: Zwei der Musiker lernen nun Deutsch. Alle Musiker erhielten nach ihrer Präsentation in Berlin Zusatzengagements und Anfragen und haben seit 2007 (auch mit Céline Rudolph) mehrfach wieder in Deutschland gespielt. Hierum muss es in der Außenkulturpolitik gehen: Netzwerke zu bilden, Menschen anzuregen und Angebote an ihre Biographie zu machen, zumal den künstlerischen Akteuren und Kulturträgern gegenüber, damit diese auf ihre Weise den Kulturdialog fortsetzen. Insofern ist gelungene Außenkulturpolitik diejenige, die Prozesse anstößt und die davon ausgehende Dynamik den Künstlern selbst überlässt. Darin war das Projekt »Lisboa – Maputo – Berlin« erfolgreich.

Europas Zukunftschancen liegen darin, die Globalisierung positiv und human mitzugestalten. Menschen aus Bangladesch in London, Nordafrikaner in Paris, Chilenen in New York, Chinesen in Jakarta und Afrikaner in Portugal sollten zu Zielgruppen der deutschen Außenkulturpolitik gehören, da sie moderne Biographien der Transkulturalität leben und die kulturelle Globalisierung auch zum Guten Deutschlands mitgestalten. Im Kern ist das die Vorstellung einer gemeinsamen Kultur aller. So hat sich das Projekt »Lisboa – Maputo – Berlin« verstanden.

LITERATUR

Cassirer, Ernst (1966): *Versuch über den Menschen. Einführung in eine Philosophie der Kultur*. Hamburg.

Mecheril, Paul (2007): »Migration und Integration«. In: Jürgen Staub (Hg.): *Handbuch interkultureller Kommunikation und Kompetenz*. Stuttgart, 469-480.

Musiker:

Céline Rudolph: Deutsch-französische Sängerin, Prof. für Gesang an der Musikhochschule Dresden. Arbeitete mit Jazz-Musikern u.a. aus Afrika und Brasilien. Seit 1990 veröffentlicht sie u. a. mit Bob Moses, Gary Peacock, Luis Newton, Bobby McFerrin, Lee Konitz und David Friedman. 2010 erhielt Céline Rudolph den ECHO als beste deutsche Jazz-Sängerin.

Gogui: Bassist aus Guinea-Bissau, hat bei verschiedenen afrikanischen Gruppen mitgespielt, wie z. B. bei Boy Gê Mendes oder Sara Tavares.

Ruben Alves: Pianist aus Lissabon, spielt improvisierte Musik und Jazz, u.a. mit Sérgio Godinho, Orquestra Sons da Lusofonia, André Cabaço, und dem Pedro Madaleno Quarteto.

João Gomes: Keyboards und elektronische Musik mit mosambikanischen Wurzeln, spielte bei Cool Hipnoise und Spaceboys, Zusammenarbeit u.a. mit Kalaf und Tora Tora Bigband.

Chico Fernandes: Schlagzeuger, Perkussionist und Musikdozent mit Wurzeln auf den Cap Verden, spielte mit Wanda Stuart, Armando Gama, Orchestra Quinta do Hespanhol und Otis.

Gäste in Lissabon:

Costa Neto: Gitarrist und Bassist aus Mosambik mit CD-Veröffentlichungen und vielen Auftritten in europäischen Konzertsälen, hat beim 1. »Festival da Lusofonia« in Berlin und mit afrikanischen Musikern wie Cesária Évora, André Cabaço, Tito Paris gespielt.

Mick Trovoada: Perkussionist aus São Tomé e Principe, Gründer der Gruppe »Musica da Lusofonia«, arbeitet u.a. mit dem japanischen Saxophon-Spieler Sadao Watanabe.

Kalaf: Dichter, Sänger, »spoken word«-Musiker aus Angola, spielt bei Gruppen wie Spaceboys und 1-UIK-Project, Stimme bei Bullet und Gründer des Verlags Enchufada.

Galissa: Korá-Spieler aus Guinea–Bissau, spielt bei vielen afrikanischen Formationen.

Gäste in Maputo:

Prof. Orlando da Conceição (Saxofon): unterrichtet in Maputo Musik, hat in den 80er Jahren in Moskau und Eriwan Musik studiert, ist eigentlich klassischer Klarinettist und Dirigent. Nach seiner Rückkehr hat er auf Jazzsaxofon umgesattelt, da dies die einzige Möglichkeit war, in Maputo Musik zu machen. Gemeinsam mit Feling Capela, der sich uns als Texter vorstellt, spielt er in unserer Bearbeitung von Beethovens *Pathétique*. Feling übernimmt dabei den Part von Kalaf, dessen Text und Sprechgesang das Stück in Lissabon prägten.

Paulo Makamo: Gitarrist und Sänger, bringt eine eigene Komposition ein, die er mit Victor Chibanga, Timbilaspieler (andernorts Balafon oder Marimba genannt) bereits vorbereitet hat.

Chico Antonio (Gesang, Gitarre): der Mann mit viel Leben in der Stimme, sucht sich den durch die berühmte Amália bekanntgewordenen Fado »Meu amor, meu amor« aus, den wir aus Lissabon mitgebracht haben – darunter liegen Berliner Radioschnipsel, Amalias Stimme, Sounds aus den Städten und ein schwerer Groove. Céline Rudolphs und seine Stimmen kontrastieren extrem – Rudolph singt im verschnörkelten Fadostil mit großer Geste, er mit gebrochener Stimme voller Intensität. Diese Gegensätze verstärken den poetischen Text, der Liebe, Wehmut und Schmerz in dramatischen Bildern umsetzt.

Stewart Sukuma: Zwei Semester Studium am Berklee College of Music (Boston) in den 1990er Jahren, Sänger, Gitarrist, Songschreiber.

Lidia Mate (Gesang, Percussion),
Victor Chibanga (Timbila),
Paulo Macamo (Gesang).

Gäste in Berlin:

Julia Hülsmann (Piano): Julia Hülsmann, Jazzpianistin und Komponistin aus Berlin, Veröffentlichungen mit ihrem Trio (ECM), mit Roger Cicero, Rebekka Bakken.

Aly Keita (Balafon): Der in Berlin lebende ivorischer Balafonspieler stammt aus einer Griot-Familie der Malinké, leitet die Gruppe *The Balankan,* arbeitete in letzten Jahren verstärkt mit Jazzmusikern.

Rüdiger Krause (Gitarre): Gitarrist und Komponist aus Berlin im Bereich Jazz, Rock und Chanson. Eigenes Trio »electrickrause«, Zusammenarbeit mit Manfred Krug, Günther Fischer, Barbara Thalheim.

Stewart Sukuma (Gesang): Sänger und Songschreiber aus Maputo, Vertreter populärer afrikanischer Musik, die sich auf mozambikanische Wurzeln bezieht.

III. Transkulturelle Literatur

Kakanien der neuen Generation

Zentraleuropa zwischen Transkulturalität und Differenz

RENATA MAKARSKA

»Auf meiner alten, zusammengeklebten Karte sind die Ortsnamen auf rumänisch, ungarisch und deutsch verzeichnet [...]. Niemand hat daran gedacht, sie auch in Romani zu schreiben«[1] – bemerkt Andrzej Stasiuk in seinen Reiseessays *Unterwegs nach Babadag*. (Stasiuk 2006a: 94) Die zentraleuropäische ethnische und kulturelle Vielfalt bedeutet hier keinesfalls eine Einheit. Sie wird dauerhaft – so der polnische Autor – von einer Differenz begleitet. Der Zustand, den Stasiuk 2004 diagnostiziert, wird in seinen Essays einerseits mit der politischen Vergangenheit Europas (die imperiale Einheit von Österreich-Ungarn), andererseits mit der eben vollzogenen Erweiterung der Europäischen Union in Verbindung gebracht. Obwohl das multiethnische Zentraleuropa zweifelsohne ein Raum der Überlappung der Kulturen ist, bleibt es gleichzeitig ein Ort der Differenz und der Ausgrenzung bzw. Selbstexklusion. Die These von Andrzej Stasiuk (Betonung der Differenz), die im Jahr der Erweiterung der Europäischen Union eindeutig subversiv klingt, wird jedoch auch von der Geschichtsforschung bestätigt. Joachim von Puttkamer weist auf zwei ›Traditionen‹ unter den Historikern hin, diesen Raum zu erfassen: einerseits als eine »Region beson-

1 »Na mojej starej podklejonej mapie nazwy miejscowości są zapisane po rumuńsku, węgiersku i niemiecku. [...] Nikt nie pomyślał, by zapisać je też w romani.« (Stasiuk 2004: 98)

ders scharf ausgeprägter Kontraste« mit der Einmaligkeit der doppelten Diktatur- und Vernichtungserfahrung im 20. Jahrhundert, andererseits als eine »Region mannigfacher und intensiver Kontakte und Transfers«. (Puttkammer 2010: 151f.) Während die Darstellungen Zentraleuropas als einer Region von Kontrasten und Konflikten heute auf Kritik stoßen, bleiben die Entwürfe »einer Region der Pluralität und Toleranz« (Puttkammer 2010: 152) immer noch skizzenhaft. Der vermeintliche Widerspruch entpuppt sich dabei als charakteristisch für diese Region: Je nach Bedarf werden hier entweder der Konflikt und die Differenz oder die Vielfalt und die Überlappung in den Vordergrund gestellt (dies betrifft sowohl die Selbstbeschreibung als auch eine Fremdwahrnehmung).

Ausgerechnet im Jahr der Osterweiterung der Europäischen Union betont Stasiuk nicht das ›multiethnische Zusammensein‹, sondern die fortdauernde Differenz, die stark mit solchen Faktoren wie wechselnde Macht, Hierarchien und politischen Veränderungen zusammenhängt. Stasiuks Provokation steht hier zwar nicht für eine völlig neue Stimme, sie weist aber auf eine heutzutage deutliche Tendenz hin: der Abgrenzung von der einflussreichen und fast monolithischen Mitteleuropa-Debatte[2] der 1980er Jahre. Als Milan Kundera Zentraleuropa

---

2 Im gesamten Text bediene ich mich des Terminus »Zentraleuropa«, obwohl zur Debatte und Auswahl auch viele andere stehen: Mitteleuropa, Ostmitteleuropa oder östliches Mitteleuropa (vorwiegend in Geschichtswissenschaften verwendet) bzw. Zwischeneuropa (ein Begriff, der seit dem 19. Jahrhundert immer wieder in verschiedenen Kontexten auftaucht, um fast sofort zu verschwinden; es popularisierte ihn Tomáš G. Masaryk in einem Gegenentwurf zu Friedrich Naumanns »Mitteleuropa«). Die Raumkategorie »Zentraleuropa« – für die vor allem österreichische Literatur- sowie Kulturwissenschaftler plädieren – beruht hingegen auf kulturhistorischen Grundlagen. Moritz Csáky, der den Begriff ausgearbeitet hat, hebt »die imperiale Prägung Zentraleuropas hervor, die asymmetrische Beziehungen zwischen den verschiedenen Nationen und Ethnien der Region und ihren Kulturen verursachte.« (Vgl. Ther 2006) Die Begriffe Mitteleuropa und Zentraleuropa werden häufig abwechselnd benutzt, es gibt beispielsweise zwei deutsche Übersetzungen des Essays von Milan Kundera *Un ocident kidnappé*: Einmal heißt der Titel »die Tragödie Zentraleuropas« (vgl. Kundera 1994), ein anderes Mal »die Tragödie Mitteleuropas« (vgl. Kundera 1996).

»die größte Vielfalt auf kleinstem Raum« (Kundera 1986: 135) nannte, verteidigte er die zwischen Ost und West vergessene Mitte mit ihren »kleinen Kulturen«. Die Teilnehmer der Debatte argumentierten mit der ›kakanischen Tradition‹ und betonten fast ausschließlich die Gemeinsamkeiten innerhalb dieser Region. Dadurch sollte das entführte und verschwundene Zentraleuropa eine Wiedergeburt erleben, was schließlich auch geschah – 1990 verkündete der britische Historiker Timothy Garton Ash: »Mitteleuropa ist wieder da!«.[3] Emil Brix hielt die Debatte sogar für »ein[en] Versuch, politisch-gesellschaftliche Veränderungen mit Argumenten des kulturellen Gedächtnisses zu bewirken«. (Brix 1996: 14) Auf offensichtliche Inkonsequenzen der damaligen Debatte wies bereits Danilo Kiš in seinen Essays *Homo poeticus* hin: »Die Unterschiede zwischen den nationalen Kulturen in dieser Region sind größer als die Ähnlichkeiten, die Antagonismen stärker als Übereinstimmung und Homogenität. [...] Man übersehe die Unterschiede und betone die Ähnlichkeiten.« (Kisch 1994: 56f.) Das kulturelle Gedächtnis Zentraleuropas schien jedoch zu diesem Zeitpunkt und in Verbindung mit einem ganz konkreten Zweck sehr stark von den Elementen des sog. Habsburgischen Mythos (vgl. Magris 2000) beeinflusst gewesen zu sein. Zentral war hierfür u.a. die Vorstellung von der Übernationalität dieser Region.[4] Auch heute noch wird öfters auf den Mythos rekurriert (z.B. im Projekt »Kakanien – die Neue Republik der Dichter«, mit dem ich mich im weiteren Teil des Aufsatzes beschäftige), immer deutlicher zeigen sich jedoch distanzierte und kritische Stimmen (im diesem Aufsatz präsentiere ich zwei von ihnen: Andrzej Stasiuk und Michal Hvorecký).

Im Folgenden möchte ich an einigen ausgewählten Beispielen zeigen, dass sich diese von Kiš angemahnte Tendenz heutzutage allmählich ändert. Meine These lautet dabei, dass, während die ›neue Vereinigung Europas‹ politische und wirtschaftliche Gemeinsamkeiten

---

3 Vgl. Ash 1990: 188: »Mitteleuropa ist wieder da. Drei Jahrzehnte lang nach 1945 sprach niemand mehr von Mitteleuropa, es war verschwunden wie Tyros und Ninive.« Die deutschsprachige Ausgabe verbindet zwei englische Publikationen *The Uses of Adversity. Essays on the Fate of Central Europe* (New York 1989) sowie *We The People. The Revolution of '89* (Cambridge 1990).

4 Magris 2000: 25f.: »eine harmonische Überwindung der nationalen Gegensätze«.

schafft, viele Autoren so stark wie selten zuvor das Recht auf Differenz betonen oder verteidigen (Andrzej Stasiuk, Michal Hvorecký). Auch nach 1989 sind jedoch beide Modelle von Zentraleuropa (das der Unterschiede und intensiver Konflikte, sowie das der Gemeinsamkeiten und kultureller Transfers) in literarischen Texten sichtbar: Das Multiethnische und Transkulturelle wird vor allem in der Retrospektive als ein Element des kulturellen Gedächtnisses gezeigt. In einem solchen Gestus wird auch heutzutage die nach 1945 »amputierte Erinnerung« (Zawada 1996: 52) vielen Städten zurück gegeben (vgl. Jurij Andruchovyč, Andrzej Zawada). Ein anderes und relativ neues Phänomen stellen in diesem Kontext Versuche dar, solche Konzepte wie ›Transkulturalität‹ oder ›verflochtene Kulturen‹ im öffentlichen Raum umzusetzen. Darin ist auch der Wunsch nach einer neuen Transkulturalität (mit alten und neuen Minderheiten) sichtbar, die sich nicht an den alten kakanischen oder (generell) postimperialen Mustern orientiert. Mit diesem Phänomen werde ich mich im letzten Teil des Aufsatzes befassen (am Beispiel von Słubfurt).

Bevor ich zu meinen literarischen Beispielen übergehe, möchte ich kurz die Konzepte der Interaktion der Kulturen (Multikulturalität, Interkulturalität und Transkulturalität) in Bezug auf den Raum Ostmitteleuropas schildern.

WIE TRANSKULTURELL IST EIN MULTIETHNISCHES ZENTRALEUROPA?

Zentraleuropa halte ich für transkulturell *avant la lettre*, was nicht heißt, dass alle Arten des Kulturkontakts in diesem Teil Europas immer trans- und nie inter- oder multikulturell waren. Wolfgang Welschs Überlegungen zu einer Theorie der Transkulturalität beziehe ich – seiner eigenen Diagnose zufolge – auch auf die (zentral)europäische Vergangenheit.[5] Denn Kunderas »größte Vielfalt auf kleinstem Raum« bedeutet (vor 1939 noch mehr als heute) nicht nur eine Nachbarschaft

5 Welsch 1997: 74: »Transkulturalität [ist] historisch keineswegs völlig neu. Sie war geschichtlich geradezu die Regel – ganz anders, als die vorgeblich historisch argumentierenden Anhänger des traditionellen Kulturkonzeptes meinen, welche die Transkulturalität von Jahrhunderten übersehen...«

(»multi«), sondern auch den Austausch zwischen benachbarten Kulturen (»inter«) und schließlich auch die Überlappung von Kulturen, Sprachen, Konfessionen und Literaturen (»trans«). Es stellt sich hierbei eine unausweichliche Frage, ob jede Art kultureller Vermischung sofort als ein Beispiel der Transkulturalität gelten muss und ob z.B. die vor 1939 in Zentraleuropa verbreitete Mehrsprachigkeit immer als Verkörperungen des Transkulturellen dienen könne. Um solch eine Frage auch nur annähernd präzise beantworten zu können, muss ich mich noch einmal auf die von Welsch getroffene Unterscheidung zwischen Multi-, Inter- und Transkulturalität berufen.[6] Diese drei Begriffe verbindet er nicht vordergründig mit Eigenschaften der untersuchten Gesellschaften, sondern mit dem jeweiligen Kulturkonzept der Wissenschaft. So sieht Welsch sowohl die Multi- als auch die Interkulturalität als Entwürfe, die sich auf die traditionelle (Herdersche) »insel- oder kugelartige Verfassung der Kulturen« (Welsch 1997: 70) stützen: Deswegen lehnt er sie weitestgehend als Modell zur Erklärung des heutigen Status der Kulturen ab, denn »die kulturellen Verhältnisse sind heute weithin durch Mischungen und Durchdringungen gekennzeichnet«. (Welsch 1997: 71)

Dem gegenüber platziert Welsch den Entwurf einer transkulturellen Gesellschaft, die von Kommunikation zwischen den Gruppen lebt und nicht mehr an eine Kugel, sondern an ein Geflecht erinnert. Er konzentriert sich dabei auf Ähnlichkeiten und Überlappungen der Kulturen und blendet das Thema ›Differenz‹ in seinem Modell bewusst aus. Da jedoch kein Kulturkontakt außerhalb von Machtstrukturen stattfinden kann, ist in jedem untersuchten Fall von Transkulturalität auch ein Platz für Differenz vorhanden. Unabhängig davon, ob als Untersuchungsgegenstand der Kulturkontakt in Zentraleuropa vor 1939 oder nach dem Zweiten Weltkrieg ausgewählt wird, sind dort zahlreiche Verflechtungen der Kulturen zu finden – sowohl in einem diachronen als auch in einem synchronen Überblick.

Ich möchte hier keinesfalls beweisen, dass Zentraleuropa transkulturell sei, ich gehe vielmehr davon aus, dass der zentraleuropäische Raum transkulturelle Elemente aufweist und dass es ein Raum sowohl

6 Vgl. Welsch 2000: 327-351. Manche Autoren versuchen nichtsdestotrotz die Begrifflichkeiten miteinander zu versöhnen, so z.B. Hausbacher 2009: 57. Sie weist darauf hin, dass sich Transkulturalität auch als eine Weiterführung der Multikulturalität denken lässt.

der Überlappung als auch der Abgrenzung der Kulturen ist, wo in verschiedenen geschichtlichen Perioden entweder die eine oder die andere Eigenschaft die Oberhand gewinnt. Dass die zentraleuropäische Transkulturalität kein neues Phänomen und dass es nicht nur – wie häufig behauptet wird – mit dem imperialen Erbe dieser Region zu erklären ist, verdeutlicht Czesław Miłosz bereits in seinem autobiographischen Essay *West und Östliches Gelände* aus dem Jahr 1958.

VERSCHWUNDENES FAMILIÄRES ZENTRALEUROPA (CZESŁAW MIŁOSZ)

Miłoszs Essayband *West und Östliches Gelände* (orig. *Rodzinna Europa,* wörtlich: familiäres Europa) lässt sich nicht direkt im Kontext des kakanischen Mythos der Vielfalt und Überwindung der Gegensätze lesen und interpretieren. Trotzdem kann er als eine Verteidigung der transkulturellen Mitte verstanden werden, einer Mitte, die plötzlich (geographisch und kulturell) verschwunden ist. Ähnlich wie Jahrzehnte später im Fall Kunderas wird *West und Östliches Gelände* von einem Exilanten an das westliche Publikum adressiert: Mit diesem Buch wollte Miłosz »den Europäern das Europa näher bringen«[7]. Das »Familiäre Europa«, wie es im Titel des Originals avisiert wurde, bedeutet nicht bloß eine Zusammensetzung voneinander getrennter ethnischer oder nationaler Gruppen: Die multiethnische Gesellschaft, der Miłosz entstammt, ist ein Ergebnis vieler kultureller Beeinflussungen, die

7 Miłosz 1986: 8f.: »So wurde also das Verlangen, Europa den Europäern näherzubringen, zum ersten Samenkorn. […] Ich habe also beschlossen, ein Buch über einen Osteuropäer zu schreiben, der um die Zeit geboren wurde, als die Menge in Paris und London den ersten Fliegern zujubelte, über einen Menschen, der weniger als sonst jemand in den herkömmlichen Kategorien deutscher Ordnung und russischer âme slave Platz findet.« (»Tak więc pierwszym ziarnem była chęć, żeby przybliżyć Europę Europejczykom. [...] Postanowiłem więc napisać książkę o Europejczyku wschodnim, urodzonym mniej więcej wtedy, kiedy tłumy Paryża i Londynu wiwatowały na cześć pierwszych lotników; o człowieku, który mniej niż ktokolwiek mieści się w stereotypowych pojęciach niemieckiego porządku i rosyjskiej âme slave.« Miłosz 1980: 8-9)

Jahrhunderte lang dauerten und oft schwer nachzuvollziehen sind oder zum Gegenstand der Legende wurden. Die Verflechtung, die der polnische Dichter thematisiert und »Melange« nennt, ist demzufolge kein Charakteristikum des 19. oder 20. Jahrhunderts – in seiner Darstellung greift sie ins 16. Jahrhundert zurück, denn gerade damals vollzog sich – der privaten Legende nach – die Migration von Miłoszs Vorfahren aus der Lausitz in Richtung Osten:

»Ich versetze mich also in die Gegend von Berlin und Frankfurt an der Oder, um dort nach den Anfängen zu suchen. [...] In den wenig bevölkerten Waldgebieten Litauens konnte man Rodungen anlegen und Niederlassungen gründen, Polen, Deutsche und selbst Schotten zogen dorthin. Es war also nichts Außergewöhnliches, daß die Einwanderer aus der Lausitz dort Zuflucht suchten. Übrigens weißt man das alles nur aus nebelhaften Legenden, die freilich mit großem Eifer weitergegeben wurden.« (Miłosz 1986: 27)[8]

Die kulturelle und ethnische Melange wird hier nicht nur als ein in der Gesellschaft verbreitetes Phänomen dargestellt, sondern auch als ein festes Element der Familiengeschichten (in denen sich mehrere Ethnien begegneten) und schließlich als ein Merkmal jedes Individuums. Sich selber stellt der Essayist als ein Produkt mehrerer ethnischer und kultureller Einflüsse dar, als ein transkulturelles Wesen: »Die Melange des polnischen, litauischen und deutschen Blutes, wofür ich ein Beispiel bin, war allgemein verbreitet und die Anhänger der Reinheit kämen hier nicht weit.«[9]

Die Vielfalt von Ethnien, Sprachen, Konfessionen und Traditionen (Stadt-Land) war für die Wilnaer Bevölkerung vor 1939 typisch. In diesem Kontext thematisiert der Dichter auch seine eigene Mehrspra-

8 »Przenoszę się więc w okolice Berlina i Frankfurtu nad Odrą, tam szukając początków. [...] Słabo zaludnione lasy Litwy dostarczały możliwości karczunku i kolonizacji. Przybywali tam Polacy, Niemcy, a nawet Szkoci. Nic więc nadzwyczajnego, jeżeli szukali tam schronienia imigranci z Łużyc. Wszystko to jednak należy do mglistej, choć z uporem powtarzanej legendy.« (Miłosz 1980: 22f.)

9 Korrigierte Übersetzung in Anlehnung an Miłosz 1986: 30. Vgl. Miłosz 1980: 25: »Ten melanż krwi polskiej, litewskiej i niemieckiej, jakiego jestem przykładem, był czymś powszechnym i niewiele pola do popisu mogliby tu znaleźć zwolennicy czystości.«

chigkeit: »Da ich um mich herum dauernd russisch reden hörte, sprach ich es, ohne überhaupt gewahr zu werden, daß ich zweisprachig wurde...«[10] (Miłosz 1986: 49f.) Der Kulturkontakt, der in dem konkreten Fall von Kriegsunruhen verursacht worden ist, führte auf natürliche Weise zur Mehrsprachigkeit des Kindes.[11]

Trotz der Betonung der Vielfalt und kultureller Überlappungen in Litauen vor 1939, verklärt Miłosz dieses Bild nicht. *West und Östliches Gelände* liefert auch Beispiele der Differenz und Exklusion von Ethnien in dieser Region:

»In diesen Gebieten war die Isolierung der Juden eine alte Erscheinung. Die Gründe dazu muß man in ihrer beruflichen Sonderstellung suchen [...] und im anderen Rhythmus der im Religiösen verankerten Gebräuche. Der politische Antisemitismus dagegen gehörte einer viel späteren Zeit an...«.[12] (Miłosz 1986: 104)

Die von Miłosz thematisierte Transkulturalität war vor 1939 nicht nur eine Eigenschaft der Großstädte Zentraleuropas[13], sie betraf häufig auch relativ kleine Ortschaften und Siedlungen. Die prominentesten Beispiele lassen sich m. E. in Ostgalizien finden: Auf die Suche nach der bereits verschwundenen Welt macht sich in einem historischen

10 »Słysząc dookoła siebie ciągle rosyjski język, mówiłem nim, nie uświadamiając sobie wcale, że jestem już dwujęzyczny.« (Miłosz 1980: 38)

11 Es gibt zahlreiche Beispiele von Pluralität oder Überlappung der Sprachen in multiethnischen Regionen: In literarischen Texten, die besonders den Raum von Galizien thematisieren, sind oft Sprachmischungen oder sogar sprachliche Hybriden zu finden, z.B. die sprachlich hybride Figur des Bukolins in Stanisław Vincenzs *Na wysokiej połoninie* (Auf der hohen Bergalm) oder die Amme Kassandra in Gregor von Rezzoris *Blumen im Schnee*, vgl. Makarska 2009.

12 Von der Verfasserin korrigierte Übersetzung. In der deutschen Fassung steht fälschlicherweise anstatt »der *politische* Antisemitismus« – »der *polnische* Antisemitismus« (Hervorhebung R.M.). »Izolacja Żydów na tym obszarze była starym zjawiskiem. Przyczyn jej trzeba szukać w różnicach zawodowych [...] i w odmiennym rytmie obyczajowym, utrzymywanym przez religię. Jednakże antysemityzm polityczny pojawił się bardzo późno...« (Miłosz 1980: 79)

13 Vgl. u.a. Wendland 2006.

Reiseessay der Übersetzer und Autor Martin Pollack (1984) und porträtiert u.a. das Städtchen Kuty in den Ostkarpaten, »eine der ältesten Ansiedlungen der Armenier auf galizischem Boden und die einzige Stadt, wo sich diese zahlenmäßig schwache Bevölkerungsgruppe die eigene Sprache und Tracht bewahrt hatte.« (Pollack 1984: 101) Noch im 19. Jahrhundert war Kuty ein Ort, an dem zugleich Ukrainer, Polen, Österreicher, Armenier, Juden und Huzulen gelebt haben. Im 18. Jahrhundert zählte die armenische Gemeinde 400 Mitglieder. (Gudowski/-Olszański 2001: 238), der Ort galt als die »kleine Hauptstadt der polnischen Armenier« (Jankowski 2005); die große befand sich in Lemberg. Die Armenier bewahrten hier die eigene Sprache und Tracht, befanden sich gleichzeitig in ständigem Kontakt mit anderen Gesellschaftsgruppen: »In Kuty kauften die armenischen Händler von den Huzulen in den Bergen ringsum Ziegen, Schafe und Rinder, Häute, geräuchertes Fleisch und Fische, sie gerbten feines Saffianleder und zogen mit ihren Packpferden und Karren bis in die ungarische Tiefebene und nach Russisch-Polen« – berichtet weiter Martin Pollack. (1984: 101f.)

Das Thema des ständigen Kontakts, der gegenseitigen Wahrnehmung (Armenier und Huzulen, Huzulen und Juden, Huzulen und Polen usw.) und der Vermischung der kulturellen Elemente wurde relativ früh literarisiert. Die karpatische Ortschaft war nicht nur ein Zentrum der armenischen, sondern auch der chassidischen Kultur, die Karpaten wurden zur legendären Wiege des Chassidismus. Der mündlichen Überlieferung nach hielt sich in der Nähe von Kuty[14] Israel ben Elieser (der Bescht) auf, als er die Stimme Gottes hörte und ›berufen‹ wurde; dort begann seine Mission. In den *Erzählungen der Chassidim* von Martin Buber findet sich diesbezüglich auch eine kurze Passage, die jedoch den Ort nicht ausdrücklich nennt: »Steil und abschüssig sind die Gipfel jenes Gebirges, an dessen sanftem Hange Israel ben Elieser wohnte. In den Stunden der Abgeschiedenheit pflegte er zu ihnen aufzusteigen und hier zu verweilen.« (Buber 1949: 119) Die einzelnen Traditionen überschneiden und überlappen sich häufig, die mündlichen Berichte (in verschiedenen Sprachen überliefert) oder literarische Texte vervollständigen sich gegenseitig: So passiert dies mit der Legende über eine Begegnung zwischen dem bereits erwähnten Bescht und der Figur der huzulischen Folklore, dem Räuber Dovbuš. Es berichtet darüber die lokale mündliche Tradition: Zu diesem Treffen soll es in der

14 In den umliegenden Bergen (zwischen Kuty und Kosiv).

ersten Hälfte des 18. Jh. gekommen sein. Eine Erwähnung dieser Begegnung findet sich ebenso in den bereits genannten *Erzählungen der Chassidim*. (Makarska 2010: 76f.)

Pollack thematisiert in seinem Reiseessay nicht nur die Kontakte zwischen Chassiden, Huzulen, Polen und Ruthenen, wie im Titel angekündigt, sondern auch zwischen weiteren Gruppen – Deutschen, Armenier, Karaiten und Liptowaner. (Pollack 1984: 103) Immer wieder kommt er auf Differenzen (z.B. Situation der jüdischen Arbeiter in der Petroleumraffinerie von Drohobycz) zu sprechen. Nichtsdestotrotz überwiegen hier die Schilderungen der Gemeinsamkeiten bzw. der Überlappungen der Kulturen in Ostgalizien. Die von Pollack dokumentierte ethnische, sprachliche und religiöse Vielfalt vor 1939 ist mit der heutigen Situation kaum zu vergleichen. Laut der Volkszählung von 1921 bewohnten Kuty 5500 Menschen, davon 3500 Polen und stark polonisierte Armenier, 1000 Juden und 1000 Ukrainer. (Gudowski/Olszański 2001: 238) Heute zählt die Stadt ca. 4 Tausend Einwohner, wovon 98% Ukrainer und 2% Minderheiten ausmachen (Weißrussen, Russen, Polen und bereits ukrainisierte Armenier).[15]

ZENTRALEUROPA ALS EIN (TRANS)KULTURELLES PALIMPSEST (JURIJ ANDRUCHOVYČ)

»Ich lebe in einer jener Städte, in denen die Liebe zur Archäologie, ja sogar eine merkwürdige Abhängigkeit von ihr, unvermeidlich ist. ›Archäologie‹ verstehe ich hier im weitesten Sinne – als die Möglichkeit, Spuren wiederzufinden, in immer tiefere Schichten einzutauchen«,

schreibt Jurij Andruchovyč in einem seiner Essays. (Andruchowytsch 2003: 51) Die Stadt – erst seit 1962 Ivano-Frankivs'k genannt – hieß davor auch Stanislaviv, Stanisławów und Stanislau, ein für Zentraleuropa typisches Spiel der Namen und Geschichten. Die häufig anzutreffende Vielfalt der Namen weist nicht nur auf verschiedene nacheinan-

15 Angaben nach: http://www.kosivart.com/index.cfm/fuseaction/kuty.main/, Zugriff am 04.03.2011. Die jüdische Bevölkerung von Kuty wurde zum großen Teil während des Zweiten Weltkrieges in dem Todeslager Bełżec (vgl. http://www.belzec.eu) umgebracht.

der folgende Herrschaftssysteme (und offizielle Sprachen) hin, sondern auch auf unterschiedliche ethnische und religiöse Gruppen, die einen Ort zur gleichen Zeit bewohnt haben.[16] Die kulturelle, ethische und religiöse Verflechtung war ein Charakteristikum beinahe des ganzen zentraleuropäischen Raums vor 1939. Ähnliches lässt sich auch über andere Großstädte der Region berichten: u.a. über Lemberg (Leopolis, L'vov, Lwów, L'viv), Czernowitz (Černivci, Czerniowce, Cernăuţi), Wilna (Vilnius, Wilno, Wilne), Iaşi (Jassy, Jászvásár) oder Bratislava (Prešporok, Pressburg, Pozsony). Der »archäologische Zugang« zum städtischen Raum bewirkt, dass sich Andruchovyč mehr mit Stanislau (Vergangenheit) als mit Ivano-Frankivs'k (Gegenwart) befasst, bzw. der Stadt ihre Vergangenheit zurück gibt. Der ukrainische Autor wird zu einem der Ideengeber des sog. Stanislauer Phänomens: einer »Überlagerung kultureller Schichten« (Andruchowytsch 2003: 58) innerhalb der Stadt und des Spiels zwischen ihnen. Die literarische Archäologie-Arbeit, die Andruchovyč in seinen Texten leistet, ist in Wirklichkeit eine Archäologie der Erinnerung: Erst nach 1989 wurde es möglich, über die multiethnische Geschichte der Region frei zu berichten. Die Versuche, der Gegend die »amputierte Erinnerung« zurück zu verleihen, bleiben bei dem Autor nicht nur auf der Ebene der Rekonstruktion. Eine wesentliche Rolle spielt für den Autor von *Das letzte Territorium* auch »das Spiel des Schichten«, ihre literarische Umwandlung. Der Tendenz, die (Kultur)Geschichte der Ukrainischen Sowjetrepublik nach 1945 von fremden Einflüssen zu befreien, setzt der Autor nicht nur eine Rekonstruktion der alten galizischen Vielfalt, sondern auch eine *ad absurdum* geführte Polykulturalität entgegen – am sichtbarsten wird dies in seinem Lemberg-Essay *Das Stadt-Schiff*. Diese Stadt, an einer Wasserscheide gelegen (und dadurch unterschiedliche kulturelle Einflüsse verbindend und trennend), wirkt wie eine Arche Noah, auf der sich Vertreter aller möglichen ethnischen, religiösen, kulturellen und sonstigen Gruppen treffen:

> »Serben, Dalmatiner, Arnauten, Argonauten, Tataren, Türken, Araber, Schotten, Tschechen, Mauren, Basken, Skythen, Karaimen, Chasaren, Assyrer, Etrusker, [...] Altgläubige, Rechts- und Linksgläubige.« (Andruchowytsch 2003: 33)

16 Z.B. jüdische Namen: Wilne oder Kroke.

Die ironische Distanz seiner Essays aus dem Band *Das letzte Territorium* richtet sich sowohl gegen eine Verleumdung der multiethnischen Vergangenheit der Westukraine wie auch gegen eine unkritische Verherrlichung und Übertreibung in der Darstellung der kakanischen Zeit. Andruchovyč knüpft bewusst an den alten »Österreich-Donau-Mythos« an, er parodiert ihn aber zugleich, den Mythos, der fast zu einer Religion wurde. (Andruchowytsch 2003: 58)

Das eben dargestellte literarische Bild Lembergs schreibt sich gut in Welschs Entwurf der Transkulturalität hinein: Es ist die »Stadt der verwischten Grenzen« (Andruchowytsch 2003: 29) zwischen den Kulturen. Die Überlappung verschiedener Einflüsse ist hier zwar in der diachronen Darstellung am sichtbarsten – sie bilden wörtlich einzelne Schichten eines Palimpsestes[17], die Vermischung geschieht aber auch in der Synchronie – in dem Bild der alles rettenden Arche Noah. Die Ästhetik der verwischten Grenzen lässt alle Einflüsse zu, versammelt alle auf dem »Stadt-Schiff«.

MIT *BRESŁAW* GEGEN DIE AMPUTIERTE ERINNERUNG (ANDRZEJ ZAWADA)

In einer Stadt mit ähnlich amputierter Erinnerung – in Wrocław, Breslau, Brassel, Vratislav, Vratislavia – versucht der Dichter und Literaturwissenschafter Andrzej Zawada, an verschiedene Schichten des Gedächtnisses zu gelangen. Programmatisch hierfür wurde sein Essay aus dem Jahr 1996 *Bresław*, in dem er auf die gleichzeitige Präsenz von mindestens zwei verschiedenen Städten auf dem gleichen Raum hinweist.[18] Diese Präsenz (obwohl immer sichtbar) wurde nämlich nach 1945 jahrzehntelang verheimlicht, in Wrocław viel stärker als in kleineren niederschlesischen Städten. Zawada zieht einen Vergleich zwischen seinem Geburtsort Wieluń und dem späteren Lebens-

17 Ähnlich stellt Michal Hvorecký die Geschichte Bratislavas dar, er spricht von einem tausendjährigen »fremden Fundament« und einer neuen fünfzigjährigen slowakischen Schicht, vgl. den weiteren Teil des Aufsatzes.

18 Sie lassen sich nicht so einfach architektonisch festlegen wie im Fall von Stanislau (der alte Kern) und Ivano-Frankivs'k (Neubaugebiete), die mindestens doppelte Identität erstreckt sich auf die gesamte Stadt.

ort Wrocław und konzentriert sich auf den unterschiedlichen Umgang mit der Erinnerung:

»Ich bin in Wieluń geboren, wo die Familie meiner Mutter herstammt und wo ich sechzehn Jahre lang gewohnt habe. Die physische Skala der Realität war dort um einiges kleiner. Jeder Ort hatte jedoch ein offensichtliches und für alle natürliches Gedächtnis, das zwar in der Vergangenheit lag, dessen Existenz aber ganz objektiv war. [...]
Der Stadt Wrocław wurde die Erinnerung amputiert. [...] Die Vergangenheit von Wrocław wurde verheimlicht, so wie man dies in einer sogenannten guten Familie mit dem peinlichen Geheimnis tut mit jemandes unehelicher Abstammung.«[19]

Die Idee eines neuen transkulturellen und transnationalen Namens und Ortes gab dem Autor eine alte englische Enzyklopädie aus dem 17. Jahrhundert[20]: »BRESLAW an der Oder, eine Stadt in Deutschland, Hauptstadt von Schlesien und dem dortigen Fürstentum [...]. Lateinische Autoren nennen die Stadt *Vratislavia Budorgis* oder *Butorigum.*«[21] Von diesem Eintrag ausgehend gerät Zawada schon di-

19 Zawada 1996: 42, 52: »Urodziłem się w Wieluniu, skąd wywodzi się rodzina mojej matki, i mieszkałem przez szesnaście lat. Fizyczna skala rzeczywistości była tam o wiele mniejsza. Każde miejsce miało natomiast oczywistą i dla wszystkich naturalną przeszłość, która, choć ginęła w niepamięci, przecież obiektywnie istniała. [...] Wrocław jest miastem, któremu amputowano pamięć. [...] Przeszłość Wrocławia została zatajona, jak w tak zwanej dobrej rodzinie wstydliwa tajemnica czyjegoś niewłaściwego pochodzenia.« Deutsche Übersetzung der Zitate von R.M.

20 Die bibliographische Angabe, die Zwada in seinem Buch liefert, lautet: »The Great Historical, Geografical, Genealogical and Poetical Dictionary Being A Curious Miscellany of Sacred and Prophane History, 1688, London«, vgl. Zawada 1996: 41.

21 Vgl. auch den genauen Eintrag in der Enzyklopädie: »Breslaw upon the Oder, Capital of Silesia, and of particular Duchy, with a Bishoprick Suffragant of Guesn, about 1033 or 35. The Latin Authors call it Uratislavia Budorgis, and Butorigum. It is one of the greatest and fairest of all Germany, and became considerable since the Eleventh Age. in 1109, Boleslas III. King of Poland, defeated the Emperor Henry V. there. it suffered much in the 13th Age by the Incursions of the Tartars, who burned it almost to

rekt zu Bresław (Breslau und Wrocław zugleich), einer Bezeichnung für eine Stadt, »in der man die Adjektive, die eine Nationalität bezeichnen, um einiges vorsichtiger benutzen müsste, als dies bisher geschah«[22]. Ähnlich wie in der Prosa Andruchovyčs beschreibt Zawada die Stadt und ihre Bauwerke als ein Palimpsest[23] – Bauwerke, die immer wieder ihre Nutzungskonzepte verändert haben:

> »In einem ehemaligen Kloster ließ sich die universitäre Philologie nieder und in einer der Zellen befindet sich mein Büro. [...] Wenn ich in meiner Klosterzelle arbeite, fühle ich, wie mir die Mönche über den Nacken schauen, die mir den Platz geräumt haben. Franziskaner und Prämonstratenser.«[24]

Nicht nur die Bauwerke haben eine palimpsestartige Geschichte, sondern auch die Menschen: In der Neuzeit bewohnten die Stadt »die so-

---

Ground, and it has been twice since almost destroyed by fire, to which it is very subject, as being built mostly of Wood. [...] The Town-House, built in one of these Markets, is one of the fairest Buildings in Germany, with a Clock, and an admirable Consort of Trumpets, after the Maner of the Country. Near to this are three great Halls, where the richest Merchants have their Warehouses and Shops. The New Market, and the Salt-Market are also very fine Places. [...] Breslaw is very strong, and of an admirable Situation. The Inhabitants themselves keep Guard in it; and though it depends on the Emperor, with the rest of Silesia, yet it is governed as a Common-Wealth. It stands 120 Miles North East of Prague, 130 North West of Cracow, and 170 North of Vienna.« Text nach: http://www.pierre-marteau.com/wiki/index.php?title=Breslau, Zugriff am 02.02.2011.

22 Zawada 1996: 43 »Przymiotniki określające przynależność narodową należałoby stawiać [...] z o wiele większą ostrożnością, niż się to dotąd czyni«.

23 »Zwar wurde der heutige Name der Stadt, wie fast alle Ortsnamen innerhalb ihrer Grenzen, ihr im Jahr der endgültigen Niederlage Deutschlands verliehen, das Stadtgedächtnis ist jedoch ein vielschichtiges Palimpsest.« (Zawada 1996: 47: »Wprawdzie obecną nazwę, jak prawie wszystkie nazwy miejsc we Wrocławiu, nadano mu w roku ostatecznej klęski Niemiec, ale pamięć tego miejsca jest jak wielowarstwowy palimpsest.«)

24 Zawada 1996: 45f.: »W byłym klasztorze osiadła pół wieku temu uniwersytecka filologia i w jednej z cel mam swój gabinet. [...] Kiedy pracuję w mojej zakonnej celi czuję jak przez moje ramię zaglądają mnisi, którzy ustąpili mi miejsca. Franciszkanie i premonstatensi.«

genannten Deutschen«, nach dem Zweiten Weltkrieg »die sogenannten Polen«, die »das Ergebnis einer Jahrhunderte langen Destillation der polnischen, ukrainischen, jüdischen und österreichischen Elemente, mit ein paar kleineren Beimischungen«[25] waren.

In *Bresław* ist die Überlappung der Kulturen nicht nur ein Charakteristikum der Vergangenheit, sie ist als eine historische, architektonische und kulturelle Schicht in der Gegenwart präsent: Auf diese unausweichliche Präsenz deutet der von Zawada erschaffene Name hin.

SCHREIBEN GEGEN »MULTIKULTI« (ANDRZEJ STASIUK)

Wie bereits mehrmals festgestellt, war Zentraleuropa vor 1939 ein Raum vielfältiger Überlappungen und Verflechtungen von Kulturen, einer ethnischen, religiösen, konfessionellen Melange. Es war zugleich ein Raum der Differenzen. Wenn jedoch solche Namen wie Kakanien, Habsburger-Mythos oder moderne Parolen wie »Multikulti« fallen, werden vor allem Gemeinsamkeiten hervorgehoben. Gegen diese Einseitigkeit des Bildes Zentraleuropas schreibt in seiner Reiseprosa Andrzej Stasiuk an (2006b). Obwohl er sichtbar von der Vielfalt des europäischen Zentrums fasziniert ist, lehnt er alte und gegenwärtige politische Parolen ab und greift den »goldene[n] Traum der Multikulti-Anhänger« (Stasiuk 2006a: 22)[26] an, der wie eine Art »Religion« verbreitet ist.

Die Überlappung der Kulturen vollzieht sich in Stasiuks Prosa nur in geringem Maße, sein Schreiben scheint subversiv zu sein: Er schreibt gegen den Mythos der polykulturellen und mehrsprachigen Mitte, gegen die nostalgische Sicht auf das vergangene Kakanien. Stasiuks literarische Reisebeschreibungen befassen sich mit den heutigen Spuren der Vielschichtigkeit dieses Raumes, stellen ihn dabei als eine Peripherie (Europas Peripherie) dar. Dabei betonen sie das »Randständige« und Provinzielle dieses Raumes, das ihm erlaubt, ein eigenes

---

25 Zawada 1996: 50: »ci tak zwani Polacy byli owocem wielowiekowej destylacji elementu polskiego, ukraińskiego, żydowskiego, austriackiego, z kilkoma jeszcze pomniejszymi domieszkami...«

26 Stasiuk 2004: 22: »złoty sen wyznawców kultu multikulti«.

Tempo und einen eigenen Charakter (Differenz) zu bewahren. Das Modell, in welches sich Stasiuks Texte einschreiben (welches Stasiuks Texte entwerfen), besitzt ein Zentrum, wo die Prozesse der Homogenisierung und Assimilierung am stärksten sind, und eine Peripherie, die es sich erlauben kann, die Differenz zu verteidigen und zu pflegen.

Auch Stasiuks Reisender geht von einer Melange der Ethnien aus: Er trifft auf »germanisierte Polen, rumänisierte Deutsche, polonisierte Ukrainer« (Stasiuk 2006a: 22)[27], die nur über ein notwendiges zentraleuropäisches Vokabular verfügen, mit dessen Hilfe lediglich alltägliche Kommunikationsversuche unternommen werden können (»[Der Barmann] redete und redete, Rumänisch, Russisch und Deutsch durcheinander. Auf Polnisch versuchte er (es) auch«; Stasiuk 2006a: 42f.). Auch die Reisenden bringen sich dieses Vokabular bei: »Also zehn Wörter Rumänisch, fünf Wörter Ungarisch, die Station Boj-Cătun und – sagen wir – eine Million Lei in kleinen Scheinen, um Leere zwischen Himmel und Erde zu sehen […].« (Stasiuk 2006a: 39)[28] Die vermeintliche zentraleuropäische Mehrsprachigkeit wird hier karikiert: Die Kommunikation ist weitestgehend fragmentarisch, es sind vielmehr Kommunikationsversuche. Das kleine Wörterbuch, ein Überlebensbuch, charakterisiert nicht nur die Sprecher, sondern auch den Raum selbst. Zu den zehn Wörtern Rumänisch und fünf Ungarisch kommen in diesem Überlebensbuch auch »allgemeinslavische« Ausdrücke. (Vgl. Stasiuk 2006a: 123)[29] In Ungarn wird der Reisende als ›Slave‹ erkannt und ›auf Slavisch‹ angesprochen: »Der Barmann er-

27 Stasiuk 2004: 22: »zza płotów popatrują zniemczeni Polacy, zrumunizowani Niemcy, spolszczeni Ukraińcy, cała ta pograniczna hybryda...«.

28 Stasiuk 2004: 41: »No więc dziesięć słów po rumuńsku, pięć po węgiersku, stacja Boj-Cătun i – powiedzmy – milion lei w małych nominałach, żeby zobaczyć pustkę pomiędzy niebem a ziemią [...].«

29 Vgl. Stasiuk 2004: 129: »Znał kilka ogólnosłowiańskich słów«. In einem ähnlichen Kontext findet sich in der Prosa Jáchym Topols eine Passage, wo die Menschen im Zug zwischen Tschechien und der Slowakei »Slavisch« reden, vgl. Topol 2007: 10: »…sedíme v hloučku chlapů a slovansky si vykládámé« (»Als ein Grüppchen Männer sitzen wir da und unterhalten uns Slavisch«).

kannte in mir auf Anhieb den Slawen und sagte, während er einschenkte, ›dobro‹ und ›na zdarowje‹.« (Stasiuk 2006a: 65)[30]

Die größte (prinzipielle) Differenz verkörpern jedoch die Vertreter der Roma-Minderheit, sie symbolisieren sowohl in *Unterwegs nach Babadag* als auch in *Fado* den zentraleuropäischen Widerstand gegen die Homogenisierungstendenz der westlichen Gesellschaften. Entweder von anderen ausgegrenzt oder sich selber ausgrenzend sind sie die einzigen Nicht-Kolonisierten, die Stasiuk den assimilierten Minderheiten gegenüberstellt. Sie haben einige Elemente anderer Kulturen (als »Zivilisationsmüll« bezeichnet) aufgenommen, ohne sich je zu assimilieren:

»Die Zigeuner haben doch unter extrem ungünstigen Umständen einige Jahrhunderte überlebt und sich so gut wie nicht verändert. Sie haben den drohenden Untergang und die Versuchung der Assimilation überstanden. Ein paar Gadgets, ein bisschen Zivilisationsmüll haben sie von uns übernommen, aber sie hatten wohl nie Lust darauf, am ›europäischen Kulturerbe‹ teilzuhaben.« (Stasiuk 2008: 73f.)[31]

Im zentraleuropäischen Raum ist – so in Stasiuks Prosa – eine Spannung zwischen den homogenisierenden und differenzierenden Tendenzen vorhanden. Dem alten Kapitel der verflochtenen Kulturen in dieser Region (assimilierte Minderheiten) und den gestrigen Multi-Kulti-Parolen stellt der polnische Autor die Aktualität und Notwendigkeit der Differenz entgegen. Die Transkulturalität in der kakanischen Form gibt es nicht mehr, die vermeintlich sehr verbreitete Mehrsprachigkeit existiert kaum. Der »Austausch« zwischen den Kulturen funktioniert nur in eine Richtung – und betrifft lediglich die Übernahme vom »Zivilisationsmüll«. Der Entwurf Stasiuks ist subversiv und apolitisch – denn ein »Europa ohne Grenzen« (also ein transkulturelles Europa) wird nicht als eine Konstruktion der postkolonialen und posttotalitären

30 Stasiuk 2004: 68: »Barman natychmiast rozpoznał we mnie Słowianina i nalewając, mówił ›dobre‹ i ›na zdarowie‹.«

31 Stasiuk 2006b: 77f: »Przetrwali [...] w skrajnie nieprzyjaznym środowisku kilkaset lat i niemal się nie zmienili. Przetrwali groźbę zagłady i pokusę asymiliacji. Wzięli od nas trochę gadżetów, trochę cywilizacyjnego śmiecia, ale nigdy chyba nie mieli ochoty na uczestnictwo w ›europejskim dziedzictwie kulturowym‹.«

Welt dargestellt, sondern der Menschen, die sich nicht kolonisieren ließen. Das grenzenlose Europa sei – laut Stasiuk – »ein Zigeunertraum«. (Stasiuk 2008: 76f.)

KEIN NEUES KAKANIEN! (MICHAL HVORECKÝ)

Ähnlich, obwohl nicht so provokativ, argumentiert gegen die Reaktivierung der alten Modelle in der heutigen Zeit der 1976 geborene slowakische Schriftsteller Michal Hvorecký. Nicht einmal im metaphorischen Sinne möchte er sich auf die zentraleuropäische, in der imperialen Struktur begründete, Verflechtung der Kulturen im alten »Kakanien« einlassen. Trotzdem nimmt er teil an dem seit 2010 am Akademietheater in Wien laufenden Projekt »Kakanien – Neue Republik der Dichter«.[32] Auf alte Begriffe und Vorstellungen über die europäische Mitte wird hier in einem Moment zurückgegriffen, wenn »sieben der zwölf neuen EU-Mitglieder […] ehemalige Teile der Donau-Monarchie [sind]«. (Ebd.) Das Projekt möchte die neuen Mitglieder miteinander ins Gespräch bringen: Schriftsteller aus den ehemals kakanischen Ländern werden jeden Monat gebeten, im Akademie-Theater eine Rede zu halten, die das alte und das neue ›Miteinander‹ thematisieren. »Dabei geht es um mentale Gemeinsamkeiten und Andersheiten, um kulturelle Kollisionen und Synergien, um ethische Ansprüche und Visionen, die mit der neuen Nachbarschaft einhergehen« (ebd.), heißt es auf der Homepage des Projekts.

Im Februar 2010 hat sich an dem Projekt auch Michal Hvorecký beteiligt und in seinem Beitrag *Kakanien*[33] u.a. mit den Folgen des Zweiten Weltkriegs für das (ehemals?) transkulturelle Prešporok-Pressburg-Pozsony-Bratislava auseinander gesetzt. Seine Darstellung der plötzlichen Monokulturalität Bratislavas halte ich für ein bewusstes Schreiben gegen kulturelle und politische Slogans:

---

32 Vgl. die Homepage des Projektes: http://www.erstestiftung.org/kakanien/de/kakanien/, Zugriff am 05.03.2011.

33 Hvorecký 2010, abrufbar unter: http://www.erstestiftung.org/kakanien/de/speech-4-michal-hvorecky-and-serhij-zhadan/, Zugriff am 05.03.2011.

»Dort lebten Deutsche, Juden, Ungarn und eine Minderheit von Slowaken, alle gehörten zur Habsburgermonarchie und später zu Österreich-Ungarn. Im Verlauf einiger weniger Jahre, während des Zweiten Weltkriegs und danach, wurden zuerst die Juden und dann die Deutschen deportiert und viele Ungarn zogen aus der Stadt aufs Land. Bratislava war nun überraschend slowakisch geworden und konnte sich lange nicht von diesem Schock erholen. Die fünfzigjährige Schicht slowakischen Lebens ruht auf einem tausendjährigen fremden Fundament.« (Hvorecký 2010: 15)

Auch hier ist die Stadt ein Palimpsest, mit dem Unterschied, dass ihre Geschichte keiner Archäologie bedurfte, um entdeckt zu werden. Das Historische ist immer und überall zu finden: das Nebeneinander von verschiedenen Kulturen innerhalb der heute slowakischen Stadt. Das gegenwärtige Treffen mit den alten und neuen Minderheiten findet in einem anderen und neuen Rahmen statt, das Hvorecký nur ironisch darstellen kann. In seiner Wiener Rede findet solch eine Begegnung in einem Outlet-Center in Parndorf statt und ist »eine Superkonsumparodie auf das multikulturelle Mitteleuropa«. Das, was manchmal positiv als »hybrid« gepriesen wird, beschreibt der slowakische Autor als »Klone osteuropäischer Mutanten«:

»Nur dort kann es Ihnen passieren, dass Sie auf slowakische Neureiche in schwarzen Sakkos und mit dicken goldenen Ketten um den Hals treffen, Klone osteuropäischer Mutanten, [...] und daneben vier junge Rumänen, die gerade vom Skifahren im Zillertal zurückkommen [...]. Aus dem Kofferraum einer ukrainischen Off-Road-Karre [...] dröhnt Synthi-Turbofolk. Und in den pseudoitalienischen Boutiquen voller Tschechen und Österreicher schmettert Tiroler Volksmusik und rattert der Rap. Dies ist Kakanien der neuen Generation, der anmutige Duft der wiederhergestellten Monarchie, ein Europa, das keinen mehr einholen muss, weil es sich selbst eingeholt hat.« (Hvorecký 2010: 18f.)

Während die Veranstalter in politisch korrekten Formulierungen über »die neu geregelte Nachbarschaft zu Tschechien, Ungarn, Polen, Slowenien, Slowakei, Bulgarien und Rumänien« sprechen, ironisiert der Autor das Bild der ›wiederhergestellten Monarchie‹, des neuen Kakaniens, das mit der alten verflochtenen Struktur in Zentraleuropa nur wenig zu tun hat. Die Begegnung findet nicht in einem Kultur-, sondern in einem Konsumraum statt, im Designer Outlet Parndorf in Burgenland, zwischen den beiden Hauptstädten. Die politische »Wiedergutmachung« (»die neu geregelte Nachbarschaft«) scheint mit der Vergangenheit nicht viel Gemeinsames zu tun zu haben. Ein neues Kakanien kann es – so Hvorecký – nicht geben.

GRENZUTOPIE. ZUR GESCHICHTE VON SŁUBFURT

Den Aufsatzband *Transkulturalität, Transnationalität, Transstaatlichkeit, Translokalität* widmen seine Herausgeber/innen »den Bürgern von Słubfurt«, einem jungen und durchaus transnationalen und transkulturellen Phänomen, denn Słubfurt[34] ist eine der jüngsten Städte der Welt. Der Verein »Słubfurt« und der transkulturelle Stadtraum entstehen auf Initiative der Absolventen der Europa-Universität Viadrina in Frankfurt/Oder. Als offizieller Gründer der Stadt gilt der in Darmstadt geborene Aktionskünstler Michael Kurzwelly. Auf der ›städtischen Homepage‹ wird die Gründung folgendermaßen erklärt:

> »Slubfurt ist die erste Stadt, die je zur Hälfte in Polen und in Deutschland liegt. Sie wurde 1999 gegründet und dann im Jahre 2000 in das RES (Register der Europäischen Städtenamen) eingetragen. [...] In Slubfurt herrscht ein besonderes Mikroklima im Dazwischen der Kulturen.«[35]

Das Ziel des Projektes ist eine Vernetzung von Słubice und Frankurt/Oder in den Bereichen Bildung, Kultur, Soziales, Wirtschaft, Wissenschaft und Umwelt. Mit der Zeit entwickeln sich im Grenzgebiet auch Formen gemeinsamer (deutsch-polnischer) Verwaltung: Im Juli 2009 finden in Słubfurt Kommunalwahlen[36] statt, mittlerweile verfügt die

34 Zu Słubfurt City vgl. auch http://www.arte.tv/Kultur-entdecken/tracks/Diese-Woche/1580734,CmC=1580738.html sowie http://www.dw-world.de/dw/article/0,,3823429,00.html, Zugriff am 08.01.2011.

35 http://slubfurt.net/d_start.html, Zugriff am 08.01.2011.

36 Das Parlament bilden Vertreter/innen folgender Parteien: Forst-Partei/Sojusz Leśny, LSP – Laborartorium Słubfurt Party, SPP – Słubfurter Polyglotten Partei/Słubfurcka Partia Poliglotów, POBG Ohne Grenzen/Bez Granic, Poliminis/Polimaluchy, Unparteilichen/Partia Nie Partia, SGW – Słubfurt Gemeinsam Wspólnie sowie Einzelkandidaten/Kandydaci

Projektstadt über ein Parlament und einen Bürgermeister, als Słubfurter kann man sogar einen Ausweis bekommen. Seit Frühjahr 2011 verfügt die Stadt auch über eine vom Słubfurter Parlament entwickelte Kulturentwicklungsplanung, nachdem festgestellt wurde, Słubfurt verfüge »bis heute noch über keine vernünftige Kulturpolitik«[37]:

»Slubfurt ist eine Stadt, in der die BürgerInnen aus Slub und aus Furt gemeinsam regieren und darüber entscheiden, wie sie sich entwickelt. Wir Slubfurter sind stolz auf unsere Kultur, denn sie ist ›made in Slubfurt‹, wo Slubfurt drauf steht, ist auch Slubfurt drin.«[38]

Dem Słubfurt-Projekt wurden bereits mehrere kleinere Initiativen in der Grenzregion nachgebildet, wie z.B. »Nowa Amerika«, welche »eine Föderation [ist], die sich aus den 4 Teilstaaten Szczettinstan, Terra Incognita, Lebuser Ziemia und Schlonsk zusammensetzt«.[39] Das Projekt versteht sich als »eine humorvolle Methode, den deutsch-polnischen Grenzraum als einen gemeinsamen Raum zu beschreiben.« (Ebd.) Ähnlich wie beim Namen SŁUB(ice) und (Frank)FURT werden hier die Grenzstädte in eine jeweils neue Phase ihrer transkulturellen Geschichte überführt: u.a. Szczettin (für Szczecin und Stettin), Lebuser Ziemia (Lebuser Land und Ziemia Lubuska) sowie Zgörzelitz (für Zgorzelec und Görlitz).

Słubfurt ist außerdem ein Raum von Mehrsprachigkeit: »Der Slubfurter Dialekt, ein natürliches Gemisch deutscher und polnischer Begriffe, entwickelt sich erfreulich.«[40] Dies wird u.a. sichtbar in den Städtenamen. Dort, wo im Fall von Stanislavo-Frankivs'k oder Bresław die Städtearchäologie benötigt wird, um auf die Transkulturalität im Raum hinzuweisen, setzt bei dem relativ jungen Phänomen Słubfurt vielmehr eine künstlerische Performance ein. Michael Kurzwelly

Niezależni, vgl. http://www.parlament.slubfurt.net/parlament /de/d_index.htm, Zugriff am 08.01.2011.

37 http://www.kultura.slubfurt.net/kultura/images/pressemitteilung_kultur.pdf, Zugriff am 04.11.2011.

38 http://www.kultura.slubfurt.net, Zugriff am 25.07.2011.

39 http://www.nowamerika.slubfurt.net/nowamerika/de/d_index.htm, Zugriff am 24.07.2011.

40 http://www.dw-world.de/dw/article/0,,3823429,00.html, Zugriff am 08.01.2011.

nennt seine Projekte (u.a. Słubfurt), die in einen kulturellen Raum eingreifen und ihn umgestalten, Wirklichkeitskonstruktionen.

Im Fall des deutsch-polnischen Grenzgebietes arbeitet der Künstler (und der gesamte Verein Słubfurt) sehr stark mit dem Begriffsfeld der Transkulturalität: Es handelt sich dabei nicht nur um die Förderung von Kulturinstitutionen, die paritätisch aus polnischen und deutschen Mitgliedern bestehen, sondern auch um die Entstehung überkultureller Nomenklatur, die die Wahrnehmung von entweder ›deutsch‹ oder ›polnisch‹ in der Grenzregion verändert. So passiert dies nicht nur im Fall von Słubfurt oder Nowa Amerika, sondern auch bei dem Kulturakteuren-Netzwerk »Transkultura«, dessen Ziel »der aufbau einer intensiven zusammenarbeit von kulturinstitutionen und kulturakteuren im gesamten deutsch-polnischen grenzraum«[41] ist.

FAZIT: BLICK NACH ZENTRALEUROPA: ALTE UND NEUE TRANSKULTURALITÄT

Mehrere, vor allem essayistische Beispiele, haben gezeigt, dass nach wie vor zwei Tendenzen in der Vorstellung oder Auseinandersetzung mit dem Raum Zentraleuropas eine wichtige Rolle spielen: die Betonung der zentraleuropäischen Gemeinsamkeiten (und im Zusammenhang damit der ethnischen und kulturellen Vielfalt, der Pluralität, Mehrsprachigkeit, der intensiven Kommunikation untereinander und schließlich der Überlappung der Kulturen, dafür steht Kakanien als der Raum der »harmonischen Überwindung der Gegensätze«) oder die Hervorhebung der Differenzen zwischen den Kulturen (Zentraleuropa als ein Raum intensiver Konflikte und ständiger Exklusion von Minderheiten, seien es Juden oder Roma, hier wird die k. und k. Monarchie für ein »Völkergefängnis« gehalten). In unterschiedlichen Zeiten gewinnt entweder die eine oder die andere Eigenschaft die Oberhand in der Selbstwahrnehmung oder Darstellung Zentraleuropas. Da die Mitte Europas sowohl ein Raum der Gemeinsamkeiten als auch starker Kontraste ist, wäre es wahrscheinlich angebrachter, anstatt von einem

41 http://www.nowamerika.slubfurt.net/nowamerika/de/d_index.htm, Zugriff am 24.07.2011.

transkulturellen Raum von ›transkulturellen Elementen‹ in Zentraleuropa zu sprechen.

Eine zweite Prämisse stellt die Notwendigkeit einer ständigen Unterscheidung bei dem Untersuchungsgegenstand zwischen Zentraleuropa vor 1939 und nach 1945: Handelt es sich um die ›alte Transkulturalität‹ mit deutlich mehreren Überlappungen (aber auch Konflikten) oder um die europäische Mitte nach dem Zweiten Weltkrieg (mit vielen monokulturellen Strukturen und häufig einer »amputierten Erinnerung« an die Zeit davor). Denn dabei wird sichtbar, dass, während Zentraleuropa vor 1939 für einen transkulturellen Raum gehalten werde konnte, diese Region heutzutage nicht unbedingt die Region der »größten Vielfalt auf kleinstem Raum« ist.

In vielen Kontexten zeigt es sich nach 1989 unabdingbar, auf die polykulturelle Vergangenheit zentraleuropäischer Orte hinzuweisen bzw. den Orten ihre zuvor »amputierte Erinnerung« zurück zu geben: Diese Orte entdecken allmählich ihre Struktur eines Palimpsest (Wrocław, Ivano-Frankivs'k). In diesem Umgang mit der Erinnerung hat das Spiel mit den Sprachen, mit verschiedenen Namen der Städte und unterschiedlichen kulturellen Schichten eine sehr wichtige Funktion (Zawadas *Bresław* und Ivano-Frankivs'k, das manchmal auch Slanislavo-Frankivs'k genannt wird).

In der neuen Situation eines ›zusammenwachsenden Europas‹ (nach 2004 und noch stärker nach 2007) wird – vor allem zu offiziellen Anlässen – auf die alten Bilder oder Metapher der zentraleuropäischen Vielfalt und Gemeinsamkeit zurück verwiesen. Mit ihnen polemisieren vor allem junge Autoren: Die Polemik macht sich nicht nur in der Skepsis den alten Bildern gegenüber, sondern auch in der Ablehnung eines Assimilationskonzeptes und somit eines Versuchs der Homogenisierung der Kulturen bemerkbar.

In einer Trennung von den Vorstellungen der ›alten Transkulturalität‹ entstehen heute Projekte, die mit dem Konzept und mit einem neuen Entwurf der Verflechtung der kulturellen und sozialen Räume arbeiten (Słubfurt, Nowa Amerika usw.). Sehr oft handelt es sich dabei auch um das Phänomen der neuen Minderheiten in Zentraleuropa und ein neues System der kulturellen und sozialen (auch sprachlichen) Überlappungen. Eine ›neue Transkulturalität‹ ist in dieser Region m.E. im Kommen, dies beweist das rege Interesse, das sowohl in Polen als auch in der Tschechischen Republik der vietnamesischen Community geschenkt wird. Während in Polen 2009 zwei Filme auf sich aufmerksam machten – der Kurzfilm *Hanoi-Warszawa* und *Moja krew* (*Mein Fleisch und Blut*) –, die dem Kulturkontakt zwischen Polen und Vietnamesen gewidmet waren, feierte die tschechische Öffentlichkeit im gleichen Jahr den Debütroman *Bílej kůň, žlutej drak* (*Weißes Pferd, gelber Drache*) einer in Tschechien geborenen und aufgewachsenen jungen Vietnamesin Lan Pham Thi als ein besonders Ereignis. Für das Buch erhielt sie den renommierten Euromedia-Literaturpreis für Nachwuchsautoren. Lan Pham Thi wurde als eine ganz neue Stimme, auf die bereits in der tschechischen Literatur lange gewartet hat (»současná česká literatura na podobný počin dlouho čekala«)[42], gefeiert. Bald wurde das Ereignis jedoch als eine literarische Mystifikation entlarvt: Hinter *Weißes Pferd, gelber Drache* stand in Wirklichkeit der aus České Budějovice stammender Autor Jan Cempírek. Auf die Nachfragen, was ihn zu der Idee und dem Buchprojekt bewogen hat, antwortete er lakonisch, dass er sich sicher war, solch ein Buch müsse entstehen, also schrieb er es selber.[43]

Die Überzeugung ist da: Das Zentraleuropa wird in den nächsten Jahrzehnten ein Raum der neuen Transkulturalität und neuer Kulturmelange werden.

LITERATUR

Andruchowytsch, Juri (2003): *Das letzte Territorium*, dt. von Alois Woldan. Frankfurt a. M.

Ash, Timothy Garton (1990): *Ein Jahrhundert wird abgewählt. Aus den Zentren Mitteleuropas 1980-1990*. München.

Brix, Emil (1996): »Kontinuität und Wandel im öffentlichen Gedenken in den Staaten Mitteleuropas«. In: Emil Brix/Hannes Stekl (Hg.): *Der Kampf um das Gedächtnis. Öffentliche Gedenktage in Mitteleuropa*. Wien/Köln/Weimar, 13-21.

Buber, Martin (1949): *Die Erzählungen der Chassidim*. Zürich.

42 http://www.romea.cz/index.php?id=detail&detail=2007_6707, Zugriff am 04.08.2011.

43 Vgl. http://aktualne.centrum.cz/kultura/umeni/clanek.phtml?id=654313Z, Zugriff am 12.06.2011.

Gudowski, Janusz/Olszański, Marek (Hg.) (2001): *Dawne Pokucie i Huculszczyzna w opisach cudzoziemskich podróżników. Wybór tekstów z lat 1795-1939*. Warszawa.

Hausbacher, Eva (2009): *Poetik der Migration. Transnationale Schreibweisen in der zeitgenössischen russischen Literatur*. Tübingen.

Hühn, Melanie/Lerp Dörthe/Petzold, Knut/Stock, Miriam (Hg.) (2010): *Transkulturalität, Transnationalität, Transstaatlichkeit, Translokalität*. Münster/Hamburg/London.

Hvorecký, Michal (2010): Kakanien, in: http://www.erstestiftung.org/-kakanien/de/speech-4-michal-hvorecky-and-serhij-zhadan/. Wien 2010, Zugriff am 05.03.2011.

Jankowski, Krzysztof (2005): »Społeczność Ormian kuckich w XIV – XX wieku«, in: *Biuletyn Ormiańskiego Towarzystwa Kulturalnego* 40/41, 28-37.

Kiš, Danilo (1994): *Homo poeticus. Gespräche und Interviews*, dt. von Ilma Rakusa, Barbara Antkowiak. München.

Kundera, Milan (1984): »Un occident kidnappé oder Die Tragödie Zentraleuropas«. In: *Kommune* 7, 43-52.

Kundera, Milan (1986): »Die Tragödie Mitteleuropas«. In: Erhard Busek/Gerhard Wilfinger (Hg.): *Aufbruch nach Mitteleuropa*. Wien, 133-144.

Magris, Claudio (2000): *Der habsburgische Mythos in der modernen österreichischen Literatur*. Zürich.

Makarska, Renata (2009): »Grenzen der Sprachen – Grenzen der Kulturen? Sprachgrenzen und sprachliche Grenzgänger in der Literatur Ostgaliziens«. In: Christian Prunitsch (Hg.): *Konzeptualisierung und Status kleiner Kulturen*. München/Berlin, 293-307.

Makarska, Renata (2010): *Der Raum und seine Texte. Konzeptualisierung der Hucul'ščyna in der mitteleuropäischen Literatur*. Frankfurt a. M.

Miłosz, Czesław (1980): *Rodzinna Europa*. Paris.

Miłosz, Czesław (1986): *West und Östliches Gelände*, dt. von Maryla Reifenberg. München.

Pollack, Martin (1984): *Nach Galizien. Von Chassiden, Huzulen, Polen und Ruthenen*. Wien/München.

Puttkamer, Joachim von (2010): *Ostmitteleuropa im 19. und 20. Jahrhundert*. Berlin/Oldenburg.

Stasiuk, Andrzej (2004): *Jadąc do Babadag*. Wołowiec.

Stasiuk, Andrzej (2006a): *Unterwegs nach Babadag*. Dt. von Renate Schmidgall. Frankfurt a. M.

Stasiuk, Andrzej (2006b): *Fado*. Wołowiec.

Stasiuk, Andrzej (2008): *Fado*. Dt. von Renate Schmidgall. Frankfurt a. M.

Ther, Philipp (2006): *Von Ostmitteleuropa nach Zentraleuropa. Kulturgeschichte als Area Studies*, in: http://www.europa.clio-online.-de/site/lang_de/ItemID_170/mid_11428/40208214/default-t.aspx, Zugriff am 04.03.2011.

Topol, Jáchym (2007): *Supermarket sovětských hrdinů*. Praha.

Welsch, Wolfgang (1992): »Transkulturalität – Lebensformen nach der Auflösung der Kulturen«. In: *Information Philosophie* 20, 5-20.

Welsch, Wolfgang (1997): »Transkulturalität. Zur veränderten Verfassung heutiger Kulturen«. In: Irmela Schneider/Christian W. Thomsen (Hg.): *Hybridkultur. Medien, Netze, Künste*. Köln, 67-91.

Welsch, Wolfgang (2000): »Transkulturalität. Zwischen Globalisierung und Partikularisierung«. In: Alois Wierlacher (Hg.): *Jahrbuch Deutsch als Fremdsprache* 26. München, 327-351.

Welsch, Wolfgang (2005): »Auf dem Weg zu transkulturellen Gesellschaften«. In: Lars Allolio-Näcke (Hg.): *Differenzen anders denken: Bausteine zu einer Kulturtheorie der Transdifferenz*. Frankfurt a. M., 314-341.

Wendland, Anna Veronika (2006): »Urbane Identität und nationale Integration in zwei Grenzland-Metropolen: Lemberg und Wilna, 1990-1930er Jahre«. In: Hans-Werner Rautenberg (Hg.): *Wanderungen und Kulturaustausch im östlichen Mitteleuropa*. München, 145-162.

Zawada, Andrzej (1996): *Bresław. Eseje o miejscach*. Wrocław.

T.S. Eliot und das Transkulturell-Erhabene

LARS ECKSTEIN/GÜNTER LEYPOLDT

T.S. Eliots Gedicht *Journey of the Magi* (vgl. Appendix) nimmt in der Forschung einen zentralen Platz ein, nicht zuletzt weil es einen Wendepunkt in Eliots Biographie markiert. Es entstand 1927,[1] dem Jahr, in dem Eliot zur Anglikanischen Kirche konvertierte und sich in einer Phase der literarischen Orientierungssuche befand, zwischen den radikaleren modernistischen und kulturpessimistischen Experimenten etwa im *Waste Land* (1922) und den religionsphilosophisch-spirituellen Spätwerken *Ash Wednesday* (1930) und *Four Quartets* (1936-41). Zudem erschien *Journey of the Magi* nur kurz bevor sich Eliot im Vorwort zu *For Lancelot Andrewes* als »classicist in literature, royalist in politics, and anglo-catholic in religion« (1928: 7) charakterisierte – ein Bekenntnis, das er bald bereute, weil es seine Kritiker dazu verführt

1 *Journey of the Magi* wurde im August 1927 in der »Ariel Poems«-Reihe des Londoner Verlags Faber and Gwyr (später Faber and Faber) veröffentlicht, einer Serie illustrierter Gedichte verschiedener Autoren, die als »Christmas Cards« vermarktet wurden. *Journey of the Magi* erschien als Nummer 8 der Reihe mit Illustrationen von E. McNight Kauffer und wurde 1936 in Eliots *Collected Poems: 1919-1935* wiederveröffentlicht (zusammen mit vier weiteren in der Serie erschienenen Weihnachtskartengedichten – No. 16: *Song for Simeon* [1928]; No 23: *Animula* [1929]; No, 29: *Marina* [1930]; No 35: *Triumphal March* [1931] –, in einer Sektion, für die Eliot den Titel *Ariel Poems* übernahm).

habe, ihn ohne genaue Lektüre in Schubladen zu stecken.[2] Gleichwohl – und das hat Eliot auch nie bestritten – erlebte er die späten 1920er Jahre als eine Zeit der sich konkretisierenden religiösen, ideologischen und literaturtheoretischen Gewissheiten, die sein Schreiben und Denken nachhaltig veränderten.

Folglich herrscht in der Eliot-Forschung ein weitgehender Konsens darüber, dass *Journey of the Magi* einen wichtigen Moment spiritueller Bekehrung behandelt. Nach den beiden gebräuchlichsten Interpretationsmodellen wird das Gedicht entweder biographisch (als Ausdruck von Eliots eigener religiöser Bekehrung) oder als Reflexion über die Unwägbarkeiten spiritueller Übergänge gelesen. In beiden Interpretationen wird das lyrische Ich des dramatischen Monologs – d.h. die Figur eines der drei Weisen aus dem Orient, der sich an seinem Lebensabend an seine Reise nach Bethlehem zurückerinnert – auf die christliche Ikonographie des Gedichts zurückgeführt und auf Fragen der Erlösung und spirituellen Erneuerung reduziert, die sich in der zeitlosen Welt biblischer Mythen abspielt.

Was aber passiert, wenn wir uns den etablierten Lesarten zunächst verweigern und die Erzählung des Magus um ihrer selbst Willen ernst nehmen? Diesseits der Allegorie konfrontiert uns Eliot ja zunächst mit einer der vielleicht bekanntesten Erzählungen des christlichen Abendlands, der Geschichte dreier Männer aus dem Orient, die, einer alten Prophezeiung folgend, auf eine Reise in den Westen aufbrechen und schließlich die »Geburt« dessen bezeugen, was wir rückblickend als

2 Siehe Eliot (1965: 15) für seine eigene Aufarbeitung seines berühmt-berüchtigten Diktums. Bereits 1933, in seinen Page-Barbour Vorlesungen an der University of Virginia, hat Eliot seine Aussage als »injudicious« (»unüberlegt«) bezeichnet, da sie fälschlicherweise andeutet »that the subjects are of equal importance to me, [that] I accept all three beliefs on the same grounds« und »that I believe that they all hang together and fall together, which would be the most serious misunderstanding of all.« Eliot räumt zwar ein, »[that] there are connections for me« zwischen den drei Sphären, befürchtet jedoch, dass ihm ein kruder Organizismus unterstellt wird, »that the Faith is a political principle or a literary fashion, and the sum of all a dramatic posture«. (Eliot 1934: 27-28) Ein indirekter Bezug zwischen Eliots Bekenntnis und *Journey of the Magi* zeigt sich darin, dass die ersten fünf Verse des Gedichtes aus Lancelot Andrewes' Nativity Sermon aus dem Jahr 1622 frei zitiert sind. (Siehe Barbour 1988: 190)

westlich-christliche Zivilisation begreifen können. Auf der Erzählebene stellt das Gedicht somit einen »clash of civilizations« dar, fokussiert durch die Perspektive eines Vertreters des alten Orients, der sich unvermutet mit der Kultur eines neuen christlichen Okzidents konfrontiert sieht. Anders gesagt: *Journey of the Magi* bettet seine Allegorie spiritueller Bekehrung in eine Geschichte über kulturelle Begegnungen und Zwischenräume ein, die zentral für kulturwissenschaftliche Theorien des Transkulturellen sind und der wir im Folgenden genauer nachgehen möchten.

*Journey of the M*agi beschreibt die Entbehrungen einer Reise nach Westen, und zwar ohne uns ausführlicher über das kulturelle Umfeld zu informieren, das die drei Weisen hinter sich ließen. Dennoch ist die Präsenz bestimmter orientalistischer Leitmotive kaum zu übersehen, etwa wenn sich der Magus an »summer palaces on the slopes, the terraces,/and the silken girls bringing sherbet« (109) zurückerinnert. Diese Andeutung östlicher Sinnlichkeit wird in der letzten Strophe des Gedichts bestätigt: Nachdem der Weise die Geburt des neuen, also des christlichen »Zeitalters« (»dispensation«) miterlebt, erfüllt ihn die Erinnerung an seine Reise mit einem Gefühl auswegloser kultureller Entfremdung: »We returned to our places, these Kingdoms,/But no longer at ease here, in the old dispensation,/With an alien people clutching their gods« (110).[3] Obwohl sie sich in der Kultur, die sie verlassen haben, nicht mehr wiederfinden, bleiben die Weisen aus dem Morgenland an ihr altes System gebunden. In der entstehenden Weltordnung des Westens haben sie offenbar keinen Platz, und so stellt sich ihre Reise und die Geburt der neuen Ordnung, die sie bezeugen durften, nicht als Privileg, sondern als Fluch heraus. Die anti-klimaktisch als »satisfactory« bezeichnete Geburt Christi bedeutet für sie lediglich einen metaphorischen Tod: »this Birth was/Hard and bitter agony for us, like Death, our death«. Mit anderen Worten: die (großgeschriebene) »Birth« der westlichen Zivilisation führt den (ebenfalls großgeschriebenen) spirituellen »Death« orientalischer Kultur und Religion für die

3 Chinua Achebe verwendet diese Passage als Motto zu seinem zweiten Roman *No Longer at Ease* (1960). Der Protagonist Obi Okonkwo (der Enkelsohn der Hauptfigur von Achebes erstem Roman *Things Fall Apart*) ist nach seiner Rückkehr von einem Stipendium in Großbritannien in sein Heimatland Nigeria auf ähnliche Weise gefangen zwischen der neuen Ordnung des Westens und der traditionellen Gesellschaftsstruktur der Igbo.

Weisen herbei, repräsentiert durch die Entfremdung von den eigenen Landsleuten, die nur noch als »an alien people clutching their Gods« wahrgenommen werden können. Weder dem alten noch dem neuen heilsgeschichtlichen Zeitalter zugehörig sieht sich der Sprecher des Gedichts in einem ausweglosen Zwischenzustand gefangen, in einem transkulturellen Limbus, aus dem ihn nur »another death« – nun kleingeschrieben: der physische Tod des Partikularen und Einzelnen – erlösen kann.[4] Eliots Metapher des kulturellen Todes steht für den Schrecken des Zwischenraums, mit dem der Zustand des Transkulturellen behaftet ist.

Der religiös-spirituelle Rahmen des Gedichts muss einer solchen kulturtheoretischen Lektüre keineswegs im Wege stehen. Im Gegenteil, denn Eliot war der Überzeugung, dass das kulturelle Wohl moderner Gesellschaften von der Reife und Ausgewogenheit ihrer religiösen Praxis abhängt – wie auch umgekehrt nur kulturell intakte Gesellschaften sinnhafte und ganzheitliche Religionen ausbilden könnten. Dies bedeutet nicht, dass Eliot mit der Trennung gesellschaftlicher Sphären haderte: Trotz seiner Forderung nach einer religiösen Erneuerung moderner Kultur – wenn er etwa 1939 argumentierte, Bildung »[i]n a Christian society« müsse auf einer »Christian philosophy of life« gründen (Eliot 1967: 30) – folgte Eliot der kantianischen Überzeugung, dass die Grenzen zwischen philosophischen, moralisch-religiösen und künstlerischen Wissenssystemen nicht mehr nivelliert werden könnten. Auch nach seiner Konversion hatte Eliot wenig für Erbauungsliteratur übrig,[5] und er bestand darauf, dass seine dichterischen, literatur- und kulturkritischen Praktiken nach unterschiedlichen

4 Eliots ungewöhnliche Phrasierung in »[…] set down/This set down/This« zitiert die letzten Worte Othellos vor seinem Selbstmord in einer venezianischen Gesellschaft, die ihm letztlich verschlossen blieb (»Set you down this; and say besides, that in Aleppo once […]«). Für weitere Verweise zu *Othello* siehe Fleissner 1994.

5 In seiner Abhandlung über Gerald Manly Hopkins aus dem Jahr 1933 behauptet Eliot: »To be a ›devotional poet‹ is a limitation: a saint limits himself by writing poetry, and a poet who confines himself to even this subject matter is limiting himself too.« (Eliot 1934: 48) Eliot zweifelte zudem an, ob es belastbare Parallelen zwischen politischen Systemen und ästhetischen Standards gibt. (Vgl. Eliot 1967: 31)

Gesetzen zu bewerten seien. (Siehe Menand 2000) 1948 definierte er dementsprechend Kultur als

»the product of a variety of more or less harmonious activities each pursued for its own sake: the artist must concentrate on his canvas, the poet on his typewriter, the civil servant upon the just settlement of particular problems as they present themselves on his desk, each according to the situation in which he finds himself.« (Eliot 1967: 92)

Gleichwohl sehen wir an Eliots Verweis auf »more or less harmonious activities«, dass er romantischen Kulturmodellen nahe genug stand, um moderne Gesellschaften, bei aller modernistischer Differenzierungstendenz, als kohärente Organismen zu betrachten. Demnach handeln die Akteure verschiedener gesellschaftlicher Sphären zwar »for [their] own sake« – Lyrik um der Lyrik willen, theologisches Denken zum Zweck der religiösen Wahrheit, angewandte Wissenschaft um des technischen Fortschritts willen, usw. –, in Zeiten der kulturellen Ausgewogenheit sind die spezifischen Resultate jedoch im Einklang miteinander, in einer Art sozialen Symphonie. In schlechteren Zeiten kann gesellschaftliche Vielfalt dagegen zur sozialen Dissonanz führen, wenn nämlich die zweckrationalen Interessen einzelner Gruppen (Künstler, Priester, Moralphilosophen) resonanzlos werden und sich voneinander entfremden. Wenn Eliot sich also etwa darüber beschwert, dass im modernen England Theologen und Dichter aufgehört haben, voneinander Notiz zu nehmen, während *beide* Parteien wiederum von den politischen Eliten ignoriert werden,[6] kritisiert er damit nicht die Ausdifferenzierung sozialer Felder an sich, sondern den fehlenden Zusammenklang gesellschaftlicher Praktiken und intellektueller Sphären.

6 »[J]ust as those who should be the intellectuals regard theology as a special study, like numismatics or heraldry, with which they need not concern themselves, and theologians observe the same indifference to literature and art, as special studies which do not concern them, so our political classes regard both fields as territories of which they have no reason to be ashamed of remaining in complete ignorance. Accordingly, the more serious authors have a limited, and even provincial audience, and the more popular write for an illiterate and uncritical mob.« (Eliot 1967: 32)

Der gealterte Magus des Gedichtes sieht sich nun mit genau diesem Problem konfrontiert: Sein spirituelles Limbo ist, so könnte man argumentieren, zunächst der kulturellen Dissonanz des Nahen Ostens geschuldet, abgebildet im dem Mob der fluchenden Kameltreiber, die in »feindseligen« Metropolen, »unfreundlichen« Städten oder »dreckigen« Dörfern nach »liquor and women« trachten. Weshalb verließen die drei Weisen aus dem Morgenland überhaupt ihr Zuhause, um in das ungemütliche kulturelle Niemandsland hinauszuziehen? Nimmt man die orientalistischen Untertöne von Eliots Gedicht ernst, scheinen die »palaces« und »silken girls« in der Heimat der Magi bereits eine kulturelle Dekadenz anzudeuten, welche die drei Weisen wohl zu ihrer Reise getrieben hat (und ohne die sie dem Ruf Christi gegenüber wahrscheinlich immun gewesen wären). In seinen Page-Barbour Vorlesungen aus dem Jahr 1933 beleuchtet Eliot dieses Problem von der anderen Seite: Er deutet es als Zeichen anglo-amerikanischer kultureller Dekadenz, wenn westliche Intellektuelle versuchen, mit östlichen Philosophemen herum zu dilettieren. So findet er etwa die Ausflüge seines Lehrers Irving Babbitt in den Konfuzianismus problematisch, nicht weil östliche Philosophie minderwertig wäre,[7] sondern weil man, um Konfuzius wirklich zu verstehen, so radikal in die Kultur des Orients eintauchen müsste, dass man die ›eigene‹ Kultur damit aufgäbe. Eliot verdeutlicht diesen Punkt mit einer Anekdote seiner eigenen Erfahrungen mit östlicher Philosophie:

»Two years spent in the study of Sanskrit under Charles Lanman, and a year in the mazes of Patanjali's metaphysics under the guidance of John Woods, left me in a state of enlightened mystification. A good half of the effort of understanding what the Indian philosophers were after – and their subtleties make most of the great European philosophers look like schoolboys – lay in trying to erase from my mind all the categories and kinds of distinction common to European philosophy from the time of the Greeks. My previous and concomitant study of European philosophy was hardly better than an obstacle. And I came to the conclusion – seeing also that the ›influence‹ of Brahmin and Buddhist thought upon Europe, as in Schopenhauer, Hartmann, and Deussen, had largely been through romantic misunderstanding – that my only hope of really pene-

7 Eliot schreibt z.B.: »I am willing to believe that Chinese civilization at its highest has graces and excellences which may make Europe seem crude.« (Eliot 1934: 41)

trating to the heart of that mystery would lie in forgetting how to think and feel as an American or a European: which, for practical as well as sentimental reasons, I did not wish to do.« (Eliot 1934: 40f.)

Im Licht dieser Anekdote tritt das kulturelle Dilemma, von dem *Journey of the Magi* erzählt, um so deutlicher hervor: Die Weisen aus dem Morgenland sind in ihrer kulturellen Grenzüberschreitung zu weit gegangen. Sie haben »vergessen« als Orientale zu »denken und zu fühlen«; gleichzeitig bleibt ihnen der Zugriff auf die neu entstehende christliche Tradition noch verschlossen. In seiner Vorlesung spricht Eliot von »practical and sentimental reasons«, die gegen das Verlernen seiner amerikanischen Identität gesprochen hätten; das Schicksal des Magus zeigt aber, was bei dem Versuch, die Kluft zwischen Ost und West zu überqueren, auf dem Spiel stehen könnte: Sofern man den Weg nicht ganz bis zum Ende geht (also bis zur Selbstaufgabe und Neugeburt), führen transkulturelle Vorstöße in die düsterste aller kulturellen Welten – wenn man Glück hat, verläuft man sich nur in hybriden Gedankenkonstrukten, vielleicht wie der ›Frankfurter Buddha‹ Arthur Schopenhauer; im schlimmsten Falle erwartet den unvorsichtigen Grenzgänger zwischen östlichen und westlichen Zivilisationen der metaphysische Mangelzustand, den der Weise uns schildert.[8]

Es wäre nun zu einfach, Eliots Grenzüberschreitungsängste als konservativen Uniformitätsdrang abzuhandeln, denn Eliot ist in gewissem Sinne auch ein Vertreter eines neoromantischen kulturellen Pluralismus, der menschliche Vielfalt als essentielle Voraussetzung lebendiger Kulturen betrachtet. Diese Seite Eliots wird oft übersehen, wohl vor allem deshalb, weil er sich von bekannteren kulturellen Pluralisten (von John Stuart Mill bis Horace Kallen) durch seine Ablehnung liberalistischer Gesellschaftsmodelle unterscheidet. Eliots antiliberalistische politische Philosophie hat mit dazu geführt, dass man sich heute hauptsächlich an seine Plädoyers für kulturelle Uniformität erinnert, etwa wenn er 1939 schreibt:

---

8 Für Eliot führt Babbitts Humanismus zum Verlust eines spirituellen und kulturellen Mittelpunkts: »Professor Babbitt [...] knows too many religions and philosophies, has assimilated their spirit too thoroughly (there is probably no-one in England or America who understands early Buddhism better than he) to be able to give himself to any. The result is humanism.« (Eliot 1975: 284)

»You cannot expect continuity and coherency in literature and the arts, unless you have a certain uniformity of culture, expressed in education by a settled, though not rigid agreement as to what everyone should know to some degree.« (Eliot 1967: 33)

Gleichwohl versteht Eliot unter »uniformity of culture« – meist spricht er von der Notwendigkeit einer kohärenten ›Tradition‹, später verwendet er den Begriff ›Orthodoxie‹ – lediglich einen Ausgangspunkt auf dem Weg zu kultureller Viefalt. So liest sich die folgende 1948 erschienene Aussage wie ein Widerruf des vorherigen Zitats:

»[A] world culture which was simply a *uniform* culture would be no culture at all. We should have a humanity dehumanised. It would be a nightmare. [...] We need variety in unity: not the unity of organisation, but the unity of nature.« (Eliot 1967: 136, 197)

Der scheinbare Widerspruch zwischen den beiden Aussagen steht im Zusammenhang mit Eliots kommunitaristischem Gesellschaftsmodell. Im Gegensatz zu liberalistischen Denkern ist Eliot davon überzeugt, dass rein prozeduralistische soziale Ordnungen, die den Schwerpunkt auf individuelle Freiheit legen, kulturelle Traditionen eher auflösen als schaffen: »In a negative liberal society«, argumentiert Eliot, »you have no agreement as to there being any body of knowledge which any educated person should have acquired at any particular stage: the idea of wisdom disappears, and you get a sporadic and unrelated experimentation.« (Eliot 1967: 33) Liberale Gesellschaften erreichen keine symphonische Mehrstimmigkeit sondern bilden ein loses Gefüge dissonant-monotoner Einzelstimmen, wie Eliot sie im zeitgenössischen Großbritannien zu erkennen glaubte. (Eliot 1967: 12) England diente für Eliot als abschreckendes Beispiel für das paradoxe Phänomen, dass die Abwesenheit einer einheitlichen Tradition in industrialisierten Gesellschaften nicht zu kultureller Vielfalt sondern Eintönigkeit führt. Diese Situation, so schreibt er 1939, schafft

»bodies of men and women – of all classes – detached from tradition, alienated from religion and susceptible to mass suggestion: in other words, a mob. And a mob will be no less a mob if it is well-fed, well clothed, well housed, and well disciplined.« (Eliot 1967: 17)

Eliots Vision des gleichgerichteten »Mob« – eine für den Mittelklasseblickwinkel literarischer Intellektueller seit der Romantik nicht ungewöhnliche Wahrnehmung unterer Bevölkerungsschichten (vgl. Storey 2003: 1-31) – verdeutlicht denn auch das Unbehagen des Magus. Die transkulturelle Kontaktzone, in der er sich befindet, ist ein Ort der kulturellen Monotonie, entstanden im kulturellen Vakuum nach der Auflösung kohärenter Traditionen. Der Weise erlebt den Nahen Osten als lähmende Monokultur, deren Metropolen, Städte, und Dörfer in der Wahrnehmung in eins fließen – jeder Ort ist so schmutzig, feindselig und unfreundlich wie der andere. Die grellen Nachtvisionen betrunkener Kameltreiber, die sich nur noch mit »liquor and women« beschäftigen können, sind durch die unheimliche Abwesenheit kultureller Unterschiede gekennzeichnet. Eliots Inszenierung des Transkulturellen als Dystopie kultureller Uniformität bildet einen gemeinsamen Nenner mit dem kulturellen Pluralismus der Romantik und Moderne und findet seine Entsprechung in zeitgenössischen Multikulturalismusdebatten.

Eliots Bewertungen des transkulturellen Raums, so hat sich also gezeigt, sind ambivalent. Denn er neigt dazu, so unsere These, die kulturelle Kontaktzone als Ort des Erhabenen zu inszenieren, so dass man mit einigem Recht von Eliots Figur des *Transkulturell-Erhabenen* reden kann. Auf der Erzählebene des Gedichtes zeigt sich das Transkulturell-Erhabene in der Erkenntnis des Magus, dass das Aufeinanderprallen von Kulturen einen Zustand der »double consciousness« hervorgerufen hat: Die eigene Identität verbindet sich mit einem größeren Gebilde, das kein klares Fundament mehr hat. Es verschmilzt mit dieser größeren Einheit – der Kontaktzone –, die sich aufgrund ihrer beständigen Verschiebungen jeder Definition entzieht und nur im Negativen formuliert werden kann. Zudem wird die Erfahrung des Erhabenen durch die Erkenntnis verstärkt, dass der transkulturelle Raum, in dem sich der Magus zu seiner eigenen Verblüffung wiederfindet, sowohl die orientalische als auch die westliche Identität einem dynamischen Verhandlungsprozess aussetzt, der beide Identitäten einer soliden Ordnung und eines stabilen Inhalts beraubt. Liest man *Journey of the Magi* mit Bezug auf seinen britischen Entstehungskontext in den späten 1920er Jahren, kann man die Situation des Magus als Verhandlung von Eliots eigener »imperialer Melancholie« betrachten. Paul Gilroy hat den Begriff der imperialen Melancholie an Matthew Arnolds viktorianischem Gedicht *Dover Beach* entwickelt und als ein für die

Zeit nach 1850 charakteristisches Leiden an Englands kolonialen Herausforderungen definiert: Das koloniale Projekt wird einerseits als »historic mission to civilize and uplift the world« (sprich: »England's unavoidable destiny«) betrachtet, andererseits wird aber deutlich, dass diese Aufgabe »neither comfort nor happiness« bringen würde, denn die »imperial mission re-created the national community in a modern form but then drew it immediately into a terrible web of war and suffering, polluting its beautiful dreams, confusing and destabilizing it.« (Gilroy 2005: 91) Aus dieser Warte betrachtet lässt sich der kulturelle Subtext von *Journey of the Magi* genauer verorten, nämlich in der kulturellen Einflussangst, der Befürchtung, dass die Unwägbarkeiten der imperialen Kontaktzonen zwischen Orient und Okzident das Spezifische der englischen Identität nachhaltig unterminieren könnten. Das im Gedicht formulierte erhabene Schreckensszenario weist in diesem Sinne auf das Schreckgespenst der kulturellen Ankunft des Magus in England voraus – ein Szenario, das nachhaltig die nativistische Ablehnung gegenüber Immigrantenkulturen im Großbritannien der Nachkriegszeit geprägt hat. Und tatsächlich entwickelt sich, in Paul Gilroys sozio-psychoanalytischem Blick, aus der imperialen Melancholie der Moderne eine postkoloniale *Melancholia*, wenn nämlich, nach den Migrationswellen der 1950er und 1960er Jahre, die schwarze Haut des Immigranten für die weiße britische Mehrheit den Niedergang des britischen Empires zu symbolisieren beginnt, und damit auch den Kontrollverlust über die Kontaktzone und über die Überwachung der ›eigenen‹ kulturellen Grenzen.

Andererseits liegt nun aber das Hauptcharakeristikum des Erhabenen, zumindest in der mit Burke assoziierten Tradition, gerade in seiner Gefühlsambivalenz, der Gleichzeitigkeit positiver und negativer Affekte bei der Erfahrung transkultureller Abgründe, die nicht nur den Schrecken, sondern auch das Ekstatische des identitären Selbstverlusts mit einschließt.[9] Demzufolge kann »double consciousness« nicht nur

9 Burkes *Treatise* ist hier relevant, da er bei seinem Versuch, Konzepte des Ästhetischen des 18. Jahrhunderts zu erweitern, den Begriff des »Erhabenen« als Bezeichnung für ambivalente Aspekte negativer ästhetischer Erfahrung kanonisiert, die das zeitgenössische begriffliche Rahmenwerk des »Schönen« umgehen. Jedoch weist die Typologie der Affekte, die Burke unter der Rubrik des Erhabenen zusammenfasst, weit über dieses ästhetische Rahmenwerk hinaus. Das empirische Phänomen, das für die Behand-

als Fluch – wie in klassischen Erzählungen über den verlorenen Ursprung –, sondern auch als Ermächtigung betrachtet werden, die im Sinne der Hegelschen Vorstellung kultureller Aufhebung die Voraussetzung für identitären Fortschritt bilden,[10] analog zur romantischen Utopie der »curative variety« (Bramen 2000), der »heilsamen« kulturellen Differenz, mit der die lähmende Homogenität der Masse therapiert werden kann.[11] Eine strukturell ähnliche Konzeption der kulturellen Kontaktzone war in vielerlei Hinsicht prägend für die Entwicklung postkolonialer Theoriebildungen seit den 1970er Jahren, die eng mit poststrukturalistischen Denkansätzen kurzgeschlossen wurden. So ist beispielsweise bei Homi Bhabha der Wanderer zwischen den Kulturen der Agent einer produktiven Entgrenzung kultureller Monotonie, die Bhabha explizit in eine Rhetorik des Ungeheuren und Wunderbaren fasst. Der transkulturelle Raum fungiert hier als Ort einer »prodigious ambivalence«, die »counter-narratives of the nation« hervorbringt, »that continually [...] disturb those ideological movements through which ›imagined communities‹ are given essentialist identities.« (Bhabha 1990: 300) Auch, um ein weiteres Beispiel anzuführen: Die amerikanische *Border Theory* tendiert dazu, die transkulturelle Grenze als einen sublimen Raum zu begreifen, in dem kulturelle Monotonie in einen befreienden, symphonischen Pluralismus übersetzt wird. Die verbreitete Verwendung einer Rhetorik des Erhabenen lässt sich gut an Gloria Anzaldúas vielzitierter Eröffnung ihrer Studie *Borderlands* (1987) verdeutlichen:

lung Eliots relevant ist (also der schreckliche Genuss, der der Erkenntnis folgt, dass persönliche Individualität in ein weitreichenderes Selbst jenseits rationaler Einsicht oder Kontrolle übergeht), ist freilich ein Topos religiös-mystischer Erfahrung (siehe beispielsweise James 1987: 460, und Taylor 1989).

10 Zum Beispiel könnte man W.E.B. DuBois' Konzept Afro-Amerikanischer »double consciousness« so interpretieren – als Möglichkeit »to merge [the] double self into a better and truer self«, so dass »neither of the older selves [are] lost.« (DuBois 1999: 11)

11 Das Konzept der ›heilsamen Vielfalt« liegt schon dem amerikanischen Motto *e pluribus unum* zugrunde, insofern dieses Motto Vielfalt als Vorzug betrachtet: Je mehr kulturelle Unterschiedlichkeit in den Schmelztiegel einfließt, desto »gesünder« wird das kulturelle Gemisch, desto schöner die resultierende kulturelle Symphonie. Siehe Sollors 1986: 66-101.

»A borderland is vague and undetermined place created by the emotional residue of an unnatural boundary. It is in a constant state of transition. The prohibited and forbidden are its inhabitants. Los *atravesados* live here: the squint-eyed, the perverse, the queer, the troublesome, the mongrel, the mulato, the half-breed, the half-dead; in short, those who cross over, pass over, or go through the confines of the ›normal‹.« (Anzaldúa 1987: 3)

Normalität und Banalität, so scheint es, haben in der postkolonialen Sichtweise auf transkulturelle Dynamiken oft ebenso wenig Platz wie bei Eliot oder Arnold. Das verblüffende Resultat ist eine unvermutete Verwandtschaft von auf den ersten Blick völlig gegensätzlich erscheinenden kulturtheoretischen Ansätzen. Sowohl Eliots Kulturkritik wie sie in *Journey of the Magi* provokant formuliert ist, als auch radikale kulturtheoretische Theoriebildungen des Postkolonialismus operieren offensichtlich mit dem Narrativ des Erhabenen: Beide tendieren dazu, transkulturelle Kontaktsituationen im Kontext von Entgrenzung, Irrationalität und Unfassbarkeit zu lesen und ihr so eine Macht zuzuschreiben, die sich jeder subjektiven Verhandelbarkeit entzieht.

Rückgewendet auf das Gedicht lässt die strukturelle Nähe dieser Denkformen auch vermuten, dass Eliots Dramatisierung der Angst vor einem spirituellen (großgeschriebenen) Tod implizit eine (großgeschriebene) Wiedergeburt im Sinne einer dialektischen Aufhebung bereits mitdenkt. Es ist vielleicht einfacher, *Journey of the Magi* auf diese Art zu lesen, wenn man Eliots *Notes Towards the Definition of Culture* aus dem Jahr 1948 in Betracht zieht, wo er die Spannungen zwischen einer Gesellschaft und ihren ›Satelliten‹ als wichtige Gewähr für kulturelle Ausgewogenheit betrachtet:

»It would be no gain whatever for English culture, for the Welsh, Scots and Irish to become indistinguishable from Englishmen – what *would* happen, of course, is that we should all become indistinguishable featureless ›Britons‹, at a lower level of culture than any of the separate regions. On the contrary, it is a great advantage for English culture to be constantly influenced from Scotland, Ireland, and Wales.« (Eliot 1967: 129)

Der Zustand des Transkulturellen wird hier also positiv bewertet: Eliot inszeniert die Destabilisierung einer ›rein‹ englischen Identität an der keltisch-angelsächsischen Kontaktzone als kulturellen Veredelungsprozess, der letztlich auch die Überlegenheit britischer gegenüber einer

›reinen‹ englischen Kultur ausmacht. Die Verflüssigung von *Englishness* im produktiven Kontakt mit dem *celtic fringe* erscheint als Gegenmittel gegen die Eintönigkeit des modernen Mobs. Wiederum mit Blick auf das Gedicht lässt sich sagen, dass es gerade der Zustand des »no longer at ease« innerhalb einer monokulturellen Situation ist, der die besondere *Würde* des Magus ausmacht – und analog vielleicht sogar die Würde der christlichen Zivilisation als Hegelsche Aufhebung orientaler und okzidentaler Kulturen. In dieser Denkfigur antizipiert Eliot bewusst oder unbewusst – zumindest im Ansatz – postmoderne Utopien des *Third Space*, in denen das Unbehagen des Weisen als ermächtigende flüssige Identität reformuliert würde.[12]

Welche kulturwissenschaftlichen Schlüsse lassen sich nun aus unserer Lektüre T.S. Eliots im Zusammenhang mit der postkolonialen Debatte ziehen? Die Figur des Transkulturell-Erhabenen bleibt problematisch, und zwar in beiden generischen Varianten, ob als tragische oder heroische Narrativisierung kultureller Heterogenität. Die Inszenierung von Transkulturalität im Sinne des Erhabenen – egal ob motiviert durch imperiale Melancholie, postkoloniale *Melancholia* oder die Vision eines kurativen *Third Space* – bleibt von zweifelhaftem kulturtheoretischen Nutzen, vor allem weil sie den Blick auf soziokulturellen Wandel kulturalistisch verengt. Das Kernproblem eines solchen Kulturalismus ist, dass gesellschaftliche Harmonie auf zu rigide Weise mit identitätspolitischen Begriffen um Authentizität und Anerkennung verknüpft wird.

Die zwei wichtigsten Konsequenzen dieser Verengung sind bekannt: Erstens kann die Suche nach einem multikulturellen Konsens zur bisweilen selbstgefälligen Beschäftigung mit der eigenen Toleranzfähigkeit führen – wobei das heroische »Aushalten können« des Anderen in vermeintlich fließenden Kontaktzonen zur Distinktionsmarkierung stilisiert wird –, die von den manifesten Macht- und Res-

12 Eliot deutet lediglich in die Richtung der postmodernen Verfechtung eines kurativen *Third Space*, da sein Regionalbewusstsein eine klare Linie bei religiösen Grenzen zieht: Die Unterschiede zwischen europäischen Regionen sind in ein christliches Rahmenwerk eingebunden, das nicht überschritten werden kann und sollte und das Europa von der östlichen Welt abgrenzt. Immerhin lehnt er es ab, wie er 1948 formuliert, »to draw any absolute line between East and West, between Europe and Asia«. (Eliot 1967: 199)

sourcendifferentialen im Spektrum gleichermaßen »anerkannter« Kulturen eher ablenkt. Anders formuliert, die Fetischisierung von Dynamiken im Sinne des Transkulturell-Erhabenen verleitet dazu, mit Walter Benn Michaels gesprochen, den Begriff der Differenz (»difference«) strategisch vom Begriff der Ungleichheit (»inequality«) abzukoppeln und gesellschaftliche Fragen nach adäquaten ethischen Überzeugungen oder angemessenen politischen Entscheidungen in die sehr viel bequemere Frage umzuformulieren, ob wir unser kulturelles Skript in vollen Zügen ausleben. (Michaels 2004: 17, 176) Der zweite Nachteil einer Überhöhung kultureller Grenzen liegt in der Gefahr, gesellschaftliche Praktiken und Lebensstile auf eine Weise als kulturelle Markierungen zu extrapolieren, die gesellschaftliche Individuen oder Gruppen mehr als nötig einschränkt, die ihr Verhältnis zu solchen Praktiken und Lebensstilen eher einer privat-persönlichen statt politisch-öffentlichen Dimension des sozialen Raums zuordnen möchten – persönlich nicht im Sinne von »wholly unscripted or innocent of social meanings«, sondern im Sinne von »not too tightly scripted, not too resistant to our individual vagaries«, wie Anthony Appiah formuliert hat.[13]

Als Schlussfolgerung für eine kulturwissenschaftliche Theoretisierung des Transkulturellen würden wir daher anregen, dem Topos des Transkulturell-Erhabenen ein Bewusstsein für die *Banalität* des Transkulturellen entgegenzusetzen. Paul Gilroy schwebt etwas Ähnliches vor, wenn er von einem britischen Diskurs spricht, der sich seiner Meinung nach stark von amerikanischen Vorbildern unterscheidet und der epidemischen postkolonialen *Melancholia* Britanniens diametral entgegensteht. Die Rede ist hier von urbanen »convivial cultures«, in denen ein »liberating sense of the banality of intermixture and [...] subversive ordinariness« (Gilroy 2005: 150) dem Begriff »race« die Bedeutung entzieht.[14] Die Schlüsselbegriffe sind in der Tat *banality* und

13 Siehe Appiah 2005: 110. Appiah definiert »scripts« als »narratives that people can use in shaping their projects and in telling their life stories«. (Appiah 2005: 23) Siehe auch Hall 1991.

14 Gilroy argumentiert: »The utopian-sounding procedures involved in seeing, thinking, and acting beyond race hierarchy cannot be divorced from practical confrontations with the immediate manifestations of racism. Indeed, I would argue that the ability to imagine political, economic, and social systems in which ›race‹ makes no sense is an essential, though woeful-

ordinariness. Angesichts einer globalisierten Welt, in der die Vorstellung von Grenzen zwischen vermeintlich homogenen kulturellen Einheiten immer anachronistischer wird,[15] sollten wir das Alltäglich-Transkulturelle (statt dem Erhabenen) betonen, damit wir die verbreiteten kulturalistischen Phantasien von Kulturkämpfen und ›clashing civilizations‹ hinter uns lassen können.

LITERATUR

Primärtexte

Eliot, T.S. (1928): *For Lancelot Andrewes: Essays on Style and Order*. London.

Eliot, T.S. (1934): *After Strange Gods*. London.

Eliot, T.S. (1963): *Collected Poems 1909-1962*. London.

Eliot, T.S. (1965): *To Criticize the Critic*. London.

Eliot, T.S. (1967): *Christianity and Culture*. London.

Eliot, T.S. (1975): »The Humanism of Irving Babbitt« [1928]. In: Frank Kermode (Hg.): *Selected Prose of T.S. Eliot*. New York, 277-284.

---

ly underdeveloped part of formulating a credible antiracism as well as an invaluable transitional exercise. That ability has sadly fallen into disrepute.» (Gilroy 2005: 54) Mit dem Begriff »conviviality« versucht Gilroy Konzepte von ›Identität‹ zu umgehen, um die »processes of cohabitation and interaction« der postkolonialen Metropole zu beschreiben. (Gilroy 2005: xv)

15 Dafür, dass Transkulturalität ein fester Teil unserer Alltagserfahrung ist (bis zu dem Punkt, wo Ängste vor aufeinanderprallenden ›Zivilisationen‹ bestenfalls unaufrichtig erscheinen), siehe Hannerz 1996 oder Welsch 1999. Hannerz schreibt beispielsweise: »[a]s people move with their meanings, and as meanings find ways of travelling even when people stay put, territories cannot really contain cultures. And even as one accepts that culture is socially acquired and organized, the assumption that it is homogeneously distributed within collectivities becomes problematic, when we see how their members' experiences and biographies differ.« (Hannerz 1996: 8)

Sekundärtexte

Anzaldúa, Gloria (1987): *Borderlands/La Frontera: The New Mestiza*. San Francisco.

Appiah, Kwame Anthony (2005): *The Ethics of Identity*. Princeton.

Barbour, Brian M. (1988): »Poetic Form in ›Journey of the Magi‹«. In: *Renascence: Essays on Value in Literature* 40 (Spring), 189-196.

Bhabha, Homi K. (1990). »DissemiNation: Time, Narrative, and the Margins of the Modern Nation«. In: Ders. (Hg.): *Nation and Narration*. London/New York, 291-322.

Bramen, Carrie Tirado (2000): *The Uses of Variety: Modern Americanism and the Quest for National Distinctiveness*. Cambridge.

Du Bois, W.E.B. (1999): *The Soul of Black Folk* [1903], hrsg. v. Henry Louis Gates, Jr./Terri Hume Oliver. New York.

Fleissner, R.F. (1994): »Eliot's ›Journey of the Magi‹ and Black Identity«. In: *English Language Notes* 32/2, 65-71.

Gilroy, Paul (2005): *Postcolonial Melancholia*. New York.

Hall, Stuart (1991): »Old and New Identities, Old and New Ethnicities«. In: Anthony D. King (Hg.): *Culture Globalization and the World System*. New York, 14-68.

Hannerz, Ulf (1996). *Transnational Connections: Culture, People, Places*. London.

James, William (1987): *Varieties of Religious Experience, Writings 1902-1910*. New York.

Menand, Louis (2000): »T.S. Eliot«. In: A. Walton Litz (Hg.): *The Cambridge History of Literary Criticism, Vol. 7: Modernism and the New Criticism*. New York, 17-56.

Michaels, Walter Benn (2004): *The Shape of the Signifier*. Princeton.

Schulze-Engler, Frank (2007): »Theoretical Perspectives: From Postcolonialism to Transcultural World Literature«. In: Lars Eckstein (Hg.): *English Literatures Across the Globe*. Stuttgart, 20-32.

Sollors, Werner (1986): *Beyond Ethnicity: Consent and Descent in American Culture*. New York.

Storey, John (2003): *Inventing Popular Culture*. London.

Taylor, Charles (1989): *Source of the Self: The Making of Modern Identity*. Cambridge/Ma.

Welsch, Wolfgang (1999): »Transculturality: The Puzzling Form of Cultures Today«. In: Mike Featherstone/Scott Lash (Hg.): *Spaces of Culture: City, Nation, World.* London, 194-213.

APPENDIX

Journey of the Magi

›A cold coming we had of it,
Just the worst time of the year
For a journey, and such a journey:
The ways deep and the weather sharp,
The very dead of winter.‹
And the camels galled, sore-footed, refractory,
Lying down in the melting snow.
There were times we regretted
The summer palaces on slopes, the terraces,
And the silken girls bringing sherbet.

Then the camel men cursing and grumbling
And running away, and wanting their liquor and women,
And the night-fires going out, and the lack of shelters,
And the cities hostile and the towns unfriendly
And the villages dirty and charging high prices:
A hard time we had of it.
At the end we preferred to travel all night,
Sleeping in snatches,
With the voices singing in our ears, saying
That this was all folly.

Then at dawn we came down to a temperate valley,
Wet, below the snow line, smelling of vegetation;
With a running stream and a water-mill beating the darkness,
And three trees on the low sky,
And an old white horse galloped away in the meadow.
Then we came to a tavern with vine-leaves over the lintel,
Six hands at an open door dicing for pieces of silver,

And feet kicking the empty wine-skins.
But there was no information, and so we continued
And arrived at evening, not a moment too soon
Finding the place; it was (you may say) satisfactory.

All this was a long time ago, I remember,
And I would do it again, but set down
This set down
This: were we led all that way for
Birth or Death? There was a Birth, certainly,
We had evidence and no doubt. I had seen birth and death,
But had thought they were different; this Birth was
Hard and bitter agony for us, like Death, our death.
We returned to our places, these Kingdoms,
But no longer at ease here, in the old dispensation,
With an alien people clutching their gods.
I should be glad of another death.

(Eliot 1963: 109-110)

Verwackelte Perspektiven

Kritische Korrelationen in der zeitgenössischen arabisch-amerikanischen Kulturproduktion

MARKUS SCHMITZ

> »[W]e'll speak their language without either a sense of guilt or a sense of gratitude [...] and if we are lies we shall be lies of our own making.« (SALIH 1969: 49-50).

Die 1969 in englischer Übertragung veröffentlichte Erzählung *Season of Migration to the North* des sudanesisch-britischen Schriftstellers Tayeb Salih zählt längst zum Kanon der sogenannten postkolonialen Literaturen. Spätestens seitdem Edward W. Said den Roman als gezielte mimetische Umkehrung zu den in Joseph Conrads Klassiker *Heart of Darkness* (1899) entworfenen literarischen Figurationen deutete (Said 1993: 210ff.), avancierte Salihs literarische Reise in den Norden zum paradigmatischen Beispiel für jene gegen das etablierte Repertoire westlicher Fremdrepräsentationen gerichtete Schreibaktivität, die wechselnd als »writing back« (Ashcroft/Griffiths/Tiffin 1989) oder »voyage in« (Said 1993: 216) beschrieben wird. Obschon zunächst 1967 in arabischer Sprache verfasst, kann diese Erzählung – wie Geoffry Nash argumentiert – gleichzeitig als »important intertext for our reading of later Anglophone writing by Arabs« (Nash 2007: 62) interpretiert werden.

Dennoch entstehen die Konturen des komplexen diskursiven Feldes lange, bevor Salih seinen tragischen arabischen Helden Mustapha Said in die koloniale Metropole London migrieren und dort eine zwischen okzidentalistisch-exotistischem Begehren und tödlichen Rachegefühlen pendelnde Hassliebe durchleben lässt. So wird etwa in den jüngsten Kontroversen über die Zukunft arabisch-muslimischer Präsenzen in Lower Manhattan allzu oft übersehen, dass die Gegend um das *World Trade Center Site* bereits Anfang des 20. Jahrhunderts ein kulturelles Zentrum arabischer Immigration war. (Vgl. Dunlap 2010) Ameen Rihanis Roman *The Book of Khalid* (1911) erlaubt, eben diese Geschichte des ehemals als Little Syria bekannten und heute vergessenen arabisch-amerikanischen Immigrantenviertels zu reaktualisieren. 2011 jährt sich zum hundertsten Mal die Erstpublikation dieser frühesten anglophonen arabischen Erzählung. Die Geschichte von zwei jungen New Yorker Immigranten konfrontiert uns ebenso ernsthaft ambitioniert wie distanziert ironisierend mit zahlreichen Themen, die noch heute die komplexen Beziehungs- und Repräsentationsprobleme zwischen US-Amerikaner/-innen und Araber/-innen charakterisieren. Rihani (1876-1940), der im späten 19. Jahrhundert selbst als libanesisch-maronitischer Einwanderer in die USA kommt, zählt zu den führenden anglophonen arabischen Intellektuellen seiner Zeit. Gemeinsam mit dem berühmten Dichter, Maler und interreligiösen Mystiker Gibran Kahlil Gibran (1883-1931) ist er 1920 eines der Gründungsmitglieder der *Al-Rabita al-Qalamiya*, der arabisch-amerikanischen *Pen League*. Die in New York City ins Leben gerufene Organisation bündelt erstmals die Aktivitäten der zahlreichen seit Anfang des 20. Jahrhunderts entstandenen arabisch-amerikanischen Literaturgesellschaften und Zeitschriften. Ihre Mitglieder, die sowohl in arabischer wie in englischer Sprache publizieren, repräsentieren das, was aus innerarabischer Perspektive bald als *Adab al-Mahjar*, als spezifisch diasporische Schule arabischer Literatur, gilt. (Nash 1998: 32-47)

Obschon Rihanis früher literarischer Artikulation arabisch-amerikanischer Überschreitungen im intellektuellen Gedächtnis der arabischen Welt wie auch in der dominanten kulturgeschichtlichen Erinnerung Nordamerikas keine große Bedeutung beigemessen wird, kann dieser Roman dazu beitragen, unser Bewusstsein für die gegenwärtige cross-kulturelle Dynamik zwischen den USA und dem Nahen Osten zu schärfen. Zwar schildert der größte Teil des Buches das tragisch-komische Schicksal zweier arbeitssuchender Immigranten arabischer Herkunft in New York um 1900. Doch indem diese amerikanische Einwanderungserzählung von einer syrisch-libanesisch-ägyptischen Vor- und Nachgeschichte gerahmt wird, thematisiert *The Book of Khalid* gleichsam die multiplen Erfahrungs- und Konflikträume fortgesetzter arabisch-amerikanischer Migrationen. Nachdem es den aus dem Libanon vor traditionellen gesellschaftlichen Konventionen und familiären Repressionen geflohenen Protagonisten nicht gelingt, sich in der neuen sozioökonomischen, politischen und kulturellen Umgebung zurecht zu finden, schildert der verbleibende Teil des Romans ihre Rückkehr und Weitermigration in die alte und nun umso fremder gewordene Heimat. Der Text repräsentiert nicht einfach nur den Versuch einer gleichgerichteten kulturgeographischen Grenzüberschreitung mittels bedingungsloser Assimilation. Indem der Autor seine beiden Antihelden mit ihrer Strategie scheitern lässt, sich von jenen Elementen der arabischen Kultur zu distanzieren, die von der weißen Bevölkerungsmehrheit als Integrationshindernisse betrachtet werden, vermittelt er zugleich ein Moment des Zweifels an dem ebenso idealistischen wie essentialistischen Projekt einer zivilisatorischen Synthese zwischen zwei als einander ausschließend entworfenen Kulturen. Wie andere Mahjar-Schriftsteller/-innen betont Rihani seine christliche Identität, seine geographische Herkunft aus dem Heiligen Land sowie seine orientalische Spiritualität, um eine von religiösem Eifer, Rassismus und kulturellem Chauvinismus befreite kosmopolitische Gemeinschaft zu entwerfen. Dennoch kollidiert das auf Engste mit der Forderung arabischer Unabhängigkeit (vom Osmanischen Reich wie vom europäischen Kolonialismus) verflochtene Projekt gezielt mit den vorherrschenden westlichen Vorstellungen vom Arabischen und Orientalischen.

Rihani weiß genauso wie zahlreiche andere englisch schreibende arabische Schriftsteller/-innen der 1910er und 1920er Jahre, dass die westliche Leser/-innenschaft zu adressieren mehr bedarf, als in einer fremden Sprache zu schreiben. So wie seine beiden fiktionalen arabisch-amerikanischen Immigranten Shakib und Khalid in einem dunklen New Yorker Keller hausen, um auf der Straße gefundenen Trödel genauso wie sich selbst als exotische Attraktionen und Relikte des Morgenlandes anzupreisen, müssen die ersten anglophonen arabischen Autoren ihre Texte in Beziehung zu einem wirkungsmächtigen orientalistischen Diskurs setzen, der längst die Erwartungshaltung ihrer Leser/-innen determiniert. (Hassan 2008) Doch anstatt diese stereotypen Erwartungen einfach nur zu bedienen, überzeichnet Rihani die Gestalt Khalids beinahe zu einer Karikatur des Orientalen – eine Karikatur, die im frühen 20. Jahrhundert zu den Grundmustern der westlichen Perzeptionen vom arabischen Menschen zählt und die bis heute enormen Anteil an der gemischten Alteritätsökonomie aus xenophob-paranoider Projektion und exotisierender Begierde hat; eine Karikatur, die daher – wenn auch weitaus kritischer gefasst – selbst in den zeitgenössischen Arbeiten arabisch-amerikanischer Intellektueller einen wichtigen Bezugspunkt bildet.

ARABISCH-AMERIKANISCHE TRANSMIGRATION UND KULTURELLE ARTIKULATION

Dieser Essay behandelt ausgewählte audio-visuelle Arbeiten und literarische Texte von Walid Raad (geb. 1967), Emily Jacir (geb. 1970) und Rabih Alameddine (geb. 1959). Die Biographien und Werke der drei zeitgenössischen arabisch-amerikanischen Intellektuellen sind entscheidend von fortgesetzten physischen wie diskursiven Bewegungen zwischen dem Nahen Osten und den USA geprägt. Meine Analyse verortet ihre kulturellen Repräsentationen in einer gleichermaßen arabisch-amerikanischen wie transmigrantischen Sphäre. Die beiden Attribute verlangen fraglos eine Erläuterung; weder dürfte hierzulande die Behauptung eines genuin arabisch-amerikanischen Phänomens ohne Widersprüche hingenommen werden, noch hat sich im deutschsprachigen Raum bislang Transmigration als Modell kulturwissenschaftlicher Theoriebildung etabliert. Die Behauptung einer arabisch(-islamisch)-westlichen Bindestrichidentität wird von vielen immer noch – und heute vielleicht mehr denn je – als Oxymoron, als unmögliches Zusammenführen zweier per Definition einander wechselseitig ausschließender Qualitäten zurückgewiesen. Diese vorherrschende Sichtweise scheint auf den ersten Blick primär der aktuellen ideologischen, politischen und militärischen Gemengelage in Folge der Ereignisse vom 11. September 2001 geschuldet. Aus epistemologischer beziehungsweise wissensideologischer Sicht unterstreicht die fortgesetzte Marginalisierung oder gar Leugnung solcher kultureller Überlappungsformen jedoch ihre kaum zu fixierende und daher als störend empfundene Stellung innerhalb eines tradierten binären Ordnungsmusters, in dem rigoros zwischen uns – im euroamerikanischen Westen – und den anderen – im arabisch-islamischen Osten – unterschieden wird. Es ist nicht zuletzt diese imaginierte Geographie des Orientalismus (Said 1978), die auf vielfältige Weise durch die kulturellen Äußerungsformen von arabisch-amerikanischen Transmigrant/-innen wie Alameddine, Jacir und Raad durchkreuzt wird. Obschon terminologisch bislang kaum explizit verankert, zählt die Denkfigur der Transmigration – die Annahme von sich zusehends vervielfältigenden Wanderungsbewegungen sowie die These der darin bedingten Herausbildung von neuen globalen Verflechtungsbeziehungen, welche nationale Grenzen und kulturelle Zugehörigkeiten gleich mehrfach überschreiten – inzwischen zu den Allgemeinplätzen kulturwissenschaftlicher Theoriebildung. Zwar verfügt bereits das ältere Modell transnationaler Migration über eine bemerkenswert lange Karriere, die sich mindestens bis hin zu Raymond Arons kosmopolitischer Theorie internationaler Beziehungen aus dem Jahre 1966 zurückverfolgen lässt (Aron 1966), jedoch findet das davon abgeleitete Paradigma erst seit Mitte der 1990er Jahre schrittweise Eingang in die internationalen Fachdiskurse der Sozial-, Geschichts-, Kultur- und Literaturwissenschaften. Die Sozialanthropologinnen Linda Basch, Nina Glick-Schiller und Cristina Szanton Blanc führten das Paradigma der Transmigration ein, um ein alternatives Instrument zur Beschreibung einer veränderten Welt zu bieten, die im zunehmenden Maße von ökonomischer Entgrenzung und transnationaler Migration geprägt ist und in der die herkömmliche Gleichsetzung von Volk, Territorium und Zugehörigkeit nicht länger als haltbar erscheint. (Glick Schiller/Basch/Szanton Blanc 1995) Demnach sind die etablierten Idealtypen internationaler Migrationen (Emigration/Immigration, Rückkehrmigration und Diaspora-Migration) sowie die davon abgeleiteten Konzeptionen von Integration und Assimilation nicht geeignet, um die jüngsten Transformationen der weltweiten sozioökonomischen Verflechtungsbeziehungen sowie deren identitätspolitische, sprachliche und eben künstlerisch-literarische Facetten zu beschreiben, geschweige denn zu verstehen. Das Transmigrationsmodell sollte zuvorderst helfen, sozioökonomische Prozesse zu erklären, die von fortgesetzten rekursiven Ortswechseln (co-)determiniert sind und in eben dieser Plurilokalität auf Dauer angelegte politische und kulturelle Räume herausbilden.

Ich nutze dasselbe Modell als analytischen Rahmen für die Interpretation ausgewählter Arbeiten arabisch-amerikanischer Provenienz. Dabei fahnde ich nicht primär nach neuen literarisch-künstlerischen Formen, die mit ihren kritischen Interventionen hervorgebracht werden. Anstatt die behandelten kulturellen Produkte lediglich nach ihrem ästhetischen Mehrwert zu befragen, den es schnell zu kommodifizieren gilt, wird in Anschluss an Catherine David ihre ideologiekritische

Qualität herausgearbeitet, bei der sich das Politische nicht von dem Ästhetischen trennen lässt. (David 2003: 35f.) Die im Folgenden vorgestellten literarischen Texte und audiovisuellen Arbeiten werden als Instrumente subversiver Identifikation, als Praktiken kritischer Korrelation untersucht. Sie erlauben zu beschreiben, was passiert, wenn sich eine Idee, ein Text, ein Bild aus ihrem/seinem unmittelbaren Entstehungskontext löst und wiederholt über die Kluft vormals getrennter nationaler, kultureller oder sprachlicher Aussagesysteme reist. Sie illustrieren gleichsam beispielhaft Strategien, Funktionsweisen und Effekte künstlerisch-literarischer Re-Signifizierungen unter den Bedingungen von Transmigration und einer globalisierten Kulturindustrie. Ein bewusst weitgefasstes Verständnis von narrativer Praxis erlaubt, neben offen fiktionalen Werken der Literatur ebenfalls nichtliterarische Akte symbolischer Bedeutungsherstellung einzubeziehen. In all diesen Repräsentationsformen treten Transmigrantinnen und Transmigranten als Subjekte wie Objekte kollektiver und individueller Narrationen, als idealisierte Projektionen oder in Form xenophober Stereotypisierungen in Erscheinung. Während der narrative Fokus der einbezogenen Arbeiten fortschreitend zwischen dem, was wir gewohnt sind, die arabisch-islamische Welt und den US-amerikanischen Westen zu nennen, wechselt, richtet sich mein eigentlich kulturwissenschaftlich motivierter Blick auf gänzlich andere Räume oder Zwischenräume: Auf die künstlerisch-medialen Sphären widerständiger Performanz, auf literarische Ortlosigkeiten alternativer narrativer Identifikationen sowie auf die Räume transmigrantischer Kritik.

LEBEN UND STERBEN ZWISCHEN DEN WELTEN

> »I know your stories. […] And I can tell you my stories. If you want.« (ALAMEDDINE 2008: 513)

Der Roman *Koolaids: The Art of War* erscheint 1998. Er handelt von der Aids-Epidemie in den USA der 1980er Jahre, dem sogenannten Bürgerkrieg im Libanon zwischen 1975 und 1991, von Liebe, Sex und Tod sowie vom Leben und Sterben in und zwischen den Welten. Konkurrierende Erzähler erzeugen ein ebenso diachrones wie polyphones, aber sich dennoch wechselseitig vervollständigendes Mosaik von Tagebucheintragungen, Erinnerungen und Halluzinationen, Nachrichtenberichterstattungen und hysterischen Kurz-Theaterstücken. Der Autor des Textes, Rabih Alameddine, ist 1959 in Jordanien geboren und in Kuwait sowie im Libanon aufgewachsen. Er besuchte die weiterführende Schule in England und verfügt über einen Hochschulabschluss der University of California, Los Angeles. Heute lebt Alameddine zu etwa gleichen Anteilen in San Francisco und Beirut. *Koolaids* ist in den USA für ein literarisches Erstlingswerk recht erfolgreich und wird vor allem innerhalb der literaturinteressierten *gay und queer community* gefeiert. In den multilingual gebildeten Milieus Beiruts avanciert das Buch zu einem kontrovers diskutierten Bestseller. Insofern kann es der lokalen Wirkung der libanesisch-amerikanischen Erzählung keinen Abbruch tun, dass die geplante Übertragung des amerikanischen ›Originals‹ ins Arabische bis heute der libanesischen Zensur zum Opfer fällt.

Die literarischen Figuren in *Koolaids* passen nach Amerika, ohne dorthin zu gehören, und sie gehören in den Libanon, ohne sich in die libanesische Gesellschaft einzupassen. Ihre wiederholte Erfahrung, hier wie dort am falschen Ort zu sein, zwingt sie immer wieder, ihre eigene deplatzierte Subjektivität in Beziehung zu den jeweils dominanten Fixierungen von Identität und Kultur zu überdenken. Auf diese Weise hinterfragt der Roman unaufhörlich habituelle Repräsentationen der sogenannten arabischen Welt und des Westens. Dazu kommt es beispielsweise, als sich einer der Protagonisten entschließt, eine *pulp fiction*, einen massenwirksamen Schundroman, zu verfassen:

»I wanted to write a book [...]. [A] stunningly beautiful American woman with perky breasts is sold as a slave to an Arab prince. He, on the other hand, is an incredibly successful American corporate executive pretending to be an Arab prince, for what Americans fantasize about being seduced by an Arab.« (Alameddine 1998: 117)

Während sich der arabisch-amerikanische Ich-Erzähler in einem Moment der gebrochenen Handlung mit offenbar autofiktionalen Referenzen deutlich ins Außen jeder ethnisch-nationalen Zugehörigkeitskonstruktion stellt, um über *die* Amerikaner – »They are naive and dumb. And I hate that.« – und *die* Libanesen – »The Lebanese are just arrogant [...] Those fuckers are too busy juging everybody else's life to live their own« – zu polemisieren, erkennt derselbe Künstler und tragische Antiheld im nächsten raumverschobenen Augenblick die Unmöglichkeit, sich jenen Parametern rassistisch-kulturessentialistischer Zuschreibungen zu entziehen, die ihn als etwas identifizieren, was er nicht ist oder schlicht nicht sein will: »Would people think of me as a painter or as a Lebanese painter?« (Alameddine 1998: 243-244)

Ende 2008 erscheint Alameddines jüngster Roman *The Hakawati*: »Listen. Allow me to be your god. Let me take you on a journey beyond imagining. Let me tell you a story.« (Alameddine 2008: 5) Mit diesen Worten beginnt ein Text, dessen amerikanisch-arabischer Hybrid-Titel im Deutschen als *Der Geschichtenerzähler* übertragen werden kann und der sich wie viele fiktionale arabische Texte der jüngsten Vergangenheit der narrativen Strukturen des Klassikers der *Arabischen Nächte* bedient (Ghazoul 1996), um damit sowohl die aus der arabischen Erzähltradition stammenden Bilder als auch die stereotypen Fremdrepräsentationen des dominanten westlichen Archivs im vielfach gebrochenen Spiegel sich überlappender postkolonialer Gegenwarten zu reflektieren. Die teils isolierten und teils miteinander verknüpften Erzählstränge des über 500 Seiten umfassenden Romans lassen sich kaum zu einer einzigen linearen Handlung bündeln. Der Wahlamerikaner Osama al-Kharrat kehrt 2003 nach langer Abwesenheit in den Libanon zurück, um dort am Sterbebett seines Vaters zu wachen: »I was a tourist in a bizarre land. I was home.« (Alameddine 2008: 7) Von hier aus trägt die Erzählung mittels divergierender Erzählstimmen die Leser/-innen bis in die Ereignisse der vorislamischen Mythenwelt oder die Halluzinationen der berauschten amerikanischen Studienzeit Osamas, ohne auch nur einem/einer einzigen der Erzähler/-innen abschließend zu trauen: »Never trust the teller« – heißt es an einer Stelle – »Trust the tale.« (Alameddine 2008: 206) Während eine der Schlüsselfiguren und der Haupterzähler des Textes, Osamas Großvater, selbst zweifelhafter armenisch-amerikanischer Herkunft und von Beruf *Hakawati* ist, liegt die Emphase des Romans auf den Mechanismen der narrativen Herstellung von Bedeutung sowie bei den Prozeduren des selektiven Hörens, nicht aber bei der Kohärenz einer historischen Erzählung. Mittels großer narrativer Posen und literarischer Evokationen werden Jahrtausende auf ebenso wenigen Seiten resümiert wie riesige geographische Handlungsräume mittels nur weniger Zeilen vermessen. Alameddines Text testet die Grenzen des Erzählbaren aus. Wie wenig braucht eine Geschichte, um zu funktionieren? – scheinen seine Erzähler/-innen sich und die Leser/-innen immer wieder aufs Neue zu fragen, ohne dabei auf komplexe Dialoge und szenische Präzession zu verzichten.

Anhand zahlloser historischer Beispiele – gleich, ob sie aus der Zeit des islamischen Widerstandes Baybars gegen die europäischen Kreuzfahrer stammen oder aber die geteilten Erfahrungen von Israelis und Palästinensern betreffen – demonstriert *The Hakawati* die Gültigkeit einer Weisheit von Osamas' Onkel Jihad, die dieser sehr früh an seinen Neffen weitergibt: »[W]hat happens is of little significance compared with the stories we tell ourselves about what happens.« (Alameddine 2008: 450) Die radikal intersubjektivitätskritische Schlussfolgerung, die der Amerikaemigrant aus diesen Worten mit Blick auf das gestörte Verhältnis zu seinem eigenen Vater und zu seiner Herkunftsgesellschaft zieht, wird in der Folge gleichsam pessimistisch auf die arabisch-israelische Konfliktgeschichte oder auf die Beziehungen zwischen dem sogenannten Westen und der sogenannten islamischen Welt übertragen: »My father and I may have shared numerouse experiences, but, as I was constantly finding out, we rarely shared their stories.« (Alameddine 2008: 450)

DIE MACHT ZU BEHAUPTEN

> »Events matter little, only stories of these events affect us.«
> (ALAMEDDINE 2008: 450)

Wie kaum ein anderer kultureller Sektor im Nahen Osten ist die zeitgenössische Konzept- und Performancekunst von transmigrantischen Akteuren geprägt. Sie haben entscheidenden Anteil an der jüngsten Entstehung relativ unabhängiger Projekte, Galerien und Festivals. Diese seit Ende der 1990er Jahre häufig von jungen Künstler/-innen und Kurator/-innen selbst initiierten und getragenen Projekte schaffen neue lokale Foren jenseits der lange staatlich dominierten Kunstbetriebe und ihrer phobokratischen Zensurapparate. Gleichzeitig führen viele der hier engagierten Personen allermeist ein ausgesprochen nomadisches Leben zwischen dem Nahen Osten und den Metropolen des Westens. Nicht wenige treten besonders seit dem 11. September immer stärker auf den großen Kunstschauen in Venedig, Kassel, New York, Istanbul oder Abu Dhabi in Erscheinung. (Wilson-Goldie 2010: 62f.) Wie in der Literatur Rabih Alameddines geht es auch in ihren Arbeiten regelmäßig um die Infragestellung von Geschichte als Konglomerat von Geschichten mit dem Anspruch historischer Evidenz.

Eben dieses historiographiekritische Motiv ist in dem *Atlas Group Project* des 1967 im Libanon geborenen Medien- und Konzeptkünstlers Walid Raad, der an der renommierten Cooper *Union School of Arts* unterrichtet, unübersehbar. 1999 gegründet, bildet die virtuelle Archiv-Einrichtung mit Sitz in Beirut und New York die Basis für Raads Multimedia-Performances. Aus deren Beständen schöpfen seine Medieninstallationen, Vorlesungen und Publikationen ihr Rohmaterial, das häufig anonymer und stets zweifelhafter Herkunft ist. Nachdem die Atlas-Gruppe zunächst in der libanesischen Kunstszene Aufsehen erregte, gelang es Raad sehr bald, seine Arbeiten auch auf renommierten internationalen Ausstellungen wie der Documenta, der Whitney Biennale oder der Biennale von Venedig zu präsentieren. Er, der kontinuierlich zwischen Brooklyn und Beirut pendelt, reflektiert in seiner Kunst besonders die Selektion und Repräsentation von Wissen über den Nahen Osten. Seine Projekte verfügen insofern über den für die zeitgenössische arabische Konzeptkunst spezifischen archivarisch-dokumentarischen Fokus. Doch obwohl diese Arbeiten zweifellos auf einen generellen »documentary turn« (Wilson-Goldie 2010: 65) innerhalb der zeitgenössischen Kunst erwidern, lassen sie sich nicht hinreichend mit den Begriffen Fiktion und Dokumentation fassen. Zwar behandelt die Atlas-Gruppe die Geschichte(n) ihrer unmittelbaren soziopolitischen Umwelt als eine Serie potenziell dokumentierter Ereignisse, aber Raads Kunst verfügt über eine deutlich darüber hinausweisende Qualität: Das pseudo-wissenschaftliche Geschichtslabor imitiert das Archiv und legt so seine Funktionsweisen als die eines Ortes offen, an dem sich die selektive Herstellung historischen Wissens vollzieht. (Vgl. Göckede 2006 und Rogers 2002) Dieser Ansatz der performativen Akkumulation von Dokumenten bestimmt die allermeisten Atlas Group Produktionen. Sie beinhalten Pressephotographien, Nachrichtenclips, Interviews, Videos, Graphiken, Collagen sowie fiktionale und Sachtexte. All diese Materialien werden in die gleich einer akademischen Vorlesung inszenierten Auftritte des Künstlers eingebettet.

Zu jenen Akten des Atlas-Archivs, in denen die historiographiekritische Dimension des Projektes besonders deutlich zum Ausdruck kommt, zählt die *Fakhoury File* (Atlas Group/Walid Raad 2004). Diese besteht im Wesentlichen aus einem reich illustrierten Notizbuch des libanesischen Historikers Dr. Fadl Fakhoury.

Abbildung 1: Atlas Group (Walid Raad): Blatt aus Notebook Volume 72, Missing Lebanese Wars, 1999 (Quelle: The Atlas Group/Walid Raad 2004). Gedruckt mit Genehmigung des Künstlers.

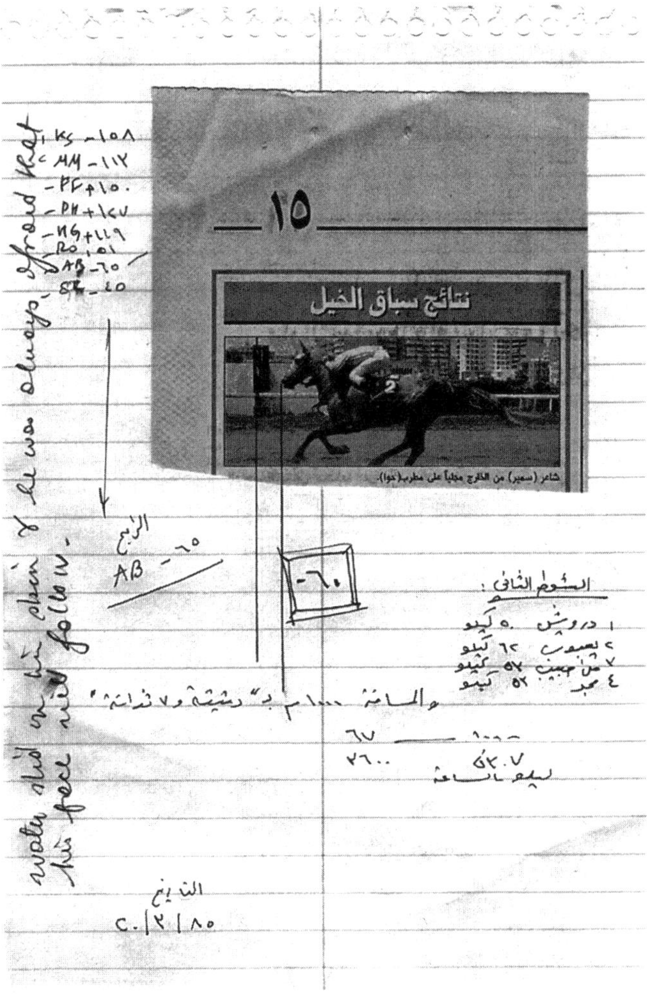

Das Dokument trägt den Titel *Missing Lebanese Wars*. Es handelt von Historikern, die die Bürgerkriegszeit mit dem Wettspiel auf der Beiruter Galopprennbahn verbringen. Allerdings wetten die Historiker nicht – wie man erwarten könnte – auf das siegreiche Pferd, sondern auf die Distanz zwischen dem siegreichen Pferd und der Ziellinie, welche die pedantischen Geschichtswissenschaftler und Vertreter verfeindeter ethnisch-konfessioneller Lager später lediglich anhand des in der lokalen Tageszeitung publizierten Zielphotos (re)konstruieren. Neben dem offensichtlichen primären Bezug auf die gleichzeitige Präsenz mehrerer konkurrierender Versionen der jüngsten Geschichte des Libanon samt divergierender Schulbücher und Schuldzuschreibungen entlang der Grenzen ethnisch-konfessioneller Zugehörigkeiten kann diese Arbeit als weitaus allgemeinere Metapher für die Produktion und Kontrolle historischer Evidenz durch Akte von Bedeutungsaufschub und Bedeutungsausdehnung interpretiert werden. Es sind eben diese Handlungen oder Gegen-Handlungen im Ringen um die Kontrolle der Distanz zwischen einem bezeichneten Ding oder Ereignis (hier: dem Zieleinlauf) und seiner zeitverzögerten Re-Präsentation (dem veröffentlichten Zielphoto) – es sind diese und ähnlich gelagerte Akte von Bedeutungsaufschub (vgl. Derrida 1972), mit denen besonders angesichts der unabgeschlossenen Geschichte von Orientalismus und Okzidentalismus viele arabische Konzeptkünstlerinnen und -künstler befasst sind.

Abbildung 2: Atlas Group (Walid Raad): Videostill aus Hostage: The Bachar Tapes (English Version), 2001 (Quelle: The Atlas Group/Walid Raad 2002). Gedruckt mit Genehmigung des Künstlers.

In einer anderen Arbeit Walid Raads wird sehr direkt das Thema west-östlicher Missrepräsentationen angesprochen und dann in eine gegen-archivische Praxis überführt, in der die Auseinandersetzung mit der inkorporierenden Autorität des westlichen Archivs zu einer äußerst produktiven Desorientierung führt. Bei den sogenannten *Bachar Tapes* handelt es sich um ein Video-File des Atlas Group Archives: 53 Video-Bänder dienen als historische Zeugnisse für die Bürgerkriegserfahrungen des Beiruter Flughafenangestellten Soheil Bachar. (The Atlas Group/Walid Raad 2002) Nur zwei der Bänder sind in nachsynchronisierter Fassung für die westliche Öffentlichkeit bestimmt.

Den historischen Kontext dieser Videointerviews bildet die meist sehr einseitig als westlich bezeichnete Geiselkrise der 1980er und frühen 1990er Jahre, in deren Verlauf wiederholt Amerikaner von militanten libanesischen Gruppen im Libanon entführt und zum Teil über Jahre gefangen gehalten wurden. Bachar ist ein libanesischer Mann, der behauptet, 1985 gemeinsam mit fünf Amerikanern in Geiselhaft gewesen zu sein. Während das individuelle Schicksal der ihrer Freiheit beraubten Amerikaner in den westlichen Medien vermittelt von durch die von amerikanischen Ex-Geiseln verfassten Memoiren große Aufmerksamkeit erhielt, wurden die lokalen politischen Hintergründe, internationalen Kontexte und besonders die Erfahrungen der libanesischen Zivilbevölkerung von der westlichen Repräsentation des Geiseldramas ausgeschlossen. Die Geschichte Bachars, der vorgibt, wie viele seiner Landsleute selbst zwischen 1983 und 1993 in Geiselhaft gewesen zu sein, erinnert nun daran, dass die Tragödien des Bürgerkrieges auch und zuvorderst individuelle libanesische Tragödien sind. Bachar insistiert darauf, die politischen Kontexte der amerikanischen Präsenz in der Region und die Motive der Geiselnehmer offenzulegen. Seine Erzählungen setzen jeweils bei jenen Lücken an, die er in den dominanten Darstellungen der Geiselkrise, besonders in den depolitisierten autobiographischen Erzählungen seiner ehemaligen Mitgefangenen, vorfindet. Er will demonstrieren, dass darin die konkreten Hintergründe der Entführungen – wie die amerikanische Unterstützung der israelischen Besatzung des Libanons durch die Reagan-Administration sowie die Lieferung amerikanischer Waffen an den Iran für die Freilassung amerikanischer Geiseln der pro-iranischen Hizbullah-Miliz – systematisch entfernt werden. Bachar beschreibt seinen Ansatz im Gespräch mit Raad wie folgt:

»My interest today is in how this kind of experience can be documented and represented. I am convinced that the Americans have failed miserably in this regard but that in their failure they have revealed much to us about the possibilities and limits of representing the experience of captivity.« (The Atlas Group/Walid Raad 2002: 136)

Abbildung 3: Atlas Group (Walid Raad): Videostill aus Hostage: The Bachar Tapes (English Version), 2001 (Quelle: The Atlas Group/Walid Raad 2002). Gedruckt mit Genehmigung des Künstlers.

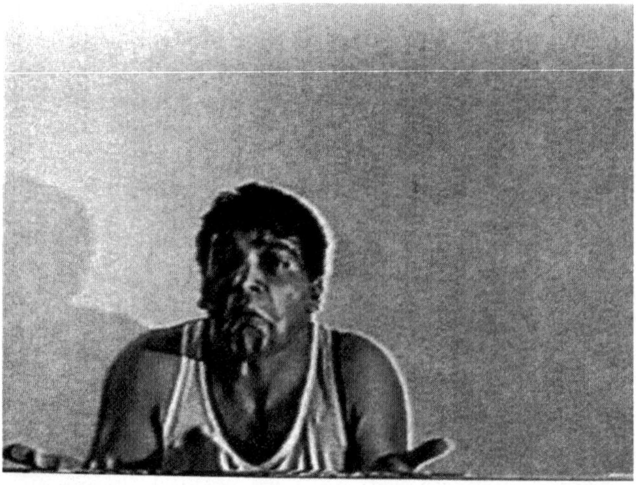

Der arabische Originalton der 1999 produzierten Interviews wird mit einer betont distanzierten Frauenstimme nachsynchronisiert. Der hyperinvestigative Journalist seiner eigenen Geiselgeschichte entzieht sich der Frage, ob seine Behauptungen wahr oder falsch sind. Ihm geht es vor allem um die Veröffentlichung seiner spezifischen Geschichtsdeutung, um die Macht zu behaupten. Mit der Verwendung der weiblichen Stimme wird gezielt die orientalistische Trope des femininen Orients dechiffriert. Während Bachars Erzählung vordergründig an die von seinen Mitgefangenen geleugneten sexuellen Beziehungen zwischen den amerikanischen Geiseln und dem libanesischen Geisel erinnert, wird gleichzeitig die doppelte Funktion des arabischen Körpers als Symbol der Bedrohung und Objekt exotistischer westlicher Begierden reflektiert.

Diese Arbeit hält sich nicht bei Fragen nach Autorschaft und Authentizität auf. Bei den *gefaketen* Dokumenten der Atlas Gruppe handelt es sich eher um *art facts* als um *Artefakte* im herkömmlichen Sinne. Raads *Kunst-Fakten* vermitteln zwischen dem, was als wahr gilt, und dem, was aus einer bestimmten politisch-ideologischen oder kulturellen Position heraus schlicht für wahr gehalten werden muss. Im Kostüm des Archivs folgt Raads Erzählung erst aus der performativen »Infragestellung des Dokuments« (Foucault 1994: 14). Der libanesisch-amerikanische Künstler bedient sich der Archiv-Idee, um diese in eine kontrapunktische Praxis der Transformation dominanter Aussagesysteme zu überführen. Dabei wird die dominante westliche Erzählung nicht vollständig ersetzt, sondern schlicht im Sinne einer kontrapunktischen Gegenlektüre an den ideologischen Ort ihrer monoperspektivischen Genese zurückverwiesen. (Schmitz 2008: 298f.)

WEIHNACHTSGRÜSSE AUS DEN BESETZTEN GEBIETEN UND ANDERE FRAGMENTE EINER NICHT VERFILMTEN GESCHICHTE

Emily Jacir wurde 1970 im palästinensischen Betlehem geboren und ist in Saudi Arabien, Italien und den USA aufgewachsen. Die Künstlerin lebt und arbeitet heute zwischen New York City und Ramallah, Palästina. In ihren Konzeptarbeiten bildet das von Walid Raad thematisierte Dilemma konkurrierender Aussagesysteme einen wichtigen Ausgangspunkt. Die von hier aus gewonnenen Einsichten werden gezielt in den eigenen Arbeitsmodus integriert. 2000 sorgt Jacir für Aufsehen, als sie zum Jahresende Weihnachtskarten in kleinen Schreibwarengeschäften Manhattans platziert, die auf den ersten Blick eine traditionelle Weihnachtsästhetik erwidern, aber tatsächlich die Kontinuität und Aktualität von Besatzung und militärischer Repression im Heiligen Land in die Repräsentationsräume der orientalisierenden US-Weihnachtskartenindustrie schmuggelt.

Abbildung 4: Emily Jacir: Christmas 2000 (Quelle: Kunstmuseum St. Gallen/Villa Merkel 2008). Bildrechte liegen bei der Künstlerin.

Seit 2005 arbeitet die Künstlerin an dem Langzeitprojekt *Material for a Film*, für das sie 2007 auf der Venedig Biennale den renommierten Goldenen Löwen erhielt. Das Multimediaprojekt ist dem Gedenken an den palästinensischen Aktivisten, Schriftsteller und Übersetzer Abdel-Wael Zuaiter gewidmet, der als das mutmaßlich erstes in Europa ermordetes Opfer des israelischen Geheimdienstes gilt. Zuaiter fungiert Anfang der 1970er Jahre in Rom als offizieller Repräsentant der Palästinensischen Befreiungsorganisation (PLO) und wird verdächtigt, ein

Mitglied der Terrororganisation *Schwarzer September* zu sein. In der Nacht des 16. Oktober 1972 wird er von zwei Unbekannten erschossen. Der Fall wird nie eindeutig aufgeklärt; die israelische Regierung bestreitet bis heute jede Beteiligung. Jacir knüpft mit ihrer Arbeit an ein niemals realisiertes Filmprojekt an, das Weggefährten und Freunde des Ermordeten wie Jean Genet, Pier Paolo Pasolini, Elio Petri und Ugo Pirro angedacht haben, um die wahre Geschichte des palästinensischen Menschenrechtskämpfers zu erzählen.

Material for a Film sammelt, wie bereits der Titel andeutet, historische Dokumente für diese bislang nicht-erzählte Geschichte – eine individuelle Geschichte, die gleichzeitig für die marginalisierte Geschichtserfahrung unzähliger namenloser Palästinenserinnen und Palästinenser steht.

Abbildung 5: Emily Jacir: Material for a Film. Fotografie als Teil der Multimedia Installation, seit 2005 (Quelle: Kunstmuseum St. Gallen/Villa Merkel 2008). Bildrechte liegen bei der Künstlerin.

Mit jeder Performance Jacirs entstehen immer weitere Fragmente dieses unabgeschlossenen Projektes. So etwa 2006 auf der Sydney Biennale: Als Zuaiter 1972 in Rom erschossen wird, trägt er den zweiten Band einer alten arabischen Edition von *Tausend und Eine Nacht* mit sich, der – so behauptet die Künstlerin – von den Kaliber 22-Kugeln seiner Mörder durchbohrt wird. Der palästinensische Intellektuelle habe an einer Übersetzung des arabischen Klassikers ins Italienische gearbeitet, da alle bislang vorhandenen italienischen Versionen von *Tausend und Eine Nacht* aus europäischen Vorlagen übertragen waren. Jacir greift nun diese Geschichte einer ausgebliebenen direkten Übertragung jenes Textes, der wie kaum ein anderer die Vorstellung und Vorurteile der Europäer von der arabisch-islamischen Welt prägen, auf, um das Moment der gewaltsamen Regulierung von Fremdrepräsentation sowie die Wechselbeziehung von physischer Macht und kultureller Geltung zu visualisieren. Sie schießt mit einer Pistole auf 1000 nicht bedruckte Buchrohlinge und stellt diese von Kugeln durchbohrten leeren Bedeutungsträger später in ihrer Installation gemeinsam mit den herausgelösten Einzelseiten der Edition Zuaiters aus.

Abbildung 6: Emily Jacir: Material for a Film. Performance Sydney Biennale 2006 (Quelle: Kunstmuseum St. Gallen/Villa Merkel 2008). Bildrechte liegen bei der Künstlerin.

Abbildung 7: Emily Jacir: Material for a Film. Detail (Quelle: Kunstmuseum St. Gallen/Villa Merkel 2008). Bildrechte liegen bei der Künstlerin.

DIALOGISCHE IMAGINATION UND KRITISCHE KORRELATION

> »Can there be any here?
> No. She understands there.«
> (ALAMEDDINE 2001: 99)

Um die im Vorangegangenen beschriebenen künstlerisch-literarischen Strategien theoretisch zu fassen, ist es neben dem naheliegenden Rekurs auf Foucaults Archivbegriff und zu Derridas *différance*-Konzept außerdem hilfreich, sich an Michail Bachtins Hinweis auf den dialogischen Charakter von Imagination zu erinnern. Darin heißt es: »[…] every word is directed toward an answer and cannot escape the profound influence of the answering word it anticipates.« (Bachtin 1981: 280) Die hier diskutierten Äußerungspraktiken müssen also in Relation zu den von ihnen antizipierten Rezeptionen betrachtet werden. In diesen Arbeiten geht es eher um die Genese, Funktionsweise und Wirkung von Ideen und Images als um die Kreation ästhetischer Formen oder Bilder. Der Blick des angenommenen Betrachters oder Konsumenten wird zu einem Gegenstand der Investigation, ohne damit konventionelle Deutungsmuster zu affirmieren. Der libanesische Künstler und Kritiker Jayce Salloum beschreibt die dieser notwendigen Reflektion zugrunde liegenden Fragen wie folgt:

> »How do you represent the unrepresentable – unrepresentable due to overexposure or lack of exposure? [...] When the Arab subject speaks, who listens and with what preconceived notions constricting the interpretation of these words and images?« (Salloum 2003: o.P.)

Es geht den arabisch-amerikanischen Künstler/-innen und Schriftsteller/-innen nicht um die Äußerung von abstrakten Ideen wie einer authentischen nationalen oder ethnischen Identität oder um die Enthüllung einer verborgenen arabischen Wahrheit. Sie sprechen nicht die Wahrheit eines authentischen Orients, sondern präsentieren (performen) den Akt der Äußerung selbst unter den Bedingungen konkurrierender präfigurierter Referenzsysteme. Dennoch geht es in diesen transmigrantischen Arbeiten um mehr, als nur darum, den dominanten westlichen Repräsentationsregeln etwas entgegen zu setzen. Die künstlerisch-literarischen Interventionen von Emily Jacir, Walid Raad und

Rabih Alameddine sind ebenso fremd- und selbst-hinterfragend wie selbst-bestimmend. Sie haben das Potential, die Entwürfe sich wechselseitig einander ausschließender Identitätskonstruktionen zu überschreiten – ein Potential zu dem, was der Schriftsteller und Kritiker Elias Khoury »identification thorough correlation« (Khoury 2003: 12) nennt. Demnach sind die behandelten Arbeiten zugleich als Ausdruck eines korrelationsdidaktischen Bemühens im Sinne Paul Ricœurs (Ricœur 1988: 87) zu verstehen – als Teil eines umfassenderen postkolonialen Projektes, das versucht, die Welt der hegemonialen westlichen Repräsentationen an andere nicht-westliche und allzu häufig marginalisierte Erfahrungswelten zurückzubinden.

Es ist keineswegs meine Intention, die narrativen Interventionen Alameddines, Jacirs und Raads aufgrund ihrer multidirektionalen Referenz- und Wirkungsräume vorschnell in eine entpolitisierte Sphäre theoretisch-ästhetischer Transkulturalität zu entlassen. Diese Arbeiten provozieren die erkenntniskritische Revision des auf dominanten Fremdgewissheiten fußenden metropolischen Eigensinns und können auf diese Weise auch dessen Manifestationen in Form von konkreten Repräsentations- und Herrschaftsverhältnissen bekämpfen. Sie platzieren sich außerhalb des tradierten nationalkulturellen Kanons und überschreiten genauso das dominante Repertoire des westlichen Archivs wie die gewohnten Darstellungsmuster der arabischen Kulturindustrie. Ihre Bemühungen um künstlerisch-literarische Dezentrierung verteidigen kein gleichgerichtetes arabisches Aussagefeld oder einen authentischen arabischen-islamischen Orient. Sie widersetzen sich aber genauso der Konstruktion eines monolithischen westlichen Anderen. Die Literatur Rabih Alameddines und die audiovisuellen Projekte Emily Jacirs und Walid Raads können genauso eine Quelle für die Provinzialisierung des Westens, seiner Vergangenheitsmodelle und Identitätskonstruktionen bilden, wie sie als Instrumente zur Dekonstruktion lokaler arabischer Interpretation vom Eigenen und vom Fremden dienen können.

Sie zwingen uns schließlich auch jenseits der virulenten Kunst- und Literaturdebatten die konventionellen Erklärungsmodelle kultureller Globalisierung neu zu überdenken. Das Studium zeitgenössischer arabisch-amerikanischer Des- und Re-Orientierungen kann nicht nur neue ästhetische Repräsentationsformen in kulturellen Zwischenräumen beschreiben, sondern gleichsam die westlichen Wissensproduktionen und Selbstgewissheiten für ihre eigenen historisch geschaffenen

Asymmetrien sensibilisieren. In dieser optimistischen epistemologiekritischen Lesart stellen die im Vorangegangenen besprochenen Arbeiten einen Beitrag zu jenem Projekt dar, das die indisch-amerikanische Kritikerin Gayatri C. Spivak als Dekolonisation der Wissensproduktion charakterisiert (Spivak 2004: 4-6) – als den kritischen Versuch, kulturelle und sprachliche Hierarchien zu überwinden, die nach wie vor die Grundlagen unseres Verständnisses von Weltkunst, Weltliteratur und Kulturtheorie bilden. Die Dringlichkeit dieses korrelationsdidaktischen Projektes gegen-archivischer Revision dominanter Selbst- und Fremdrepräsentationen wird in Werken der Literatur häufig klarer zum Ausdruck gebracht als in wissenschaftlichen Schriften. Anstatt diesen Essay also mit einem abwägenden, allzu ausgewogenen oder gar einseitig abschließenden Resümee zu versehen, sollen die folgenden Zeilen (eine fortgesetzte Konversation) provozieren. Es sind die Worte Mohammeds, des Haupterzählers und Antihelden in Rabih Alameddines Debüt-Roman *Koolaids*. Während der an Aids erkrankte arabisch-amerikanische Immigrant Mohammed in San Francisco im Sterben liegt, erinnert er sich an eine Flugzeugentführungs-Szene aus dem Hollywood Action Film *Delta Force*:

»One of the hijackers in the movie tells the hostages that the New Jersey bombed Lebanon. The priest, one of the hostages, denies it. He says Americans never bombed Beirut. There is no rebuttal. When the hijacked plane lands in Beirut, one of the passengers said this used to be a wonderful city. You could do whatever you want. I couldn't believe what he said next. Beirut used to be the Las Vegas of the Middle East. Now that's fucking insulting.« (Alameddine 1998: 244)

LITERATUR

Alameddine, Rabih (1998): *Koolaids. The Art of War*. London.

Alameddine, Rabih (2001): *I, the Divine. A Novel in First Chapters*. New York.

Alameddine, Rabih (2008): *The Hakawati*. New York.

Aron, Raymond (1966): *Peace and War. A Theory of International Relations*. New York.

Ashcroft, Bill/Griffiths, Gareth/Tiffin, Helen (1989): *The Empire Writes Back. Theory and Practice in Post-Colonial Literatures.* London/New York.

The Atlas Group/Raad, Walid (2002): »Civilizationally, We Do Not Dig Holes To Bury Ourselves«. In: Catherine David (Hg.): *Tamáss. Contemporary Arab Representations Beirut/Lebanon 1.* Barcelona/Rotterdam, 122-137.

The Atlas Group/Raad, Walid (2004): *The truth will be known when the last witness is dead. Documents from the Fakhouri file in the Atlas group archive = documents du dossier Fakhouri, archives de l'Atlas group*, hg.v. Hélène Chouteau/François Piron. Köln.

Bachtin, Michail M. (1981): *The Dialogic Imagination. Essays.* Austin.

David, Catherine (2003): »Learning from Beirut. Contemporary Aesthetic Practices in Lebanon«. In: Christine Tohme/Mona Abu Rayyan (Hg.): *Home Works. A Forum on Cultural Practices in the Region – Egypt, Iran, Iraq, Lebanon, Palestine and Syria.* Beirut.

Derrida, Jacques (1972): *Die Schrift und die Differenz.* Frankfurt a. M.

Dunlap, David W.: »When an Arab Enclave Thrived Downtown«. In: *The New York Times*, New York Edition, 25.08.2010, A16.

Glick Schiller, Nina/Basch, Linda/Szanton Blanc, Cristina (1995): »From Immigrant to Trans-migrant. Theorizing Transnational Migration«. In: *Anthropological Quarterly* 68/1, 48-63.

Foucault, Michel (1994): *Archäologie des Wissens.* Frankfurt a. M.

Ghazoul, Ferial J. (1996): *Nocturnal Poetics. The Arabian Nights in Comparative Context.* Kairo.

Göckede, Regina (2006): »Zweifelhafte Dokumente – Die zeitgenössische arabische Kunst, Walid Raad und die Frage der Re-Präsentation«, in: Regina Göckede/Alexandra Karentzos (Hg.): *Der Orient, die Fremde: Positionen zeitgenössischer Kunst und Literatur.* Bielefeld, 185-203.

Hassan, Waïl S. (2008): »The Rise of Arab-American Literature. Orientalism and Cultural Translation in the Work of Ameen Rihani«. In: *American Literary History* 20/1-2, 245-275.

Khoury, Elias (2003): »Reading Arabic«. In: *DisOrientation: Contemporary Arab Artists from the Middle East/Zeitgenössische arabische Künstler aus dem Nahen Osten,* Ausst.-Kat. Haus der Kulturen der Welt. Berlin, 10-13.

Nash, Geoffrey (1998): *The Arab Writer in English. Arab Themes in a Metropolitan Language, 1908-1952*. Brighton.

Nash, Geoffrey (2007): *The Anglo-Arab Encounter. Fiction and Autobiography by Arab Writers in English*. Oxford/Bern.

Rihani, Ameen Fares (1911): *The Book of Khalid*. New York (neue Ausgabe Beirut 2000).

Ricœur, Paul (1988): *Zeit und Erzählung*. Band 1. München.

Rogers, Sarah (2002): »Forging History, Performing Memory. Walid Raad's The Atlas Project«. In: *Parachute (Beyrouth_Beirut)* 108, 68-79.

Said, Edward W. (1978): *Orientalism*. New York.

Said, Edward W. (1993): *Culture and Imperialism*. New York.

Salih, Tayeb (1969): *Season of Migration to the North*. Übersetzt von Denys Johnson-Davies. London.

Salloum, Jayce (2003): »History of Our Present (1). New Arab Film and Video«. In: *Rouge*, http://www.rouge.com.au/1/arab.html, 22.08.2008.

Schmitz, Markus (2008): *Kulturkritik ohne Zentrum. Edward W. Said und die Kontrapunkte kritischer Dekolonisation*. Bielefeld.

Gayatri Chakravorty Spivak (2003): *Death of a Discipline*. New York.

Wilson-Goldie, Kaelen (2010): »Of the Map. Contemporary Art in the Middle East«. In: Chris Dercon/León Krempel/Avinoam Shalem (Hg.): *The Future of Tradition – The Tradition of Future*, Ausst.-Kat. Haus der Kunst München. München, 60-67.

Autorinnen und Autoren

Amos, S. Karin, Professorin für Allgemeine Pädagogik mit dem Fokus auf International Vergleichende Erziehungswissenschaft und Interkulturelle Pädagogik. Studium der Anglistik mit dem Schwerpunkt Amerikanistik und Geschichte an den Universitäten Eichstätt und Frankfurt a. M. Promotion zum Thema »Die Rezeption Alexis de Tocqueville's *De la démocratie an Amérique* in den USA im 19. Jh.« (1994). Habilitation 2002 zur Rolle der Pädagogik bei der Konstitution gesellschaftlicher Mitgliedschaft am Beispiel des American Urban Ghetto. Forschungsmittelpunkte in den Bereichen International Educational Governance; Verhältnis von Pädagogik und Politik; Cultural Studies und Erziehungswissenschaft; Allgemeinpädagogische Aspekte der Frühen Kindheit.

Eckstein, Lars, ist Professor für Anglophone Literaturen und Kulturen außerhalb Großbritanniens und der USA an der Universität Potsdam. Zu seinen Publikationen zählen die Monographien *Re-Membering the Black Atlantic: On the Poetics and Politics of Literary Memory* (Rodopi 2006) und *Reading Song Lyrics* (Rodopi 2010), sowie diverse Herausgaben, darunter *English Literatures Across the Globe: A Companion* (UTB 2007).

Grätz, Ronald, geboren in Sao Paulo/Brasilien, studierte Germanistik, Kath. Theologie und Philosophie in Tübingen und Frankfurt/M., arbeitete als Verlagslektor, für die UNESCO, für das Goethe-Institut u.a. in Kairo, Moskau, Barcelona, München und Sao Paulo und ist seit 2008 Generalsekretär des Instituts für Auslandsbeziehungen Stuttgart und Berlin. Wichtige Publikationen: *Moskau ist anders* (Stuttgart 2010),

Carla del Ponte. Ein Leben für die Gerechtigkeit (Göttingen 2011), *Konfliktkulturen* (Göttingen 2011), *Wer lernt von wem? Islam in Deutschland.* In: Politik und Kultur Sept.-Okt. 2011.

Kimmich, Dorothee, Studium der Germanistik, Geschichte und Philosophie in Tübingen und Paris; Promotion an der Universität Freiburg 1991, Habilitation an der Universität Gießen 1999, seit 2003 Professorin für Neuere deutsche Literatur an der Universität Tübingen. Seit 2004 Leitung der Tübinger Poetik-Dozentur. Wichtigste Buchveröffentlichungen: *Epikureische Aufklärungen. Philosophische und poetische Konzepte der Selbstsorge* (1993), *Texte zur Literaturtheorie der Gegenwart* (hg. zus. mit Bernd Stiegler und Rolf G. Renner, 1995 u.ö.), *Wirklichkeit als Konstruktion. Studien zu Geschichte und Geschichtlichkeit bei Heine, Büchner, Immermann, Stendhal, Keller und Flaubert* (2002), *Einführung in die Literatur der Jahrhundertwende* (zus. mit Tobias Wilke, 2006), *Kulturtheorie* (hg. zus. mit Thomas Hauschild und Schamma Schahadat, 2010), *Lebendige Dinge in der Moderne* (2011).

Leypoldt, Günter, ist Professor für Amerikanische Kultur und Literatur an der Ruprecht-Karls Universität Heidelberg. Zu seinen Forschungsschwerpunkten gehören die amerikanische Literatur und Kultur nach 1800 sowie moderne literarische Ästhetik, Kultur- und Literaturtheorie. Zur Zeit beschäftigt er sich mit der Professionalisierung kultureller Räume (*Cultural Authority in the Age of Whitman*, Edinburgh UP 2009), dem Verhältnis von Ästhetik und sozialem Charisma (*American Cultural Icons*, Würzburg 2010), dem Dialog zwischen pragmatistischer Philosophie und Poetik (»The Uses of Metaphor: Richard Rorty's Literary Criticism and the Poetics of World-Making«, in: *New Literary History* 2008) und dem sozio-institutionellen Ort der Literatur (»The Fall into Institutionality: Literary Culture in the Program Era«, in: *American Literary History* 2011).

Maier, Bernhard, ist seit 2006 Professor für Allgemeine Religionswissenschaft und Europäische Religionsgeschichte an der Universität Tübingen. Seine Hauptarbeitsgebiete sind die Religionen der Kelten und Germanen, die Religionsgeschichte der Britischen Inseln und die Geschichte der Religionswissenschaft und Orientalistik im 19. Jahrhundert. Zu seinen Veröffentlichungen zählen *Lexikon der keltischen*

Religion und Kultur (1994), *Die Kelten: Ihre Geschichte von den Anfängen bis zur Gegenwart* (2000), *Die Religion der Kelten* (2001), *Die Religion der Germanen* (2003), *Sternstunden der Religionen* (2008), *Die Druiden* (2009), *William Robertson Smith: His Life, his work and his times* (2009) und *Semitic Studies in Victorian Britain: a portrait of William Wright and his world through his letters* (2011).

Makarska, Renata, wissenschaftliche Assistentin am Lehrstuhl für slavische Literatur- und Kulturwissenschaft der Universität Tübingen. Studium der Polonistik, Slavistik und der Neueren Deutschen Literatur in Wrocław und München. Promotion *Konzeptualisierungen der Hucul'ščyna in der mitteleuropäischen Literatur des 20. Jahrhunderts*, 2007 an der Universität Jena, publiziert 2010 als *Der Raum und seine Texte*. In den Jahren 2008-2009 wissenschaftliche Mitarbeiterin im Excellenzcluster 16 »Kulturelle Grundlagen von Integration« an der Universität Konstanz. Forschungsschwerpunkte und -themen liegen in den westslavischen Literaturen des 20. und 21. Jahrhunderts. Habilitationsprojekt zu Literaturen Ostmitteleuropas in Zeiten kultureller Migration.

Schahadat, Schamma, Professorin für Slavische Literatur- und Kulturwissenschaften (Russistik/Polonistik) an der Universität Tübingen. Promotion und Habilitation an der Universität Konstanz. Arbeiten zur Interaktion von Literatur und Philosophie in Russland, zum polnischen Film und zu kulturtheoretischen Fragestellungen. Neueste Publikationen: *Kulturtheorie* (hg. mit Dorothee Kimmich und Thomas Hauschild), Bielefeld 2010; *Erkenntnis und Darstellung. Formen der Philosophie und der Literatur* (hg. mit Catrin Misselhorn und Irina Wutsdorff), Paderborn 2011; *Nachbarschaft, Räume, Emotionen. Interdisziplinäre Beiträge zu einer sozialen Lebensform* (hg. mit Sandra Evans), Bielefeld 2011; *Zeitschrift für Kulturwissenschaften: Essen* (hg. mit Dorothee Kimmich), Bielefeld 2012.

Schmitz, Markus, ist wissenschaftlicher Mitarbeiter am Lehrstuhl für English, Postcolonial & Media Studies der Universität Münster. Er ist derzeit Research Fellow am Internationalen Forschungszentrum Kulturwissenschaften in Wien. Zu seinen Forschungsfeldern zählen Vergleichende Kulturkritik/-theorie (mit dem Schwerpunkt Anglophone Arab Representations), kultureller Widerstand, kritischer Kosmopolitismus sowie Artistic Research und epistemologische Dekolonisation. 2008 ist von ihm bei transcript *Kulturkritik ohne Zentrum: Edward W. Said die Kontrapunkte kritischer Dekolonisation* erschienen. Sein aktuelles Projekt behandelt ausgewählte literarische, audiovisuelle und theoretische Positionen arabisch-amerikanischer Transmigrant/-innen.

Tihanov, Galin, Inhaber des George Steiner Chair of Comparative Literature an der Queen Mary University of London. Er ist Ehrenpräsident des ICLA Committee on Literary Theory. Publiziert hat er u.a. zwei Bücher zur bulgarischen Literatur (1994, 1998) und: *The Master and the Slave: Lukács, Bakhtin and the Ideas of Their Time* (Oxford UP 2000; polnische Ausgabe 2010, brasilianische Ausgabe 2012); *A Companion to the Works of Robert Musil* (hg. mit P. Payne und G. Bartram, 2007); *Gustav Shpet's Contribution to Philosophy and Cultural Theory* (hg., 2009); *Critical Theory in Russia and the West* (hg. mit A. Renfrew, 2010); *Enlightenment Cosmopolitanism* (hg. mit D. Adams, 2011); *A History of Russian Literary Theory and Criticism: The Soviet Age and Beyond* (hg. mit E. Dobrenko, 2011). Zur Zeit arbeitet er an Büchern zur romantischen Theorie in der europäischen und amerikanischen Kultur und zur russischen Literatur- und Kulturtheorie zwischen den Weltkriegen und befasst sich weiterhin mit Kosmopolitismus, Exil und Transnationalismus.

Treptow, Rainer, Inhaber des Lehrstuhls für Erziehungswissenschaft mit dem Schwerpunkt Sozialpädagogik an der Universität Tübingen. Studium der Erziehungswissenschaft, Soziologie und Philosophie an den Universitäten Düsseldorf und Tübingen, Promotion zum Thema *Raub der Utopie. Zukunftskonzepte bei Alfred Schütz und Ernst Bloch* (1985), Habilitiation *Bewegung als Erlebnis und Gestaltung. Zum Wandel jugendlicher Selbstbehauptung und Prinzipien moderner Jugendkulturarbeit* (1993). Von 1993-2003 Professor für Sozialpädagogik an der Universität Jena, 2002 Gastprofessur University of California/Berkely, seit 2003 in Tübingen. Forschungsschwerpunkte in den Bereichen Theorie, Geschichte und Internationalität der Sozialen Arbeit, kulturelle Bildung, Pädagogik der frühen Kindheit.

Vogel, Joachim, Professor für Strafrecht, Strafprozessrecht und Wirtschaftsstrafrecht an der LMU München und Richter am Oberlandesgericht München. Promotion und Habilitation an der Universität Freiburg und Erlangung der Venia für Strafrecht, Strafprozessrecht, Rechtsvergleichung und Rechtstheorie. 1999-2000 Professor für Strafrecht und Rechtstheorie an der LMU München; 2000-2012 Professor für europäisches und internationales Strafrecht und Strafprozessrecht an der Universität Tübingen; 2001-2012 Richter am Oberlandesgericht Stuttgart. Redakteur der *Zeitschrift für die gesamte Strafrechtswissenschaft* (*ZStW*), Berlin, ständiger Mitarbeiter von *Goltdammer's Archiv für Strafrecht* (*GA*), Heidelberg, und Mitherausgeber der *JuristenZeitung* (*JZ*), Tübingen. Forschungsschwerpunkte: Europäisches und internationales Strafrecht, Wirtschaftsstrafrecht, Rechtstheorie. Ausgewählte Publikationen: *Norm und Pflicht bei den unechten Unterlassungsdelikten* (1993), *Juristische Methodik* (1998), *Perspektiven des internationalen Strafprozessrechts* (2004), Kommentierungen im *Leipziger Kommentar zum Strafgesetzbuch* (zuletzt 2012), in Assmann/Schneider, *Wertpapierhandelsgesetz* (zuletzt 2011) und in Grützner/Pötz/Kreß, *Internationaler Rechtshilfeverkehr in Strafsachen* (zuletzt 2012).

Welsch, Wolfgang, 1998-2012 Professor für Theoretische Philosophie an der Friedrich-Schiller-Universität Jena, zuvor Professor für Philosophie an den Universitäten Bamberg (1988-93) und Magdeburg (1993-1998). Gastprofessuren: Erlangen-Nürnberg (1987), Freie Universität Berlin (1987-1988), Humboldt-Universität zu Berlin (1992-93), Stanford University (1994-95), Emory University (1998). Fellowships: 1985-1987 Institut für die Wissenschaften vom Menschen in Wien; 1996 Japan Society for the Promotion of Science; 2000-2001 Stanford Humanities Center. Forschungsschwerpunkte: Epistemologie und Anthropologie, Kulturphilosophie, Philosophische Ästhetik und Kunsttheorie, Philosophie der Gegenwart. 1992 Max-Planck-Forschungspreis. Wichtigste Buchveröffentlichungen: *Unsere postmoderne Moderne* (1987, 7. Aufl. 2008), *Ästhetisches Denken* (1990, 7. Aufl. 2010), *Vernunft. Die zeitgenössische Vernunftkritik und das Konzept der transversalen* (1995, 4. Aufl. 2007), *Immer nur der Mensch? Entwürfe zu einer anderen Anthropologie* (2011), *Blickwechsel – Neue Wege der Ästhetik* (2012), *Mensch und Welt* (2012), *Homo mundanus – Jenseits der anthropischen Denkform der Moderne* (2012).

Werberger, Annette, von 2004-2011 Wissenschaftliche Assistentin am Slavischen Seminar der Universität Tübingen. Momentan Arbeit an einem Projekt zu Weltliteratur als Verflechtungsgeschichte mit einem Schwerpunkt auf Folklore. 2003 Promotion zur Poetik Osip Mandel'štams, 2011 Habilitation zu Kulturalisierungsprozessen in den jiddischen Literaturen Ostmitteleuropas (*Dibbuks und Dämonen – Geister der Moderne. Kulturalisierungsprozesse in den jiddischen Literaturen Ostmitteleuropas*, Tübingen 2011). Weitere Forschungsschwerpunkte: Jiddistik, Verflechtung von Ethnologe und Literatur sowie Narratologie und Topographie.

Kultur- und Medientheorie

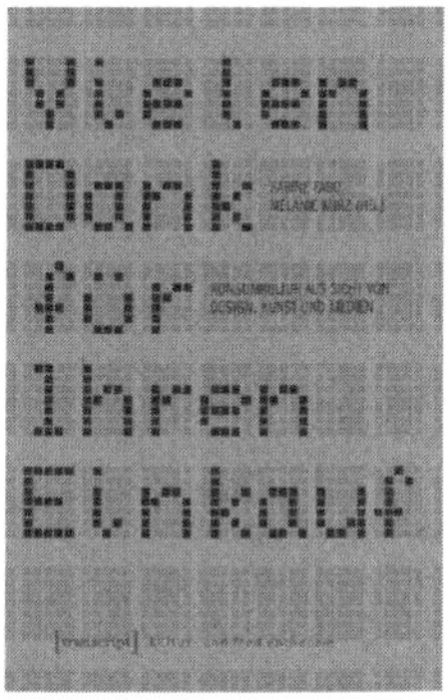

Sabine Fabo, Melanie Kurz (Hg.)
Vielen Dank für Ihren Einkauf
Konsumkultur aus Sicht von Design, Kunst und Medien

November 2012, ca. 180 Seiten, kart., zahlr. z.T. farb. Abb., ca. 19,80 €,
ISBN 978-3-8376-2170-9

Erika Fischer-Lichte,
Kristiane Hasselmann,
Alma-Elisa Kittner (Hg.)
Kampf der Künste!
Kultur im Zeichen von Medienkonkurrenz und Eventstrategien

November 2012, ca. 300 Seiten, kart., zahlr. Abb., ca. 28,80 €,
ISBN 978-3-89942-873-5

Sandro Gaycken (Hg.)
Jenseits von 1984
Datenschutz und Überwachung in der fortgeschrittenen Informationsgesellschaft. Eine Versachlichung

September 2012, ca. 170 Seiten, kart., ca. 19,80 €,
ISBN 978-3-8376-2003-0

Leseproben, weitere Informationen und Bestellmöglichkeiten finden Sie unter www.transcript-verlag.de

Kultur- und Medientheorie

Sven Grampp, Jens Ruchatz
Die Fernsehserie
Eine medienwissenschaftliche Einführung

Oktober 2012, ca. 200 Seiten, kart., ca. 16,80 €,
ISBN 978-3-8376-1755-9

Annette Jael Lehmann,
Philip Ursprung (Hg.)
Bild und Raum
Klassische Texte zu Spatial Turn und Visual Culture

Dezember 2012, ca. 300 Seiten, kart., ca. 29,80 €,
ISBN 978-3-8376-1431-2

Ramón Reichert
Die Macht der Vielen
Über den neuen Kult der digitalen Vernetzung

Dezember 2012, ca. 200 Seiten, kart., ca. 24,80 €,
ISBN 978-3-8376-2127-3

Leseproben, weitere Informationen und Bestellmöglichkeiten finden Sie unter www.transcript-verlag.de